湖南省特色志丛书

岳麓山志

湖南省地方志编纂委员会 编

岳麓書社 · 长沙

图书在版编目(CIP)数据

岳麓山志/湖南省地方志编纂委员会编.—长沙:岳麓书社,2023.12

ISBN 978-7-5538-1903-7

Ⅰ.①岳…　Ⅱ.①湖…　Ⅲ.①岳麓山—地方志　Ⅳ.①K928.3

中国国家版本馆 CIP 数据核字(2023)第 195069 号

YUELU SHAN ZHI

岳麓山志

湖南省地方志编纂委员会编

出 版 人:崔　灿

项目统筹:王文西

责任编辑:邱建明　鲁云云　包文放

责任校对:舒　舍

封面设计:风格八号

岳麓书社出版发行

地址:湖南省长沙市爱民路 47 号

直销电话:0731-88804152　0731-88885616

邮编:410006

版次:2023 年 12 月第 1 版

印次:2023 年 12 月第 1 次印刷

开本:787mm×1092mm　1/16

印张:23.25

字数:500 千字

书号:ISBN 978-7-5538-1903-7

定价:180.00 元

承印:湖南省众鑫印务有限公司

如有印装质量问题,请与本社印务部联系

电话:0731-88884129

《岳麓山志》编纂委员会

《岳麓山志》编辑部

《岳麓山志》编审组

岳麓山国家重点风景名胜区总体规划图

（2005年9月）

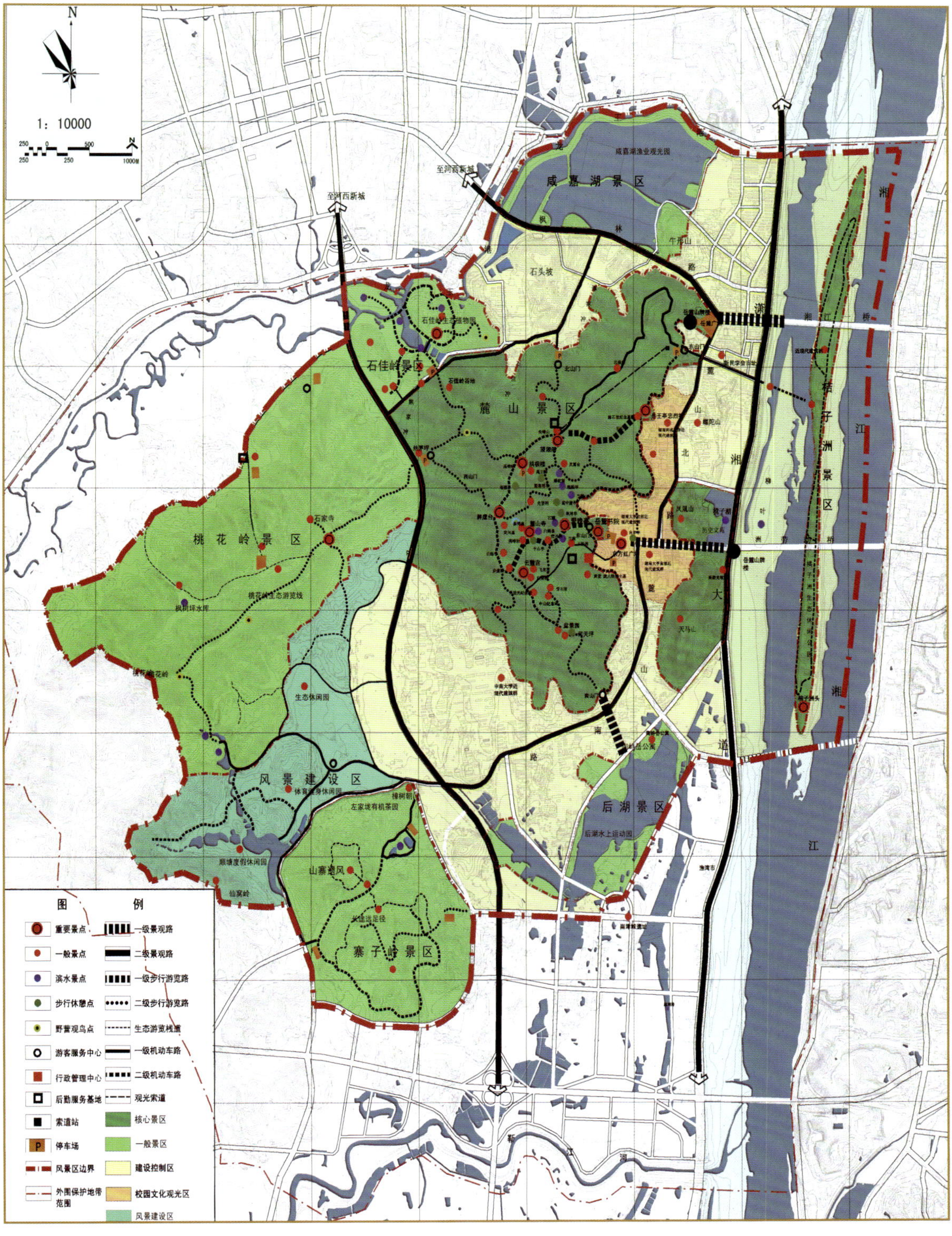

明代岳麓山、橘子洲图

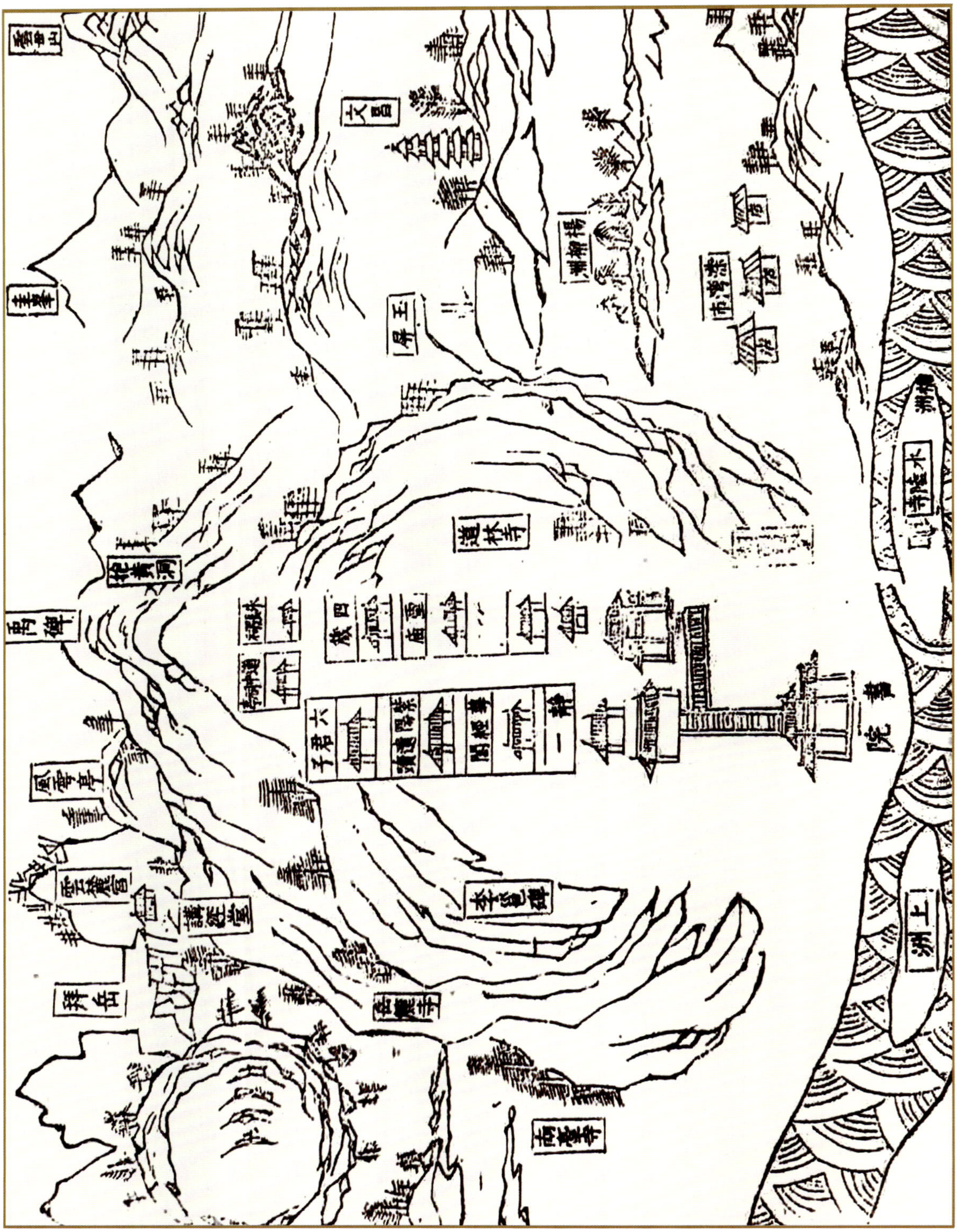

清代岳麓山、橘子洲图

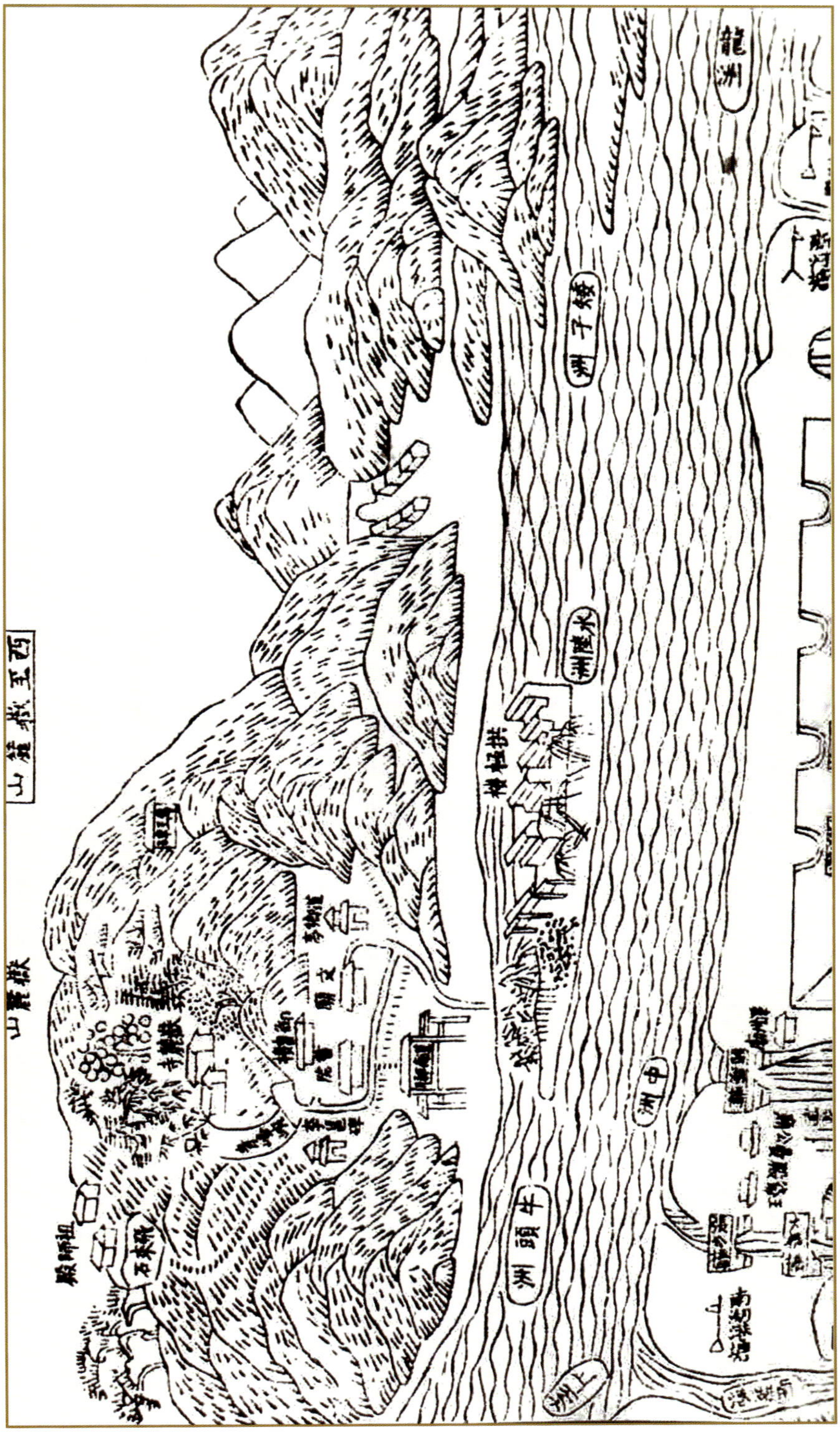

民国岳麓山、橘子洲图

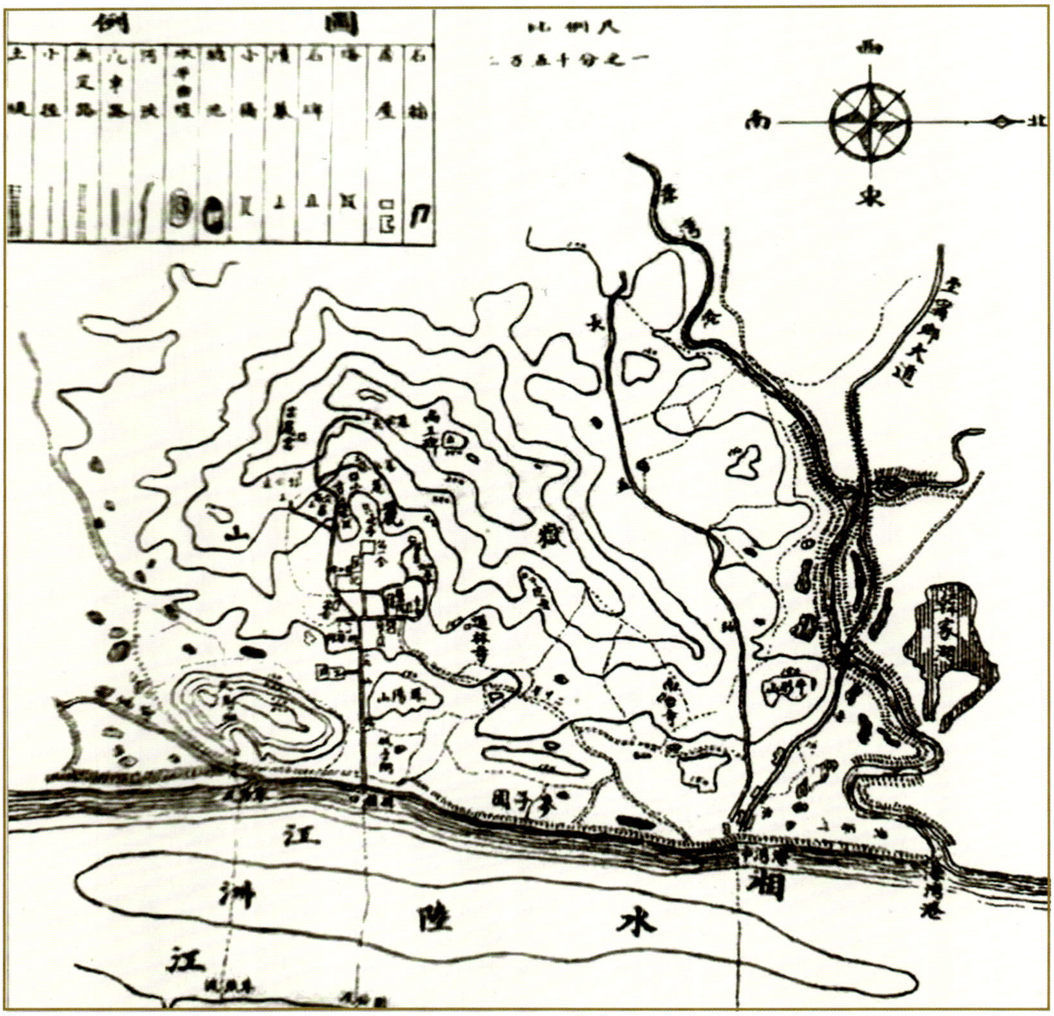

“湖南省特色志丛书”总序

江　涌

国有史，地有志，家有谱。

方志，一域之全史，一地之百科，凝聚着中华优秀传统文化千年文脉。

清光绪十一年（1885），《湖南通志》刊竟印行。湖南巡抚卞宝第在序言中写道：湖南，界荆梁之交，东连豫章，西通黔蜀，南翼岭粤，北蔽荆襄。湘水贯其中，洞庭阻其外，衡岳作镇，雄峙朱方，重江复关，是资防御，盖亦天地之奥区也。

盛世修志，志载盛世。2022 年 10 月 16 日，中国共产党第二十次全国代表大会在北京胜利召开，以习近平同志为核心的党中央，团结带领中国人民，意气风发迈上全面建设社会主义现代化国家新征程，向着第二个百年奋斗目标进军，以中国式现代化全面推进中华民族伟大复兴。地方志事业迎来了前所未有的发展机遇。

大道如砥，笃行致远。湖南地方志工作者始终坚持以习近平新时代中国特色社会主义思想为指导，自觉担当为党立言、为国存史、为民修志的时代使命，坚定秉承“修史立典，存史启智，以文化人”的文化传统，以习近平总书记提出的“要坚定文化自信、增强文化自觉，传承革命文化、发展社会主义先进文化，推动中华优秀传统文化创造性转化、创新性发展，构筑中华民族共有精神家园”[1]为指引，展现新作为，彰显新担当，推动湖南地方志事业高质量发展。2013年以来，我们在着力完成第二轮三级志书编修的同时，特别启动了新修《湖南通志》《〈光绪湖南通志〉点校》和“湖南省特色志丛书”三项工程。“湖南省特色志丛书”聚焦湖南独特、独有、独好之事物，阔视山川地理，铺陈历史脉络，描刻人文肌理，展湖南之特之美之盛。湖南山川秀美，人文积淀深厚，特色良多，特色志编纂固难一蹴而就，故取有计划、分批次编纂出版之方略。统一封面风格及版式编排规章，使其分而为独志，合而为丛书。

以志化人，重在致用。特色志编纂，贵特不贵博。故凡例、设目、取材与编纂，始终贯穿求特不求全之原则。如名湖有政区领属，则详湖不详区；名山有教亦有农，则儒释道从详，而农桑种植从略。一志有多个特色事物者，特中尤特者升格设目记述，谋篇布局与内容记述均立足于“特”，着力将特色之处记深记透。志中语言，亦须求特。须于真实准确之中见鲜活，须在风光名胜之区见亮丽。内容表达，图文并茂，清新可读；版式设计，巧思妙构，抓人眼球。所有志书，全彩印制，纸质既出，全媒体同步。如此，方能与时俱进，资政辅治，以文化人，彰显功能，实现存史、资政、育人以及服务人民之宏愿，达成记录湖南、史鉴湖南、宣传湖南之目的。“湖南省特色志丛书”的出版，有利于挖掘湖南丰硕广博的历史文化资源，不断发掘历史智慧，赓续文脉传承，厚植文化根基，增强文化自觉，进一步坚定历史自信与文化自信，推进湖南文化强省建设，为服务全面落实“三高四新”战略定位和使命任务，建设社会主义现代化新湖南贡献方志力量。

天地奥区，文献之邦。首批入选“湖南省特色志丛书”者，有《岳阳楼志》《洞庭湖志》《炎帝陵志》《舜帝陵志》《南岳衡山志》《岳麓山志》《武陵源志》《大沩山志》《韶山灌区志》《老

1 习近平：《在复兴之路上坚定前行——〈复兴文库〉序言》，新华社2022年9月26日电。

司城志》等，皆从“特”字出发而搜材编纂成书，细陈三湘特色，书写湖南风采。尔后出版者尚多，如水志、山志、祠志、寺庙道观志、书院志、洞志、物产志等等，使特色志的笔触蔓延纵深，不断编织湖南特色之经纬。

志以道宁，言以志接。编纂“湖南省特色志丛书”，既应时代与人民之需，亦系我们首开风气。一如举烛行路，探石过河，首批特色志虽宗旨鲜明、例则有定，但在编纂过程与细节中，仍有诸多不足。诚祈方家同道惠赐教言，以为后续之鉴。此后丛书中各志，当秉承高质量发展之原则，提高编纂水平与评审验收标准，力求完善，于湖南特色之处深耕细凿，构筑广大读者进一步认识湖南、了解湖南的津梁，积极打造一批信今传后、堪存堪鉴的名志佳志，使之成为湖南联通全国与世界的重要桥梁和纽带。

是为序。

2022 年 12 月

作者系湖南省地方志编纂院党组书记、院长

序

风起麓山　潮涌湘江

谭　勇

古人云，山不在高，有仙则名。我想加半句：有风则灵。这个“风”，既是山之风水风光，更指山之风骨风度；既是自然之清风徐来，更为文化之古风长存。岳麓山，就是这样一座有“风”的大美之山。

从三十多年前到长沙求学时起，我就一直学习、工作、生活在岳麓山下，既爱她的“山间明月，岭上清风”，更敬其“春风化雨、领风气之先”。

生态麓山，“风景”秀美。作为国家级风景名胜区，岳麓山古木参天，一步一景，一年四季如诗如画，八大景区各美其美。春季漫山青翠欲滴，秋日红枫层林尽染，冬有潇湘八景之橘洲“江天暮雪”，这些足以赏心悦目。如盛夏登临，于清凉山风中俯瞰湘江两岸万家灯火，欣赏星城长沙日出之美，则更加心旷神怡。

人文麓山，“风骨”厚重。岳麓山海拔不高，但作为文化名山，则巍峨壮丽，蔚为大观。从儒释道兼收并蓄，到风雅颂相得益彰，从麓山寺屡毁屡建、灯传不息，到岳麓书院千年文脉、弦歌不绝，从“朱张会讲”到互联网岳麓峰会“大咖论道”，湖湘文化之风在此生生不息，吹动着一代代湖南人心忧天下、敢为人先。

红色麓山，“风度”高远。岳麓山上遍地是英雄，黄兴、蔡锷等辛亥元勋国葬于此，麓山忠烈祠、陆军第七十三军抗战阵亡将士公墓等抗

日英烈忠昭日月，可谓“十步之内，必有芳草”。青山有幸埋忠骨，麓山无处不精神，风雷激荡之中，红色基因在这方热土代代相传。岳麓书院经世致用、传道济民。毛泽东、蔡和森等无产阶级革命家在岳麓山下成立新民学会，发出“建党先声”，立志“改造中国与世界”。习近平总书记亲临考察时提出，岳麓书院是我党“实事求是”思想路线的策源地。

科教麓山，“风采”非凡。2022 年有一部《麓山之歌》的电视剧在央视播出，展现了上市公司麓山重工通过科技创新实现脱胎换骨的传奇风采。高校云集、企业密集、人才会集的岳麓山，每天都在上演这样的创新创业故事。近年来，正是深挖大学和青年“两座富矿”，做好教育和科研“两篇文章”，连接园区、高校、企业等各方资源，岳麓山下崛起了一座“最美大学城、领先科技城、一流创业城”。2022 年，湖南湘江新区、长沙高新区、岳麓区“三区合一”，改革创新春风再次吹遍岳麓大地，岳麓山大学科技城、湘江科学城“双城”融合发展驶入快车道，书写着“惟楚有材，于斯为盛”的新时代新篇章。

每次走进岳麓山，我都想象着，自然之风从万年之前吹起，文明之风从历史深处吹来，革命之风曾由此激荡中华大地，求是、创新之风始终在交融传承。

风起岳麓、纳于大麓，更应盛传天下、吹动未来。岳麓山风景名胜区管理局本着“盛世修志，以启未来”之使命，在湖南省地方志编纂院精心指导下，数载耕耘、数易其稿，终将《岳麓山志》付梓。这部志书资料翔实、史料详细，能帮助更多的朋友领略麓山之秀美风景，读懂麓山之人文风骨，致敬麓山之红色风度，了解麓山之科教风采，从而吸引更多的人走进麓山、爱上麓山，实现畅游山水洲城到麓山、品味湖湘文化到麓山、发展科创事业到麓山。

风起麓山，潮涌湘江，希望借《岳麓山志》出版发行之东风，进一步共建共享大美岳麓山，助力岳麓山区域发展更加风生水起、风驰电掣、风调雨顺，湘江之畔始终大潮挺立、江潮奔涌、新潮澎湃。

是为序。

2022 年 12 月

作者系长沙市委副书记、湖南湘江新区（长沙高新区）党工委书记、岳麓区委书记

凡例

一、本志编纂以马列主义、毛泽东思想、邓小平理论、“三个代表”重要思想、科学发展观、习近平新时代中国特色社会主义思想为指导。

二、本志以岳麓山风景名胜区管辖区域为记述范围，包括岳麓山（即麓山景区）、橘子洲景区、天马山景区、桃花岭景区、咸嘉湖景区、石佳岭景区、寨子岭景区、后湖景区，以麓山景区、橘子洲景区为主。

三、本志记述的上限，始于岳麓山风景名胜区区域地形地貌形成的中生代末期，历史沿革、人文胜迹的记述始于三国孙吴时期；下限止于2018年，个别之处为记述完整性略有下延，大事记下延至2020年。

四、本志由概述、大事记、专志、特载、附录等部分组成，附有照片和图表。专志共设8章，分别是自然环境、景区、文物、宗教、艺文、建设与旅游、管理、轶事与名录。

五、本志采用章节体、现代语体文，以第三人称进行记述。

六、本志所涉地名、物名或其他专有名称，一般采用历史名称并括注志稿下限所用名称。但橘子洲略有例外，该地名演进较复杂，曾用名有“橘洲”“水陆洲”“牛头洲、水陆洲”“上洲、中洲”“桔洲”“桔子洲”等，本志采用“既尊重历史名称，又便于今人理解”方式处理，对“橘洲”“水陆洲”“桔洲公园管理处”“岳麓山风景名胜区桔子洲景区管理处”等特定称谓尊其原貌，其他一般写作橘子洲。

七、本志资料主要来源于明朝以来出版的相关志书和各种有关记述、研究本区域的专著及相关档案等，已经反复核实，一般不注明出处。

八、本志纪年方法为：依据湖南省地方志编纂院制定的《〈湖南省志（1978—2002）〉编写行文通则》，民国以前的历史纪年使用汉字数字并括注公元纪年；民国纪年使用阿拉伯数字并括注公元纪年；1949 年 8 月 5 日长沙和平解放之后，一律采用公元纪年。

目录

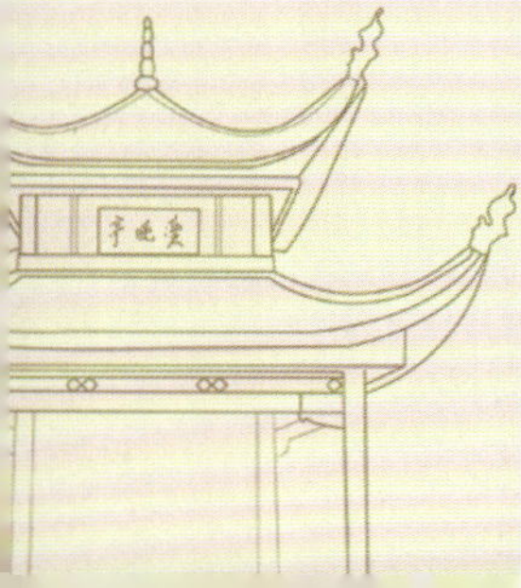

概述

岳麓山风景名胜区由麓山、橘子洲、天马山、桃花岭、咸嘉湖、石佳岭、寨子岭、后湖等8个景区组成，面积35.2平方千米，是一个历史悠久、风景秀丽，拥有深厚文化底蕴的名胜区。

据地质学家考证，以岳麓山为核心的地貌基本骨架形成于距今约7000万年前的中生代末期。到新生代，由于地壳继续运动及风雨剥蚀、流水冲刷，逐渐形成岳麓山风景名胜区之面貌，包括丘陵、河谷平原、江心洲等。俯瞰整个名胜区，中部高峻，南北渐低；东坡平缓，西坡陡峻；东临大江，江洲横卧；岳麓山居中突起；玉屏山、天马山、凤凰山起伏逶迤于前；桃花岭竞秀于后；金牛岭、寨子岭、石佳岭拱峙南北；湘江于东部流淌，橘子洲浮卧于万顷碧波之中，可谓天地造化，如诗如画，蔚为大观。

岳麓山风景名胜区属亚热带湿润气候，春夏多雨，冬季冷湿，年均气温约17℃。襟江带湖，林壑清幽，自得山川之灵气。名胜区植被丰富。20世纪五六十年代，湖南师范学院生物系调查显示，岳麓山共有植物977种，隶属于174科559属，其中野生植物555种，隶属于117科403属。岳麓山风景名胜区野生动物繁多，长期栖息在此的鸟类有画眉、黄鹂、杜鹃、麻雀、老鹰、猫头鹰等数十种，20世纪中叶尚有老虎、狼、豹、野猪等大型凶猛动物出现，至今尚有野兔、麂子、山鸡、蛇、狐狸等野生动物。

岳麓山风景名胜区的山水之胜形成于洪荒之际，人类活动同样绵长久远。1985年全省文物普查显示，处于橘子洲尾、与橘子洲一水之隔的傅家洲即发现有新石器时代的火坑遗迹。关于岳麓山、橘子洲的文字记载，魏晋南北朝时期就已出现。南朝刘宋时徐灵期《南岳记》云："南岳周围八百里，回雁为首，岳麓为足。"刘宋时庾仲雍《湘中记》也载有"昭潭无底橘洲浮"之语。在此前后，南朝盛弘之《荆州记》、北朝郦道元《水经注》等，都记载有岳麓山风景名胜区区域内的山水名胜和若干史事。到唐宋时期，记述更多，如《元和郡县图志》《太平御览》《太平寰宇记》等。至明清时期，出现了关于岳麓山历史地理的专门著述，如《岳麓志》《岳麓书院志》等，为后世留下了十分珍贵的历史资料。

秀美清幽的风景，悠久绵长的历史，吸引着历代军事家、政治家和文人墨客、名僧大德前来观览、藏修，为岳麓山风景名胜区积淀了深厚的历史文化底蕴。三国晚期，吴宝鼎三年（晋泰始四年，268），僧人竺法崇募资在岳麓山修建慧光明寺，为佛教入湘之始。而后，道家诸士随之而来，南朝时期，灵麓峰下即有洞真观，为道士邓郁之修炼之所。唐朝，慧光明寺改称麓山寺，屡加修葺，蔚为大观，高僧辈出，号称佛家圣地。洞真观又称洞真墟，被唐末五代之际著名道家学者杜光庭定为天下七十二福地之第二十三福地。至迟到南宋，这里建起岳麓宫，成为云麓宫之前身。此后的1000多年里，岳麓山风景名胜区区域内又建造了众多寺庙、宫观，佛道二教活动频繁。

岳麓山风景名胜区环境优雅，是读书治学的极佳之处。隋唐时期著名书法家欧阳询的祖父欧阳頠，早年不应辟举，而"庐于麓山寺旁，专精习业，博通经史"。唐朝时，众多文学巨匠如"初唐四杰"之一的骆宾王，律诗重要奠基人宋之问，田园诗派大家孟浩然，诗圣杜甫，"唐宋八大家"之韩愈、柳宗元，新乐府诗歌大家元稹等来到岳麓山，观赏秀丽景色，抒发满腹豪情，写下不少诗词歌赋。还有齐己等一些饱读诗书的僧人，在此钻研经籍。北宋时期，开宝九年（976），潭州（今湖南长沙）太守朱洞在前代基础上于岳麓山创办书院，大中祥符八年（1015），宋真宗为书院题额"岳麓书院"，从此岳麓书院名闻天下。南宋时期，理学家张栻主讲书院，朱熹亦前来讲学，共论性理之学，"阐明千古之秘"。一时，生徒达千人，"马饮则池水立涸，舆止则冠冕塞途"。长沙由此成为文教名区、理学重镇，以至号称"潇湘洙泗，荆楚邹鲁"。宋朝之后，岳麓书院弦歌不辍，人才辈出。明清时期，张元忭、罗典、王文清、欧阳厚均、王先谦等在此讲学，王夫之、魏源、陶澍、曾国藩、郭嵩焘等在此深造。晚清实行近代教育改革，改岳麓书院为湖南高等学堂。民国时期，这里先后有湖南高等师范学校、湖南公立工业专门学校迁入办学。民国15年（1926），省立湖南大学在此成立，有近千年历史之古书院岳麓书院转型成为现代大学。中华人民共和国成立以后，岳麓山风景名胜区区域内出现更多高校，如湖南师范学院、中南矿冶学院、中南土木建筑学院、湖南财贸学院、中共湖南省委党校等，逐渐形成长沙河西高校区。同时，一系列科研院所和文化艺术机构及团体亦在此建立，与各高校相得益彰、相互媲美，共同构成名胜区一道道胜景。

岳麓山风景名胜区是湖湘近代革命重要发祥地。晚清时期，众多革命志士在此求学，从事反清活动。清光绪三十二年（1906）夏，同盟会湖南分会会长禹之谟等发动省城学生等万余人，在岳麓山公葬烈士陈天华、姚宏业，声势浩大，悲壮激昂，后来被青年毛泽东誉为“惊天动地可记的一桩事”。稍后，又有近代民主革命家刘道一与蒋翊武等，在水陆洲附近船上举行重要会议，决定发动萍浏醴起义。这是同盟会领导的第一场武装起义。中华民国成立以后，岳麓山成为湖南众多近代民主革命家的长眠之地。与孙中山并称的辛亥革命卓越领袖黄兴、再造共和的蔡锷、武昌起义主要组织者和领导者蒋翊武及刘道一、禹之谟、焦达峰、陈作新等，以及为辛亥革命援鄂、二次革命、护国战争、护法战争牺牲的大批烈士均葬于岳麓山。

岳麓山风景名胜区是毛泽东早年革命活动的重要地区。青年毛泽东经常邀约志同道合者，在湘江游泳，在岳麓山攀登，在爱晚亭聚会，畅谈革命理想，探讨救国救民之道。民国6年（1917），湖南公立工业专门学校借岳麓书院校舍办学，校长宾步程手书“实事求是”，制匾悬于讲堂前檐。是年，毛泽东短暂寓居岳麓书院半学斋，从寓所推开窗就能看到这块匾额。“实事求是”成为他日后寻求改造中国与世界的思想武器。中国共产党第七次全国代表大会将“实事求是”正式写入党章，实事求是思想路线在全党确立。岳麓书院被称为党的实事求是思想路线的策源地。民国7年（1918）4月，毛泽东、蔡和森、何叔衡等在岳麓山下蔡和森寓所发起成立新民学会，被誉为中国共产党“建党先声”。民国14年（1925）秋，毛泽东在前往全国革命中心广州途中，来到橘子洲，满怀豪情壮志写下著名的《沁园春·长沙》，成为吟咏湘江水、橘子洲、岳麓山最壮美的辞章。

岳麓山风景名胜区是湖南抗日战争的重地。第三次长沙会战时，第九战区司令部将指挥所设在岳麓山爱晚亭后山洞，战区司令长官薛岳在此指挥战役取得胜利。是时，岳麓山顶是中国炮兵阵地，为打败日本侵略者发挥了重要作用。至今岳麓山上保存的多处当时中国军人抗御强敌的炮台和壕沟，爱晚亭后山洞保存的第九战区司令部指挥所遗迹，以及云麓宫前的“抗战阵亡将士名录石栏”，响鼓岭的“长沙会战碑”，这些都是中国人民不畏强敌、战胜强敌不可磨灭的象征。民国 34 年（1945）9 月，抗日战争中国战区中国陆军第四方面军长衡地区受降仪式，即在名胜区内的湖南大学科学馆举行。抗日战争期间和胜利后，岳麓山相继建起第四路军抗日阵亡将士麓山忠烈祠、陆军第七十三军抗战阵亡将士公墓。陆军第七十三军抗战阵亡将士公墓、忠烈祠分别于 2015、2020 年被国务院列入国家级抗战纪念设施、遗址名录。那些为国捐躯的英灵，与千古名山永远相伴。

岳麓山风景名胜区之悠久历史，其灿烂辉煌的文化及其所蕴含的民族精神和革命理想，留下了大量的历史遗迹和遗物。至 2018 年，名胜区范围内共有各级文物保护单位和一般不可移动文物 115 处，其中全国重点文物保护单位 16 处、省级文物保护单位 20 处、市级文物保护单位 55 处、一般不可移动文物 24 处。这些文物中，建筑类 53 处、墓葬类 49 处、碑铭石刻类 13 处。它们是历史遗存的瑰宝，是名胜区一千多年来辉煌人文的不朽象征和重要标志，是后人追怀前贤、纪念先烈和陶冶民族正气、培养革命精神的重要场所。

岳麓山风景名胜区的独特区位及其优美风景和珍贵文物，自古以来都得到人们的珍爱和保护。千百年来，战争和自然灾害曾使其自然景观、历史文物多次遭到破坏，但一旦社会安定或灾害过去，维修和保护工作即会开展，使这里的风景名胜得以留存、千年文脉得以赓续。1949 年长沙和平解放后，新成立的人民政府出示公告对岳麓山实行整体保护。20 世纪五六十年代，长沙市陆续开建岳麓山公园、水陆洲公园（1967 年更名桔洲公园），分别在岳麓山和橘子洲进行有计划的保护和建设，使名胜区内的自然景观、人文景观以及大批古树名木都得到良好的保护。1957 年，岳麓山公园对外开放。1962 年，水陆洲公园建成对外开放。20 世纪 70 年代末，桔洲公园进行较大规模建设，修筑亭台游廊、花坛和毛泽东诗词碑，并广植橘树、花卉，形成亭台相望、林茂花繁的风景游览区。1987 年，湖南省政府公布岳麓山风景名胜区为省级风景名胜区。20 世纪 90 年代，长沙市开始将岳麓山和橘子洲结合起来，扩大其保护范围，并设置协调保护区，划定长沙市岳麓山风景名胜区。1996 年，长沙市进行行政区划改革，岳麓山风景名胜区管辖区域被划入岳麓区。2002 年，岳麓山风景名胜区被批准为国家重点风景名胜区（2007 年改称国家级风景名胜区）。

岳麓山风景名胜区区域内的建设规划编制始于20世纪50年代，是时只是局部和暂时的规划。20世纪80年代岳麓山风景名胜区成立前后，长沙市开始着手编制其总体和长远规划。1994年，长沙市编制完成《岳麓山风景名胜区总体规划》。2002年，长沙市启动新版《岳麓山风景名胜区总体规划》编制工作，该规划2005年获国务院批复同意。2004年，长沙市政府开始实施麓山景区提质保护工程，并开始对橘子洲景区实施整体改造。随后，天马山、咸嘉湖、桃花岭、石佳岭、后湖等景区相继开展综合治理。至2018年，岳麓山风景名胜区除石佳岭景区正在建设、寨子岭景区尚未开发之外，其他6个景区均以全新面貌向公众开放。同时，长沙市开展环岳麓山周边建设，实现名胜区空间大突破、品质大提升、风貌大彰显，岳麓山风景名胜区成为长沙地标和名片。

千百年来，秀美雄阔的自然景色与隽永深邃的文化内涵吸引着人们前来参观游览，营造了名胜区的旅游氛围。中华人民共和国成立后，来湘考察的党和国家领导人多次到访岳麓山、橘子洲。20世纪80年代后，岳麓山风景名胜区旅游事业迅速发展。1999—2002年，名胜区每年接待游客量基本稳定在70万人次的水平。2011年12月，岳麓山·橘子洲旅游区获批为国家5A级旅游景区。随着景区知名度、美誉度的提升，基础设施投入的加大，以及门票免费，名胜区游客量增长迅速，2017年增至1061万人次，2018年再增至1466万人次。

“玉泉之南麓山殊。”一方山水养一方人，一方山水展一方风情，岳麓山风景名胜区正焕发出新时代的熠熠光彩。

大事记

新石器时代晚期

湘江橘子洲旁的傅家洲已有原始居民生活，开始使用石器和陶器。

三　国

吴太平二年（257）　吴置湘西县，故城在岳麓山东南靳江下游。

吴宝鼎三年（晋泰始四年，268）　僧人竺法崇募资在岳麓山修建慧光明寺，为佛教入湘之始。

西　晋

永兴二年（305）　宋《太平寰宇记》载：“橘洲，在县西南四里江中。时有大水，诸洲皆没，此洲独浮。上多美橘，故以为名。晋惠帝永兴二年，生此洲。”

东　晋

咸和四年（329）　陶侃被封为长沙郡公。其在岳麓山种杉结庵，名“杉庵”。

隋

仁寿二年（602）　隋文帝颁舍利于诸州，诏令建舍利塔。岳麓山

清风峡南侧舍利塔于是年建成，收藏舍利。

唐

开元十八年（730） 李邕撰并书《麓山寺碑》。

大历四年（769） 杜甫游岳麓山上麓山寺、道林寺，作七言古诗《岳麓山道林二寺行》。

会昌五年（845） 唐武宗诏令毁佛，麓山寺全毁。

大中元年（847） 唐宣宗敕会昌五年毁佛诏令。至唐末，僧人景岑重建麓山寺，改名鹿苑。

唐末五代 杜光庭撰《洞天福地记》，将岳麓山巅洞真墟定为天下七十二福地之第二十三福地，系西岳真人韩终所治之处。

宋

开宝九年（976） 潭州太守朱洞在五代时期智璿等僧人办学的基础上，创建岳麓书院，设讲堂 5 间、斋舍 52 间。

咸平二年（999） 潭州知州李允则主持重建岳麓书院，书院规模扩大并形成基本规制。

咸平四年（1001） 潭州知州李允则奏岳麓书院修广舍宇，请国子监赐书。诏从之。此为朝廷赐书岳麓之始。

是年 李允则在岳麓书院以南的风雩亭下建湘西书院。

大中祥符五年（1012） 周式任岳麓书院山长，为已知的岳麓书院第一任山长。

大中祥符八年（1015） 宋真宗召见周式，授国子监主簿，周式固辞不应，执意回岳麓书院执教；宋真宗赐给对衣鞍马、内府书籍，亲书“岳麓书院”匾额。

北宋后期 潭州三学制形成，即州学学生积分高等升湘西书院；又积分高等升岳麓书院。

绍兴元年（1131） 岳麓书院毁于兵火。

乾道元年（1165） 潭州知州、荆湖南路安抚使刘珙组织重建岳麓书院，恢复书院原有规模。

乾道二年（1166） 理学家张栻主讲岳麓书院。

乾道三年（1167） 理学家朱熹自福建崇安来潭州访张栻，与张同在岳麓书院

“时新”“时习”两斋讲学两个多月，史称“朱张会讲”。

是年　朱熹改岳麓山顶名为“赫曦台”，又重修湘西书院。

庆元年间（1195—1200）　岳麓山洞真墟福地之岳麓宫，分余业予河东寿星观，以作“瓜华之奉”。

嘉定五年（1212）　何致摹刻南岳《禹王碑》文于岳麓山云麓峰西北碧虚山石壁。

德祐元年至二年（1275—1276）　岳麓书院毁于兵火。

元

至元二十三年至二十四年（1286—1287）　潭州学正刘必大主持重建岳麓书院，恢复至宋代规模。

延祐元年（1314）　潭州别驾刘安仁主持修复岳麓书院，新建礼殿、四斋、诸贤祠、百泉轩、讲堂、尊经阁、极高明亭等。

至正末年（1368）　岳麓书院毁于兵火。

明

宣德七年（1432）　长沙卫指挥周辛甫率其子志高捐修岳麓书院讲堂，是为元末兵毁 60 多年后首次开展修缮。

弘治九年（1496）　长沙知府王瑫率僚属为岳麓书院“辟道路，广舍宇，备器用，增公田，储经书”。

弘治十八年（1505）　长沙卫指挥使杨溥建大成殿，集岳麓书院古今诗作刊印《岳麓书院诗集》，首开书院辑刊史志纪录。该书今已失传。

正德二年（1507）　湖广左参议吴世忠拆毁道林寺，以扩建岳麓书院，建一完整文庙于书院之左。

正德三年（1508）　思想家、军事家、心学集大成者王守仁赴贵州龙场驿途中，途经长沙，游岳麓山，作《游岳麓书事》等诗 3 首。

正德九年（1514）　湖广提学佥事陈凤梧为岳麓书院山长陈论所刊《岳麓书院志》作序。正德《岳麓书院志》为岳麓书院第一部专志，今已失传。

嘉靖四年（1525）　长沙府同知俞夔重建石牌坊于湘江西岸山口鸿门旧址（牌楼口）。

嘉靖六年（1527）　长沙知府王秉良扩建岳麓书院，工未毕而去，继任者孙存完造。建有成德堂及东、西讲堂，4 斋、6 舍，扩建大成殿为文庙，建“崇道祠”供奉朱张神位；新设六君子堂，供祀宋朝朱洞、李允则、刘珙、周式和明朝陈钢、杨茂元，为岳麓书院专祀建院功臣之始。

嘉靖九年（1530） 明世宗颁御制《敬一箴》及御注程子视、听、言、动四箴于岳麓书院，长沙知府潘镒建敬一箴亭。

嘉靖十二年（1533） 长沙知府潘镒寻得岳麓山《禹王碑》文，摹刻于岳麓山云麓峰左侧石壁。

隆庆年间（1567—1572） 道士金守分隐居岳麓山洞真墟福地，状元张元忭慕名拜访，共同修葺旧宫，新建关圣殿、祖师殿、三清殿等。

万历年间（1573—1620） 麓山寺重建大雄宝殿、观音阁、万法堂、藏经楼等建筑。

万历二年（1574） 岳麓山洞真墟福地修建工程竣工，名曰云麓宫。

崇祯十六年（1643） 岳麓书院、麓山寺毁于兵火。

清

顺治十五年（1658） 官府和民间首议重修麓山寺，至康熙十年（1671）始由智檀禅师着手全面修复。

康熙七年（1668） 偏沅巡抚周召南重建岳麓书院。翌年竣工。

康熙十三年（1674） 吴三桂军队攻长沙，岳麓书院院舍多有损坏。其后数年，兵乱无常，书院渐至荒废。

康熙二十年（1681） 文悭禅师等人修复麓山寺。

康熙二十四年（1685） 偏沅巡抚丁思孔率僚属捐资重建岳麓书院。仲秋，令长沙府同知赵宁主持开工，新斋祠舍，焕然如旧。

康熙二十六年（1687） 清圣祖赐岳麓书院“学达性天”匾额及图书《十三经》《二十一史》等。

雍正十一年（1733） 清廷赐银令各省建省会书院，岳麓书院、城南书院立为省会书院，岳麓书院向全省招生，城南书院向长沙府招生。

乾隆九年（1744） 清高宗赐书岳麓书院“道南正脉”匾额。

乾隆四十七年（1782） 罗典任岳麓书院山长，从此主持书院 27 年。

乾隆五十七年（1792） 罗典于岳麓山清风峡建红叶亭，两年后更名为爱晚亭。

嘉庆元年（1796） 长沙知府张翙倡建屈子祠，以其左为贾太傅祠，附祀濂溪木主，分祀屈原、贾谊、周敦颐，将岳麓书院学统由朱、张上溯到楚汉、北宋。翌年竣工。

嘉庆二十三年（1818） 欧阳厚均任岳麓书院山长。主持书院 27 年，弟子著录者 3000 余人。

道光十一年（1831） 湖南巡抚吴荣光创湘水校经堂之名，以经学课试岳麓书院、城南书院生徒，试事常在岳麓书院举行。

道光十三年（1833） 欧阳厚均在岳麓书院创建湘水校经堂，吴荣光题写堂额。湘水校经堂由此名、堂皆实。

道光二十六年（1846） 丁善庆任岳麓书院山长，从此主持书院 22 年。

道光二十八年（1848） 植物学巨著《植物名实图考》刊行。该书由吴其濬以岳麓山为重点开展调查所著，收录植物 1714 种。吴于该书刊行前一年去世。

道光二十九年（1849） 林则徐卸任云贵总督归闽，途经长沙，系舟岳麓山下，与左宗棠会晤，宴谈达曙。

咸丰二年（1852） 太平军攻打长沙，岳麓书院毁去一半，藏书多成灰烬。丁善庆在书院设立恭武社，使院中诸生与众练卒肄习火器事，开军事教育之先河。

咸丰三年（1853） 岳麓书院山长丁善庆率众修复岳麓书院文庙、御书楼、文昌阁、讲堂、斋舍、祠宇。倡导官绅士民捐置图书。

同治七年（1868） 湖南巡抚刘崐发起重修岳麓书院。翌年竣工。

是年 善化（今属湖南长沙）县衙发布告示，禁止在岳麓山私砍私葬。

同治十一年（1872） 湖南抚标中军参将、借补长沙协副将韩殿甲督所部兵勇兴修韩家湖堤，历时 4 个月竣工。次年，堤内丰收。湖南巡抚王文韶撰文记其事，前署理广东巡抚郭嵩焘书，刻碑以志纪念。

光绪三年（1877） 湖南粮道夏献云在岳麓山白鹤泉建亭，刻碑纪事。

光绪五年（1879） 湘水校经堂迁至天心阁下，搬离岳麓书院而自立门户。

光绪九年（1883） 善化官府发布告示，岳麓山禁止进葬、铲挖私砍树木，并着寺僧与地保朝夕巡视，不得疏懈。

光绪二十二年（1896） 岳麓书院山长王先谦领衔呈请创设时务学堂。翌年，时务学堂开学，地址设长沙小东街（今中山西路三贵街一带）。时务学堂系今湖南大学前身之一。

光绪二十九年（1903） 湖南巡抚赵尔巽奏改岳麓书院为湖南高等学堂。

光绪三十二年（1906） 同盟会湖南分会会长禹之谟等发动省城学生，于闰四月初七（5 月 29 日）公葬陈天华、姚宏业于岳麓山。

是年6月　同盟会刘道一等邀集革命党人在水陆洲附近船上开会，商议发动萍浏醴起义事宜。

光绪三十四年（1908）　湖南内河水上警察总局在水陆洲成立。

宣统三年（1911）　英国驻长沙领事馆、长沙海关自河东迁驻水陆洲。

是年　程颂万任湖南高等学堂监督，修葺爱晚亭，篆刻“纳于大麓，藏之名山”联于岳麓书院二门。

中华民国

元年（1912）

10月4日　省城各界3000余人迁葬焦达峰于岳麓山。

11月15日　省城各界举行禹之谟烈士追悼会，谭延闿主祭，黄兴执绋前导，并公葬于岳麓山。

是年　岳麓森林培秧局在岳麓山成立。

是年　湖南都督谭延闿成立湖南大学筹备处，改高等学堂为湖南大学，未果，遂将湖南优级师范学堂迁入岳麓书院，改名湖南高等师范学校。

5年（1916）

是年　蒋翊武的灵柩从桂林迁葬岳麓山。

6年（1917）

3月22日　省城各机关长官、职员和各校校长在岳麓山参加首届植树节活动。

4月12日　蔡锷国葬典礼在岳麓山举行，谭延闿主祭，中华民国总统黎元洪及中央各部、各省均派代表参加。

4月15日　黄兴国葬典礼在岳麓山举行，谭延闿主祭，黎元洪及中央各部、各省均派代表参加。

是年　湖南高等师范学校停办，省政府批准再次成立湖南大学筹备处，接管该校校址、校产及包括图书、仪器在内之器具，岳麓书院校舍则借给湖南公立工业专门学校办学，湖南公立工业专门学校校长宾步程手书“实事求是”，制匾悬于讲堂前檐。

7年（1918）

4月14日　毛泽东、蔡和森、张昆弟、何叔衡、萧子升等13人在河西周家台子蔡和森住处成立新民学会。

6 月　毛泽东与蔡和森、张昆弟等在岳麓山设工读同志会，从事半工半读。

8 年（1919）

8 月 11 日　湖南督军兼省长张敬尧查封湖南学生联合会及《湘江评论》周刊。毛泽东等在岳麓书院召开会议，决定学联转入秘密状态，继续斗争。

10 年（1921）

3 月 20 日　湖南省自治根本法起草委员会会议在岳麓书院举行开幕式，各界代表 300 余人参加，4 月 20 日闭幕。

13 年（1924）

1 月 27 日　康有为游览岳麓山，拜谒黄兴墓、蔡锷墓，参观岳麓书院，湖南省政府派员陪同。

14 年（1925）

5 月 25 日—6 月 1 日　中国国民党湖南省第一次代表大会在岳麓山秘密举行，选举产生省党部第一届执行委员会。

秋　毛泽东重游橘子洲，作《沁园春·长沙》。

11 月　省政府批准第三次成立湖南大学筹备处，令公立法政专门学校、商业专门学校、工业专门学校及前筹备处所握岳麓书院一切产业合并，筹组新的湖南大学。

15 年（1926）

2 月 1 日　省立湖南大学成立。3 月 8 日举行开学典礼。至此，近千年历史之古书院岳麓书院转型成为现代大学。

8 月 19 日　蒋介石赴岳麓山拜谒黄兴墓、蔡锷墓，游览云麓宫、万寿寺（即古麓山寺）。

16 年（1927）

3 月 23 日　汉口、九江收回英租界事件发生后，英以保护侨民为由，派水兵在长沙水陆洲登陆，殴伤水陆洲菜农。25 日，省会组织反英示威大会抗议，并请国民政府裁撤英国领事，责令英舰离开，严惩肇事凶手。

5 月底　滕代远、易子义组织农军集结岳麓后山，准备配合湘潭、浏阳等地农军攻打长沙平定许克祥叛乱。

19 年（1930）

1 月—2 月　长沙大冰冻，岳麓山地区牲畜大量死亡，蔬菜全部被冻死，河水结冰，船只被损坏若干，水陆交通断绝。

3 月 12 日　省政府组织省会各机关、学校、团体共 2 万多人在岳麓山穿石坡附近举行植树典礼，营造人造林，并立“中山纪念林碑”。

21 年（1932）

10 月 31 日　蒋介石率湖南党政军人员到岳麓山，公祭黄兴、蔡锷、焦达峰、陈作新 4 位烈士。

25 年（1936）

2 月 28 日　省政府为保护名胜，规定岳麓山自即日起不再进葬。

4 月 15 日　长沙市第一届登山比赛在岳麓山举行，有男子、女子、儿童 3 组，922 人参赛。

是年　省政府为昭示民众投身抗日运动，在岳麓山东麓建岳王亭。

26 年（1937）

2 月 7 日　荷叶塘农民吴竟屏兄弟 3 人在岳麓山中捕获老虎 1 只，后运至省城出售，围观者络绎不绝。

4 月 13 日　国民政府主席林森游岳麓山，致祭黄兴墓、蔡锷墓。

7 月 6 日　省立湖南大学办学成绩居全国之冠，被国民政府确立为国立湖南大学。

冬　侵华日军逼近长沙，湖南大学师生及贵重图书仪器等陆续撤往辰溪。

27 年（1938）

4 月 10 日　日军飞机轰炸湖南大学，图书馆、科学馆被炸，第一、五学生宿舍等倒塌，第一、二院，工厂及第二、四学生宿舍等处被震毁。岳麓山及附近死伤百余人。

11 月 13 日　水陆洲不少房屋毁于长沙文夕大火。

28 年（1939）

9 月　日军进犯长沙，第一次长沙会战打响，国民革命军第十八军第十一师守卫岳麓山。

是年　国民革命军第十集团军总司令刘建绪为纪念第四路军抗日阵亡将士（第十集团军由第四路军改编而来，改编前刘建绪任第四路军总指挥），在岳麓山建忠烈祠。

29 年（1940）

4 月 5 日　省城各界举行民族扫墓节，在岳麓山公祭黄兴、蔡锷、焦达峰、陈作新 4 位先烈，并举行抗战阵亡将士公墓揭幕典礼。

30 年（1941）

4 月 18 日—5 月 7 日　日军飞机再次轰炸湖南大学，岳麓书院御书楼、半学斋、静一斋等处均中弹倒塌，文庙大成殿及孔子像被炸毁。

7 月 7 日　陆军上将第九战区长官司令部在云麓宫前竖立长沙会战碑，有亭护碑。碑文记述民国 28 年（1939）9 月陆军第九战区全体将士奋勇抗日的悲壮事迹。

9 月　日军再次进犯长沙，第二次长沙会战打响。国民革命军第七十九军第一九四师、暂编六师布防岳麓山及其附近。

12 月 24 日　日军第三次进犯长沙，第三次长沙会战打响。29 日，国民革命军第十军进入岳麓山阵地。30 日，国民政府第九战区长官司令部迁至岳麓山，并在爱晚亭后山洞设指挥所。

31 年（1942）

1 月 3 日　日军第 6 师团第 23 联队进犯长沙城北郊阵地，推进至湘江畔，国民政府第九战区炮兵部队从岳麓山以重炮猛烈轰击，日军死亡枕藉。

32 年（1943）

4 月　省政府拨款 20 万元修缮岳麓山先烈墓。

33 年（1944）

春　古麓山寺被日军飞机炸毁，仅存山门、观音阁、虎岑堂等处。

6 月 18 日　日军攻占岳麓山、桃花岭。黄昏，长沙沦陷。

34 年（1945）

9 月 15 日　日本宣布无条件投降 1 个月后，抗日战争中国战区中国陆军第四方面军长衡地区受降仪式在湖南大学科学馆举行，中国陆军第四方面军司令官、长衡地区受降长官王耀武接受日军第 20 军司令官坂西一良投降。

35 年（1946）

1 月　湖南大学迁回岳麓山原址。

2 月　为纪念国民革命军陆军第七十三军抗战阵亡将士，该军军长韩浚将原第十五师麓山公墓改建为陆军第七十三军抗战阵亡将士公墓，并建忠义观。

9 月　湖南省会警察局第三分局水陆洲分驻所上报“所管区内”古迹名胜，岳麓山风景名胜区区域内爱晚亭、白鹤泉、蔡锷墓等 38 处被列入。

12 月　湖南大学致函长沙市政府，提议修复战时被破坏的岳麓山古迹文庙、万寿寺、云麓宫、爱晚亭等 11 处。

36 年（1947）

9 月　湖南省立音乐专科学校在水陆洲成立。

是年　实业家彭虞阶在水陆洲创办天伦造纸厂。翌年投产。

37 年（1948）

5 月 20 日　湘江涨水，长沙水位 36.17 米，水陆洲沿江棚户大部分被淹。

中华人民共和国

1949 年

年底　国立师范学院迁入长沙，并入湖南大学。

1950 年

8 月 20 日　毛泽东为湖南大学题写校名。翌年元旦制额，悬于岳麓书院大门。

1951 年

10 月 1 日　长沙市大西门（今五一大道与湘江大道交会处）至溁湾市（今溁湾镇）轮渡开通，改变了以往市民靠小木船渡江的历史。

11 月　全国高校院系调整中，武汉大学、中山大学、北京工业学院、广西大学、湖南大学、南昌大学 6 所院校的矿冶类学科，在岳麓山下组建矿冶学院，次年 6 月正式命名为中南矿冶学院。这是全国第一所有色金属专业的高等学校。

是年　长沙市成立岳麓山森林公园建设委员会，市长阎子祥任主任委员。

1952 年

5 月 1 日　长沙市开辟河西公交线路，往返溁湾市与湖南大学，全程 3 公里。这是名胜区区域内第一条公交线路。

12 月 1 日　水陆洲由长沙市郊区所辖的岳麓区（区公所）划归长沙市城西区管辖，设立水陆洲街道办事处。

是年　湖南大学组织重修爱晚亭，毛泽东为爱晚亭题额。

是年　长沙市成立岳麓山护林委员会，市长阎子祥任主任委员。

1953 年

3 月　长沙市郊区岳麓区（区公所）溁湾市居委会改为溁湾镇街道办事处，溁湾市由此改称溁湾镇。

10 月　在全国高校院系调整中，根据高教部和中南行政委员会意见，湖南大学撤销。在原湖南大学基础上，合并其他高校有关院系和专业，分别成立中南土木建筑学院和湖南师范学院；由湖南大学分出去的院系和专业在外省与别校合并建立的有华中工学院、中南财经学院和中南政法学院。

10 月 28 日　湖南师范学院成立，院址设岳麓书院。

1954 年

7 月　长沙大雨成灾，湘江水位 37.47 米，水陆洲被淹。

12 月　大冰冻持续月余，岳麓山、水陆洲果木受损严重。

1955 年

6 月 20 日　毛泽东畅游湘江并游览岳麓山、参观岳麓书院。这是中华人民共和国成立后毛泽东首次畅游湘江。

9 月 24 日　长沙市人民委员会办公室提出《岳麓山管理工作方案（草案）》并向有关单位征求意见。

1956 年

2 月　长沙市 6 万人参加郊区春季造林活动，以岳麓山、桃花岭为重点，造林 5335 亩（约 3.56 平方千米）。

4 月 24 日　岳麓山公园修建委员会提出《岳麓山公园修建工作意见（草案）》。

5 月 30 日　毛泽东畅游湘江，自猴子石入江，到橘子洲上岸。

7 月 24 日　湖南省人民委员会公布全省第一批名胜古迹和古文化遗址保护名单，岳麓山麓山寺、麓山寺碑、岳麓书院、大禹碑、爱晚亭、焦达峰墓、陈作新墓、黄兴墓、蔡锷墓、蒋翊武墓、刘道一墓等共计 11 处被列入。

8 月　中共湖南省党校与湖南省行政学院合并，改名为中共湖南省委党校，校址迁岳麓山石佳冲。

11 月　国务院副总理陈毅登临岳麓山顶，写下《岳麓山顶眺望》诗作。

1957 年

1 月　长沙市将岳麓山从岳麓区划出，成立岳麓山管理所，由市文化局领导。岳麓山公园正式设立。

4 月 23 日　岳麓山管理所更名为岳麓山园林管理所，改归长沙市城市建设局领导。

9 月 7 日、8 日　毛泽东回长沙，连续两日下湘江游泳，8 日到访橘子洲头。

1958 年

4 月 12 日　毛泽东在橘子洲头前畅游湘江。

10 月　长沙市郊区岳麓山人民公社调集 2000 余劳力，在四方塘、后湖修建 48 个鱼池共 283 亩（约 18.87 万平方米），建成岳麓山人民公社渔场，又称岳麓山人民公社岳麓渔场，简称岳麓渔场。

1959 年

1 月 24 日　湖南省人民委员会公布全省第二批名胜古迹和古文化遗址保护名单，岳麓山陈天华、姚宏业墓和禹之谟墓等处被列入。

6 月 24 日　毛泽东畅游湘江，登上橘子洲，看望菜农和橘洲小学师生。27 日，毛泽东从韶山到长沙，在橘子洲头前再游湘江。

7 月　湖南大学恢复，岳麓书院由湖南大学管理使用。湖南师范学院迁出。

1960 年

3 月 22 日　长沙市西区组建水陆洲公园建园指挥部。

3 月 26 日　水陆洲公园建园指挥部编制完成《水陆洲公园初步规划》，水陆洲公园建设开工，规划面积 0.07 平方千米。

是月　岳麓山园林管理所改名为岳麓公园管理所。

12 月　水陆洲公园建设因资金短缺停工。

是年　岳麓山园林管理所制定《岳麓山公园建设规划》。

1961 年

10 月 16 日　毛泽东重新手书《沁园春・长沙》。

是年　水陆洲公园建设复工。翌年 10 月 20 日，水陆洲公园建成开放，总面积 0.14 平方千米。

1962 年

10 月 22 日　长沙市西区将水陆洲公园移交长沙市城市建设局管理，同时成立水陆洲公园小组。

11 月 7 日　岳麓山黄爱、庞人铨墓及云麓宫被列入长沙市第一批文物保护单位。

1963 年

9 月 18 日　岳麓公园管理所拟制的《岳麓公园扩建规划》获中共湖南省委批复同意。

9 月 20 日　岳麓公园管理所更名为岳麓山公园管理处。

12 月 3 日　岳麓山公园派出所成立。

1964 年

5 月　岳麓山公园改由长沙市城市建设局、中共岳麓区委领导，以长沙市城市建设局为主。

6 月 1 日　长沙市人民委员会发文，同意岳麓区人民委员会、岳麓山公园管理处所拟《岳麓山封山护林管理条例》。

是年　岳麓山架设自来水管、电线上山，开始通水通电。

是年　岳麓山人民公社渔场从公社划出，扩建为国社合营的岳麓渔场。

1965年

10月　长沙市郊区政府组织3000余劳力实施龙王港第一次改道工程，历时4个月竣工。

是年　国防部副部长肖劲光到访岳麓山，探寻母亲墓地。

1966年

是年　橘子洲头建成望江亭及游廊，作为毛泽东革命活动纪念地之一。

1967年

8月　橘子洲头建成《沁园春·长沙》诗词碑。

9月　水陆洲公园改名为长沙市桔洲公园，设立长沙市桔洲公园小组负责管理。

12月　湖南大学东方红广场建成。

1968年

5月14日　毛泽东巨型塑像在湖南大学东方红广场建成，塑像及基座高12.26米。

1969年

6月24日　长沙3000多军民在橘子洲头聚会，纪念毛泽东1959年畅游湘江和考察橘子洲头10周年，会后1200多人冒雨横渡湘江。

1970年

11月25日　肖劲光回家乡岳麓山人民公社天马大队探望乡亲。

1971年

9月6日　长沙举行湘江大桥（又名湘江一桥，今橘子洲大桥）开工典礼。

1972年

4月17日　岳麓山公园改由长沙市城市建设局领导。

6月　长沙市桔洲公园小组改为桔洲公园管理处。

9月1日　湖南省革命委员会重新公布省级重点文物保护单位名单，岳麓山（含岳麓书院、爱晚亭、麓山寺、麓山寺碑、黄兴墓等）、橘子洲头被列入。

9 月 30 日　长沙举行湘江大桥通车典礼，该桥设南支桥连接橘子洲。

是年　橘子洲铺设自来水管道，洲上部分居民结束直饮湘江水历史。

1973 年

10 月　长沙市桔洲公园建设管理委员会成立。

12 月　岳麓山人民公社咸家湖渔业队所属生产区域扩建为国社合营的西湖渔场。

1974 年

1 月 10 日　长沙市岳麓山建设管理委员会成立。

4 月 21 日　长沙市革命委员会发出《关于严格保护岳麓山森林树木的布告》。

10 月 15 日　毛泽东乘车到达橘子洲头。

是日　长沙市革命委员会发出《关于加强岳麓山建设管理的通知》。

是年　第二次龙王港改道工程实施，同时筑起 3300 多米防洪大堤，龙王港泄洪条件进一步改善。

1975 年

7 月 16 日　省会军民在橘子洲头举行万人横渡湘江活动，纪念毛泽东畅游湘江。

1976 年

7 月 13 日　湘江涨水，长沙段水位 38.37 米，为长沙和平解放以来最高水位，橘子洲被淹。

1977 年

是年　岳麓山公园管理处组建生物防治组进行森林病虫害预测预报和防控。

1978 年

1 月　桔洲公园改由长沙市园林管理局领导。

6 月 13 日　岳麓山公园改由长沙市园林管理局领导。

8 月 7 日　河西龙王港五级提水工程建成通水。

10 月 1 日　岳麓山文物图片陈列在麓山寺观音阁开展，介绍岳麓山历史、自然风貌、古迹名胜。

1979 年

1 月 12 日　咸嘉湖象鼻嘴发掘一座西汉长沙王室木椁墓。

是年　湖南省、长沙市两级政府决定全面修复岳麓书院。

1981 年

3 月 23 日　中共湖南省委办公厅决定将岳麓书院修复与管理工作交湖南大学负责。

5 月 29 日　国务院发出《关于长沙市总体规划的批复》，要求“保护好岳麓山风景区，在风景区范围内不得安排新的单位”。

7 月 15 日　辛亥革命 70 周年之际，湖南省政府复函省文化局，同意将岳麓山黄兴墓，蔡锷墓，蒋翊武墓，刘道一墓，陈天华、姚宏业墓，焦达峰墓，禹之谟墓，陈作新墓列为省级文物保护单位。

9 月 6 日　岳麓山北头（今枫林宾馆）后山突发山火，烧毁风景林地 2.27 万平方米。

1982 年

3 月　省领导毛致用、孙国治、焦林义、刘夫生及省直机关干部 500 多人，在岳麓山北头参加义务植树活动。

5 月 10 日　长沙市岳麓山风景区管理委员会成立，副市长潘基硕任主任，办公室设岳麓山公园管理处。

6 月 8 日　潘基硕主持召开岳麓山风景区管理委员会第一次会议，讨论《岳麓山风景区管理条例》，并研究风景区边界划定事项和岳麓山护林防火工作。

6 月 19 日　湘江涨水，长沙段水位 38.35 米，桔洲公园被淹 3 天，最深处一度达 89 厘米。

8 月 1 日　桔洲公园开始实行门票制，每人次 0.02 元。

1983 年

1 月　靳江河公路桥建成通车。

10 月 10 日　湖南省政府公布调整后的省级文物保护单位，位于岳麓山的爱晚亭，黄爱、庞人铨墓，黄兴墓，蔡锷墓，蒋翊武墓，刘道一墓，焦达峰墓，陈作新墓，禹之谟墓，陈天华、姚宏业墓，麓山寺，岳麓书院，麓山寺碑，禹王碑被列入，位于溁湾镇的新民学会旧址被列入。

11 月 14 日 《岳麓山公园建设规划（1984—2000）》拟制完成。

12 月 28 日 夜降大雪，岳麓山公园职工连夜上山打雪，保护名木古树及苗木花卉。

是年 麓山寺被国务院定为汉族地区佛教重点寺院。

是年 桔洲公园改由长沙市城市建设局领导。

1984 年

10 月 19 日 日本高知县访华代表团在爱晚亭栽植樱花树，竖立“中日友好 万古长青”木牌。

10 月 30 日 黄兴诞辰 110 周年纪念活动在岳麓山公园举办。

12 月 31 日 长沙市政府决定，1985 年元旦起，麓山寺移交长沙市佛教协会管理。

是年 岳麓书院文化研究所成立，下设理学、书院、古建筑 3 个研究室。

1985 年

4 月 25 日 中共湖南省委、省政府转发《关于长沙市河西风景文化区建设中有关问题处理意见的报告》，要求保护好风景区，明确风景区管理总面积 7300 亩（约 4.87 平方千米）。

5 月 1 日 岳麓山公园实行进山门票制，每人次 0.05 元。

5 月 9 日 新民学会旧址开始按原貌复建。

5 月 21 日 亚洲太平洋地区青年联欢活动在岳麓山举行，并举行登山比赛，400 余人参加。

是年 岳麓书院赫曦台、半学斋、湘水校经堂、六君子堂、文昌阁等修复工程竣工。

是年 爱晚亭被仿建于日本鹿儿岛市天保山公园，名为共月亭。

1986 年

6 月 8 日 《岳麓山风景区规划设计》拟制完成。

9 月 3 日 爱晚亭修复工程竣工。

10 月 5 日 长沙市西区政府与长沙市建设委员会联合成立橘子洲供水工程指挥部。

10 月 12 日 岳麓山仰天坪西侧谷底发生特大山火，烧毁风景林木 200 余亩（约 13.33 万平方米）。

12 月 30 日 溁湾镇至阜埠河沿江大堤公路命名为潇湘路，这是岳麓山东侧一条南北向主干道。

是年　岳麓书院主体工程修复，正式对外开放。

1987 年

1 月　橘子洲自来水供水工程竣工。

2 月 18 日　湖南省政府公布第一批省级风景名胜区，岳麓山风景区列入，始称岳麓山风景名胜区。

3 月　岳麓山公园被评为湖南省文明单位。

6 月 2 日　岳麓山公园穿石坡“中山纪念林亭”竣工。

9 月 10 日　岳麓山公园召开座谈会讨论《岳麓山公园志》编纂工作。

是年　桃花岭区域中南矿冶学院校区发掘一座大型晚唐双人墓葬，出土大量珍贵文物。

1988 年

1 月 13 日　岳麓书院、黄兴墓被列为全国重点文物保护单位。

1 月 26 日—27 日　中共中央政治局常委、中央纪律检查委员会书记、国务院副总理乔石调研岳麓书院、岳麓制鞋厂等。

4 月 14 日　新民学会旧址修复后正式对外开放，省会各界举行集会纪念新民学会成立 70 周年。

8 月 18 日　《岳麓山风景名胜区规划（1989—2000）》拟制完成。

11 月 24 日　国家主席杨尚昆到访岳麓山公园。

是年　覃振墓、刘昆涛墓被列为市级文物保护单位。

1989 年

9 月　长沙市岳麓山公园管理处编纂的《岳麓山公园志》内部刊印。此为至 2018 年所知有关岳麓山公园的最早一部专志。

1990 年

3 月 9 日　湖南省第七届人大常委会第十五次会议批准长沙市人大常委会制定的《岳麓山风景名胜区管理办法》，5 月 1 日起施行。

5 月 16 日　中共中央政治局常委宋平到访岳麓书院。

7月18日　长沙市西区政府邀请中南工业大学、湖南大学、长沙矿冶研究院等单位专家学者参加科技、经济工作研讨会，并向与会人员介绍建立岳麓山科技开发区的设想。

8月24日　蔡锷生平事迹陈列室对外开放，陈列室位于蔡锷墓庐。

9月7日　第十一届亚运会火炬途经长沙五一路过湘江大桥到达湖南大学东方红广场，数十万群众沿线观看。

11月15日　毛泽东之子毛岸青、儿媳邵华到访岳麓山公园。

1991年

3月16日　中共中央总书记、中央军委主席江泽民到访橘子洲头和岳麓书院。

7月15日　长沙市政府常务会议研究橘子洲居民生产、生活问题，确定将橘子洲作为革命纪念地和公园开发建设。

9月6日　由省摄影家协会、省风景名胜区协会、岳麓山公园管理处联合主办的湖南风景名胜摄影艺术展览在黄兴墓庐开幕。

9月10日　首届“中国湖南国际烟花节”烟花燃放晚会在橘子洲举行。14日晚在橘子洲北端再次举行烟花燃放晚会。

是年　岳麓书院获国务院学位办授权，建立专门史硕士点，招收研究生。

1992年

7月3日　中共湖南省委常委、省委政法委书记朱东阳等调研溁湾镇广场综合治理情况。

1993年

1月4日　肖劲光大将铜像在岳麓山公园揭幕。铜像高3.5米，半身戎装，英姿飒爽。

2月　湖南省文物部门开始抢救性发掘位于枫林路的西汉长沙王后“渔阳”墓。

3月19日　橘子洲整体拆迁启动。后受资金、规划等影响，未能推进。

4月17日　中共中央政治局常委、国务院副总理朱镕基到爱晚亭调研。

6月11日　中共中央政治局委员、国务委员兼国家经济体制改革委员会主任李铁映到访岳麓书院。

8月27日　岳麓山旅游索道开通，全长1238米，由山下细塘坡附近起，至电视发射塔止，单程运行时间约16分20秒。

是年　《沁园春·长沙》诗词碑、岳王亭被列为市级文物保护单位。

1994 年

6 月 15 日　长沙遭受洪灾，湘江水位 38.93 米，超历史最高水位，橘子洲被淹。

6 月 18 日　凌晨，龙王港防洪大堤 9 湖段出现 100 米长的大塌方险情，洪水高达 38.48 米。省军区副政委黄祖示、副司令员杨国福率 1000 余名官兵赴大堤抢险。

6 月 21 日　中共中央政治局候补委员、中央书记处书记温家宝率水利部一行到域内龙王港防洪大堤慰问抗洪抢险官兵和干部群众。

7 月 6 日　中共中央政治局常委、全国政协主席李瑞环到访橘子洲。

8 月　长沙市佛教协会在麓山寺举行圣辉法师入院升座仪式。

10 月 8 日　龙王港修复工程开工。

10 月 14 日　中共中央政治局委员、中央书记处书记、中央纪律检查委员会书记尉健行到访岳麓书院。

11 月　经省政府同意，省建设厅批准实施《岳麓山风景名胜区总体规划》。该规划由长沙市规划设计院受长沙市政府委托编制。

12 月 17 日　中共中央政治局常委、国务院总理李鹏调研麓山垸防洪工程和龙王港大堤建设情况。

是年　长沙市园林管理局（副县级）对外加挂长沙市岳麓山风景名胜区管理处牌子，根据长沙市政府授权行使岳麓山风景名胜区行业管理职能。

1995 年

8 月 8 日　岳麓山高山滑道开通，自电视发射塔下至细塘坡附近，全长 700 米，落差 150 米。

12 月 27 日　邵华等 7 位中国人民解放军女少将及毛新宇到访爱晚亭。

是年　湖南省政府批准云麓宫为省级重点开放道教场所。

1996 年

6 月 27 日—7 月 3 日　首届中国风景名胜区展览在北京举行，岳麓山风景区参加展览并获银奖。

10 月 4 日—6 日　湖南大学举行湖南大学定名 70 周年暨岳麓书院创建 1020 周年庆祝活动。

是年　枫林路西汉长沙王后“渔阳”墓、岳麓山覃振墓被公布为省级文物保护单位。

是年　长沙市行政区划调整，岳麓山风景名胜区管辖区域被划入岳麓区。

1997 年

1 月 25 日　国务委员兼国家计划生育委员会主任彭珮云到岳麓书院调研，题词“湘楚人才的摇篮”。

7 月 24 日　中共中央政治局委员、国务院副总理吴邦国到橘子洲调研。

8 月 24 日—31 日　第十一届亚洲滑水锦标赛和全国滑水锦标赛在橘子洲西小河举行。

9 月 18 日　岳麓山东大门暨旅游观光长廊竣工。东大门位于细塘坡附近，靠近新民路。

11 月 11 日—13 日　全国重点文物保护研讨会第七次会议在岳麓书院召开。

1998 年

2 月 9 日—11 日　湘江上游连降大雨，橘子洲被淹。

3 月 9 日　湘江涨水，橘子洲、无名岛、靳江河多处被洪水淹没，受灾居民 2000 户、10000 余人。

3 月 26 日　中央电视台《天涯共此时》栏目组到岳麓山拍摄辛亥英烈墓葬专题片。

4 月 11 日　岳麓山公园被省旅游局授予“全省最佳景区”称号。

6 月 12 日　湘江特大洪峰过境，橘子洲被淹。

7 月 7 日　中共中央政治局常委、国务院总理朱镕基，中共中央政治局委员、中央书记处书记、国务院副总理温家宝察看橘子洲灾情。

是年　橘子洲被纳入岳麓山风景名胜区，命名为橘子洲景区。

1999 年

3 月 23 日　中共中央政治局常委、国务院副总理李岚清到橘子洲调研。

11 月 7 日　陆军第七十三军抗战阵亡将士公墓经过修复重新对外开放。该墓于 20 世纪 60 年代被毁。

是年　岳麓山国家大学科技园开始建设，并被列为全国 15 家国家大学科技园建设试点单位之一。

2000 年

2 月 4 日　岳麓山国家大学科技园管理委员会成立。

8月　岳麓山的云麓宫、胡子靖墓被列为市级文物保护单位。

是年　岳麓书院获批中国哲学、中国古代史硕士学位授予权。

2001年

1月12日　岳麓山风景名胜区被国家旅游局旅游区质量等级评定机构评定为4A级旅游区。

3月　长沙市政府成立长沙市岳麓山风景名胜区麓山景区管理处、橘子洲景区管理处，分别与长沙市岳麓山公园管理处、橘洲公园管理处合署办公。

5月24日　位于岳麓山的北伐阵亡将士纪念塔主体修复工程竣工。

5月28日　珠江电影制片厂、北京东方红太阳艺术有限公司联合拍摄的电视艺术散文片《江山如此多娇——毛新宇走访散记》在橘子洲头拍摄，次日在爱晚亭拍摄。

9月19日　《谁主沉浮》雕像群在橘子洲安放并对外开放。

11月28日　中共湖南省委常委、长沙市委书记梅克保，长沙市委副书记、市长谭仲池到橘子洲移民安置小区、潇湘大道重点工程检查工作。

2002年

5月17日　岳麓山风景名胜区被批准为国家重点风景名胜区。

5月19日　橘子洲长沙海关公廨旧址、湖南大学礼堂被列为省级文物保护单位。

8月21日　湘江长沙站水位达38.38米，橘子洲洪水穿洲，1776户、4613人受灾。

9月12日　中国湖南旅游节在长沙开幕，“长沙旅游之光”大型焰火晚会在橘子洲举行。

9月25日　岳麓山风景名胜区荣获中央精神文明建设指导委员会办公室、建设部、国家旅游局颁发的“国家文明风景旅游区示范奖”荣誉称号。

10月　为对橘子洲进行整体拆迁开发，长沙市岳麓区成立移民搬迁指挥部，启动橘子洲2个行政村、3个居委会、37个单位的搬迁。

12月10日　麓山景区古树名木认养冠名挂牌仪式在麓山寺前坪举行。

是年　岳麓山公园被正式命名为岳麓山风景名胜区麓山景区；天马山、凤凰山、桃子湖被纳入岳麓山风景名胜区，命名为天马山景区；桃花岭被纳入岳麓山风景名胜区，命名为桃花岭景区。

是年　北伐阵亡将士纪念塔被列为省级文物保护单位。

2003 年

4 月　建设部和省直有关部门组织召开《岳麓山国家重点风景名胜区总体规划纲要》评审会。

7 月 8 日　麓山景区从长沙市开福公安分局领回年初被盗的国家三级文物飞来钟。飞来钟景点得以恢复。

10 月—12 月　长沙湘江大桥进行第一次大型维修，增设北支桥连接橘子洲。

10 月 19 日　湘江便桥拆除。该桥建于 20 世纪 60 年代，是一座方便居民出入的民用桥。因年久失修，加之建桥时没有考虑通航和行洪，安全隐患大，引起社会关注。2002 年 10 月 25 日，长沙市政府开始拆除此桥。因种种原因，拆除工作中断数月，2003 年 10 月 17 日开始第二次拆除。

12 月 13 日　中共中央政治局常委李长春到访麓山景区。

是年　后湖被纳入岳麓山风景名胜区，命名为后湖景区。

是年　岳麓书院报请国务院学位办获批专门史博士学位授予权。翌年开始招收博士研究生。

2004 年

2 月　长沙市政府投资于原址重建古牌楼，岳麓书院结束半个世纪没有牌楼的历史。古牌楼于湖南和平解放初期一度遭破坏，随后消失不见。

4 月 19 日　中共中央政治局委员、广东省委书记张德江率广东省党政代表团到访麓山景区。

5 月 14 日　长沙市政府成立橘子洲开发建设指挥部，办公室设橘子洲景区办公楼。

9 月 25 日—12 月 24 日　首届湖南长沙橘子洲沙雕艺术展举办。

9 月 26 日—10 月 28 日　2004 中国 · 长沙首届岳麓山红枫文化节在岳麓山风景名胜区麓山景区举行。此届红枫文化节以“热烈庆祝国庆、传承文化薪火、打造文化名山、建设文化名城”为主题。

10 月 25 日　中共中央政治局常委、中央政法委书记罗干到麓山景区调研。

12 月　长沙二环线（西南段）通车，该公路从麓山景区和桃花岭穿过。

是年　长沙市政府开始实施麓山景区提质保护工程。

2005 年

5 月 15 日　中国人民解放军海军政委胡彦林到麓山景区向肖劲光大将铜像祭扫献

花，并参观爱晚亭、麓山寺、岳麓书院。

是月　长沙市岳麓山风景名胜区管理局成立，与长沙市园林管理局合署办公。

6 月 16 日　中共中央政治局委员、湖北省委书记俞正声率湖北省党政代表团到访麓山景区。

7 月 16 日　中共中央政治局常委、全国政协主席贾庆林到麓山景区调研。

8 月 30 日　忠烈祠、白鹤泉、自卑亭、湖南省会警察纪念堂、辛亥援鄂汉阳阵亡将士公墓、辛亥援鄂民五护国阵亡将士公墓、程宣烈士墓、丁文江墓、高继青烈士墓、印心石屋石刻被列为市级文物保护单位。

9 月 30 日　国务院批准《岳麓山国家重点风景名胜区总体规划》。根据该规划，岳麓山风景名胜区共有八大景区，除此前已被纳入风景名胜区的麓山景区、天马山景区、橘子洲景区、桃花岭景区、后湖景区外，还有咸嘉湖景区、石佳岭景区、寨子岭景区。

是年　“岳麓书院”建制恢复，原“岳麓书院文化研究所”改为“岳麓书院”，下设中国书院研究中心及中国哲学、历史、思想文化 3 个研究所。

2006 年

1 月 19 日　麓山景区荣获“全国创建文明风景旅游区工作先进单位”称号。

2 月 25 日　国家旅游局局长邵琪伟率专家组到麓山景区指导工作。

3 月 18 日　国际佛光会世界总会会长、台湾佛光山开山宗长星云大师参访麓山寺。

4 月 10 日　中共中央政治局常委、中央纪律检查委员会书记吴官正到麓山景区调研。

5 月 25 日　蔡锷墓被列为全国重点文物保护单位。

5 月 31 日　陆军第七十三军抗战阵亡将士公墓被列为省级文物保护单位。

8 月 22 日　橘子洲景区建设奠基。这意味着 2004 年启动的橘子洲提质改造工程进入全面建设阶段。

10 月 3 日　麓山寺举行圣辉法师晋升麓山寺法主暨法通法师荣膺麓山寺方丈升座法会。

是日　岳麓书院屈子祠修复开放，始于 20 世纪 80 年代的岳麓书院古建筑修复全面完成。

10 月 27 日　长沙市第十二届人大常委会第三十一次会议通过《岳麓山风景名胜区保护条例》。

11 月 8 日　谢觉哉夫人、老红军王定国到访爱晚亭。

12 月 22 日　民革湖南省委及湘潭市有关部门在刘道一墓前举行纪念刘道一烈士就义 100 周年祭扫活动。

2007 年

6 月 10 日　泛珠三角区域合作行政首长联席会议在长沙召开。来自广州、福州、南昌、长沙、南宁、海口、成都、贵阳、昆明等泛珠三角 9 省（区）省会城市领导及香港、澳门特别行政区政府高层领导，在橘子洲景区共同植下一棵香樟树，并分别在香樟两边栽下柚子树。

7 月 10 日　肖劲光故居、谢祖尧墓被列为市级文物保护单位。

10 月　极高明亭遗址被发现，位于岳麓山顶禹王碑下行约百米的山嘴东侧，保存有部分青砖墙体。

12 月 28 日　毛泽东青年艺术雕塑在橘子洲头奠基。

是月　麓山景区被评为国家级风景名胜区综合整治优秀单位。

2008 年

1 月 10 日—31 日　岳麓山遭遇 50 年不遇的冰冻灾害，8300 亩（约 5.53 平方千米）树木严重受伤。

4 月 23 日　中共湖南省委书记、省人大常委会主任张春贤到橘子洲景区调研综合整治工程进展情况。

6 月 4 日　2008 年北京奥运会火炬传递长沙站启动仪式在爱晚亭举行。

7 月 16 日　中共岳麓区委、区政府启动天马山景区综合整治工作，天马山景区一期生态修复和桃子湖整治主体工程开始实施。

7 月 29 日　橘子洲景区被评为长沙十大城市名片之一。

8 月 28 日　省政协主席胡彪等 20 多位在湘全国政协委员视察岳麓山风景名胜区综合整治工程。

10 月 22 日　北伐将领张国威墓葬在麓山景区白鹤泉东北角被发现。

12 月 18 日　长沙市岳麓山风景名胜区管理局与长沙市园林管理局分设。

是年　报请国务院学位办批准，岳麓书院获批中国哲学、中国古代史博士学位授予权。

是年　长沙启动咸嘉湖景区综合整治（即西湖文化园项目），不久因规划调整等原因停工。

2009年

1月1日　提质改造后的橘子洲景区试开园。

2月9日　麓山景区推出“龙腾狮跃闹元宵”系列活动，上万市民参加。

2月10日　中共湖南省委常委、长沙市委书记陈润儿到橘子洲景区调研工程建设情况。

3月　长沙市岳麓山风景名胜区管理局加挂长沙市岳麓山风景名胜区综合执法队牌子。

6月1日　麓山景区、橘子洲景区取消门票，免费对外开放。

6月23日　中央电视台《激情广场》栏目“爱国歌曲大家唱·湖南长沙篇”活动在橘子洲景区举行。

7月11日　中共中央政治局常委、全国政协主席贾庆林到橘子洲调研。

8月2日　陈明仁将军骨灰迁葬岳麓山。

10月23日　中国华夏文化遗产基金会主办的“华夏魂——海峡两岸大型文化交流活动”长沙站取土仪式在麓山景区陆军第七十三军抗战阵亡将士公墓前完成。

11月28日　咸嘉湖景区综合整治（即西湖文化园项目）再次启动建设。

12月16日　中共中央政治局委员、国务院副总理王岐山到橘子洲景区调研。

12月26日　毛泽东青年艺术雕塑在橘子洲头落成。

2010年

1月6日　中共湖南省委副书记、省长周强调研天马山景区综合整治工程。

2月25日　中共湖南省委常委、长沙市委书记陈润儿到岳麓山风景名胜区管理局调研名胜区综合整治工程和洣湾镇棚户区改造项目。

5月30日　执行“神舟五号”飞行任务的“中国进入太空第一人”杨利伟，执行“神舟六号”飞行任务的“英雄航天员”聂海胜到访橘子洲景区。

6月1日　中共湖南省委常委、长沙市委书记陈润儿到岳麓山风景名胜区就麓山景区免费开放一周年开展专题调研。

6月9日　岳麓山风景名胜区区域内的极高明亭遗址、清风泉、红房别墅、望麓桥、湖南艺术职业学院第一教学楼、赫石坡抗战防御工事、长沙会战岳麓山炮兵阵地、铁螺塘战备水塔、湖南大学财院礼堂、湖南大学远程与继续教育学院教学楼、湖南大学财经学院露天电影银幕墙、共青团湖南省委老团校、阎松年墓、刘志高烈士墓、万贵先墓、陶母周老孺人墓、田广真墓、董纯墓、杜心五墓、白鹤泉碑、麓山树镫记碑、长沙会战阵亡将士名单石刻、陆军第七十三军第七十七师抗日阵亡纪念碑、飞来石等处被长沙市列为一般不可移动文物。

6月12日　岳麓山风景名胜区在枫林宾馆召开创建国家5A级旅游景区动员大会，拟以岳麓山、橘子洲、岳麓书院、新民学会旧址4家单位为整体，申报、创建国家5 A级旅游景区。

6月25日　湘江水位骤涨，达38.46米，橘子洲部分被淹。

7月2日　中共中央政治局常委、国务院总理温家宝到橘子洲调研。

7月19日　中共湖南省委常委、长沙市委书记陈润儿调研天马山景区“两山一湖”生态修复工程建设。

是月　天马山景区一期生态修复和桃子湖整治主体工程完工并对外开放。

8月6日　中华全国总工会在枫林宾馆举行授牌仪式，麓山景区工会荣获“全国模范职工之家”称号。

8月28日　为打造“城市名片”、提升长沙知名度，同时为推介“花炮之乡”浏阳，橘子洲景区首场周末焰火晚会举行。其后，景区每周末均燃放焰火。

10月22日　首届中国国际网络摄影大赛暨2010中国·橘子洲国际摄影文化节在橘子洲景区开幕。

12月2日　2010年中国·岳麓生态宜居节暨第六届中国·岳麓红枫节开幕。

是年　岳麓书院获准设立历史学博士后流动站。

2011年

1月24日　翊武亭、肖劲光故居、唐生智公馆、忠烈祠、长沙会战第九战区长官司令部指挥所旧址、林修梅墓、长沙会战碑被列为省级文物保护单位。

3月21日　长株潭两型社会（“两型”即资源节约型、环境友好型）展览馆在橘子洲景区开馆。7月19日，被联合国工业发展组织、湖南省两型办授予“资源节约和环境友好成果展示基地”。

3月22日　中共中央政治局常委、国家副主席、中央军委副主席习近平到橘子洲调研。

5月11日　中共中央政治局常委、中央纪律检查委员会书记贺国强到橘子洲调研。

6月22日　长岛人歌——庆祝中国共产党成立90周年省会群众歌咏大会在橘子洲景区举行。

是月　桃花岭景区建设启动。

9 月 3 日　长沙橘洲（国际）音乐节在橘子洲景区举行。

9 月 25 日—28 日　亚洲沙滩排球赛（长沙站）在橘子洲景区举行。

9 月 28 日　包括湘籍辛亥革命后裔代表在内的海峡两岸各界人士在麓山景区祭拜黄兴等辛亥革命先烈墓。

10 月 24 日　中共中央政治局委员、中央书记处书记刘云山到橘子洲调研。

12 月 29 日　岳麓山・橘子洲旅游区获批为国家 5A 级旅游景区。

2012 年

1 月 9 日　岳麓书院明朝最后一任山长吴道行墓被发现，位于麓山景区云麓宫飞来石下南侧约 100 米处。

6 月 14 日　中国书院博物馆在岳麓书院建成开馆。

6 月 19 日　岳麓山风景名胜区被评为 2011 年度湖南省十佳旅游景区。

9 月 28 日　2012 年中国・长沙橘子洲首届国际风筝节在橘子洲景区开幕。

10 月 22 日　国家风景名胜区保护管理执法检查组到麓山景区检查。

是年　岳麓山风景名胜区管理局获省世界遗产与风景名胜区保护管理先进单位、省世界遗产和风景名胜行业发展成就奖。

是年　后湖景区综合整治前期工作启动。

是年　石佳岭景区第一期生态修复与园林景观建设工程启动。

2013 年

1 月　长沙市政府决定，橘子洲焰火燃放时间改为每年 5 月 1 日至 10 月 31 日期间每周六晚，以及元旦、除夕、元宵之夜。

3 月　西汉长沙王后“渔阳”墓、爱晚亭、新民学会成立会旧址、湖南大学二院、湖南大学科学馆、湖南大学学生一舍、湖南大学老图书馆、湖南大学学生九舍、湖南大学学生七舍、湖南大学工程馆、湖南大学胜利斋、湖南大学礼堂、禹王碑被列为全国重点文物保护单位。

4 月 18 日　诺贝尔文学奖获得者莫言到访橘子洲景区。

4 月 27 日　麓山景区爱晚亭在“锦绣潇湘，自然之美”——我心目中最美湖南旅游景点颁奖典礼中获“湖南最美旅游景点”称号。

6 月 10 日—12 日　中国长沙枫情橘洲国际爵士音乐节在橘子洲景区举办。

6 月 29 日　橘子洲景区综合治理工程获评“2012—2013 年度国家优质投资项目”。

9 月 9 日　全国武警部队军师职领导干部理论培训班学员到橘子洲景区开展实践

教学活动。

9 月 12 日　锦绣潇湘，快乐湖南——2013 年中国湖南国际旅游节暨湖南旅游产业博览会开幕式在橘子洲景区举行。

9 月 15 日　2013 年李宁中国 10 公里路跑联赛长沙站在橘子洲景区鸣枪起跑。

10 月 13 日　新疆吐鲁番地区“湘疆红领巾，相约中国梦”手拉手交流团到橘子洲景区参观学习。

10 月 22 日　后湖国际艺术园区开园。

2014 年

3 月 9 日　为爱而来——2014 橘洲公益马拉松赛举行。

3 月 31 日　橘子洲景区举行湘江干流春季禁渔暨人工放鱼活动。

是月　湖南大学毛泽东塑像、湖南大学学生宿舍女生四舍、湖南大学会计学院三号楼、湖南大学金融学院二号楼、中南大学和平楼、中南大学民主楼、湖南师范大学一办公楼、长沙市干部疗养院办公楼旧址、方叔章公馆、仰云亭、王东原公馆、纪忠亭、归宿亭、张辉瓒墓与墓庐、吴道行墓、龙均甫墓、余昭常墓、易本羲墓、彭遂良彭昭墓、杨卓林墓、谭馥墓、童建吾墓、黎尚雯墓、李仲麟墓、龚宪墓、齐学启墓、刘人爵墓、萧伟烈士墓、任凯南墓、方叔章墓、易鼎新墓、杨树达墓、缪恩钊墓、陈明仁谢芳如合葬墓、二南石刻、中山纪念林碑、笑啼岩石刻、水上工人文化宫、美孚洋行被列为市级文物保护单位。

4 月 29 日　经停橘子洲景区的长沙地铁 2 号线开始试运营，橘子洲地铁站启用。

8 月 9 日—10 日　国内首个户外交响音乐节——中国（长沙）国际交响音乐节在橘子洲景区举行。

8 月 18 日　因连日暴雨和树木内部腐朽，岳麓书院文庙一棵 200 年枫香古树根部折断突然倒塌，压垮大成殿部分建筑，造成人员伤亡。

9 月 19 日—21 日　第二届中国（长沙）国际游艇和公务机展在橘子洲景区举行。

10 月　桃花岭景区一期综合整治完成，桃花岭公园建成开放。

11 月 21 日　参加全国重大林业有害生物防治现场会的与会代表到麓山景区观摩松材线虫病除治经验。

12 月 28 日　咸嘉湖景区（西湖文化园）建成开园。

2015 年

4 月底　橘子洲西观光台旅游公共客运平台投入试运营，用于旅游船舶停靠。

5 月 25 日　国家旅游局公布首批国家旅游价格信得过景区名单，岳麓山 · 橘子洲旅游区被列入。

6 月 20 日　2015 中国长沙湘江国际帆船赛在橘子洲景区附近水域开幕。

8 月 13 日　国务院公布第二批国家级抗战纪念设施、遗址名录，陆军第七十三军抗战阵亡将士公墓被列入。

8 月 30 日　橘子洲景区毛泽东青年艺术雕塑前，近千人以人体队形拼出“中国人当自强”“70”等字样，纪念抗战胜利 70 周年。

9 月 3 日　岳麓山抗战文化园免费开放。该园地处赫石坡，以陆军第七十三军抗战阵亡将士公墓、陆军第七十三军第七十七师抗日阵亡纪念碑、岳王亭、忠烈祠、第三次长沙会战炮兵主阵地为主体。因位置偏僻，年久失修，是年 7 月由长沙市政府、岳麓区政府投资修缮。

10 月 18 日　首届长沙国际马拉松赛开赛，赛道途经橘子洲景区，自橘子洲大桥北支桥下，沿环洲道路自东向西绕橘子洲头一圈，经南支桥上到橘子洲大桥往西。

是年　长沙市岳麓区成立后湖片区综合整治指挥部，后湖片区综合整治工程全面展开。

2016 年

5 月 12 日—13 日　麓山景区在核心景区 2000 亩（约 1.33 平方千米）林区内投放 1.2 万袋赤眼蜂，防治松毛虫、枫香毒蛾等森林虫害。

5 月 13 日　2016 年（长沙 · 橘子洲）首届全国轮椅马拉松体验赛在橘子洲景区开跑，来自全国各地的 300 名选手参加。

8 月 3 日　橘子洲旅游区因存在安全隐患大、厕所卫生差等问题，被国家旅游局撤销 5A 级旅游景区质量等级。

9 月 6 日　长沙市政府办公厅印发《岳麓山风景名胜区特许经营管理办法》。

11 月 2 日　橘子洲景区启动 5A 提质改造建设。

11 月 19 日　北京香山等 11 家国内著名旅游景区（点）代表和部分专家学者相聚麓山景区，举行中国旅游景区（麓山）红叶论坛。

2017 年

1 月　中共湖南省委、省政府正式提出建设岳麓山国家大学科技城。

3 月 13 日　长沙爱绿护绿志愿大行动暨麓山认植认养活动在爱晚亭开幕。

4 月 6 日　全国政协常委、国家旅游局原局长何光晖到橘子洲景区、麓山景区调研长沙红色旅游工作。

4 月 19 日　2017“中国—东盟共建 21 世纪海上丝绸之路”联合采访团到橘子洲景区参观。

5 月 10 日　2017 首届全国肢残人轮椅马拉松健身赛在橘子洲景区举行，约 300 名来自全国各地的残疾人参赛。

6 月 21 日　桂林象山景区和长沙麓山景区建成友好合作联盟，签署《共建精品旅游景区友好合作协议》。

7 月 2 日　湘江长沙段水位达 39.46 米，突破历史最高水位 0.28 米，橘子洲景区洪水穿洲。

是月　长沙市政府成立长沙市岳麓山风景名胜区管理委员会，作为议事协调机构。

11 月 19 日　枫情麓山　青春 60——麓山景区开园 60 周年庆典暨 2017 中国（长沙）第十一届麓山红枫节在岳麓山东大门广场开幕。

12 月 18 日　全国旅游资源规划开发质量评定委员会经组织专家复核决定，鉴于橘子洲旅游区整改态度认真、力度较大、针对性强，旅游基础服务设施、服务品质等得到显著改善，恢复其国家 5A 级旅游景区质量等级。

12 月 26 日　首届长沙红色半程马拉松赛在橘子洲景区举行。

12 月 31 日　麓山景区开园 60 周年庆典暨第一届麓山美文艺晚会在岳麓区政府大礼堂举行。

是年　岳麓山风景名胜区管理局被评为 2017 年度湖南省风景名胜区行业先进单位。

2018 年

1 月 1 日　橘子洲焰火取消定期燃放，具体燃放时间由长沙市政府焰火燃放小组确定。

4 月 2 日　省住建厅通过《岳麓山风景名胜区总体规划（2018—2035）》。

是月　桃花岭景区、咸嘉湖景区、天马山景区移交岳麓山风景名胜区管理局管理。

5 月　长沙市与美国明尼苏达州圣保罗市结为友好城市 30 周年之际，爱晚亭作为古城长沙的象征被仿建于圣保罗市，取名“湘江亭”。

2019年

1月10日　橘子洲景区长沙海关近代历史陈列馆免费开放。

1月26日　中央广播电视总台在橘子洲摄制的“新春唱响《我和我的祖国》”长沙站快闪活动，网络点击量达7.2亿次。

4月26日　橘子洲景区游客服务中心获评湖南省工人先锋号。

7月10日　湘江长沙段洪峰过境，水位38.31米，橘子洲景区洪水穿洲。

9月　岳麓山古游道项目开工建设。

11月3日　第二届全国肢残人轮椅马拉松健身赛在橘子洲景区举行，200多名选手参赛。

11月10日　2019长沙橘子洲“辣么美”女子跑在橘子洲景区举行，2000多名选手参赛。

2020年

4月8日　桔子洲景区管理处获评2019年湖南省文明窗口单位。

5月1日　律动橘洲，忆峥嵘岁月——《沁园春·雪》诗词朗诵暨交响音乐会在橘子洲举行。

是日　麓山景区、橘子洲景区、桃花岭景区开始实行游客流量上限控制机制，实施全网络实名制预约登记及现场手机扫二维码入园。

是月　麓山景区荣获湖南十大文旅地标称号。

6月1日　中共中央政治局常委、国务院副总理韩正到橘子洲调研。

9月1日　国务院公布第三批国家级抗战纪念设施、遗址名录，忠烈祠被列入。

9月17日　中共中央总书记、国家主席、中央军委主席习近平到岳麓书院考察调研。

第一章

自然环境

岳麓山风景名胜区地理环境优越。岳麓山一峰突起，形势高迈，和周围天马山、凤凰山、玉屏山、桃花岭等连为一体，泉涧盘绕，湖泊相依；岳麓山前大江北去，碧波荡漾，橘子洲卧伏江心，气势恢宏。

据地质学考证，这一区域奠基于古生代，形成于中生代，发展于新生代，直至今日。区域内地层出露齐全，花岗岩体广布，地貌多样，气候温和。区域内河流属湘江水系，东有湘江流淌，南有靳江河，北有龙王港，与诸多低山丘陵一起构成山明水秀的景致。

第一节 区位面积

岳麓山风景名胜区位于湖南省长沙市湘江中心航道线以西、长沙市岳麓区东南部区域，东与天心区、开福区隔江相望，南与岳麓区坪塘街道、含浦街道相连，西靠望城区雷锋街道，北与岳麓区望岳街道毗邻。最东处为湘江中心航道线，最西处延伸至桃花岭北侧山麓，最南处为后湖—寨子岭南缘，最北处为龙王港—咸嘉湖一线。名胜区核心区域岳麓山的地理坐标为北纬 28° 20′ 27″，东经 112° 44′ 48″。

岳麓山风景名胜区东西宽约 8 千米，南北长约 6 千米，总面积 35.2 平方千米，其中陆地面积 19.07 平方千米，水域面积 16.13 平方千米（含湘江水域面积 4.67 平方千米）。岳麓山风景名胜区包括八大景区，分别是麓山景区、天马山景区、橘子洲景区、桃花岭景区、石佳岭景区、寨子岭景区、后湖景区、咸嘉湖景区，以麓山景区、橘子洲景区、天马山景区和岳麓书院与牌楼口之间牌楼口路两侧各 30 米范围为核心景区，核心景区面积 7.14 平方千米。其中，麓山景区面积 5.57 平方千米，橘子洲景区面积 0.68 平方千米，天马山景区面积 0.82 平方千米，岳麓书院与牌楼口之间牌楼口路两侧各 30 米范围的面积 0.07 平方千米。岳麓山风景名胜区范围以外划定有外围保护区，面积 22.68 平方千米。

第二节 地质

一、地质的演变与形成

距今约三亿二千万年前的晚古生代，即泥盆纪至石炭纪地质年代，岳麓山一带为

“古湘桂海湾”。作为浅滨海滩，这一带随着海水时深时浅相继出现海相地层、滨海相地层，这是形成岳麓山的基础。到古生代末期，受地壳运动影响，岳麓山一带逐渐抬升为陆地，地壳断裂，褶皱发生，渐次形成岳麓山的雏形。到中生代三叠纪至侏罗纪，溁湾镇至二里半一带形成陆相断陷盆地地层。到中生代末期，受地壳运动影响，褶皱、断裂进一步发生，伴随岩浆活动，岳麓山地貌基本骨架形成。到新生代，地壳运动继续，加上风霜雨雪的剥蚀、风化和流水冲刷等外界环境影响，逐渐形成岳麓山今日面貌。

橘子洲的形成始于中生代末期，“岳麓砂岩”体系发生褶皱、断裂和抬升，新生代第三纪沉积形成的红岩沿湘江断裂，之后发生倾斜，在橘子洲南端出露，形成江心洲。

二、地层与构造

中国古文献中，岳麓山一直被认为是南岳七十二峰之麓。南朝盛弘之《荆州记》云：“长沙西岸有麓山，盖衡山之足，又名灵麓峰，乃岳山七十二峰之数。”南朝徐灵期《南岳记》云：“南岳周围八百里，回雁为首，岳麓为足。”而地质研究认为，从地层与构造看，岳麓山与南岳衡山并无关联。岳麓山受长沙地区北北东向断层控制形成向斜山，后期受新构造运动影响，复向斜支离破碎，但以岳麓山为主体的西翼保存完好。组成岳麓山地区的地层为一大型复式背斜的一翼，表现为单斜，一般向东或北东倾斜，角度 30°~40°。岳麓山地区断裂构造十分发育，规模较大的有 3 条，以下分别命名为 F1、F2、F3：F1 发育于岳麓山后山，自溁湾镇经石佳冲、石岭坳至中南大学本部一带，石佳岭即因地壳变动脱离岳麓山母体，形成山间的石佳冲、熊家冲、庵子冲等谷地；F2 从溁湾镇经湖南大学至左家垅、靳江口一带；F3 从云麓峰附近经白鹤泉、湖南大学至牌楼口而入湘江。天马山、凤凰山由于 F2 断层错动而脱离岳麓山主体，又因 F3 断层使其错列左右孤立于湘江之畔，其中凤凰山为背斜构造，由震旦纪后期的浅变岩质和板岩组成，岩层分层明显，岩质坚硬，自然剥蚀作用缓慢。

橘子洲受长沙地区北北东向规模较小的断裂和褶皱控制，形成水陆洲背斜。据地质探查与水系发展推论，在新生代第四纪全新世，橘子洲已开始地质发育历史。距今一万年前，橘子洲西南向的靳江河和东北向的浏阳河、捞刀河等河流从不同方向注入湘江，湘江河道宽阔而弯曲，流水形成回环运动，造成泥沙淤沉，在漫长的地质发育过程中形成一级阶地的典型地层。

三、岩体

岳麓山主体砂岩总称“岳麓砂岩”，由厚层状石英砂岩、落层砂岩、页岩及砂砾等组成，表土多为腐殖质土和红壤。这些岩层中发现有海生腕足类、浅海鱼类和陆生植物的根、茎、叶等化石，山顶存有海滨浅滩遗迹。“岳麓砂岩”抗风化、剥蚀能力强，山体四周因外力与地质作用，沿断裂处受侵蚀严重，形成沟壑，使岳麓山高耸挺拔。

橘子洲岩层属于主要由红色砂岩、砂质页岩组成的第三系红色岩层，湘江河床下厚达 41~79 米。

第三节 | 地貌

一、丘陵

岳麓山风景名胜区整体属于丘陵地貌。名胜区核心区域岳麓山由云麓峰、碧虚峰、禹碑峰、尖峰山、北极峰等组成，南北长约 4 千米，东西宽约 1.2~2.5 千米，丘陵地范围约 8 平方千米。丘陵地中部高峻，南北渐低，东坡平缓，西坡陡峻。山脊线以云麓峰为转折：南段呈东南走向，止于靳江口；北段向东北延伸，止于溁湾镇，呈一半月弧形，凹面朝向长沙古城。丘陵地最高处是禹王峰，海拔 300.8 米；岳麓山主峰碧虚山，海拔 295.4 米；岳麓山之东麓最低海拔 60 米；其他山丘多在 200 米左右。

岳麓山四周被低矮丘陵环抱，东面有天马山、凤凰山，南面有寨子岭，西面有桃花岭，西南面有仙窝岭，北面有石佳岭。天马山位于岳麓山山麓东侧，濒临湘江，因形似一匹奔驰的骏马而得名。天马山最高处海拔 111.8 米，东西宽约 0.4~0.7 千米，南北长 1.3 千米。凤凰山地处天马山北部，西靠岳麓山，东依桃子湖，隔湖可望湘江。凤凰山体南北走向，最高处海拔 89.7 米。寨子岭为岳麓山南面群山，由寨子岭主峰、金牛岭、兔子山、乌龟山等组成，由西向东绵延约 2 千米。寨子岭主峰最高处海拔 199.9 米，金牛岭最高处海拔 193 米，其余山丘海拔百米左右。桃花岭位于岳麓山后、梅溪湖南，由北而南蜿蜒起伏，长约 4.4 千米，是长沙市岳麓区与望城区的分界岭，最高处海拔 247.8 米。仙窝岭位于岳麓山西南面，濒临顺塘水库，最高处海拔

194.2 米。石佳岭丘陵地由扇子山、石佳岭、牛形山、老山等组成，最高处扇子山海拔 130.8 米，其他海拔依次为 97.9 米、96.7 米、86.2 米。

二、坡地谷地

岳麓山风景名胜区内，岳麓山诸山丘之间分布有众多坡地与谷地。坡地主要有石头坡、穿石坡、赫石坡等。石头坡位于岳麓山北面，海拔 108.7 米，以北濒临西湖，与岳麓山之间形成谭家冲谷地，林木繁茂，气候宜人。穿石坡以流水穿石得名，又有仰天坪。赫石坡为岳麓山北部谷地，形状、大小不一的散石布满山谷，溪水穿行石间。谷地主要有清风峡、穿石坡谷等。清风峡由云麓、碧虚两峰夹峙，三面叠嶂，一面开豁，清康熙《新修岳麓书院志》载："当溽暑时，清风徐至，人多憩休，故名以此得。"穿石坡谷位于穿石坡下。石佳岭丘陵地有石佳冲、熊家冲、庵子冲等谷地。

三、河谷平原

岳麓山风景名胜区内，岳麓山以东，湘江以西，自后湖景区、渔湾市往北，直到溁湾镇和咸嘉湖景区一带，有一片平坦地带，为河谷平原地貌。湘江西岸河谷平原，系由湘江水流长期以来的冲刷淤积而成，地势平衍，并有后湖、桃子湖、西湖等 3 片湖面。

四、江心洲

岳麓山风景名胜区的江心洲地貌地带包括橘子洲、柳叶洲，总面积 1.18 平方千米。橘子洲地处湘江之中，南首北尾，纵贯江心，南北长约 5 千米，东西宽 0.04~0.14 千米，是由南而北的湘江与由西而东的靳江河冲积形成的一连串沙洲。柳叶洲的形成较橘子洲稍晚，位于橘子洲与湘江西岸之间，与湘江西岸相连，长约 1 千米，宽约 0.02~0.1 千米，面积 0.8 平方千米，因形状似柳叶而得名。柳叶洲是湘江长沙段所有江心洲中地势最低的一个，洲上只有芦苇和一些低矮的灌木及杂草，洪水季节即被全部淹没。2012 年湘江长沙综合枢纽（位于湘江长沙段下游望城区境内）二期工程完工之前，枯水季节可从橘子洲西侧徒步至柳叶洲。

第四节 | 河流 湖泊

岳麓山风景名胜区水系属湘江水系。湘江由南向北流经名胜区，靳江河由西向东、龙王港由西南向东北注入湘江。穿石坡湖处在岳麓山半山之腰，桃子湖南抵天马山、西偎凤凰山，西湖、后湖环绕南北。名胜区境内河网密布，湖泊众多，水量丰富，冬不结冰，含沙量少。

一、河流

湘江 古称湘水，自西岸南部由长沙市岳麓区岳麓街道流入岳麓山风景名胜区境，北流至龙王港北岸出境，江面宽阔，全长约 13 千米，流域面积约 25 平方千米。本段湘江全年水量变化明显，分平、丰、枯 3 个水期，其中 6—10 月为丰水期，6—9 月为汛期。本段湘江年均流量 2123 立方米 / 秒，年均流速 0.45 米 / 秒。自清宣统元年（1909）有记录以来至 2018 年（中华人民共和国成立前的资料有中断，下同），本段湘江水位最高值 39.46 米（出现在 2017 年 7 月 2 日），最低值 22.25 米（出现在 1999 年 1 月 2 日），其余洪峰水位超过 36 米的年份占 50% 以上。1985—2012 年，潇湘大道得以兴建、改扩建，防洪能力达“两百年一遇”标准。

靳江河 又名靳江、靳水，古称瓦官水，是湘江一级支流，传说因流经宁乡花明楼战国靳尚墓前而得名。靳江河由西向东于长沙市岳麓区岳麓街道五星村流入岳麓山风景名胜区境，东至靳江村汇入湘江，长约 6 千米，宽度 50~100 米，流域面积 5.8 平方千米。本段靳江河全年水量变化明显，分平、洪、丰、枯 4 个水期，其中 7—10 月为丰水期。每年 5—7 月，受湘江洪水顶托，本段靳江河进入汛期。汛期洪峰过境，往往持续 3~5 天，危及防洪大堤安全。1975 年，长沙市郊区政府组织将靳江河改道，基本解除洪涝威胁。1999—2000 年，长沙市组织高标准加修靳江河左岸防洪堤，将防洪工程建成全市水利工程示范点，根治了靳江河入口段水患。

龙王港 又名溁湾港、麓桥河，为湘江支流之一。发源于长沙市望城区西南部山区南角岭，自天顶乡（今岳麓区梅溪湖）进入岳麓区后，在梅溪滩迂回曲折，经望麓桥绕望月湖北至溁银桥注入湘江。流经岳麓山风景名胜区境长约 5.4 千米，宽 10~20 米，流域面积约 15 平方千米。本段龙王港每年 5—7 月为汛期。1954 年，湘江长沙段水位五涨五落，龙王港渍涝时间长达 2 个月。1965 年 10 月，长沙市郊区政府组织 3000 余劳力实施龙王港第一次改道工程，历时 4 个月竣工，修筑梅溪垸，挖宽挖深下游河道 9 千米，开凿新河道 3.4 千米，使两岸农田的洪涝威胁得以解决。1974 年，第二次龙王港改道工程实施，龙王港被改道至咸嘉湖、铜盆湖北侧，同时筑起一条西连望麓桥东至溁银桥、长达 3300 多米的防洪大堤，龙王港泄洪条件得以进一步改善。1996—2002 年，长沙市岳麓区政府 5 次组织大规模冬修水利，龙王港大堤堤面加宽至 10 米，堤坝高程增至 40.5 米，防洪能力达“百年一遇”标准。2008 年起，长沙再次实施龙王港水系开发、利用和保护工程，完成老望麓桥至滨湖路跨龙王港桥左岸治理，包括河道、岸线、绿化，该项目全长 2.42 千米，设计宽度 30~50 米，堤顶 8 米，防洪能力达“两百年一遇”。至 2011 年底，龙王港河道梅溪湖段被“截弯改直”，北移 500 米，实现“河湖分离”。2015 年，随着梅溪湖国际服务区等工程全部完成，龙王港水不再注入梅溪湖、西湖之中。

二、湖泊

桃子湖　位于岳麓山和湘江之间，南抵天马山，西偎凤凰山，因湖边有桃林而得名。20 世纪 80 年代开始，受私搭乱建影响，桃子湖周边绿地和水面被污染。2008 年起，长沙市对桃子湖及周边进行综合治理，至 2010 年治理完工，湖面面积由 5.33 万平方米增至 8 万平方米，水深 2~3 米。

穿石坡湖　位于岳麓山半山腰之上。穿石坡湖原为水塘，后来水塘平整扩大被用作预制场，其后预制场又被闲置，1975 年，在此处周边筑坝，引水而入，形成湖面。湖面面积 1.25 万平方米，水深约 2.5 米，蓄水量 28450 立方米。

西湖　西湖是岳麓山风景名胜区范围内最大的内陆湖，位于咸嘉湖景区。1963 年，咸嘉湖设为渔场，1973 年 12 月改扩为国社合营的西湖渔场，2008 年起进行提质改造，2014 年完工，湖面面积 109.87 万平方米。西湖南临枫林路，北至咸嘉湖路，东与湘江滨水区相邻，西、北与龙王港风光带相依，东北角与望月公园相望。

后湖　位于后湖路以东、清水路以北、麻园路以西、阜埠河路以南，是自然形成的湖泊，湖面面积 87.25 万平方米。1958 年，在长沙市郊区岳麓山人民公社组织下，后湖建起渔场，逐步发展成以养鱼、养猪、种橘、孵化鱼苗等为业。至 21 世纪初，该湖被污染严重，周围密布违章建筑。2015 年起，岳麓区启动后湖及周边共 140.67 万平方米区域综合整治，至 2018 年，后湖面貌焕然一新。

顺塘水库　位于寨子岭下，属于岳麓区岳麓街道桃花村。原为山塘，20 世纪 50 年代建成水库，面积约 4.67 万平方米，库容约 12 万立方米，为小二型水库。水库建成时，大坝为黏土坝，长约 80 米，宽 10 米。水库岸线自然曲折，水中有半岛，似金线吊葫芦。2007 年出台的《长沙市市区地表水水体保护（蓝线）规划（2006—2020）》将该水库功能定位为生态、调蓄、养殖、灌溉。2008 年 11 月，受连日强降雨等因素影响，该水库涵管穿口，导致大坝溃口。是年冬修，拆除旧坝，重筑新坝、重建涵管，新坝采用六角水泥板护坡，涵管北移且口径增大。

第五节 | 气候

岳麓山风景名胜区属亚热带季风性湿润气候，气候温和，降水充沛，雨热同期，四季分明。春夏气温多变，降雨相对集中，秋旱明显，暑热期长，严寒期短。沿河地势低平，向北倾斜，夏季地面增温后，热量不易散失，酿成高温暑热，常年日均气温 30℃以上有 30~40 天。增温过程中，造成强对流或低气压中心，易产生热雷雨和强对流天气。

一、日照

岳麓山风景名胜区年均日照时数 1677 小时，日照百分率约 38%。自清宣统元年（1909）有记录以来至 2018 年，日照时数最多的年份可达 2124 小时（1956 年），比年均日照时数偏多 26.65%，最少年份 1409 小时（1970 年），比年均日照时数偏少 15.98%。

二、气温

岳麓山风景名胜区春夏之际阴湿多雨，夏季因海洋暖湿气团盘踞而高温多雨，秋末冬初雨量较少，冬季受西伯利亚冷气团控制而冷湿。自清宣统元年（1909）有记录以来至 2018 年，全年平均气温 16.9℃ ~17.2℃，以 1 月平均气温最低，为 4.7℃，7 月平均气温最高，为 29.0℃ ~30.0℃。1 月平均气温最高年（1965 年）7.0℃，最低年（1977 年）1.2℃；7 月平均气温最高年（1971 年）30.9℃，最低年（1976 年）27.6℃。全年除 1 月、2 月、12 月外，其余各月平均气温均在 10℃以上。年温差

24.8℃。极端最高气温 40.6℃，极端最低气温 -9.5℃。岳麓山风景名胜区由于河网密布、水面宽阔、树木繁多，因此平均气温比湘江以东长沙区域低约 1℃。

三、气压

岳麓山风景名胜区夏季气压低于冬季气压，名胜区最高处禹王峰夏季气压约 98.01 千帕，冬季气压约 99.25 千帕；名胜区较低处橘子洲夏季气压约 100.98 千帕，冬季气压约 102.22 千帕。

四、相对湿度

岳麓山风景名胜区属于湿润气候，年平均相对湿度 81% 左右。夏季平均相对湿度 86% 左右，冬季平均相对湿度 70% 左右。春季多雨时节由于气温回升，空气湿度加大，易出现回潮天气，短则两三天，长达半个月，到清明过后才会结束。

五、风

岳麓山风景名胜区风向具有明显季节特征。偏北风多发生在冷暖气流交替频繁的季节，以 2—4 月多见；西北风多发生在秋冬交替季节；偏南风多发生在夏季，7 月尤甚。其他各月以偏北风为主，主要因为湘江是气流南进的必经通道，沿江产生峡谷效应所致。风向变化规律为 1—7 月偏北风逐步由多到少，偏南风逐步由少到多；8—12 月两者呈相反变化。境内年均风速 2.8 米 / 秒，其中偏北风 3.2 米 / 秒、偏南风 2.7 米 / 秒。

六、降水

岳麓山风景名胜区是中国暖湿区域的一部分，年均降雨量 1331.6~1410.8 毫米，年均降雨日数 152 天，降雨量最高峰在 5 月，月均降雨日数 18 天；最低峰在 9 月，月均降雨日数 9 天。4—7 月为雨季。20 世纪初至 80 年代，岳麓山风景名胜区降水量情况如下：1910—1920 年降水量偏多，1921—1930 年降水量偏少，1931—1954 年六成年份降水量偏多，1955—1968 年七成年份降水量偏少，1969—1987 年降水量又显著增多，1988 年降雨量略有减少（年降雨量 1302 毫米），1989 年又大幅增多（年降雨量 1520 毫米）。20 世纪 90 年代至 2018 年，年降雨量情况为：1991—1992 年在年均正常值范围，1993—1995 年偏多，1996 年偏少，1997—2006 年偏多，2007—2009 年偏少，2010 年偏多（年降雨量 1718 毫米，为本时间段的峰值），2011 年偏少（年降雨量942毫米，为本时间段的谷值），2012年偏多（年降雨量1612毫米，为本时间段的第三峰值），2013—2014年偏少，2015—2018年偏多。年降水量高低值差一般为400~500毫米。

七、云雾霜雪冰

岳麓山风景名胜区年均总云量7.1~7.5成，云的高度随季风因素出现变化，夏季云高，35%~40%的云出现在4420~5420米以上高空；冬季云低，50%~60%的云出现在1000米以下低空。有雾日全年13.8~34.5天，以12月最多、7月最少。初霜日期平均在11月29日（最早10月29日），终霜日期平均在2月26日（最晚4月2日），霜期平均90天（最长128天、最短46天）。全年有霜日平均22天，以12月至翌年2月出现霜的机会最多；无霜日平均275天，其中最长324天、最短231天。雪期年均71天，最长128天（1976—1977年度），最短31天（1959—1960年度）。降雪日年均9天，最多21天（1976—1977年度），最少2天（1959—1960年度）。积雪时间多在12月至次年3月。积雪日数年均6天，最多22天（2008年1月10日—31日），最少0天（1970—1971年度、1974—1975年度）。1月降雪日最多，但21世纪初以来有所减少。民国19年（1930）1—2月，长沙大冰冻，岳麓山及周边受灾严重。1950—2018年，岳麓山及周边发生严重冰灾、强降雪7次，平均10年一遇，分别是1954—1955年、1956—1957年、1963—1964年、1966—1967年、1968—1969年、1976—1977年、2007—2008年。其中1954—1955年冰冻持续14天，塘湖均冰封，果木多冻死；2008年冰灾最为严重，1月10日开始冰冻，持续至1月31日，长达22天，最低温度-8℃，岳麓山及周边橘树、其他果木花草折损惨重，电力与通讯设施多有损毁，塘湖冰封。

八、物候

橘子洲景区、桃花岭景区梅花花期在1月下旬至3月，橘子洲景区樱花花期2月下旬至4月中旬，橘子洲景区橘花花期在4月中下旬，桃花岭景区桃花花期在3月至4月，麓山景区杜鹃花花期在4月至5月，麓山景区菊花花期在9月至11月，麓山景区桂花花期在9月至10月，麓山景区红枫时节在11月中下旬至12月底。

清末民初王闿运自光绪十三年（1887）回长沙后，留下时间跨度约30年的《湘绮楼日记》（湘绮楼故址位于今长沙城区营盘街与蔡锷路交界处，与岳麓山风景名胜区一江之隔），日记中有较多春季物候记录。北京师范大学地理学与遥感科学学院、中国科学院地理科学与资源研究所学者方修琦、萧凌波等通过对上述日记进行了物候变迁的研究，2005 年刊发论文显示古今物候变迁情况如下：

年份	公历日期	《湘绮楼日记》记录	物候现象	古今差
光绪十四年（1888）	3 月 22 日	桃、棠争放	桃盛花后期	今延后 3 天
光绪十六年（1890）	3 月 29 日	看牡丹，尚未拆蕊	牡丹始花	今延后 7 天
光绪二十年（1894）	3 月 24 日	买海棠	海棠始花	今提前 5 天
光绪二十二年（1896）	3 月 13 日	看樱桃	樱桃盛花、桃蕾	今提前 10 天
光绪二十六年（1900）	4 月 14 日	看牡丹	牡丹盛花	今提前 4 天
宣统元年（1909）	4 月 3 日	墟囿红桃，饶有春感	桃盛花	今提前 13 天

注："今"指 21 世纪初。

第六节　土壤　植被

一、土壤

岳麓山山坡地带有原生红土层与其他岩层风化而成的坡积红土即红壤，一般厚 5~15 米，最厚达 33 米，其表土多为腐殖质土。红壤发育在花岗岩、砂岩、石英砂岩等母质上，质地较粗，多为砂壤土、粉砂壤土或壤土。湘江西岸河谷平原，主要土类为潴育性水稻土。该地带曾长期为水稻和蔬菜种植区域，耕作年代较久，故土壤剖面层次发育明显，熟化程度较高，通透性较好。橘子洲为河潮土，成土母质为河流冲积物，主要是河流夹带泥沙沉积而成。其土层深厚，土质疏松，呈现沙黏相间的层次性，沙性较重。

二、植被

森林植被　森林植被是岳麓山风景名胜区最主要的植被类型，主要分布在麓山景区、天马山景区、石佳岭景区、寨子岭景区等。麓山景区的岳麓山，根据《中国植被》分类原则和分类体系，其植物群系可归并为暖性常绿针叶林、亚热带山地落叶阔叶林、山地常绿落叶阔叶混交林、亚热带常绿阔叶林、温性针叶阔叶混交林、暖温带落叶阔叶灌丛等 6 个植被型。按照 21 世纪初湖南科学技术出版社出版的《湖南植物志》植被分区系统，岳麓山植被区划属于亚热带常绿阔叶林区域中亚热带常绿阔叶林地带；中亚热带典型常绿阔叶林北部植被亚地带；湘中、湘东山丘盆地栲林、麓山椆林、马尾松林、黄山松林、毛竹林、油茶林及农田植被区长、潭、株丘陵植被小区。天马山景区的凤凰山，植被资源丰富，整个山峦被林木覆盖，森林覆盖率高达 95% 以上。在自然植被上，受亚热带季风气候影响，凤凰山以典型的亚热带常绿阔叶林和亚热带暖性针叶林为主，部分地段还有原生性常绿阔叶次生林，树木高大茂密。石佳岭景区的甘棠坡有成片老杨梅树群，石佳岭山麓有橘园和茶园，是长沙柑橘、河西园茶主要产地之一。寨子岭为左家村林场所在地，是长沙柑橘、麓山毛尖主要产地之一，山上林木葱郁，谷地幽深曲折，是夏季避暑胜地。寨子岭北麓有成片大樟树林。

灌草丛植被　岳麓山、天马山、桃花岭、石佳岭、寨子岭景区分布有大量灌草丛植被。

作物植被　橘子洲、咸嘉湖、后湖景区主要植被为作物植被。

第七节 | 自然资源

一、植物

（一）麓山景区植物

岳麓山风景名胜区植物主要分布在麓山景区。麓山景区森林总面积 533.33 万平方米，成林面积 33.33 万平方米，开发林面积 13.33 万平方米，森林覆盖率 96%。20 世纪五六十年代，湖南师范学院生物系调查显示，岳麓山（今麓山景区）共有植物 977 种，隶属于 174 科 559 属，其中野生植物 555 种，隶属于 117 科 403 属。

麓山景区野生树种主要属于樟科、壳斗科、山茶科、金缕梅科、冬青科、山矾科、马尾松科。乔木层建群种主要是枫香、樟树、马尾松，有些群落也以栲树、青冈、苦槠、栓皮栎、四川山矾为建群种，伴生种有冬青、白栎、锥栗、小叶栎、格药柃、黄瑞木等。灌木层优势种主要是白花苦灯笼、四川山矾（小型），有些群落也以小叶女贞、花竹、檵木、杜茎山等为优势种。草本层优势种主要是阔鳞鳞毛蕨、狗脊蕨、淡竹叶，少数群落也以冷水花、野芝麻为优势种。岳麓山最具代表性的野生植物有岳麓栲（产于岳麓山，为湖南特有种）、岳麓连蕊茶（产于湖南、江西、贵州及广西，其模式标本采自岳麓山）、岳麓假蹄盖蕨（产于岳麓山、衡山，分布于湖南、广西，为中国特有种）。

1957年岳麓山未开辟为公园前，部分区域引进油茶、茶、柑橘等作为经济林。开辟为公园之后至2018年，岳麓山陆续引进许多观赏植物，主要有苏铁、银杏、罗汉松、竹柏、雪松、日本五针松、金钱松、龙柏、侧柏、红根木、法国冬青、紫荆、紫薇、八角金盘、黄蝉、吉祥草、蜘蛛抱蛋、朱顶红、一串红、桂花、迎春、垂柳、芙蓉、樱花、日本晚樱、草绣球、红叶李、吊兰、龟背冬青、苦竹、蝴蝶花、金盏菊、广玉兰、含笑、花羽叶甘蓝、海桐、正木、棕榈、蒲葵、芭蕉、菖蒲、蝴蝶花、鸢尾等。

岳麓山保存有大批古树，集中分布在云麓宫—麓山寺—爱晚亭一带。1980年，长沙市园林管理局宋季渊、岳麓山公园管理处孙淑镁等人组成专门小组调查统计，岳麓山（今麓山景区）共有古树111株，大多分布在游览中心区域，隶属于14科23种。麓山寺内有两株古罗汉松，被称为"六朝松"，其中大的一株高11米、胸径72厘米，相传植于六朝时期，另一株于乾隆年间被大风所拔，光绪年间补植，即今稍小的一株。麓山寺山门外一株大樟树，高23.5米、胸径151厘米，为元代所植，人称"元樟"。这些古树均为长沙市知名古树。2020年，岳麓山风景名胜区管理局组织调查统计显示，岳麓山共有古树名木283株（见表1–1）。

表1–1　2020年岳麓山古树名木统计表

树种名称	拉丁名	科属	数量（株）	最大树龄（年）
枫香	Liquidambar formosana	金缕梅科枫香树属	210	310
苦槠	Castanopsis sclerophylla	壳斗科锥属	23	300
细叶青冈	Cyclobalanopsis gracilis	壳斗科青冈属	5	160
白栎	Quercus fabri	壳斗科栎属	2	110
栲树	Castanopsis fargesii	壳斗科锥属	2	110
青冈栎	Cyclobalanopsis glauca	壳斗科青冈属	1	130
紫弹朴	Celtis biondii	榆科朴属	12	210

续表

树种名称	拉丁名	科属	数量（株）	最大树龄（年）
榔榆	Ulmus parvifolia	榆科榆属	3	110
马尾松	Pinus massoniana	松科松属	2	150
黄檀	Dalbergia hupeana	豆科黄檀属	1	130
翅荚香槐	Cladrastis platycarpa	豆科香槐属	2	150
皂荚	Gleditsia sinesis	豆科皂荚属	1	260
国槐	Sophora japonica	豆科槐属	1	130
椤木石楠	Photinia davidsoniae	蔷薇科石楠属	4	250
香樟	Cinnamomum camphora	樟科樟属	3	710
罗汉松	Podocarpus macrophyllus	罗汉松科罗汉松属	2	1710
银杏	Ginkgo biloba	银杏科银杏属	1	710
赤楠	Syzygium buxifolium	桃金娘科蒲桃属	1	160
女贞	Ligustrum lucidum	木犀科女贞属	1	140
飞蛾槭	Acer oblongum	槭树科槭属	2	140
桂花	Osmanthus fragrans	木犀科木犀属	2	100
槲栎	Quercus aliena	壳斗科栎属	1	120
朴树	Celtis sinensis	榆科朴属	1	110
合计			283	

附一　2018年麓山景区森林树种名录

裸子植物门类

苏铁科　苏铁属：苏铁

银杏科　银杏属：银杏

松科　松属：湿地松、马尾松、日本五针松、黑松；金钱松属：金钱松

罗汉松科　罗汉松属：大叶罗汉松、小叶罗汉松

杉科　柳杉属：柳杉；杉木属：杉木；水杉属：水杉

柏科　扁柏属：日本花柏、绒柏；柏木属：柏木；侧柏属：侧柏；圆柏属：圆柏、龙柏、铺地柏

被子植物门类

杨柳科　杨属：响叶杨；柳属：垂柳、旱柳

杨梅科　杨梅属：杨梅

胡桃科　化香树属：化香；枫杨属：枫杨

壳斗科　栗属：锥栗、板栗、茅栗；锥属：小红栲、栲树、苦槠、钩栗；柯属：石栎；栎属：麻栎、槲栎、锐齿槲栎、小叶栎、白栎、短柄枹栎、栓皮栎；青冈属：细叶青冈、青冈栎

榆科　朴属：紫弹朴、朴树；榆属：榔榆、白榆

桑科　构属：构树；柘属：构棘、柘树；榕属：木连葛；桑属：桑树

山龙眼科　山龙眼属：山龙眼、红叶树

桑寄生科　桑寄生属：锈毛寄生；梨果寄生属：红花寄生；槲寄生属：槲寄生

木通科　木通属：木通、白木通

小檗科　十大功劳属：阔叶十大功劳、十大功劳；南天竹属：南天竹

木兰科　木兰属：广玉兰、紫玉兰；含笑属：紫花含笑、白玉兰、含笑

蜡梅科　蜡梅属：蜡梅

樟科　樟属：樟、山桂皮；山胡椒属：鸡婆子、山胡椒、乌药；木姜子属：山鸡椒、木姜子、豹皮樟；檫木属：檫木

海桐花科　海桐花属：海桐

金缕梅科　枫香树属：枫香；檵木属：檵木

杜仲科　杜仲属：杜仲

蔷薇科　木瓜属：日本贴梗海棠；山楂属：野山楂；枇杷属：枇杷；石楠属：中华石楠、椤木石楠、光叶石楠、小叶石楠、石楠、毛叶石楠；李属：红叶李；桂樱属：刺叶桂樱；火棘属：火棘；梨属：杜梨、豆梨；杏属：红梅、绿萼梅；桃属：山桃、榆叶梅；蔷薇属：月季花、小果蔷薇、金樱子、粉团蔷薇、荷花蔷薇、七姐妹；悬钩子属：山莓、茅莓、灰白毛莓；花楸属：石灰树；绣线菊属：中华绣线菊、李叶绣线菊

豆科　合欢属：山槐、合欢；锦鸡儿属：锦鸡儿；紫荆属：紫荆；香槐属：翅荚香槐；黄檀属：藤黄檀、黄檀；山蚂蝗属：山蚂蟥；皂荚属：皂荚；肥皂荚

属：肥皂荚；胡枝子属：尖叶铁扫帚、大叶胡枝子、美丽胡枝子；崖豆藤属：香花崖豆藤、鸡血藤；刺槐属：刺槐；槐属：槐；紫藤属：紫藤

芸香科 柑橘属：柚子、南丰蜜橘、红橘、温州蜜橘、香橼；吴茱萸属：臭辣树、吴茱萸；金橘属：金橘；枳属：枳；花椒属：竹叶椒、野花椒

苦木科 臭椿属：臭椿

楝科 楝属：楝；香椿属：香椿

大戟科 山麻秆属：山麻秆；油桐属：油桐；秋枫属：重阳木；算盘子属：算盘子；野桐属：粗糠柴、石岩枫、白背叶、野桐；叶下珠属：木本叶下珠；乌桕属：乌桕

黄杨科 黄杨属：雀舌黄杨、黄杨、大叶黄杨

漆树科 南酸枣属：南酸枣；黄连木属：黄连木；盐肤木属：盐肤木

冬青科 冬青属：满树星、枸骨、台湾冬青、冬青

卫矛科 南蛇藤属：南蛇藤；卫矛属：卫矛、丝棉木；雷公藤属：雷公藤

省沽油科 野鸦椿属：野鸦椿

槭树科 槭属：三角槭、飞蛾槭

无患子科 栾树属：栾树、全缘叶栾树；无患子属：无患子

清风藤科 清风藤属：清风藤；泡花树属：笔罗子

鼠李科 枳椇属：枳椇；鼠李属：长叶冻绿、薄叶鼠李；枣属：枣

葡萄科 蛇葡萄属：蛇葡萄；乌蔹莓属：乌蔹莓；地锦属：异叶爬山虎、爬山虎；葡萄属：野葡萄、小叶葡萄

杜英科 杜英属：杜英、褐毛杜英

椴树科 扁担杆属：扁担杆

锦葵科 木槿属：木芙蓉

山茶科 山茶属：岳麓连蕊茶、山茶花、茶、油茶；杨桐属：杨桐；柃木属：格药柃；木荷属：木荷

大风子科 柞木属：柞木

瑞香科 瑞香属：芫花

胡颓子科 胡颓子属：藤胡颓子、木半夏、胡颓子

千屈菜科 紫薇属：紫薇

石榴科 石榴属：重瓣红石榴

蓝果树科 喜树属：喜树

八角枫科 八角枫属：八角枫、毛八角枫

桃金娘科　蒲桃属：赤楠

五加科　楤木属：楤木、毛叶楤木

杜鹃花科　杜鹃属：满山红、闹羊花、映山红、紫花杜鹃；越桔属：乌饭树

紫金牛科　紫金牛属：血党、朱砂根、百两金、紫金牛；杜茎山属：杜茎山

柿科　柿属：柿、油柿、君迁子

山矾科　山矾属：山矾、华山矾、南岭山矾、白檀、四川山矾

安息香科　安息香属：垂珠花、老鸹铃、野茉莉

木犀科　连翘属：金钟花；素馨属：云南黄馨、迎春、茉莉；女贞属：大叶女贞、小叶女贞；木犀属：银桂、四季桂、桂花、金桂

夹竹桃科　络石属：络石

紫草科　厚壳树属：粗糠树

马鞭草科　紫珠属：珍珠风、白棠子、大叶紫珠；大青属：大青；豆腐柴属：豆腐柴；牡荆属：黄荆、牡荆

茄科　枸杞属：枸杞

玄参科　泡桐属：兰考泡桐、泡桐

紫葳科　凌霄属：凌霄；梓属：梓

茜草科　鸡仔木属：鸡仔木；虎刺属：虎刺、鸡筋参；栀子属：栀子、大花栀子；巴戟天属：羊角藤；玉叶金花属：玉叶金花；白马骨属：六月雪；乌口树属：白花苦灯笼；流苏子属：流苏子；狗骨柴属：黄花狗骨柴

忍冬科　六道木属：糯米条；忍冬属：金银花；荚蒾属：珊瑚树、荚蒾、木绣球、饭汤子

禾本科　簕竹属：花凤凰竹、凤尾竹、粉单竹、花竹；箬竹属：箬叶竹；刚竹属：刚竹、水竹、紫竹、淡竹、毛竹；大明竹属：苦竹

棕榈科　棕竹属：棕竹（筋头竹）、矮棕竹；棕榈属：棕榈

百合科　拔葜属：菝葜、粉叶菝葜；丝兰属：凤尾丝兰

梧桐科　梧桐属：梧桐

附二　2009 年岳麓山风景名胜区植物群落分布及主要特征

据《湖南师范大学自然科学学报》2009 年第 3 期刊载朱晓文等人撰写的论文《岳麓山风景名胜区植物群落数量分类》介绍，是时岳麓山风景名胜区植物群落

共分为 18 个群系，分布区域与主要特征如下：

青冈 + 栲树群系 位于岳麓山东坡白鹤泉、鸟语林、云麓宫一带，海拔 160~250 米，坡度 30°~60°，群落总盖度 90% 以上。乔木层优势种为青冈、栲树，伴生种主要有格药柃、枫香等。灌木层优势种主要有白花苦灯笼、楤木、大青叶等。草本层优势种是鳞毛蕨、狗脊蕨。

栓皮栎群系 位于岳麓山爱晚亭右侧兰圃附近，海拔 100 米左右，坡度 15°~20°，群落总盖度 85% 以上。乔木层优势种为栓皮栎，主要伴生种为四川山矾。灌木层优势种为白花苦灯笼，伴生成分为映山红、大青叶等。草本层优势种为鳞毛蕨，伴生种有淡竹叶、蕨等。

青冈 + 四川山矾群系 位于岳麓山东坡，电视塔下面，海拔 150~260 米，坡度 30°~60°，群落总盖度 80% 以上。乔木层优势种为青冈、四川山矾、枫香，伴生种有黄瑞木、冬青等。灌木层优势种为楤木、白花苦灯笼、大青叶，伴生种有菝葜、毛叶木姜子等。草本层优势种为鳞毛蕨、淡竹叶，伴生种有狗脊蕨、栗褐苔草等。

枫香群系 位于爱晚亭—清风峡—麓山寺一带，以及岳麓山西坡半山腰，海拔 120~240 米，坡度 20°~60°，群落总盖度 85% 以上，乔木层郁闭度 70% 以上。乔木层优势种为枫香，伴生种有四川山矾、黄瑞木、格药柃等。灌木层优势种为大青叶、油茶、杜茎山等。草本层优势种为鳞毛蕨、铁芒萁、冷水花等。

枫香 + 四川山矾群系 在岳麓山分布广泛，西坡、东坡、南坡都有，海拔 100~ 280 米，坡度 25°~60°，群落总盖度 90% 以上，乔木层郁闭度 75% 以上。乔木层优势种为枫香、四川山矾，伴生种有青冈、冬青、山矾等。灌木层优势种为白花苦灯笼、油茶、大青叶，伴生种有毛叶木姜子、杜茎山、鸡血藤等。草本层优势种为冷水花、鳞毛蕨，伴生种有淡竹叶、狗脊蕨和海金沙等。

四川山矾 + 八角枫群系 位于岳麓山西坡近山脊，海拔 200~280 米，坡度 30° ~ 60°，群落总盖度 80% 以上，乔木层郁闭度 70% 以上。乔木层优势种为四川山矾、八角枫。灌木层优势种为大青叶、山莓。草本层优势种为鳞毛蕨，伴生种有狗脊蕨、野古草等。

马尾松 + 苦槠 + 枫香群系 位于湖南师范大学后方，岳麓山南坡及爱晚亭附近，海拔 100~200 米，坡度 20°~50°，群落总盖度 70% 以上，乔木层郁闭度 60% 以上。乔木层优势种为马尾松、苦槠、枫香，伴生种有四川山矾、山矾、青冈等。灌木层优势种为白花苦灯笼、檵木、黄栀子，伴生成分有土茯苓、大青叶等。草本层优势种为鳞毛蕨，伴生种有狗脊蕨、淡竹叶等。

马尾松＋四川山矾群系　位于岳麓山西坡、山脊，桃花岭西北坡、东北坡、西坡，海拔105~280米，坡度30°~60°，群落总盖度85%以上，乔木层郁闭度70%以上。乔木层优势种为马尾松、四川山矾，伴生种有苦槠、冬青、白栎、石栎。灌木层优势种为白花苦灯笼、假死柴、菝葜、油茶、毛叶木姜子，伴生种有大青叶、土茯苓、枸骨、檵木等。草本层优势种为鳞毛蕨、淡竹叶、狗脊蕨，伴生种有蕨、海金沙、野古草、商陆等。

枫香＋马尾松＋樟树群系　在岳麓山分布广泛，主要位于岳麓山东坡、湖南大学与湖南师范大学后方，以及中南大学本部附近、北大门索道下，海拔100~240米，坡度20°~40°，群落总盖度80%以上，乔木层郁闭度70%以上。乔木层优势种为枫香、马尾松、樟树，伴生种有冬青、四川山矾、青冈、南酸枣等。灌木层优势种为白花苦灯笼、大青叶、檵木，伴生种有小果蔷薇、小叶女贞等。草本层优势种为鳞毛蕨、淡竹叶、栗褐苔草，伴生种有鸡矢藤、狗脊蕨、毛鸡矢藤、海金沙等。

樟树＋枫香＋白栎群系　位于岳麓山南坡近山脊及天马山东坡和西坡，海拔70~200米，坡度20°~45°，群落总盖度85%以上，乔木层郁闭度70%以上。乔木层优势种为樟树、枫香、白栎，伴生种有马尾松、苦槠等。灌木层优势种为檵木、油茶，伴生种有菝葜、黄栀子。草本层优势种为鳞毛蕨，伴生种有海金沙、淡竹叶、栗褐苔草、狗脊蕨等。

油茶群系　位于桃花岭西北坡与东北坡、岳麓山东坡穿石坡湖附近，海拔90~150米，坡度20°~40°，群落总盖度90%以上，乔木层郁闭度80%以上。乔木层优势种为油茶，伴生种有樟树、枫香、栓皮栎。灌木层优势种为白花苦灯笼、鸡血藤、土茯苓、黄栀子等。草本层主要有淡竹叶、狗脊蕨、金毛耳草、鳞毛蕨等。

樟树＋四川山矾群系　位于岳麓山西坡，海拔200米，坡度30°左右，群落总盖度80%以上，乔木层郁闭度70%以上。乔木层优势种为樟树、四川山矾，伴生种有冬青、白栎、青冈等。灌木层优势种为白花苦灯笼、鸡血藤，伴生种有小叶女贞、华白檀、大青叶等。草本层主要有鳞毛蕨、淡竹叶、狗脊蕨、野古草等。

樟树群系　位于天马山东坡、凤凰山、桃花岭东坡及东北坡，海拔90~160米，坡度20°~40°，群落总盖度90%以上，乔木层郁闭度85%以上。乔木层优势种为樟树。灌木层优势种为油茶、檵木、土茯苓，伴生种有白花苦灯笼、菝葜、大青叶等。草本层主要有鳞毛蕨、淡竹叶、狗脊蕨和海金沙等。

樟树 + 马尾松群系 位于湖南师范大学美术学院后方、天马山东北坡、桃花岭山脊及东北坡，海拔 90~180 米，坡度 20°~50°，群落总盖度 80% 以上，乔木层郁闭度 70% 以上。乔木层优势种为樟树、马尾松，伴生种有冬青、白栎。灌木层优势种为白花苦灯笼、土茯苓、大青叶、檵木，伴生成分有金樱子、茶树、鸡血藤等。草本层优势种为鳞毛蕨、海金沙，伴生种有淡竹叶、狗脊蕨、铁芒萁等。

樟树 + 枫香群系 位于湖南大学软件学院后方、湖南师范大学后山、岳麓山北坡及天马山东坡，海拔 80~150 米，坡度 20°~40°，群落总盖度 90% 以上，乔木层郁闭度 80% 以上。乔木层优势种为樟树、枫香，伴生种有四川山矾、檫树。灌木层优势种为檵木、小叶女贞，伴生种有绒毛石楠、油茶、牡荆、菝葜等。草本层优势种为鳞毛蕨、淡竹叶、鸡矢藤，伴生种有狗脊蕨、海金沙、金毛耳草、栗褐苔草等。

马尾松群系 位于岳麓山东坡湖南师范大学美术学院后方、天马山北坡、桃花岭东坡，海拔 90~150 米，坡度 20°~40°，群落总盖度 70% 以上，乔木层郁闭度 60% 以上。乔木层优势种为马尾松，伴生种有樟树、冬青、白栎。灌木层主要有菝葜、檵木、土茯苓、毛叶木姜子、六月雪等。草本层优势种为鳞毛蕨、狗脊蕨、淡竹叶，伴生种有铁芒萁、海金沙和鸡矢藤等。

杉木林群系 位于桃花岭东坡与西坡，海拔 70~180 米，坡度 25°~60°，群落总盖度 80% 以上。乔木层优势种是杉树。灌木层优势种有樟树、四川山矾和矮地茶等。草本层优势种是狗脊蕨，伴生种有鳞毛蕨和铁芒萁等。

算盘子群系 位于桃花岭山顶，海拔 200 米，坡度 15° 左右，群落总盖度在 90% 以上。灌木层优势种是算盘子，伴生成分有以菝葜、小果蔷薇、金樱子等，草本层主要有海金沙。

（二）橘子洲景区植物

橘子洲景区主要树种有香樟、柳树、悬铃木、朴树、银杏、枫香、桂花、雪松等。

2009 年 12 月，橘子洲景区提质改造项目绿化工程完工后，橘子洲绿地面积由之前的 4 万平方米增至 65 万平方米，全洲绿化覆盖率 85%；植物种类由之前的 100 余种增至 300 余种，乔木由 0.3 万余株增至 1.8 万余株，灌木增至 5 万余株。

洲上有树龄超过百年的古树名木，其中橘子洲头的一棵古朴树，高近 20 米，平均冠幅 20 米，至 2018 年树龄约 190 年。

专类园植物 橘子洲景区共有桃园、竹园、桂园、梅园、橘园五大专类园，其中 6670 平方米橘园贯穿整个橘子洲。五大专类园主要展示各类优秀的桃花、竹子、桂花、梅花、橘树品种。桃园拥有各类桃树品种逾 500 株。竹园收集各类名竹与乡土品种 60 余种，是湖南地区竹类品种最齐全的竹园之一。竹园内丛生竹、散生竹及低矮的作地被的竹子等搭配合理。桂园收集逾 200 株不同系列的桂花品种。梅园收集美人梅、垂枝梅、红梅等 14 个品种逾 600 株。橘园拥有 42 个橘树品种，数量逾 1200 株，柚类品种 10 余种，橙类品种 10 余种。五大专类园组成了橘子洲主要植物景观组团，也为其他生物提供了生存空间。园内大树为动物特别是鸟类提供了栖息地，橘树、桃树等果实为动物提供了食物。

水生植物 橘子洲景区共有 7 处水体，面积不一。不同区块水体的水生植物配置形式相似，都是采用观赏效果佳的挺水、浮水与沉水类水生植物搭配，但种类有所区别。其中，雨久花、再力花、旱伞草、菖蒲、香蒲组成的水生植物组团，观赏效果尤佳。景区常见水生植物花期在 5—8 月份，常有蜜蜂、蝴蝶、蜻蜓环绕。

园路植物 橘子洲景区一级园路由一条环形大道组成，也是景区的植物景观大道。道路两侧植物有乔木、灌木、草本。乔木选用园路修建之前原有大树，如香樟、法国梧桐、枫杨、复羽叶栾树等，并适量补种，构成整体基调。中下层植物选择观花观叶植物，如樱花、碧桃、山茶、红枫等。地被层为木本地被、草本地被相结合。

二、动物

岳麓山风景名胜区是一座天然的野生动物园。20 世纪初至中叶，名胜区区域内尚发现有老虎、狼、豹、野猪等大型凶猛哺乳动物，至 21 世纪初，大型凶猛哺乳动物不复存在，存在的哺乳动物有野兔、山羊、狐狸等。名胜区区域内长期栖息的鸟类有画眉、黄鹂、杜鹃、麻雀、老鹰、猫头鹰等，其中橘子洲景区、湘江风光带夏季常可见到的水鸟有白鹭、鸬鹚、池鹭、鹬、红嘴鸥等。

名胜区内，麓山景区是野生动物最大的聚集地。21 世纪初，麓山景区发现的陆生野生脊椎动物有 178 种，隶属 4 纲 27 目 60 科。其中两栖动物 9 种，隶属 1 目 4 科；爬行动物 21 种，隶属 2 目 7 科；哺乳动物 21 种，隶属 7 目 12 科；鸟类 127 种，隶属 17 目 37 科。

两栖动物 两栖动物 9 种，隶属无尾目，其中蟾蜍科 1 种、蛙科 6 种、树蛙科 1 种、姬蛙科 1 种。两栖动物群落中，优势种为中华大蟾蜍，常见种为泽蛙、黑斑蛙、沼蛙、饰纹姬蛙，其余 4 种为稀有种。

爬行动物 爬行动物21种，隶属龟鳖目、有鳞目。其中，龟鳖目，鳖科1种；有鳞目，壁虎科2种、石龙子科3种、蜥蜴科1种、游蛇科11种、眼镜蛇科1种、蝰科2种。岳麓山风景名胜区麓山景区的爬行动物中，铅山壁虎、石龙子、赤链蛇为优势种，蓝尾石龙子、黑眉锦蛇、虎斑游蛇和乌梢蛇为常见种，其余是少见种和稀有种。

哺乳动物 哺乳动物21种，隶属7目12科。食虫目：猬科1种，鼩鼱科1种；翼手目：蝙蝠科2种；鳞甲目：鳞鲤科1种；兔形目：兔科1种；啮齿目：豪猪科1种，鼠科5种；食肉目：犬科1种，鼬科4种，灵猫科2种，猫科1种；偶蹄目：鹿科1种。

鸟类 鸟类127种（见表1–2），隶属17目。127种鸟类中，鸊鷉目、鸥形目、鹦形目、鸮形目、雨燕目、犀鸟目各1种；雁形目、鸡形目、鸽形目各2种；鹫形目、佛法僧目、䴕形目各3种；鹃形目、隼形目各4种；鹳形目7种；鸻形目10种；雀形目81种。127种鸟类中，有常年留居鸟、夏候鸟、冬候鸟、旅鸟4大类，由于其中候鸟占比较大，因此岳麓山风景名胜区鸟类有较大的季相性变化。名胜区鸟类有优势种、常见种、少见种、稀有种和罕见种。优势种中，以黄腹山雀为代表，在名胜区停留7个月（10月—翌年4月），由于是短时间大量迁入，种群数量爆发性增长（如1987年2月15日，一次见到412只），形成相当可观的集群。8个常见种是暗绿绣眼、白头鹎、棕头鸦雀、山斑鸠、金翅、乌鸫、大山雀、画眉，其中暗绿绣眼每年3月迁入繁殖，11月南迁；山斑鸠每年11月迁入，翌年3月离去。这两种鸟

表1–2 2017年10月麓山景区鸟类名表

序号	鸟名	序号	鸟名	序号	鸟名
1	小鸊鷉	2	黄苇鳽	3	苍鹭
4	绿鹭	5	池鹭	6	夜鹭
7	小白鹭	8	大白鹭	9	白琵鹭
10	绿翅鸭	11	普通秋沙鸭	12	松雀鹰
13	白头鹞	14	燕隼	15	红脚隼
16	雉鸡	17	白骨顶	18	凤头麦鸡
19	金眶鸻	20	环颈鸻	21	青脚鹬
22	白腰草鹬	23	扇尾沙锥	24	尖尾滨鹬
25	红脚鹤鹬	26	红颈瓣蹼鹬	27	燕鸻

续表

序号	鸟名	序号	鸟名	序号	鸟名
28	白翅浮鸥	29	红嘴鸥	30	珠颈斑鸠
31	山斑鸠	32	绯胸鹦鹉	33	红翅凤头鹃
34	鹰鹃	35	四声杜鹃	36	大杜鹃
37	红角鸮	38	白腰雨燕	39	小翠鸟
40	蓝翡翠	41	栗头蜂虎	42	戴胜
43	绿啄木鸟	44	姬啄木鸟	45	斑啄木鸟
46	小云雀	47	云雀	48	家燕
49	金腰燕	50	白鹡鸰（普通亚种）	51	树鹨
52	白鹡鸰（东北亚种）	53	灰鹡鸰	54	田鹨
55	水鹨	56	赤红山椒鸟	57	暗灰鹃鵙
58	灰山椒鸟	59	白头鹎	60	绿鹦嘴鹎
61	虎纹伯劳	62	棕背伯劳	63	灰背伯劳
64	黑枕黄鹂	65	发冠卷尾	66	黑卷尾
67	灰卷尾	68	北椋鸟	69	灰椋鸟
70	八哥	71	松鸦	72	红嘴蓝鹊
73	白颈鸦	74	喜鹊	75	大嘴乌鸦
76	红点颏	77	红胁蓝尾鸲	78	鹊鸲
79	北红尾鸲	80	白眉黑背燕尾	81	紫啸鸫
82	灰背鸫	83	虎斑地鸫	84	乌鸫
85	白腹鸫	86	斑鸫（北方亚种）	87	红尾鸫
88	棕颈钩嘴鹛	89	黑脸噪鹛	90	画眉
91	白颊噪鹛	92	红嘴相思鸟	93	棕头鸦雀
94	短翅树莺	95	山树莺	96	大苇莺
97	灰喜鹊	98	褐柳莺	99	极北柳莺
100	黄眉柳莺	101	黄眉柳莺（西北亚种）	102	褐头鹪莺
103	蓝矶鸫	104	黑喉石䳭	105	红喉姬鹟
106	乌鹟	107	寿带	108	大山雀

续表

序号	鸟名	序号	鸟名	序号	鸟名
109	黄腹山雀	110	红头长尾山雀	111	暗绿绣眼鸟
112	红胁绣眼鸟	113	灰腹绣眼鸟	114	麻雀
115	山麻雀	116	白腰文鸟	117	金翅雀
118	黑头蜡嘴雀	119	黑尾蜡嘴雀	120	燕雀眉鹀
121	栗耳鹀	122	燕雀	123	三道眉草鹀
124	黄眉鹀	125	灰头鹀	126	芦鹀
127	灰胸竹鸡				

都在迁入时形成较大集群，短时间停留后一部分继续迁徙，另一部分暂留。另 6 种鸟常年居留，未形成较大集群，但常年可见。31 个少见种如红头长尾山雀等，人们遇见概率不高，其中常年留居的 14 种，夏季迁入的 3 种，其余是越冬鸟类，如沿河漫滩的涉禽。42 个稀有种如灰椋鸟等，人们遇见概率更低，3 种常年居留，夏季迁入的 13 种，越冬 18 种，其余 8 种属旅鸟。46 个罕见种如白琵鹭等，人们遇见概率最低，一般每年只能见到 2~3 次，每次仅 1~2 只，大多是一迁而过的旅鸟。

附　岳麓山风景名胜区部分陆生脊椎动物图集

两栖动物（2 种）

大树蛙

虎纹蛙

爬行动物（3 种）

中华鳖

虎斑游蛇

钝尾两头蛇

鸟类（16 种）

松雀鹰

白鹭

鸢

红隼

环颈雉

灰胸竹鸡

珠颈斑鸠

黑枕黄鹂

戴胜

白鹡鸰

红嘴蓝鹊

棕背伯劳

暗绿绣眼

鹊鸲

红嘴相思鸟

松鸦

哺乳动物（7 种）

小灵猫

貉

水獭

果子狸

黄腹鼬

华南兔

豹猫

第二章 景区

岳麓山风景名胜区的自然景观与人文景观融为一体，自唐宋以来，即以清绝秀美的风景和悠久绵长、辉煌灿烂的文化闻名于世。

宋至清朝，朝廷、地方官府和名士贤达对岳麓山上的麓山寺、云麓宫、岳麓书院等进行过系列修建，依山设景，景以文名，文因景传。受兵戎之害，各处屡建屡毁，又经屡毁屡建，终成今日之基本格局。民国时期，地方政府对岳麓山、橘子洲进行过建设和保护。

中华人民共和国成立后，20世纪五六十年代，地方政府对岳麓山、橘子洲加强保护，但受生产生活需要及认识能力局限，对岳麓山风景区内的部分水域、林地进行了经济开发，生态环境受到一定破坏。20世纪80年代起，地方政府对风景区的整治和建设进一步加强。

1986年11月，湖南省建设委员会会同省文化厅、省旅游局、省环保局经初步调查、评估和鉴定，提出将岳麓山风景区作为第一批省级风景名胜区。1987年2月18日，省政府批准省建设委员会等上述4部门的报告并发出通知，将岳麓山风景区列为第一批省级风景名胜区。岳麓山风景区始称岳麓山风景名胜区。该风景名胜区范围仅限于已开放的岳麓山公园8300亩（约5.53平方千米），且未划定明确边界。1990年3月9日，省第七届人大常委会召开第十五次会议，批准长沙市人大常委会制定的《岳麓山风景名胜区管理办法》，该办法于3月31日颁布，5月1日实施。该办法明确岳麓山风景名胜区的范围是：岳麓山绿化保护线内地域，湖南大学校内的岳麓书院、东方红广场和湖南师范大学校区内的忠烈祠、岳王亭地域。划定风景名胜区外东至湘江西岸，西至桃花岭山脊，南至寨子岭南缘，北至龙王港为保护地带。

1998年，橘子洲被纳入岳麓山风景名胜区，命名为橘子洲景区。2002年，岳麓山公园被正式命名为岳麓山风景名胜区麓山景区；天马山、凤凰山、桃子湖被纳入岳麓山风景名胜区，命名为天马山景区；桃花岭被纳入岳麓山风景名胜区，命名为桃花岭景区。2003年，后湖被纳入岳麓山风景名胜区，命名为后湖景区。2005年9月，国务院批准《岳麓山国家重点风景名胜区总体规划》。根据该总体规划，岳麓山风景名胜区共有八大景区，除此前已被纳入风景名胜区的麓山景区、天马山景区、橘子洲景区、桃花岭景区、后湖景区外，还有咸嘉湖景区、石佳岭景区、寨子岭景区。

2001年，岳麓山风景名胜区被评为国家4A级旅游区，2002年被国务院批准为国家重点风景名胜区，2007年改称国家级风景名胜区。2011年12月，岳麓山·橘子洲旅游区获批为国家5A级旅游景区。

至2018年底，岳麓山风景名胜区的麓山、天马山、橘子洲、桃花岭、后湖、咸嘉湖6个景区建成并对外开放，石佳岭景区正在建设，寨子岭景区没有开建。尚未建成的2个景区实行属地管理，景区范围内涉及与《岳麓山国家重点风景名胜区总体规划》规划控制的相关事项，需岳麓山风景名胜区管理局审批。

第一节 麓山景区

麓山景区是以历史文化名山岳麓山主体为依托建成的大型自然森林文化景区，是岳麓山风景名胜区核心景区之一。北至枫林路、南至麓山南路南部一段、西至石佳岭景区、东至大学城。

岳麓山钟灵毓秀，自然景观有白鹤泉、蟒蛇洞、穿石坡与穿石坡湖、笑啼岩、响鼓岭、飞来石等。

相传上古时代，大禹治水曾到过岳麓山，但岳麓山人文景观真正形成气候，始于三国时期慧光明寺的创建。两晋南朝时期，岳麓山亦出现了道人缥缈的身影。到唐朝，岳麓山佛教文化渐成态势，出现“寺庙相踵、院墙云连”，寺庙总计十数处的宏伟景象；云麓峰则被道家称为“洞真墟福地”。岳麓山自然景观更是吸引了诸多文化名人流连忘返。唐文学家韩愈独宿于此，吟诗云：“长沙千里平，胜地犹在险。况当江阔处，斗起势匪渐。深林高玲珑，青山上宛炎。”宋理学家朱熹曾作诗《怀岳麓》，从自我感悟入手，畅述对岳麓山的观感：“风月平生意，江湖自在身。年华供转徙，眼界得清新。试问西山雨，何如湘水春。悠然一长啸，妙绝两无伦。”宋朝，岳麓山宫观建筑渐成规模，一些著名道士在此修炼。继佛、道文化之后，北宋初年，儒家胜地岳麓书院创立，成为北宋四大书院之一，历代著名学者来此讲学，岳麓山成为湖湘儒家学说阐释与发扬的中心。儒教的安家落户，使岳麓山文化终成三教合流格局，其文化景观也在儒、佛、道三家共同管理下走向共存共荣。

清末至民国期间，岳麓山又添近代名人墓葬群和近现代革命纪念地两大文化景观，形成文化景点的多向效应，放射出独特光芒。自然景观与人文历史双璧辉映，既折射出岳麓山恒久的魅力，也让这里产生了强大的磁场。岳麓山融中国古代文化精华的儒、佛、道为一体，包容历代思想巨子、高僧老道、文人墨客和近现代革命英烈共同开拓的优秀文化，由此形成岳麓书院、麓山寺、舍利塔、云麓宫、禹王碑、爱晚亭、印心石屋石刻、翊武亭、赫石坡、五轮塔、新民学会旧址等人文景观，引人入胜。

东方红广场

中华人民共和国成立后，20世纪60年代前期，湖南省、长沙市两级政府对岳麓山的建设投入加大，自然景观得到保护，多处文物古迹得以修复。60年代后期，新建东方红广场。70年代末期至90年代，岳麓山上的云麓宫、舍利塔等文物古迹，山下的新民学会旧址得以重建恢复。21世纪初至2018年，长沙市政府对麓山景区实施提质改造等工程，景点保护进一步加强，景区基础设施日趋完善。

一、东方红广场

位于湖南大学校园中心，是岳麓山南门上山的必经之地。广场于1967年建成。广场中心矗立的毛泽东塑像，于1968年建成。广场后立巨大屏风，汉白玉碑刊有毛泽东诗词《沁园春·长沙》。广场东北角有自卑亭。

二、岳麓书院

位于岳麓山东麓，是宋代四大书院之一，也是国内保存较为完整的古代书院。岳麓书院占地面积2.5万平方米，总建筑面积7000余平方米，现存建筑多为清代遗迹。岳麓书院古建筑群分为前、后、北、南4个部分，主体建筑有大门、二门、讲堂、半学斋、教学斋、百泉轩、御书楼、湘水校经堂、文庙等，互相连接，完整展现了中国古代书院建筑教学、藏书、祭祀、园林、纪念五大功能格局。岳麓书院存有大量古代碑刻和牌匾，如唐朝“麓山寺碑”，明刻宋真宗手书“岳麓书院”坊额、“程子四箴碑”，清朝“学达性天”“道南正脉”御匾，清刻朱熹“忠孝廉节碑”、欧阳正焕“整齐严肃碑”、王文清“岳麓书院学规碑”等。书院南部园林内，引麓山清泉为池，筑有亭、轩、阁、小桥、假山，景致清幽。书院有八景，称柳塘烟晓、桃坞烘霞、风荷晚香、桐荫别径、竹林冬翠、曲涧鸣泉、碧沼观鱼、花墩坐月。

岳麓书院

三、爱晚亭

位于岳麓山清风峡，三面环山，东向开阔，四周古树参天，林木茂密，左右两溪盘绕，前面两口池塘碧绿如玉，垂柳依依。爱晚亭始建于清乾隆五十七年

爱晚亭

（1792），初名红叶亭，两年后更名爱晚亭。爱晚亭更名有一传说。传说，当年江南才子袁枚专程到岳麓书院拜访山长罗典。罗典为湖湘硕学名儒，誉满天下，听说袁枚来访，极不情愿。他认为袁枚写文章标新立异，与众不同，又招收女弟子，有违儒门，因此拒而不见。袁枚没有言语，转身上山。此时的岳麓山，秋风怡荡，夕照斜阳，枫红如丹。袁枚诗兴大发，见景题诗，唯独到了红叶亭前，只抄录唐朝杜牧诗作《山行》，后两句还漏两字，抄成了“停车坐枫林，霜叶红于二月花”。罗典听说袁枚上了山，也在后面跟着。他一路见到袁枚题诗，深感其才华横溢，赞不绝口。到了红叶亭，一见“停车坐枫林”，顿时感悟：这袁枚在说我不“爱晚”呢，不爱护晚辈呀，这亭就改名“爱晚亭”吧。于是，红叶亭就改名为爱晚亭。其实，传说未必真实可信。据历史记载，袁枚访问岳麓书院是清乾隆四十九年（1784），而爱晚亭是乾隆五十七年（1792）才建。然而，袁枚拜访罗典被拒见一事，历史上确有其事。

抗日战争时期，爱晚亭被毁。中华人民共和国成立后至2018年历经6次修缮。经过多次修缮后的爱晚亭，重檐、四披、攒尖宝顶，气势高亢。亭子的檐角呈反凹曲线上翘，使原本厚垂下沉的亭子有活泼飘逸之感。

爱晚亭建成以来，以其独特魅力吸引历代文人墨客到此寻幽探古。清嘉庆道光年间岳麓书院山长欧阳厚均写下诗作《岳麓山爱晚亭》。清光绪三十二年（1906）和1959年，林伯渠两次到爱晚亭，写下诗作《游爱晚亭》《重游爱晚亭》。国画家李可染1972年作有《爱晚亭图》，被视为珍品。女作家谢冰莹写有散文《爱晚亭》。教育家周世钊写有诗作《爱晚亭》。楹联家汪涛为爱晚亭题写192字长联。在国际交往中，爱晚亭被当作文明使者、友好使者。长沙市与日本鹿儿岛市结为友好城市后，作为古城长沙的象征，1985年，爱晚亭被仿建于鹿儿岛市天保山公园，名为共月亭。2018年，爱晚亭再被仿建于美国圣保罗市费棱公园，名为湘江亭。

四、新民学会成立会旧址

位于溁湾镇新民路，西傍岳麓山北门，东濒湘江西岸，常称新民学会旧址。原屋不存，1985年由省政府拨款按原貌复建，1988年复建完毕后对外开放，邓小平、陈云分别题字“蔡和森故居”“新民学会成立会旧址”。为小青瓦、木排架、竹织壁结构的仿清代农舍，竹篱香樟环绕，内有古井、“沩痴寄庐”槽门、周公墓等。旧址左前侧建有陈列室，陈列室设“新民学会·建党先声”展览，用场景再现、浮雕等形式表现新民学会历程。

新民学会成立会旧址

五、肖劲光大将铜像和肖劲光纪念园

位于岳麓山东麓万景园入口处。为纪念肖劲光诞辰 90 周年，1993 年 1 月 4 日，肖劲光大将铜像在肖劲光纪念园揭幕。铜像由青铜铸成，半身戎装像，大小与真人比例一致，神态自然祥和，英姿飒爽，远眺山下故居赵洲港。铜像连同基座高 3.5 米。肖劲光纪念园占地面积 230 平方米。

六、翊武亭

位于岳麓山半山腰，为六方形凉亭，是游人上山驻足憩息之所。始建于清朝，初为半山亭。民国初年迁葬辛亥革命先烈蒋翊武于岳麓山时更名为蒋公亭，后改名为翊武亭。中华人民共和国成立后，复更名半山亭。2011 年纪念辛亥革命 100 周年时，恢复翊武亭名称。

七、古牌楼

位于湘江西岸牌楼口。宋朝以后，长沙为纪念“朱张会讲”，将朱熹、张栻渡江往来的渡口称为朱张渡，并在朱张渡湘江两岸各建一牌坊，东岸为“文津”，西岸为“道岸”。西岸“道岸”即在今潇湘大道堤旁，因有古牌坊一座，故称牌楼口，由此前行即是通往岳麓书院的道路。牌坊上有对联曰：“文津道岸，往返东西，术业共千秋，遥想黉宫传理学；云气江声，绵延南北，风光招百侣，同挥健笔绘新图。”该联再现“朱张会讲”盛况，成为进入书院之标志，元朝废。明嘉靖四年（1525），长沙府同知俞夔重建石牌楼，上嵌宋真宗手书“岳麓书院”石额。湖南和平解放初期，古牌楼遭人破坏，随后消失不见，仅“岳麓书院”石额留存于书院。2004年2月，长沙市政府投资，在原址重新修建古牌楼。牌楼为四柱三门三楼，花岗石建筑，东西两面均刻有对联。西面对联“学贯九流，汇此地人文法海；秀冠三湘，看群贤事业名山”，横批“书院”。东面对联“学宗邹鲁，礼门义路圣贤心；地接衡湘，大泽深山龙虎气”，横批“道岸”。岳麓书院由此结束半个世纪没有牌楼的历史。

八、麓山寺

始建于三国时代吴宝鼎三年（晋泰始四年，268），是省内历史最悠久的佛寺。山门“古麓山寺”4字系从唐朝李邕所书《麓山寺碑》拓印摹刻。山门顶上有一排和尚浮雕，传说是唐朝以前麓山寺历代住持之像。麓山寺依山势而建，主要建有弥勒殿、大雄宝殿、观音阁，两厢为斋堂，与寺外参天古木交相辉映，引人入胜。弥勒殿前左右两边为放生池，每逢佛教大典都要举行放生大会。大雄宝殿又称千佛殿，以内塑1000尊铜版佛像而得名。殿中有3尊高大的佛像，正中是释迦牟尼佛，右边是药师琉璃光佛，左边是阿弥陀佛。观音阁前有2棵罗汉松，人称“松关”。

麓山寺

云麓宫

九、云麓宫

坐落于云麓峰顶，宋朝时称岳麓宫。始建年代不详。现建筑为 20 世纪 70 年代中期重建。殿堂 3 进，主要建筑前后依次为关帝殿、吕祖殿、三清殿。云麓宫旁有望湘亭，可在中秋赏月、重阳远眺。宫外有宽阔前坪，周围栏杆刻满人名，系抗日战争时期长沙会战中牺牲的国民革命军阵亡将士名录。

十、舍利塔

位于爱晚亭右上方。该塔来由有二，一是隋开皇九年（589），高僧建感应舍利塔；一是隋仁寿二年（602），隋文帝得舍利，诏令诸州建塔分藏舍利，岳麓山由此建塔收藏舍利。五代时，塔被毁。民国初年，有信徒寻得塔基原址，在地下挖出铁盒，内有瓷瓶，装着舍利，重新埋存并建石塔。中华人民共和国成立后，有关部门对舍利塔进行修整，全部以花岗岩琢砌而成。塔分 3 层，底部是塔基，作须弥座式；中间四角作蕉叶状，上有浮雕力士像，有护塔之意；上层顶端形状像是僧帽宝顶。塔西方塑有石碑 1 块，正面隶书阴刻“隋舍利塔”，字迹俊秀。碑阴有“共建菩提”石刻。20 世纪 60 年代该塔被毁，1979 年再次修复。

十一、北伐阵亡将士纪念塔

位于岳麓山清风峡山腰上，又称五轮塔，始建于民国13年（1924），佛教塔式。民国16年（1927）2月12日，该塔被命名为北伐阵亡将士纪念塔。20世纪六七十年代被毁，2001年修复，占地400多平方米，塔高11.18米，5层，由正方形、圆形、三角形、半圆、圆点5种几何图形构成，造型奇特。五轮是指地、水、火、风、空，其形表示地方、水圆、火三角、风半月、空圆点，含意深邃微妙。塔身每层都有金书梵文。

十二、道乡台

麓山寺旁原有“道乡台”，现已湮没，但流传着一个动人故事。传说，北宋神宗元丰年间，常州晋陵有一个叫邹浩的进士，学问很好，为人率直。神宗死后，哲宗继位，一心想当明君，就以唐太宗起用魏征为例，把邹浩选作右正官。邹浩谢恩回到家，想到：“圣君有过，为臣不谏，是为不忠；谏而坐罪，必贻父母忧，是为不孝；忠孝难两全，如何是好？”他把顾虑告诉了母亲，说要辞官。母亲听后说：“能尽忠国家，便是大孝。”邹浩打消辞官念头。朝中宰相章惇是个奸臣，邹浩几次向哲宗弹劾他，但章惇很讨皇帝喜欢，弹劾未能奏效。一天，邹浩听说皇上打算立妃刘氏为皇后，深感不妥，因为刘氏只会献媚，并无德望，便上殿谏阻。哲宗很不高兴。章惇觉得报复邹浩的机会来了，第二天就在哲宗前挑拨离间。哲宗将邹浩免职发配新州羁管。哲宗死后，徽宗继位，召回邹浩升为兵部侍郎。邹浩此时虽已年老，但秉性不改，仍是遇事直谏。徽宗也很恼火，将他贬去岭南。邹浩赴任路过长沙。潭州知州温益一心讨好朝中权贵，令衙役把守渡口，不许他登岸过夜歇息。邹浩无奈，只得命船继续前行。这时，天气突变，下起雨来，天色也更黑了。正在邹浩为难之际，湘江西岸突然火把齐明，还有人高声说：“恭候青天老爷邹大人！”邹浩命人将船只靠岸，才看清欢迎他的是一众僧人。原来，麓山寺僧人听说邹浩过夜受阻，十分气愤，纷纷来到江边要接他去寺中歇息。邹浩热泪盈眶，带着家小下船，在麓山寺歇息一宿。南宋时期，张栻在岳麓书院讲学，听到此事，就在麓山寺旁筑一台以作纪念。因邹浩著有《道乡集》，朱熹又刻一石，命名“道乡台”。明万历年间，邹浩后裔邹志隆来到长沙，在台侧建“道乡祠”。清初，长沙文人李文炤为之感怀，作诗云：“十万长沙户，不容迁客住。犹存一荒台，鬼神相呵护。”

十三、禹王碑

位于岳麓山北峰山顶东侧，是一处摩崖石刻。原碑始刻年代不详，现碑刻于明嘉靖年间。碑文刻于紫苍色石壁，高 1.84 米，宽 1.4 米，字高约 16 厘米。碑文分 9 行，每行 9 字，末行空 4 字，共计 77 字。字形奇特，难以辨认。末有寸楷书“右帝禹刻”4 字。

禹王碑

禹王碑留有关于禹王的传说。相传，禹王治水，路过长沙，站在岳麓山顶，看到一条独角龙正在湘江里上下翻腾，害得长沙城到处涨水。禹王火冒三丈，对身边人说：“各地的龙王都在疏通河道，帮我治水，这条独角龙却在这里兴妖作怪，今天我非除掉它不可。”于是，他走到江边，手举利剑刺向龙头。独角龙见此，尾巴一摆，掀起浪头数十丈高，朝禹王盖了下来。禹王一闪身，跳上龙背。独角龙见此更是恼怒，掉转头来，张开血盆大口就咬。禹王举剑一刺，正中龙头。独角龙虽然受了伤，但还是不甘示弱，继续与禹王对阵。苦战三天三夜后，禹王越战越精神。独角龙渐渐支撑不住，趁禹王一时疏忽，身子一摆，跃上云层逃走。禹王追到半空，又与独角龙战了三天三夜。只听得一声惨叫，独角龙又被刺中，身子下潜，逃进岳麓山密林。这回，禹王没有追赶。独角龙见逃过一劫，便化成一个书生，躲在岳麓山一个洞里歇息。它六天六夜没有吃东西，饿极了，便麻起胆子，出洞找吃的。走到一处山崖边，见到一座茅屋，屋内一位慈祥的老人正在煮面条。独角龙称自己游山迷路，饥饿难当，想讨碗面吃。老人和善地同意了，递过去一碗面。独角龙将面往嘴巴里塞，不料，这面又长又粗，吃了大半碗还没有断。这时，老人断喝一声：“孽障，你还往哪里逃！”独角龙感觉不妙，准备逃走。谁知，吃进嘴巴的面条变成了铁链，一半结在肚里，一半留在嘴外，吐不出也拉不断。老人瞬间变身禹王，牵着被铁链锁住的独角龙，大喊一声挪开了岳麓山，把龙锁在山底一棵铁树上，又一招手，岳麓山从天而降，把龙压在山下。禹王怕年长日久独角龙逃跑，便在山上竖了块石碑，写上无人能识的“天书”安镇。

十四、印心石屋石刻

位于白鹤泉西南、登临云麓峰石径的右侧，系山墙上嵌的一巨幅汉白玉石匾。该石刻为清两江总督陶澍刊立，道光十八年（1838）由赵竹泉摹刻。中刻楷书“印心石屋”4个大字，清宣宗道光皇帝御书，笔力遒劲，端庄朴雅。

十五、爱国诗词碑廊

位于麓山景区赫石坡忠烈祠后上方、岳王亭的右侧山坡。由湖南师范大学于2004年建成，2015年修缮。碑廊长100余米、宽3米，雕梁画栋，朱红廊柱，白粉墙壁，琉璃黄顶。廊壁上有颜家龙等当代书法家所书历代爱国诗词。

十六、白鹤泉

位于麓山寺观音阁右侧岩石下，初名法华泉，为一宋代古井。清光绪三年（1877），湖南粮道夏献云在井旁建亭，在井左刻立“白鹤泉碑”，碑文由翰林院编修杨翰书。抗日战争期间，亭被毁。今亭为1956年重修，造型古朴典雅，七级石阶，石柱瓷顶，碧瓦飞檐。藻井上彩饰两只白鹤，倒映泉中，微波颤动，翩翩起舞。泉井上砌长方形汉白玉栏杆，上刻精美的白鹤图案。白鹤泉水自古清澈明净，甘甜清凉，从不枯竭，古人称之“冷暖与寒暑相变，盈缩经旱潦不异”，故有“麓山第一芳涧”美称。

“白鹤泉碑”中的“鹤”字少了一个“鸟”旁，民间对此留有传说：白鹤泉的水之所以甘甜清冽，喝了可以延年益寿，是因为有两只仙鹤日夜守护。当年，长沙王把它视为神水，每日派侍从渡江背水供其饮用。一日，背水侍从舟到江中，突遇狂风暴雨，水罐颠翻，泉水点滴无存。侍从怕误了大王饮水的时间，便取江水回宫复命。长沙王喝水时不见白鹤飞舞，以欺瞒之罪将侍从杀死。仙鹤得知此事，为长沙王的残暴感到气愤，飞走了。从此，白鹤泉旁不再有双鹤守候，泉水也不再那么甘甜。因此，后人立碑时有意将“鹤”字少写了一个“鸟”，以示“鸟”飞走了。后来，世道清明，仙鹤又飞回岳麓山泉边，只不过，碑上的字仍没有加上去。

十七、蟒蛇洞

蟒蛇洞在禹王碑北面的幽谷中，西晋以前叫“抱黄洞”。相传，道士张抱黄在岩下修炼，升仙而去，因此得名“抱黄洞”。又传，张道士升仙后，洞被蟒蛇盘踞，因此得名“蟒蛇洞”。民间有晋代陶侃射杀蟒妖的传说。据传，抱黄洞里有一蟒妖，每逢七月十五夜吐舌为桥，横跨湘江，瞪眼如灯，诱骗百姓登桥、上天成仙。上桥之人都落入蟒妖腹中。陶侃被封长沙郡公后，决心为民除害，七月十五日夜，登上江边高台，待“天桥”出现时，操起弓箭射向桥上的灯，顿时，天灯熄灭，“天桥”退回。陶侃断定蟒妖眼睛中箭，立即传令全城药店，如有烂眼者来买眼药，一概不卖真药而卖毒药。后来，蟒妖敷了毒药，全身发烂，死在岳麓山。为感谢陶侃为民除害，人们将抱黄洞改称蟒蛇洞，将陶侃立足发箭的射台称为射蟒台。

十八、穿石坡与穿石坡湖

穿石坡位于岳麓山半山腰之上中山纪念林中，距云麓峰 30 米高、800 米远，为岳麓山东南幽谷中的自然景观。景点有亭，上书“穿石坡”三字，景点周边建有廊亭楼阁和观景平台。穿石坡以流水穿石著称，林壑清幽，巨石横亘，流水穿石而过，是颇为神奇的水石自然景观。流水来自云麓峰，经穿石坡后，下到山脚枫林村，终年不竭。穿石坡也有陶侃的传说。相传，当年陶侃射杀蟒妖后，按照白鹤姑娘（来由不详，一说是神仙下凡以震慑蟒妖）愿望，相约 50 年后相见。50 年后，陶侃已是耄耋之年，又因政务耽误相约之期。他赶到相约之处，苦苦等候九九八十一天，精诚所至，终得以见。菩萨为阻断白鹤姑娘再生思凡之情，叫陶侃从石门离去，陶侃被迫穿石而出，转身却只见一堵石壁矗立眼前。此处故称“穿石坡”。穿石坡原有一水塘，后改为预制场，1975 年改建为穿石坡湖，湖坝用水泥砌筑，高 15 米，坝顶有一条 4 米宽道路，湖壁及池底均有土工防水膜及六边形水泥砌块处理。2010 年，由湖南省

穿石坡湖

建筑科学研究院设计，大坝上方修建听风廊，长约60~70米，宽约4米，为风雨廊形式的建筑。湖西岸边修建一座2层仿古风格的楼阁，占地面积176.5平方米，高7米，一层为茶室，二层为观景平台。大坝底部种植爬藤植物，用以掩盖水泥坝体。

十九、笑啼岩

位于白鹤泉西侧，与白鹤泉隔道相望，处于岳麓山裂隙中段，是碧虚山与云麓峰陡峭对立形成的斜坳。笑啼岩巨石重叠，凹凸无秩，当山风吹来，风在怪石中穿梭，发出像人一样似笑似哭的声音，故称“笑啼岩”。此处“笑啼岩”三字石碑，系抗日战争时期韩国爱国志士李宁斋所刻。岩壁所嵌石刻，系民国时期中国国民党元老李根源题书、雇人所刻。“笑啼岩”亦有动人的民间传说。相传，从前岳麓山下住着青年葛仁，以打猎为生，20多岁尚未婚娶。一日，有位红衣姑娘自愿和他一起生活，料理家务。三月初一，红衣姑娘忽然满面悲容，称自己本是屋后崖边一株映山红，因爱慕葛仁人品好，才来结成夫妻。不料触犯天规，明日是自己生日，将要受到花神的惩罚。葛仁冒死相救，花仙渡劫成功，从此两人更加相亲相爱。因此，葛仁每次上山打猎，路过崖边，总会对着映山红花丛发出幸福的笑。久而久之，这笑声就变成石头自身的笑。一年后，葛仁与花仙有了儿子，在花仙生日那天，恰好儿子满月，葛仁下山去买酒。花神下界巡视，看见花仙抱着孩子逗趣，大怒，发起狂风把花仙刮到崖边，又劈开山石将其压在崖底。葛仁悲痛不已，常到崖边啼哭，崖下也传出花仙的哭声。天长日久，笑啼相加，该岩由此得名“笑啼岩”。

二十、赫石坡

位于岳麓山北麓，坡上有民国时期省政府主席王东原题“赫石坡”三字。四周树木浓密，多为枫树和酸枣树。林中残留抗日战争时期长沙会战战壕，纵横交错，由花岗岩石块垒砌而成，绵延10多千米，现多塌陷。赫石坡下有个清澈水潭，南边有两棵大樟树，潭中有一重石柱六角亭，即岳王亭，建于民国25年（1936）。亭内立一青色石碑，正面刻岳飞绘像一幅，上书“岳王遗像”，背面刻有岳飞年表。岳王亭前是忠烈祠，原为岳王庙，为纪念中国抗日战争阵亡将士改建并更名。忠烈祠坐西向东，面朝湘江，背靠麓山，为中国传统的重檐歇山顶，覆黄琉璃瓦，外环以石柱支撑回廊。大门两侧门联“百战裹尸还宜藏兹猿鹤幽栖麒麟高冢；千秋灵爽在此中有苌弘碧血阁部衣冠”。20世纪90年代末，忠烈祠受风雨剥蚀严重，于2004年修整，2015年再次大修。

二十一、响鼓岭

位于岳麓山顶，雅称步虚岭。清朝赵宁《新修岳麓书院志》卷二《寺观》云：“履之空洞有声。”清麓山寺弥嵩和尚诗云：“蹬道盘空望赤城，主都初觉步虚声。冬冬云外谁人足，响鼓应知不浪名。”响鼓岭地势高亢，怪岩林立，风光独秀，历代为佛、道两家所重视。佛教曾在此建法华塔，后被毁。响鼓岭旁有石亭，以麻石建造，六条斜边，方正敞亮，供游人歇憩。亭旁巨石刻有今人周翰陶书“响鼓岭”三字，另一巨石刻有“观枫台”三字。石亭内立有“长沙会战碑”。20 世纪 90 年代，为方便游客休闲，响鼓岭建起步虚楼，楼匾由书法家周昭怡题字，内设迎宾馆、泉香室、月殿、听松轩、集雅斋等。

二十二、飞来石

位于云麓峰古银杏树下方，形似天外飞来，故称“飞来石”，为岳麓山特殊的自然景观。传说，很久以前水陆洲上有一只金鸭婆。长沙史太守听说后，差人把岳麓山下农民找来，说金鸭婆是国宝，要大家找到归还朝廷，否则治罪。农民们到水陆洲四处挖找，没找到。一天，当地来了卖宝的老人。众人向老人告知原委，问他所卖宝物能否帮忙找到金鸭婆。老人说可以，但要一位勇士随自己去取。一名后生站了出来，愿和老人去取宝。两人走了三天三夜，历尽艰险。到第四天，面前出现一座高山，老人轻松而过，后生吃尽苦头爬了过去。突然又出现一条大河，老人如履平地，后生也跟着跳下。突然，前方出现一头猛虎，张开血盆大口要吃老人。后生拾起石头砸去，老虎大吼一声，后生震晕过去。不知过了多久，后生闻到一股香气，醒了过来。老人交给他一把锄头，告诉他回去用锄头在水陆洲挖三下就能挖到金鸭婆，还叮嘱他要把金鸭婆用木匣装好，放到云麓峰，让史太守自己去拿。金鸭婆挖到后，装匣放到了云麓峰。史太守命差役打开木匣，自己取出金鸭婆玩赏起来。不料，金鸭婆突然口一张，尾巴一翘，喷出一股黑气，云麓峰头顿时黑烟弥漫。史太守一伙吓得魂不守舍，仓皇逃跑，一块巨石飞来，将他们全部压在石头下。金鸭婆拍拍翅膀，飞回水陆洲去了。

明朝岳麓书院山长吴道行在《岳麓山水总记》载：“石飞岩外，如伸螭首。”石顶宽阔，纵横约 1 丈，石上平坦，可坐卧。此前，石上以花岗岩琢石柱，砌有石亭供奉真武祖师神像，亭上悬“寄岳云”额，为清朝衡山聂铣敏所题，后来石亭倒塌，不复存在。今石上刻有“飞来石”三字及当代书法家、湖南省政府参事室参事刘世善所书宋代御史赵抃诗《拜岳石》:“片石倚中天，云深鸟道间。人多祝尧寿，登此拜南山。”此处视野开阔，可遥拜南岳，故古人又称“拜岳石”。

二十三、自来钟

位于云麓宫前侧，自来钟夹于一棵高 10 多米的唐代银杏树杈中，树粗数围，树杈将钟抱在怀中。因钟悬于数十米高处，山风吹拂嗡嗡作响，故又称“自鸣钟”。树杈为什么会将大铁钟抱在怀中？民间有一传说。很久以前，岳麓山下有个老渔夫，有一对聪明伶俐的女儿，一个叫金仙，一个叫水仙，长得一模一样，亭亭玉立。一天，老渔夫去捕鱼了，直到黄昏都没回来。两姐妹来到湘江边等父亲。不料，江中驶来一艘船，下来几名强盗，把她们抓到船上，最后带到了皇宫。原来，皇后病了，想听听悠扬的钟声。皇帝下令在全国征来钟匠铸钟。可不管钟匠怎么做，铸出来的钟都有一条裂缝。钟发出来的声音也不够悠扬。皇后的病因此越来越重。一天，皇宫里来了一名道士，告诉皇帝，如果想铸成这口钟，就要到岳麓山下的江边把两个相貌相同的女孩抓来，放到炉里熔化。就这样，金仙、水仙被皇帝派的人抓来，推进火炉。钟终于铸成，皇后的病也好了。老渔夫捕鱼回来，不见了女儿，走遍整个岳麓山也没找到。他跑到湘江边，哭喊着女儿的名字，可无人应答。最后，他泪水流尽，眼里流出了鲜血，绝望之际跳入江水。这时，江水愤怒了，波涛汹涌，一直冲进皇宫，把皇帝、皇后都淹死了。那口钟被冲到岳麓山下江边，和老渔夫尸体停在一起。好心人把老渔夫葬在云麓峰上，又把大钟放在坟边。不知过了多少年，坟上长出一棵银杏。又不知过了多少年，大树把钟托起，粗壮的树枝将钟紧紧抱住。人们都说，那是老渔夫把女儿抱在怀里。

自来钟原钟铸有“明万历四年造”字样，清朝中期被毁，同治六年（1867）重铸，安放在云麓宫左侧。钟口直径四尺五寸，上铸“大清同治六年造”。光绪年间又被毁，民国时期重铸，悬挂于树。20 世纪六七十年代再被毁。1978 年仿制此钟，口径尺余，上仿铸“明万历四年造”。

二十四、观光长廊

位于岳麓山脊中部公路北侧，建于 1997 年，全长 140 米，是一个集观光、休闲、娱乐于一体的长廊。中有观光台，西可赏田园景色，东可瞰城市风光，山水洲城尽收眼底。山下为桃花岭景区。

二十五、鸟语林

位于岳麓山顶，占地 40 亩（约 2.67 万平方米），该景点由企业租赁土地建设，1999 年 9 月 28 日迁入，2014 年 9 月迁走。鸟语林存在于岳麓山顶之时，园内共有珍稀鸟类近 200 个品种，约 5000 只鸟，其中国家一、二级保护鸟类有丹顶鹤、白鹤、红腹锦鸡等，还有引自国外的金刚鹦鹉、黑天鹅、鹈鹕、火烈鸟等鸟类。鸟园注重园林造景艺术，以鸟类表演，融驯养、保护、繁殖、观赏、科普宣传为一体，是当时湖南唯一的大型鸟类观赏、鸟艺表演乐园。

第二节 ｜ 橘子洲景区

橘子洲景区所辖之地即橘子洲，是湘江下游长沙市区河段的冲积沙洲。站在橘子洲景区，西望岳麓山，东临长沙城，四面环水，南北绵延十余里。春天江鸥点点，夏秋林木葱茏，冬天有“潇湘八景”之“江天暮雪”，是长沙名胜之一。

西汉时期，橘洲是长沙国的军事要塞。北魏郦道元著《水经注》卷三十八《湘水》云：“湘水又北迳南津城西，西对橘洲……水西有橘洲子戍，故郭尚存。”这是现今发现的、较早确凿记录有“橘洲”名称的古文献资料。宋朝周必大著《平园续稿》卷九《跋山谷题橘洲画卷》云：“橘洲在湘江中，巨浸不能没，膏润宜橘，是以得名……张舜民[1]记称，洲上有巡检寨及僧寺两三所、渔者数百家。”元末明初起，从文人吟诵来看，橘洲名称也出现“水陆洲”一说，如，元末明初学者叶子奇诗作《水陆洲》云“长沙城西湘水流，客来城下系孤舟”；明朝戴嘉猷诗作《水陆洲》云“城阙含风回，波光荡橘洲”，该诗题称“水陆洲”，诗句则称“橘洲”。清乾隆十四年（1749）《长沙府志》刊《长沙府疆域图》中，湘江左侧江面标注有三洲，分别称牛头洲、水陆洲、矮子洲。从地理分布看，是时牛头洲、水陆洲均属于今橘子洲，牛头洲在南，水陆洲在北，矮子洲则为今傅家洲。清同治十年（1871）《长

1　北宋文学家、画家，陕西人，生卒年不详，治平二年（1065）进士。

沙县志》载："橘洲有三洲，即上洲、中洲、下洲。居民百余家，望之如带，实不相连。"民国元年（1912）刊《长沙县城图》中，三洲标注的地理位置与乾隆十四年《长沙府疆域图》相同，名称由南往北分别是牛头洲、水陆洲、傅家洲。民国24年（1935）刊《长沙地图》，沿用民国元年之标注。民国32年（1943），该区域属长沙市岳麓区，其中水陆洲尾为十三保、牛头洲为十四保。1949年长沙和平解放之初，该区域建有牛头洲村、水陆洲村。1952年12月，政府设立水陆洲街道办事处，洲上城市部分（主要在南端）归其管理。1960年，长沙市西区开始在洲的南端建设水陆洲公园，1962年10月建成开放，1967年更名桔洲公园。公园占地14.18万平方米，堤岸砌有石栏，种有垂柳。1968年，公园所在地更名为桔子洲街道办事处。1998年，该公园被命名为岳麓山风景名胜区橘子洲景区。受汉字舍繁就简、历史既定形成等因素影响，今日可见文献资料和管理机构名称中，"橘洲""橘子洲""桔洲""桔子洲"常混用。

橘子洲

自古以来，橘子洲即为长沙风景优美、人文繁盛之地。南北朝至清朝，橘子洲建有水陆寺（江神庙）、裴公亭、拱极楼等亭台楼阁。唐宋时期，杜甫、齐己、姜夔、张栻、朱熹、辛弃疾等名人到此游览，并写下美妙诗章。宋朝文人画师描绘了著名的“潇湘八景”，橘子洲景为其一，曰“江天暮雪”。宋朝时，湘江东岸建有八景台，可观眺“江天暮雪”。橘子洲又是一个有着浓郁佛、道文化之地。南北朝时期建有水陆寺，此后高僧云集，香客如织。清雍正年间，水陆寺改为江神庙，官府每年在此举行祭祀江神典礼，庄严肃穆。洲上百姓修建有洞庭宫、土地庙，并在此举行庙会。洲上每户选一人赴会，会上除举行祭祀仪式外，还要推选下一届聚会的首领。会后聚餐配有专用餐具，上刻“橘洲长庆”等字样。这一传统延续至20世纪50年代初。

清末以前，橘子洲主要是菜农、渔民和船业人员居住。清末开始，橘子洲逐渐得到开发。中部成为外国驻长沙领事馆区域，先后设有英国领事馆（1911—1941）、德国领事馆（1913—1917）、日本领事馆（1930—1941）。不少外国商业机构和侨民迁

居橘子洲，包括日本株式会社长沙出张所、美国美孚石油公司和英国亚细亚石油公司的经理住宅、美国等国传教士住宅和万国俱乐部等。20世纪三四十年代，一些国内官员、富商来洲上建造住宅，有唐生智公馆、童锡梁亦园等。民国36年（1947），实业家彭虞阶在牛头洲创办天伦造纸厂，翌年投产。民国36年（1947）9月，省立音乐专科学校创办，校址设在水陆洲天主教堂，该校1949年9月并入湖南大学。

橘子洲是毛泽东早期革命活动的重要纪念地。中华人民共和国成立后，20世纪五六十年代，毛泽东7次畅游湘江，多次看望橘子洲百姓。六七十年代，水陆洲公园（桔洲公园）建设过程中，逐步建起5处亭廊、毛泽东诗词牌等景点；70年代末，桔洲公园进行大规模建设，相继修筑亭台游廊、花坛，广植橘树、花卉，形成亭台相望、曲径相连、花繁林茂的风景游览区。是时，橘子洲上还办有企业，并有居民生活。1993年，启动橘子洲整体拆迁工作。受后续资金及规划影响，拆迁工作没有全部完成，项目未能得到后续推进。2002年10月，长沙市岳麓区成立移民搬迁指挥部，启动橘子洲2个行政村、3个居委会、37个单位的搬迁。2004年5月，中共长沙市委、市政府作出整体改造橘子洲的决策。整体改造工程包括橘子洲岸线整治与河道疏浚、景区提质（包括景点建设、绿化、基础设施建设、文物保护利用方面）。景点建设方面，新建毛泽东青年艺术雕塑、百米喷泉、焰火广场、沙滩公园等13处景点，其中毛泽东青年艺术雕塑成为景区最具标志性景点，打造望江亭、枕江亭、揽岳亭、诗词碑、橘洲客栈、朱张古渡、江神庙、拱极楼等景点，恢复“渡江讲学”“江天暮雪”等景点，同时全洲各处建有亭台水榭。绿化方面，打造十大植物景观区，分别是伟人文化广场植物景观区、百亩橘园植物景观区、专类植物景观区（竹园、梅园、桃园、桂园）、公园入口植物景观区、婚庆植物景观区、历史保护建筑植物景观区、生态停车场植物景观区、寺庙植物景观区、沙滩公园植物景观区、环洲滨水植物景观带。这一时期的提质改造中，橘子洲还在原神职人员寓所旧址、张孝准公馆旧址、清代长沙海关公廨旧址、竹园、毛泽东青年艺术雕塑基座内分别建有湖南橘子洲古董钢琴博物馆、长沙非物质文化遗产展示馆、长沙海关历史博物馆、湖南民俗民居博物馆和橘子洲变迁史陈列、青年毛泽东在长沙的岁月陈列，以大量实物、图片展现橘子洲文化底蕴。

2011年12月，橘子洲旅游区获批为国家5A级旅游景区。2016年8月，橘子洲因存在安全隐患大、厕所卫生差等问题，被撤销5A等级。是年11月，橘子洲启动5A提质改造建设。2017年12月恢复5A等级。

毛泽东青年艺术雕塑

一、毛泽东青年艺术雕塑

坐落于橘子洲头中部，海拔 36.5 米，坐北朝南，为橘子洲标志性景点。2007 年 2 月 15 日，中共中央办公厅批复同意在橘子洲设立毛泽东青年艺术雕塑。2009 年 12 月 26 日，雕塑揭幕落成，展示风华正茂的青年毛泽东形象，高 32 米，东西长 83 米，南北宽 41 米，基座面积 3500 平方米，总重量约 2000 吨，是全国最大的毛泽东雕塑。雕塑头部面向东南方，注视着曾经革命奋斗的青春热土。雕塑外部以 8700 块石头拼接而成，石材采用福建龙岩永定出产的"永定红"花岗岩，寓意"永定江山"。雕塑设计成一座自然的山体，半身胸像的形态幻化成隆起的山峰，大地板块斜突，石块崩云，惊涛裂岸，刀劈斧凿，气势恢宏。广州美术学院教授黎明创作设计雕塑样稿，湖南省建筑设计院承担工程设计。

二、问天台

位于橘子洲最南端，前临湘江，西屏岳麓，东峙天心古阁，南望水天一色，地势高敞，视野开阔，以毛泽东《沁园春·长沙》词中"问苍茫大地，谁主沉浮"之句而命名。问天台和望江亭之中有一棵古朴树，距今 180 多年历史。青年毛泽东在长沙时，曾多次和挚友蔡和森、罗学瓒、张昆弟等横渡湘江，在该古朴树下指点江山、探求真理。

江神庙

三、江神庙

江神庙原名水陆寺，建于橘子洲北，南北朝时期济应禅师创立。南宋诗人戴复古《岳麓水陆寺》曰："长沙沙上寺，突兀古楼台。四面水光合，一边山影来。静分僧榻坐，晚趁钓船回。明日重相约，前村访早梅。"雍正八年（1730），清世宗下诏"以江神司江渎，利赖舟楫"，湖南布政使赵城遂将水陆寺改为江神庙。后因历岁既久，庙宇遭到破坏，栋折柱摧，瓦泐甃破。乾隆四十五年（1780），湖南巡抚刘墉命长沙知府蒋炘会主持捐修，历时三年而工竣。新修复的江神庙，建殿三重，前有门，并于后建楼两层，"周遭啮岸颓栏，以次凿金嵌石，坚致玲珑"。清嘉庆、道光年间，江神庙又有修葺。庙前建有戏楼，常有名流来此倚剑听戏。清光绪《善化县志》载："楼高数十丈，俯瞰湘江，平瞻岳麓。"清末，庙毁。2008 年，橘子洲整体改造工程中，该庙按清代庙宇建筑风格重建，是年 3 月，建设工地发现清乾隆年间修复江神庙的古碑残件。2010 年，江神庙开放。重建后的江神庙建筑群，采用半对称式布局，庙前布置商业街，庙后盘踞拱极楼。总建筑面积 2217 平方米，分为正殿、戏台、西厢、东厢四个部分。整个布局以展现民俗文化为主，将商业、游憩、文化活动整合，空间序列采用明清建筑手法，由北搭桥码头、入口照壁开始，经庙前街两厢建筑和四个庭院，将人流汇集于江神庙。江神庙东西两侧，有两排宽敞的房屋，西侧为禅意生活体验馆，开辟素食馆，用豆腐和蔬菜做成各种各样的食物；东侧为国学馆，开展传统文化教育，教学《老子》《三字经》《弟子规》等。

四、拱极楼

位于橘子洲最北处，江神庙后，为橘子洲最高建筑。原楼初建年代不详，毁于清朝。该楼景色优美，历代众多文人雅士登楼观景、消夏避暑、赋诗作对，曾有联云："拱极楼中，五六月间无暑气；潇湘江上，二三更里有渔歌。"冬季雪日登临此楼可身临"潇湘八景"之"江天暮雪"景观。现楼建于 2008 年，依据清同治七年（1868）《长沙县志》卷五《水陆洲图》复建而成。拱极楼坐北朝南，构造独特，楼高 5 层，总建筑面积 1578 平方米，包括主楼、麓山在望、涛回轩、访梅亭等。楼内置有古代和近代湖南名人蜡像。

五、望江亭

位于毛泽东青年艺术雕塑南百余米，此地为古洞庭宫旧址。该亭建于 1966 年，面积 263 平方米，为亭廊结合的仿古建筑。2008 年，亭阁改造更新。

望江亭

六、裴公亭

又名楚秀亭，位于橘子洲中部，为唐朝中晚期名相裴休贬官潭州时所建。宋朝词人王以宁《水调歌头·裴公亭怀古》云："岁岁橘洲上，老叶舞愁红。西山光翠依旧，影落酒杯中。人在子亭高处，下望长沙城郭，猎猎酒帘风……"元朝之后，裴公亭故址无存。后人在原址上建有义渡亭。

七、景区植物园

橘子洲景区核心景点，于2004—2008年景区整体改造时所建。景区植物园由5座各具特色的景园组成，前4座以春、夏、秋、冬四季为主题，分别为桃园、竹园、桂园、梅园，最后为橘园。全园春有桃花灿漫，夏有翠竹迎风，秋有丹桂飘香，冬有寒梅立雪，一年四季都可感受到橘子洲生机盎然景象。桃园内设潇湘名人会所，用以接待中外友人与文人墨客，由原唐生智公馆修缮而成，为一座2层中西合璧式的洋楼。竹园面积6.07万平方米，汇聚龟甲竹、圣英竹、白纹阴阳竹等名贵和乡土品种，共计60余种，是中国南方地区品种最齐全的竹园之一。竹园内建有湖南民俗民居博物馆，展示明清以来较有代表性的湖南民俗、民居风格的家具、渔具、农具等实物。桂园面积3.07万平方米，种植金桂、银桂、丹桂、四季桂等共计200多株。桂园内建有湖南特色民居，园中湖泊与民居互为映衬，营造出幽静、淡雅氛围。梅园面积3.07万平方米，种植美人梅、垂枝梅、游龙梅、红梅、绿梅等14个种类共600多株，梅园内有朱张渡遗址。橘园又名柑橘文化园，以种植橘树为主，有南橘、蜜橘、红丰、酸橙等44个品种共3800多株。每到收获季节，橙黄色的橘子挂满枝头，色彩明丽，格调清新，果香扑鼻。园内坐落两处历史建筑：一是原天伦造纸厂的红色厂房，今为展示菊花石、湘绣等湖南特产的展馆；一为青瓦灰墙的原橘洲客栈，为砖木式建筑。2处建筑均按照修旧如旧的原则予以修复，还原历史风貌，并设置展厅。橘园内还有"谁主沉浮"雕像群，分别是毛泽东、蔡和森、何叔衡、向警予、萧三。

八、美孚洋行

美孚洋行始建于民国13年（1924），是一处具有浓郁欧美式建筑风格的2层美式建筑，占地面积446平方米，建筑面积892平方米。2008年修缮后，建成婚庆园。婚庆园周边种植各色玫瑰、月季，为建筑增添甜美优雅气息。

美孚洋行

九、焰火广场

位于美孚洋行左前方，为重大节日和重大活动期间燃放烟花爆竹场地。2010年，中共长沙市委、市政府提出推进城市国际化、把长沙打造成具有国际影响力的文化名城的目标，决定每逢周末在橘子洲燃放焰火，首场焰火于是年8月28日燃放。2013年1月起改为每年5月1日至10月31日期间每周六晚燃放，新年元旦、农历除夕和元宵3个重大节假日纳入燃放日。2014年5月3日—10月25日，橘子洲举行周末焰火暨音乐焰火大赛，共燃放28场。2018年起，取消定期燃放焰火，具体燃放时间由长沙市政府焰火燃放小组确定。

百米高喷

十、百米高喷

位于核心景区北广场，2004—

2008 年景区整体改造时所建。喷泉喷高可达 80~100 米，最高可喷 109 米。高喷由一柱主喷和周边副喷构成一柱冲天的美景，与湘江对岸杜甫江阁遥相呼应，在江面勾绘出优美的水景图。

十一、变形金刚雕塑群

位于橘子洲中部，2014 年由湖南涉外经济学院师生设计组装的变形金刚所组成，共有约 10 万件零部件。变形金刚雕塑由废弃金属零部件组成，融入了现代艺术概念。

十二、橘子洲步行街

位于江神庙旁边，2004—2008 年景区整体改造时所建，呈东西向，长约 200 米。街道两侧分列店铺，鳞次栉比，售卖各式商品，游人如织，甚为热闹。

十三、橘子洲沙滩公园

坐落于橘子洲景区北段，2014 年 3 月建成开园，是一个集城市亲水、生态、运动、文化于一体的城中公园。园区分为户外运动文化休闲、室内运动休闲两大板块，户外有 3 万平方米的绿地广场、1.3 万平方米的江岸沙滩、户外沙排场、户外攀岩、户外篮球场、户外游泳池、户外儿童戏水池；室内拥有相关运动配套设施，如水上运动中心、运动俱乐部、室内高尔夫乒乓球馆、烧烤吧、休闲吧，园区可全天候满足游客运动休闲需要。

橘子洲沙滩公园

第三节　天马山景区

天马山景区于2010年7月建成对外开放，包括天马山、凤凰山、桃子湖，面积0.82平方千米，北起桃子湖路，南至后湖路，东起潇湘大道，西至天马山。

清朝时，景区区域属善化县七都，民国时属岳麓山乡。是时，天马山、凤凰山为荒山野岭，山间空旷，房屋少有，山头仅有灌木草丛，小道依稀可见。两山南北相对，牌楼路从山下直上江堤，周围农田纵横，桃子湖波光粼粼。1949年之后，该区域仍为农业区域，以生产蔬菜和柑橘为主。1950年3月长沙市设立郊区办事处后，该区域先后隶属郊区办事处岳麓区（区公所）岳南乡（1950—1958）、郊区岳麓山人民公社（1958—1959）、长沙县岳麓山人民公社（1959—1960）、岳麓区岳麓山人民公社（1960—1962）、郊区岳麓山人民公社（1962—1971）、岳麓区岳麓山人民公社（1971—1973），其后又调至郊区岳麓山人民公社管辖。1984年2月，长沙市改革人民公社体制，建立乡人民政府，该区域属于郊区岳麓山乡。1996年，长沙市行政区划调整，新设立岳麓区，该区域由岳麓区管辖。2002年，天马山、凤凰山、桃子湖被划入岳麓山风景名胜区，命名为天马山景区。

天马山景区有着深厚的文化底蕴，有天马山和凤凰山西汉长沙国王室墓葬、南宋翠微亭遗址、清朝河南官兵合葬墓、杜心五墓等古迹和中国人民解放军大将肖劲光故居、爱国民主人士方叔章公馆等纪念地。

2008年7月，天马山景区综合整治工程启动，景区范围内征拆涉及橘子洲街道麓山村、天马村、牌楼口社区、湖大社区、师大社区和八字墙社区共2村4社区，拆迁各类建筑68928平方米。对天马山、凤凰山进行绿化，以自然群落为参照，人工植入常绿树种樟、椤木、石楠、青冈栎、胡颓子、檵木、茶树、映山红等，完善山林结构。景点建设方面，拓宽桃子湖，沿湖种植垂柳、水杉、广玉兰、桂花树等树木；湖的西面，建有小山，堆土来自拓宽湖面挖掘出的泥土，山上种满绿草和树木；湖的东北角，建有“面水轩”景点，由2个木栈道和1个亲水广场构成，花岗岩亲水平台与湖面齐平；湖的正东岸，建有“柳岸鸣翠”景点，由3个不对称观景平台构成。沿着凤凰山石板游道蜿蜒往上，可依次到达“静思园”“陌上花开”“凤凰台”“望麓台”，其中“凤凰台”处于半山腰，正对桃子湖，站立于此，可览江观湖。2010 年 7 月，天马山景区一期生态修复和桃子湖整治主体工程完工并对外开放。

一、天马山

位于岳麓山东麓，濒临湘江，因形似奔驰骏马得名，面积约 0.6 平方千米。清初诗人张九镒诗《天马山》云：“天马行空不可羁，眼看山势踏云飞。若凭大脉西南向，湘水分明玉带围。”

天马山历史底蕴深厚，西汉时期是长沙国王室陵墓区之一，20 世纪末至 21 世纪初在此发现 2 座长沙国王室墓，分别命名为一号、二号汉墓，成为长沙国王陵考古遗址公园的组成部分。南宋乾道年间，天马山建有翠微亭，理学家朱熹题额，后毁。清康熙二十六年（1687），偏沅巡抚丁思孔重建此亭。天马山东麓紧靠湘江边的槐树坪，有清咸丰二年（1852）九月在与围攻长沙城的太平军激战中阵亡的清军河南绿营兵合葬墓。此役中，翠微亭再次被毁。

2008 年启动的天马山综合整治工程实施后，天马山自然景观得以修复。山顶竹苞松茂、峭壑阴森，石径盘曲，野芳幽香。山麓有大片橘园，橘果久负盛名。山麓有饮马潭，水碧晶莹，奇峰倒映，五色纷披，璨若图绣。

二、凤凰山

位于麓山景区东部。凤凰山孕育于岳麓山，自然景观秀丽，植被资源丰富，整个山峦被林木覆盖，森林覆盖率 95% 以上。凤凰山在岳麓山风景名胜区的规划过程中

桃子湖

被定位为森林公园，东南西北4角都有登山路。凤凰山同属西汉时期长沙国王室陵墓区，已发现陵墓1座。2008年综合整治工程实施后，凤凰山建有宽1.5~2米、长4千米的游道，有10条路可从南北向的4个入口上山；新增绿化2万平方米，移栽树木2000多棵，有香樟、杜英、栾树、樱桃等10余品种；建有静思园、陌上花开、凤凰台、望麓台四大休闲景点，其中静思园内有巨型花岗岩桌，为整块花岗岩，长2.4米，宽1.4米，高0.8米，重9吨多，还安放有一块黄色鹅卵石，重达3吨，上面题刻“凤凰山”3字。凤凰山顶北面有一观景台，可观望湖南师范大学校园和岳麓山；沿山脊往西南，可俯视湖南大学校园。

三、桃子湖

桃子湖西偎凤凰山，南抵天马山，“一湖连两山”，与湘江仅隔一堤，因湖边有桃林，故名桃子湖，湖面面积0.08平方千米。此湖傍江靠山，得天独厚，似由天外飞来，故又名“飞来湖”。宋朝诗僧惠洪《湘西飞来湖》云：“那知湘水西，乃有飞来湖。连荡满秋色，小艇藏菰蒲……我与湘峰色，俱堪入画图。”盛赞桃子湖美景。该湖既可垂钓，亦可泛舟，夜则星月倒映，清《岳麓志》赞其“尝星月倒映，鸥凫宿烟，一泓之清，胜于千顷”。2008年，长沙市对桃子湖彻底清淤，并实现雨污分流，附近生活污水通过排水管网进入污水处理厂，2010年整治完工。沿湖两岸种植垂柳、水杉、广玉兰、桂花等树木。通过湖的西面游道，可依次到达凤凰山四大休闲景点。环湖建有1000多米游道，由木栈道和亲水广场构成。桃子湖中央筑有椭圆形小岛，粼粼湖水中，浮光荡漾，静影沉璧。湖的西南侧建有水阁，坐南朝北，纤巧空灵，与山水交相辉映，别具一格。

四、天马风情街

位于天马山东南山谷，临天马路，占地面积2056平方米，总建筑面积7653平方米，地上建筑面积6051平方米，覆土建筑面积1295平方米，建筑层数2~3层。2011年建成。

五、大学生创意街

位于凤凰山与桃子湖之间。2013年拆除旧街，后历时3年建成。建筑占地面积11000平方米，总建筑面积20863平方米，其中地上建筑面积3015平方米，覆土建筑面积21409平方米，建筑层数2~3层。北段为港湾休闲区，设置多个休闲平台，用于进行户外演出和校园庆典等活动；中段地处凤凰山谷地，为校际交流区，周围植被茂密，南侧为爱国主义教育基地，校际交流广场作为交流活动中心，以满足校际交流、大型义演、避难等多功能要求；南段为文化体验区，地势平坦，围绕文化体验为主题，设置有文化小品、雕塑等。

第四节 | 桃花岭景区

桃花岭景区位于长沙市二环线以西，隔二环线与岳麓山相望，与麓山景区西入口相接。

民国时期，景区区域属于岳麓山乡，为农业区域。1949年以后，该区域仍为农业区域，以生产蔬菜为主，先后属于岳南乡、岳麓山人民公社、岳麓山乡，是长沙柑橘、河西园茶主要产地之一。1996年，长沙市新设立岳麓区，该区域由岳麓区管辖。2002年，桃花岭被划入岳麓山风景名胜区，命名为桃花岭景区。景区林木以混交林为主，山麓有橘园、茶园及小水果树（杨梅、梨、柿、葡萄等），呈现“千亩柑橘千亩茶，千亩楠竹千亩杉”山地林木景观。

桃花岭景区历史底蕴深厚。1987年，在区域内的中南大学本部发掘一座大型晚唐双人墓葬，出土几何图案浮雕方砖、石棺、金器、鎏金银器、铜镜、瓷器、水晶玛瑙、银质货币等50余件文物，其中秘色瓷碗、白瓷大洗、“许由洗耳”铜镜、银“开

桃花岭景区

元通宝”等十分珍贵。该墓是至 2018 年为止湖南境内发现的规模最大的唐墓，有较高研究价值。景区内的梅溪湖街道联络村大洞组山头有著名爱国民主人士方叔章墓。

2011 年 6 月，桃花岭景区建设启动，梅溪湖投资（长沙）有限公司投资建设景区一期工程，包括景区北坡征收搬迁、北入口、枫树坪（洪寺庵）水库改造工程、腊八寺入口及配套设施工程、游步道提质工程、森林防火监测站工程等，总投入资金约 5.8 亿元。拆迁房屋建筑面积 32.2 万平方米，搬迁 3200 人；治理湖面 3000 平方米，整治河道 600 米，整治岸线 1200 米；生态修复 46.55 万平方米，增加绿化面积 31.8 万平方米；建设游步道 23.3 千米；建设停车场 7200 平方米，停车位 132 个。景区西部是从景区入口至洪寺庵水库周边，亦属于梅溪湖城市片区南部，其中洪寺庵水库水面约 5 万平方米。景区西北部的桃花岭公园是景区核心位置，面积 290.67 万平方米，环境优美。公园功能定位为郊野游览、生态观光、徒步登山、科普体验、假日休闲，以打造平和宁静、自然悠远的开放式山水公园为目标，力求展现“梅溪湖畔桃花源，桃花岭间水云天”境界。景区植被面积修复 28 万平方米，景观绿化 40 万平方米，包括景观木栈道、景观桥、观湖平台、广场铺装、景观亮化、景石、跌水水系、乔木、灌木及水生植物等。2014 年 10 月，桃花岭公园建成开放，分为粉桃迎客、林涧探踪、镜水云天、水彩桃源、觅香闲步 5 个分区景观。

一、粉桃迎客

桃花岭景区入口分为东、西 2 个不同景观和功能属性的场地空间，东侧为体现自然、宁静的自然公园环境，建造 3 座不同主题的观景平台；西侧主要为服务管理和餐饮服务用地，建有公园管理办公楼、简餐服务用楼和咖啡零售用房，总面积 1360 平方米，同时建有可满足 260 辆汽车停靠的大型社会停车场。入口地势平缓，有草地和小湖，湖水从山谷中水库沿溪流而下，若大雨过后，形成多个小瀑布。两岸有片片桃花树，桃花盛开时节，形成“粉桃迎客”景观。

二、林涧探踪

进入麓溪峪，植被为原生态植被，以松树、樟树、茶树为主，四季常青。基于现状水库溢水沟涧，打造自然叠水景观，营造耳边溪声潺潺、夹岸桃花探源情境。通过巧妙设计，将高处水库流下的水经过高差处理，形成自然并富有诗意的自然跌水景观，并流过一座景观桥梁汇入人工景观湖内，置身其中，仿佛进入“林涧探踪”境地。

三、镜水云天

位于山谷之中，为水库区域。周边景色为桃花岭精华所在。东南边山坳，有桃花谷蜿蜒曲折，移步换景，有一线水岸，有大树、草坪、巨石，可与湖水亲密接触。水库正南有观景台，在此可从各个角度观看水库。西有一长栈道，架于水面，别有风味。水库西边，另有天地，小塘里种有荷花睡莲，与桃花岭山水相依，仿佛进入“镜水云天”佳境。

四、水彩桃源

走在水库栈道，豁然开朗，宽阔的水库、延绵的桃花岭山脉，成为桃花岭景区最具特色的景观。层层分布的人工鱼塘打造出一处现代桃园秘境，亭桥后，彩林间，水印彩盘层叠，幽雅缤纷的植被和水面倒影，犹如置身桃源深处。这里还建造了具有桃花元素的生态建筑，供游人喝茶和用餐，令人有“水彩桃源”之感。

五、觅香闲步

景区结合湿地、水面及周边山体修建有休闲度假中心。湿地区位于景区西部，在北部设入口广场，结合低洼地形，依次修建景观湿地湖、生态湿地花海、湿地生态景观花园广场、自然叠水瀑布等景观。休闲区位于景区东部山谷地，沿无边界游泳池布设一组休闲用房，构成室内外结合的休闲基地。泳池前设休闲水吧，由湿地自然叠水瀑布围合成绿岛。同时配套游泳活动服务区，设 7 米宽主车行道，与洪寺庵相联，并沿山谷设 4 米宽环形车道。游人来此，别有“觅香闲步”之韵味。

第五节 ｜ 咸嘉湖景区

咸嘉湖景区位于岳麓山风景名胜区北部，东至滨湖路及牛形山东侧山脚，南以枫林路为界，西北至龙王港。面积 165.14 万平方米，其中水域面积 116.32 万平方米（包括龙王港水域 8.76 万平方米），陆地面积 48.82 万平方米。

咸嘉湖曾是长沙市面积较大的湖泊之一，民国时期面积 180 万平方米。旧称韩家湖，传因明初洪武年间韩姓人家在此置业而得名。清同治十一年（1872），韩家湖外渫湾堤破败，湖南抚标中军参将、借补长沙协副将韩殿甲以所部兵勇从役，以巨石筑堤，坚固平坦，遂成坦途，“杨柳亭嘉荫蓊然，行旅称便”，即今日之“五里堤”。湖南巡抚王文韶曾撰文，由原署理广东巡抚郭嵩焘手书，刻碑立石。民国初年，教育家胡文典在此开办咸嘉小学（长沙方言中，“韩家”与“咸嘉”同音），该湖改名咸

咸嘉湖景区

嘉湖，日常也被写成咸家湖。

景区区域自古以来为水稻和渔业生产区。中华人民共和国成立之后，该区域相继属岳北乡、岳麓山人民公社，1963 年，岳麓山人民公社组建咸家湖渔业队，利用湖体养鱼，湖体被分割成多个鱼塘，鱼塘间建有房屋，该湖水域面积由此缩小。1973 年 12 月，长沙市郊区成立国社合营的西湖渔场，该湖属西湖渔场重要生产水域。1974 年，组建渔场党委、管委会。1996 年，长沙市新设立岳麓区，该渔场由岳麓区管辖。1998 年，岳麓区设立西湖街道，与渔场合署办公、两块牌子一套人马。2001 年，渔场改为街道下属单位。2005 年国务院批准的《岳麓山国家重点风景名胜区总体规划》将西湖渔场纳入岳麓山风景名胜区范围，命名为咸嘉湖景区。2008 年，长沙启动咸嘉湖景区综合整治（即西湖文化园项目），长沙城投河西投资开发有限公司为项目投资建设主体。因整体规划调整、投资主体变化等因素，该项目停工 1 年。2009 年 11 月 28 日，该项目再次启动建设，建设项目包括湖体清淤、环境和流域整治，环湖道路、园林景观景点及管理服务配套用房建设等。咸嘉湖景区景点建设分为北滩、西街、南岸 3 部分。北滩——树林加草坡，是观赏南岸自然山水场的最佳区。植物造景从整体上、功能上营造景观空间，形成北面以高大乔木为屏障背景的大树林景观，逐渐向水岸演变为疏林、草坡、沙滩，结合水体，营造滨水休闲游乐场所。西街——生态庭院，林际线与商业建筑轮廓线相协调，结合商业街的硬质铺装形成林荫空间，为商客提供休憩场所。建筑通过屋顶绿化及多级立体花坛形成垂直绿化，沿岸采用自然驳岸与硬质驳岸相结合，与周边建筑相协调、自然过渡。南岸——风景林带，借景岳麓山形成南岸自然山水场，规划注重以生态为目的的整体设计，采用一个复合、多层次、多主体的混交植物群落，并强调植物的观赏性，形成与岳麓山融为一体的风景林带，达到从岳麓山俯瞰可以感受到层林尽染的景观效果。沿枫林路以枫香为主要植物景观特色，沿滨湖以栾树为主要植物景观特色。2014 年 12 月 28 日，咸嘉湖景区的核心景点西湖文化园建成开放。

一、西湖文化园

又称西湖公园，总用地面积约 140.05 万平方米，2014 年 12 月底建成并对外开放。公园利用历史文化资源和自然景观优势建成“一湖十景”景观。“一湖”即西湖，分为赏水区、戏水区。赏水区位于公园西侧，水面标高 31.5 米，主要景观有观荷栈道、杉林栈道、生态岛屿、龙吟岛等；戏水区位于公园东侧，水面标高 30.5 米，可进行水上娱乐活动。“十景”，从西入口广场依次是品花阶（大台阶）、秀广场、临风桥（长桥）、枫影地、白鹭滩（大沙滩，面积约8000平方米，岸线长约300米）、渔舟台、花洲岛、识水湾、水珠台、龙头山。西湖公园是一座以休闲娱乐、旅游服务为主，集商务、旅游度假为一体的综合性城市公园，整个文化体系以湖面为中心，形成岳麓文化展示区、游船文化展示区、水乡风情文化、西湖天地、书院文化、湘楚遗韵、历史名人展示、文化广场以及环湖文化景观带等文化区域。

二、龙王港的桥

龙王港是长沙湘江西岸重要水脉之一，中华人民共和国成立后，经过多次兴修水利，龙王港水患基本消除。望麓桥是龙王港上的一座旧桥，始建于民国18年（1929），原为长沙河西古驿道上水驿关亭，2005年，望麓桥改造，被加宽至35米。溁银桥同是一座旧桥，由东西两半幅组成，间距4.7米，其中东半幅桥于1966年建成通车，长50米、宽7米，是长沙河西城区第一座公路桥，为解决交通量增大的问题，长沙市政府1983年建成西半幅桥并通车，该桥长60米，宽10米。由于溁银桥标高37米，达不到城市防洪38.1米的标高要求，2007年10月将该桥拆除，2008年于原址拓宽重建。随着城市建设重点项目的推进，龙王港东起溁银桥、西至陈家咀相继建起10余座钢筋混凝土桥，如梅溪湖中国结步行桥，又名为梅溪湖梅岭公园跨龙王港步行桥，独特造型，是一座旅游观光桥；东方红路跨龙王港桥，又叫风筝桥，每到夜晚，风筝桥通过灯光形成5种彩色风筝；看云路跨龙王港桥，又叫飞鸟桥，采用红色穿孔铝板，与中国结步行桥相呼应，栏杆采用双层钢化玻璃，给人以通透的感觉；麓云路跨龙王港桥，又叫彩虹桥，以5种彩色栏杆装饰桥梁；临水路跨龙王港桥，又叫手镯桥或环拱桥，东西两侧人行道采用11个象牙白色环形钢圈；梅溪湖跨龙王港桥，与国际文化艺术中心临近，采用白色纯铝板栏杆装饰，纯粹而简洁；川塘路跨龙王港人行天桥，是一座钢结构人行天桥，桥面呈弧形，步行桥面，可览两岸的秀美风光。

2012年起，龙王港两岸植物景观被重新布局和改造。在原有地形地貌、植物种类基础上，龙王港风光带被打造成湖南省内首条生态夜游河。

三、牛形山森林氧吧

牛形山植被良好，林木茂盛，经数年整治，植绿造景，成为咸嘉湖景区的绿色森林氧吧。牛形山长期保持原生态系统，森林覆盖率98%，山中溪水清澈，曲折蜿蜒，潺潺而流，水质清澈优良，手掬可饮；空气纯净，负氧离子含量极高，花草、树木散发的植物精气充盈。游客置身其中，呼吸舒畅，心情愉悦，被誉为“长沙最适合呼吸的地方”。每逢盛夏，长沙东岸酷暑难耐，但牛形山平均气温25℃，湿度60%左右，清凉舒适。

四、创意文化街

位于西湖文化园西北侧的龙王港附近，长约1.2千米，总建筑面积70557平方米，为1~3层建筑。街区时而被建筑围合，以营造热闹的空间氛围，时而向湖面开敞，引入优美的山水景观。街区中部设艺术广场，可开展各类艺术文化活动。2015年，创意文化街建成开放，2017年交由湘江新区托管，建设文化创意产业园。

第六节　石佳岭景区

石佳岭景区位于岳麓山西北部，东至湖南大学北校区，南至党校路，与麓山景区相接，西至西二环路，北至龙王港风景区边界，属岳麓山风景名胜区三级保护区。2005年国务院批准的《岳麓山国家重点风景名胜区总体规划》将石佳岭景区纳入岳麓山风景名胜区范围。该景区规划面积99万平方米，至2018年尚在建设中。

1949年以后，该区域相继属岳北乡、岳麓山人民公社、岳麓山乡。1996年，长沙市新设立岳麓区，该区域由岳麓区管辖。景区三面环山，中间为谷地水塘。山体高度超100米，坡度多在30%以上，西面与梅溪湖连通，北面为龙王港，有哑河湿地、石佳岭山谷等资源条件，区位良好，交通便捷，但由于多年乱搭乱建，景观资源破坏较严重。道路、水电等基础设施水平低。

石佳岭景区定位为：利用石佳岭良好的山水围合条件，成为综合性的生态植物园，为生态科普教育和植物培养示范基地。该景区规划的重要景点有：入口滨水广场，即景区主要入口，也是观赏岳麓山倒影和湖光的主要位置，占地面积4500平方米，由中心广场、带状树木种植带、绿地台阶、两侧坡地草场和亲水平台组成；林木半岛，处环山石道和环水木道交接处，占地面积 2200 平方米；菖蒲香径，由环水木道和在半山腰的环山石道平行组成，占地面积 12000 平方米；湿地群岛，由自然、冥想、游乐 3 个岛屿组成，占地面积 24000 平方米；茶社平台，位于南山半山腰，占地面积约 1000 平方米；林中空境，位于湿地和南侧快速通道之间的谷地，占地面积 14000 平方米；临山小馆建筑群，面积约 10000 平方米；浮桁走廊，面积 600 平方米。

2012 年起，石佳岭景区第一期生态修复与园林景观建设工程（梅溪湖二环以东湖泊岸线景观工程）开始实施，建设梅溪湖东湖泊岸线景观工程以及景观营造、水处理系统工程，总投资约 5000 万元，建设水面面积 14.76 万平方米，绿地面积约 12 万平方米，综合泵站建筑面积 683.2 平方米，梅溪湖水利用工程建（构）筑物面积 582.4 平方米。

第七节　寨子岭景区

寨子岭景区位于岳麓山西南，东至寨子岭山麓道路，南至金牛岭山脚，西至名胜区边界，北至寨子岭山麓道路，属岳麓山风景名胜区三级保护区。2005 年国务院批准的《岳麓山国家重点风景名胜区总体规划》将寨子岭景区纳入岳麓山风景名胜区范围，功能定位为野外游憩、登山露营、参与品茗、生态游览。景区规划面积 259 万平方米。至 2018 年尚未开发。

寨子岭峰势挺拔，岭中多樟树，其中 2 株古樟枝干交错，形似大门。相传昔有绿林好汉据岭为寨，故称寨子岭。

寨子岭原为岳麓区五星乡左家垅村林场所在地，是湖南省、长沙市科技兴农和发展家庭经济的试点区，又是长沙河西园茶、柑橘产地之一。丘陵谷地，曲折幽深，为盛夏避暑佳地。

第八节 后湖景区

后湖景区位于岳麓山风景名胜区东南部。地处后湖路以东、清水路以北、麻园路以西、阜埠河路以南。

该区域1949年之后先后属于岳南乡、岳麓山人民公社及岳麓山人民公社渔场、岳麓山乡及岳麓渔场，1996年，该区域由长沙市岳麓区管辖。2003年，后湖划入岳麓山风景名胜区，命名为后湖景区。

后湖景区杜家塘有民国陶母周老孺人之墓，墓附近原有陶峙岳公寓，为一处传统风格院落式住宅，始建于民国20年（1931），砖木结构，2层楼房，现已不存。

20世纪50年代以前，该区域是岳麓山地区的积水潭，虎形山、桃花岭地表水汇聚于此。1958年，该区域的水潭、水叉、甩尾、低田被围堰成人工渔场。至20世纪70年代，后湖渐渐成型，水域面积近千亩。随着城建热潮兴起，多家单位在此填湖建设，后湖逐渐变成死水湖。由于居住人口增多，加之城市生活管网设施薄弱，后湖成了污水湖，水体水质处于地表水V类至劣V类。后湖周边建筑面貌混乱，生态环

后湖景区

境日渐恶劣。

2012 年，后湖景区综合整治前期工作启动。2012—2017 年，天马路、麻园路、湖大路、后湖路及湖大支一、支二、支三 7 条道路竣工通车。2015 年，长沙市岳麓区成立后湖片区综合整治指挥部，综合整治工程全面展开。2017 年，后湖湖体治理实施。截至 2017 年底，后湖景区建设驳岸景观面积 12.78 万平方米，其中绿地面积 9.74 万平方米，绿地率 76%。基本建成“一轴两环三区”。“一轴”即山湖风景轴；“两环”为风光绿道环、滨水休闲环，风光绿道环宽 4 米、长 2170 米，滨水休闲环宽 3~4 米、长 2300 米；“三区”为艺术湖畔区、湿地生态区和水岸活力区，建设花韵广场、湿地花海、艺术草阶、发呆坪、上秀坪、观湖台、湖心台、芦苇台、生态岛、艺术岛等多个景点。整个景区种植乔木 7100 株、灌木 2321 株、地被草坪 7.34 万平方米、水生植物 1.12 万平方米。原有箱涵被改造为具有海绵城市理念的旱溪，宽约 4 米，长 765 米。

至 2018 年，后湖景区建设正在开展，已形成的主要景点有后湖国际艺术区、后湖公园。

一、后湖国际艺术区

2012 年开始建设，2013 年 10 月开园，建成名家展厅、艺术团体办公中心及 60 套艺术家工作室，集产学研、创作、交易于一体，拥有完整艺术产业链，多种业态集中融合共同发展的文化产业基地。园区内聚集锦绣潇湘文化创意产业园、“土城头”艺术公社等文化产业项目，湖南省美术家协会等在园区设立办事处。2013 年，园区共有艺术培训学校 200 余家，年培训各类艺考学生 6 万余人，年消费总额 15 亿元。

二、后湖公园

后湖公园有东北、西北、东南 3 个主入口，呈现 3 种不同景观。东北主入口为现代娱乐主题，以喷泉、彩色构架、树阵等构成，突出景区的科技与娱乐氛围。西北主入口为艺术主题，以湖南在艺术方面的成就为主题线索，以传统与现代相结合的园林手法，营造富含艺术氛围，突出景区文化性。东南主入口为休闲主题，以大片缓坡草坪为背景，突出景区休闲特色。从入口进入后湖，可见水面浩渺、麓山秀色，漫步湖岸，清风徐来，让人心旷神怡。水上活动区设置有水上运动休闲游览设施。湖湘艺苑区建有艺林广场和艺术培训中心、文化馆、图书馆。

第九节 其他景点

随着城市建设发展，岳麓山风景名胜区除已建成景区的景点外，还形成了潇湘中路风光带、江滩公园等其他景点。

一、潇湘中路风光带

位于长沙湘江西岸沿线，南起猴子石大桥，北至银盆岭大桥，长约 10 千米，约 5 千米处于岳麓山风景名胜区地域范围内。2000 年 12 月开建，2010 年基本建成。风光带上，54 米宽的沿江道路与城区各条道路相通，2 条湘江隧道及多座观景平台与风光带相连。风光带以休闲长廊和雕塑为主景，配以形式各异的小广场、景观小品、灯光亮化等配套设施，植有多品种乔木和灌木，集防洪、观光、旅游、休闲、健身等功能于一体，展现江水两岸相互映衬的独特景色。

二、江滩公园

2015 年开建，位于潇湘中路大堤下以柳叶洲为中心。从猴子石大桥到柳叶洲靠潇湘大堤一带，有一条从森林中穿过的 4 米宽水泥压膜路，为江滩公园内 2 千米长的滩涂路。此路位于 1.5 千米亲水栈道以南，与亲水栈道等宽，高于柳叶洲地面 1.5~2 米，而滩涂路大致与柳叶洲地面标高一致。江滩公园另有环保绿道，长 13 千米，环抱整个河滩。2017 年 1 月，江滩公园开园迎客。公园设计以爱护母亲河为核心理念，沿线布置湘江自然、岳麓文化、江畔生活、湘江生态等不同主题的科普教育设施。公园结合原有地形和生态基底，设置慢行左岸、岳麓印象、湘楚波纹、浮力草原四大板块，岳麓文脉、白沙江滩、望江丘、雨水花园、生态湘江五大特色节点。江滩提质改造过程中，移除了不适宜江滩环境的灌木，保留生长良好的乔木，新增特色草本种植，栽种乌桕、枫杨、水杉、河柳等亲水乔木，芭茅、菖蒲等水生地被。公园沿线建有多个亲水广场，供游客休憩。位于亲水栈道中的岳麓文脉广场，修建古代名人走廊和石凳、花坛，种植各类绿植，并有历史名人事迹和长沙历史文化介绍，富有文化韵味。

表 2-1 2018 年 12 月岳麓山风景名胜区景观资源情况表

景观类型		景观名称
自然景观资源	山景	禹碑峰、尖峰山、北极峰、响鼓岭、仰天坪、天马山、凤凰山、石佳岭、牛形山、桃花岭、寨子岭、仙窝岭、石家寺
	峡谷	穿石坡、苦竹坡、父子坡、熊家冲—丝茅坪、顺塘水库上峡谷、桃花坞、石佳岭谷地、二环西谷地、桃花村谷地
	洲岛	柳叶洲、橘子洲
	石景	飞来石
	洞府	蟒蛇洞
	溪流	清风峡—兰涧石濑
	湖泊	桃子湖、穿石坡湖、咸嘉湖、后湖、顺塘水库、枫树坪水库
	泉井—石景	白鹤泉—笑啼岩
	古树名木	樟树朝门、归来钟—古银杏
	植物生态类群	清风峡原生性常绿阔叶次生林及枫香群落
	其他	左家垄林场、麓山茶场
人文景观资源	动物园	养鹿场
	其他园景	盆景园、兰圃、肖劲光纪念园
	宗教建筑	麓山寺、云麓宫、五轮塔
	风景建筑	半山亭、自卑亭
	纪念建筑	岳王亭—忠烈祠
	其他建筑	湖南大学北部近现代建筑群、湖南大学南部近现代建筑群、湖南师范大学近现代建筑群、橘子洲中部近现代建筑群、中南大学近现代建筑群、湖南师范大学至善村
	园景—建筑—胜迹	岳麓书院、橘子洲景区、爱晚亭
	遗址遗迹	肖劲光故居、陶峙岳公寓、新民学会旧址、牌楼口遗址、古登山道—道中庸亭—极高明亭遗址、拖船埠—禹迹溪
	摩崖题刻	禹王碑
	纪念地	中山纪念林、东方红广场
	其他胜迹	黄兴墓，蔡锷墓，清风峡名人墓葬群，麓山寺—禹碑峰名人墓葬群，黄爱、庞人铨烈士墓，赫石坡—陆军第七十三军抗战阵亡将士公墓

附　岳麓山国家大学科技城简介

岳麓山国家大学科技城位于岳麓山风景名胜区地域范围内，初建于1999年，初名岳麓山国家大学科技园（简称岳麓山大学科技园）。是年12月，该园被列为全国15家国家大学科技园建设试点单位之一。

2001年5月，岳麓山大学科技园被列为国家科技部、教育部认定的首批22家国家大学科技园之一。是年6月8日，该园正式挂牌。2002年初，该园被纳入长沙市“两区六园”规划范围，作为长沙市乃至湖南省推进工业化的源头予以重点扶持。2003年，该园通过国家科技部、教育部验收。该园的主要依托单位是中南大学、湖南大学、湖南师范大学、国防科技大学和长沙矿冶研究院、长沙矿山研究院、湖南中医研究院、长沙建设机械研究院4校4院，属于多校一园的建设模式，总部位于国家级长沙高新技术产业开发区，由高新区管委会统筹发展与协调管理。

2004年4月，根据中共长沙市委文件精神，大学科技园纳入长沙高新区统一管理，高新区管委会成立大学科技园建设管理办公室；原大学科技园的人、财、物保留在岳麓区，按岳麓山大学科技园岳麓分园模式运作。

2009年，为整合高新区优势资源，创新企业服务体系，适应大学科技园未来的发展趋势和自身需求，岳麓山大学科技园建设管理办公室与长沙高新区创业服务中心实行机构重组，组建市场化运作公司——长沙高新开发区岳麓山大学科技园科技服务有限公司，由公司全面负责和承接岳麓山大学科技园的具体事务与业务工作。

2010年10月，科技部批准组建国家超级计算长沙中心，这是继天津、深圳之后获批建设的第三家国家级超级计算中心。2010年11月28日，以“天河一号”为计算设备的国家超级计算长沙中心在湖南大学奠基，按每秒1000万亿次运算能力规划建设，由天河广场、天算台和研发中心三大主体建筑构成，通过非传统建筑艺术形式，借助“0”和“1”的造型语言来组构。2014年11月4日，国家超级计算长沙中心在湖南大学运营，总投资7.2亿元，建筑面积3万平方米，由湖南大学负责运营，国防科技大学提供计算设备和技术支持。

2017 年 1 月，湖南省“两会”（省十二届人大七次会议、省政协十一届五次会议）上，中共湖南省委、省政府正式提出建设岳麓山国家大学科技城。岳麓山国家大学科技城规划由此开始编制。科技城为西二环—金星中路—咸嘉湖路—潇湘路—南二环合围区，面积约 23 平方千米。过渡区空间范围包括风景建设区（旅游综合服务区）、桃花岭景区、寨子岭景区，以及白鹤片控规（白鹤地段控制性详细规划）覆盖的区域，面积约 18 平方千米。按照“三年打基础、五年成规模、十年树示范”的要求，力争通过 10 年努力，使大学科技城高新技术产业实力明显增强、自主创新能力显著提升、企业竞争力不断提高、高素质人才大量集聚、创新创业环境明显改善，成为支撑长沙、引领湖南、辐射中西部的科技创新动力源、高端人才集聚地、新兴产业增长极、校地合作示范区。

2017 年 5 月 20 日，中南大学科技园总部基地项目动工，总用地面积 9.87 万平方米，总建筑面积约 8.8 万平方米，总投资约 5 亿元。2017 年 10 月底，一期主体竣工。该项目以创核、创街、创坊为核心，定位为依托高校、融合城市、创新发展的“科技之源”，打造具有开放性、整体性、创新性的高品质科技园区，并完成麓山南路提质改造、启动麓山景区西大门等项目建设。2018 年 7 月 27 日，长沙市政府办公厅印发《关于支持岳麓山国家大学科技城发展的若干意见》，支持其打造国际国内有影响力的原始创新中心、国际国内科技领军人才汇聚中心、国家科技成果转移转化示范高地，聚集国际国内技术、人才、知识、资本等各类高端创新要素，充分发挥高校的主体作用，建成若干国际领先的基础研究平台，吸引和培养一批国际顶尖科学家和创新团队，建设一批应用技术和科技成果转化基地，推进政产学研金用深度融合，加快建成长沙国家科技创新中心核心区。

第三章 文物

岳麓山风景名胜区历史悠久、文化璀璨，保存有西汉以来各历史时期的建筑、碑刻、墓葬和其他重要遗迹。1956 年 7 月，湖南省人民委员会公布全省第一批名胜古迹和古文化遗址保护名单，岳麓山的麓山寺、麓山寺碑、岳麓书院、大禹碑、爱晚亭、焦达峰墓、陈作新墓、黄兴墓、蔡锷墓、蒋翊武墓、刘道一墓 11 处被列入。1962 年，黄爱、庞人铨墓，云麓宫被列为长沙市第一批文物保护单位。1988 年，岳麓书院、黄兴墓被列为全国重点文物保护单位。2010 年，极高明亭遗址等被长沙市列为一般不可移动文物。至 2018 年，岳麓山风景名胜区区域内共有各级文物保护单位和一般不可移动文物 115 处，其中全国重点文物保护单位 16 处、省级文物保护单位 20 处、市级文物保护单位 55 处、一般不可移动文物 24 处。这 115 处文物中，建筑类 53 处、墓葬类 49 处、碑铭石刻类 13 处。名胜区范围内还有长沙市近现代历史保护建筑 14 处，列为西汉长沙国王室陵墓遗址的墓葬 2 处，尚未列入文物保护单位的历史墓葬 10 处，长沙市政府公布的长沙著名历史文化遗址 7 处。

第一节 建筑

一、全国重点文物保护单位

（一）岳麓书院

1. 沿革

岳麓书院是宋代四大书院之一，位于岳麓山东面山下。宋开宝九年（976），潭州太守朱洞在五代时期智璿等二僧办学的旧址上，创建岳麓书院。咸平二年（999），潭州知州李允则重建岳麓书院，书院规模扩大并形成基本规制。咸平四年（1001），李允则奏岳麓书院修广舍宇，请国子监赐书，诏从之，此为朝廷赐书岳麓之始。大中祥符五年（1012），周式任岳麓书院山长，为已知的岳麓书院第一任山长。大中祥符八年（1015），宋真宗召见周式，授国子监主簿，周式固辞不应，执意回岳麓书院执教；宋真宗赐给对衣鞍马、内府书籍，亲书“岳麓书院”匾额。岳麓书院由此天下闻名。绍圣四年（1097），朝廷下诏令鼓铸，传达鼓铸令的使者提出要废弃岳麓书院，将其改为鼓铸场。湘阴县尉朱辂以“乡校不可毁”的理由坚决反对，岳麓书院得以保存。绍兴元年（1131），金兵南侵，岳麓书院毁于兵火。乾道元年（1165），潭州知州、荆湖南路安抚使刘珙重建岳麓书院，恢复书院原有规模。乾道二年（1166），理学家张栻主讲岳麓书院。乾道三年（1167），朱熹自福建崇安来潭州访张栻，与张同在岳麓书院“时新”“时习”两斋讲学2个多月，史称朱张会讲。岳麓书院成为理学重地。德祐元年至二年（1275—1276），元军围困潭州，岳麓书院诸生护城抗击，死者众，书院被毁。进入元朝，至元二十三年至二十四年（1286—1287），潭州学正刘必大主持重建岳麓书院，恢复至宋代规模。延祐元年（1314），潭州别驾刘安仁主持修复岳麓书院，新建礼殿、四斋、诸贤祠、百泉轩、讲堂、尊经阁、极高明亭等。至正末年（1368），岳麓书院毁于兵火。进入明朝，宣德七年（1432），长沙卫指挥周辛甫率其子义官捐修岳麓书院讲堂，这是书院元末兵毁60多年后首次进行修缮。成化五年（1469），长沙知府钱澍修缮岳麓书院。弘治七年（1494），长沙府通判陈钢请准吉王朱见浚以重修王府之余材修缮岳麓书院，翌年十月落成。弘治九年（1496），长沙知府王瑫率僚属为岳麓书院“辟道路，广旁舍，备器用，增公田，储经书”。正德二年（1507），湖广左参议吴世忠拆毁道林寺以扩建岳麓书院，建一完整文庙于书院之左。嘉靖六年（1527），长沙知府王秉良扩建岳麓书院，工未毕而去，继任者孙存完造。建有成德堂及东、西讲堂，四斋、六舍，扩建大成殿为文庙，建“崇道祠”供奉朱张神位；新设六君子堂，供祀宋朝朱洞、李允则、刘珙、周式和明朝陈钢、杨茂元，为岳麓书院专祀建院功臣之始。嘉靖九年（1530）正月，明世宗颁御制《敬一箴》及御注程子视、听、言、动四箴于岳麓书院，长沙知府潘镒建敬一箴亭。明末，岳麓书院又毁于兵火。清康熙七年（1668），偏沅巡抚周召南重建岳麓书院，翌年工竣，复其壮观。康熙十三年（1674）吴三桂军队攻长沙，岳麓书院院舍多有损坏。其后数年，兵乱无常，书院渐至荒废。康熙二十四年（1685），偏沅巡抚丁思孔率僚属捐资重建岳麓书院。仲秋，令长沙府同知赵宁主持开工，新斋祠舍，焕然如旧。康熙二十五年（1686），清圣祖赐岳麓书院“学达性天”匾额及图书《十三经》等。康熙三十九年（1700），湖南按察使常名扬修缮岳麓书院并作记。雍正十一年（1733），清廷赐银令各省建省会书院，岳麓书院立为省会书院。乾隆九年（1744），清高宗赐书岳麓书院“道南正脉”匾额。乾隆年间，湖南巡抚陈宏谋、李湖，岳麓书院山长罗典先后兴修岳麓书院。咸丰二年（1852），太平军攻打长沙，岳麓书院毁半，藏书多成灰烬。翌年，山长丁善庆率诸众捐修。同治七年（1868），湖南巡抚刘崐发起重修岳麓书院，翌年竣工，因旧制而修复者十之五，新建者十之二，或增或改者十之三。光绪二十九年（1903）九月十五，湖南巡抚赵尔巽奏改岳麓书院为湖南高等学堂。民国元年（1912），湖南优级师范学堂迁入岳麓书院，改名湖南高等师范学校。民国6年（1917），湖南高等师范学校停办，岳麓书院校舍借给湖南公立工业专门学校办学，校长宾步程手书“实事求是”，制匾悬于讲堂前檐。民国15年（1926），省立湖南大学成立。至此，近千年历史之古书院岳麓书院转型成为现代大学。民国30年（1941）4月18日—5月7日，日军飞机轰炸湖南大学，岳麓书院御书楼、半学斋、静一斋等处均中弹倒塌，文庙大成殿及孔子像被炸毁。民国34年（1945），抗日战争胜利后，书院初毁建筑陆续修复。民国35年（1946）1月，湖南大学迁回岳麓山原址。

中华人民共和国成立后，岳麓书院得以修复和利用。1953年，全国高校院系调整中，湖南大学撤销，在该校有关院系基础上合并其他高校有关院系和专业成立湖南师范学院，院址设岳麓书院。1956年，湖南省人民委员会将岳麓书院列入全省第一

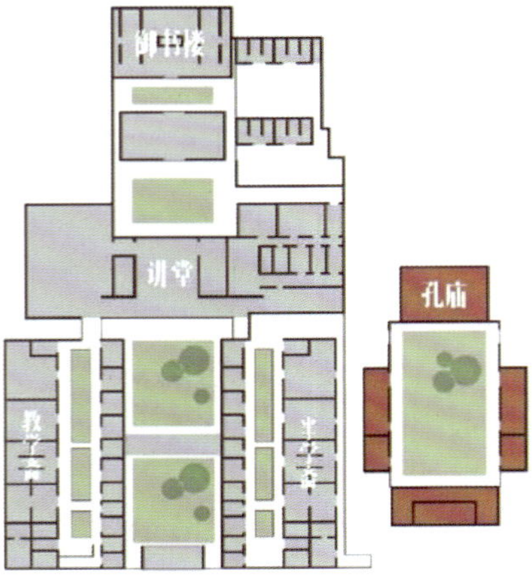

岳麓书院平面简图

批名胜古迹和古文化遗址保护名单。1959 年，湖南大学恢复，岳麓书院由湖南大学管理使用，湖南师范学院迁出。20 世纪 60 年代，按中共湖南省委指示，岳麓书院由湖南大学移交给岳麓山公园统一管理，实际移交讲堂、文昌阁、半学斋等处，其他作为湖南大学教职工宿舍。1979 年 9 月，岳麓山公园向长沙市园林管理局、长沙市建设委员会提交《关于修复岳麓书院的报告》，提出施工总面积 9069 平方米、造价 193.39 万元，包括修复赫曦台、书院门庐、讲堂、六君子堂、濂溪祠及文庙等项目，改建文昌阁、半学斋、百泉轩、吹香亭、风雩亭、池塘，重建御书楼、麓山寺碑亭及围墙、道路、水电设施、庭院绿化等。是年 12 月，长沙市政府邀请省会建筑专家论证。岳麓山公园在未正式获得上级批复、拨给经费的情况下，1980 年启动维修半学斋。1981 年 3 月 23 日，中共湖南省委办公厅决定将岳麓书院的修复与管理工作交由湖南大学负责。1982—1984 年，岳麓山公园

俯瞰岳麓书院

在岳麓书院半学斋办公期间，对半学斋、书院门庐进行了维修。湖南大学主持岳麓书院修复和管理后，致力于书院古建筑、传统教育与学术工作的全面恢复。1984 年，岳麓书院文化研究所成立，下设理学、书院、古建筑 3 个研究室。1986 年，岳麓书院主体工程修复，正式对外开放。1988 年，岳麓书院被国务院公布为全国重点文物保护单位。2005 年，“岳麓书院”建制恢复，原“岳麓书院文化研究所”改为“岳麓书院”，下设中国书院研究中心及中国哲学、历史、思想文化 3 个研究所。2006 年，岳麓书院屈子祠修复开放，至此，岳麓书院古建筑修复全面完成。至 2018 年，岳麓书院为湖南大学的教学场所，由其管理。

2. 古建筑群

岳麓书院古建筑群分为前、后、北、南 4 个部分。

（1）前部

大门　宋朝曾名“中门”。现存大门系清同治七年（1868）重建，采用南方将军门式结构，建于十二级台阶之上，五间硬山，出三山屏墙，前立方形柱一对，白墙青瓦，置琉璃沟头滴水及空花屋脊，枋梁绘游龙戏太极，间杂卷草云纹。门额正上方悬挂“岳麓书院”匾，宋真宗字迹。大门悬挂对联“惟楚有材，于斯为盛”，上联出自元朝诗人方回《桐江续集》，下联出自《论语·泰伯》。

二门　位于大门之后。宋元时期为礼殿所在，明嘉靖六年（1527）扩建文庙于院左，始改建为二门。门为五开间单檐悬山，中开三门，花岗石门框，左右各辟过道通南北两斋。民国 27 年（1938），二门遭日军飞机炸毁，1984 年重建。门额悬挂“名山坛席”匾，撰书者无考，原为清同治七年（1868）置，民国 27 年（1938）被炸毁，现匾 1984 年复制，集清朝湘籍书法家何绍基字而成。二门悬挂对联“纳于大麓，藏之名山”，上联出自《尚书·舜典》，下联出自《史记·太史公自序》，撰联人为清末湖南高等学堂监督程颂万。二门过厅两边，悬挂清代岳麓书院山长罗典所撰对联“地接衡湘，大泽深山龙虎气；学宗邹鲁，礼门义路圣贤心”。二门背面悬挂“潇湘槐市”匾，原为程颂万撰书，毁于抗日战争中，后由第六届全国人大常委会副委员长、民盟中央主席楚图南补书。

（2）后部

讲堂　位于书院中心位置，属于书院核心部分，是教学重地和举办活动场所。宋开宝九年（976）岳麓书院创建时，即有讲堂 5 间。乾道三年（1167），朱熹、张栻在此会讲。讲堂檐前悬挂“实事求是”匾，民国初期湖南公立工业专门学校校长宾步程手书，并将其作为校训。讲堂大厅中央悬挂 2 块鎏金木匾，一为“学达性天”，原系清圣祖御赐，后原匾被毁，1983 年集清圣祖字重刻，二为“道南正脉”匾，为原物，系清高宗御赐。讲堂南北两壁嵌有碑刻文物多方，有朱熹书、清朝岳麓书院山长欧阳厚均刊立的“忠孝廉节”碑，有清朝岳麓书院山长欧阳正焕书、欧阳厚均刊立的“整齐严肃”碑，清朝岳麓书院山长王文清所撰《岳麓书院学规》碑、《读书法》碑，有“朱熹诗”碑、《重修岳麓书院记》碑、“文昌阁祭田契券”、“吴荣光江南述别诗”碑等。讲堂屏壁正面刻有《岳麓书院记》，宋乾道二年（1166），由主持岳麓书院教事的张栻撰，是岳麓书院培养人才的基本大纲。1983 年，由中国书法家协会理事、中国书协湖南分会主席周昭怡书。屏壁背面刻有麓山全图，摹自《南岳志》。

教学斋、半学斋 讲堂两旁有南北两斋，分别为教学斋、半学斋，均为昔日师生居舍，为学生自修之所。宋开宝九年（976）岳麓书院创建时，即有斋舍 52 间。现存建筑为清光绪二十九年（1903）岳麓书院改为湖南高等学堂时改建，始定名教学斋、半学斋。“教学斋”名出自《礼记·学记》，“半学斋”名源出《尚书·说命下》。

湘水校经堂、船山祠 位于讲堂左侧，原名成德堂，亦为书院讲堂，始建于明嘉靖六年（1527）。清道光十一年（1831），湖南巡抚吴荣光创办湘水校经堂，以经学课试岳麓书院、城南书院生徒，试事常在岳麓书院举行。道光十三年（1833），欧阳厚均创建湘水校经堂，吴荣光题写堂额。湘水校经堂由此名堂皆实。咸丰二年（1852），湘水校经堂毁于兵火，同治七年（1868）重建。光绪五年（1879），湘水校经堂迁至天心阁下，别岳麓书院而自立门户。堂址改建为船山祠，专祀明末清初思想家王夫之。吴荣光亲题的“湘水校经堂”堂额留于成德堂作纪念。船山祠前悬有清朝时期岳麓书院学生、中国首位驻英国法国公使郭嵩焘所撰对联“训诂笺注，六经于易犹专，探羲文周礼之精，汉宋诸儒齐退听；节义文章，终身以道为准，继濂洛关闽而起，元明两代一先生”。

御书阁 藏书之所。岳麓书院创建之始即在讲堂后建有书楼，宋真宗赐书后更名“御书阁”，元明时期称“尊经阁”。清康熙二十五年（1686），偏沅巡抚丁思孔请得清圣祖御赐《十三经》《二十一史》等书，建御书楼于今址。清朝中期，御书楼已成为一座图书馆，藏书 14130 卷。民国 27 年（1938），御书楼被日军飞机炸毁。今御书楼系 20 世纪 90 年代重建，作为古籍图书馆供书院教研人员使用，藏书逾 5 万册。

碑廊 位于讲堂后、御书楼前两侧。岳麓书院办学千年，留下大量碑刻。碑廊中即嵌立历代遗碑 13 方及新制岳麓书院文献史料碑刻 27 方。朱熹手书“道中庸”“极高明”等碑为书院遗存原物。

（3）北部

北部为文庙，包括明伦堂、六君子堂、濂溪祠、崇道祠、慎斋祠、四箴亭等。文庙位于书院北侧，自成院落，由照壁、门楼、大成门、大成殿、两庑、崇圣祠、明伦堂等部分组成。岳麓书院祀孔子始于书院初创时期，北宋时期曾建礼殿于讲堂前，内塑先师十哲像，画七十二贤。南宋乾道元年（1165）改名宣圣殿，“置先圣像于殿中，列绘七十子”。明弘治十八年（1505）改名大成殿，正德二年（1507）迁于今址，即书院正北部，天启四年（1624）重修且正式称文庙，规格与各郡县文庙相当。

明伦堂　始建于明正德二年（1507），湖广左参议吴世忠仿郡县官学，将大成殿迁至院左扩建为后来的文庙，在大成殿原址后建明伦堂。后毁，明嘉靖年间重建。嘉靖十八年（1539），长沙知府季本聘熊宇为岳麓书院山长，讲学明伦堂。次年，庚子科考，中试者 10 人，一时科甲大盛。后又毁，清朝时重建。清顺治九年（1652）刊立“卧碑”于明伦堂左，作为书院学规。后又毁。2005 年修复开放，位于书院最北处、大成殿后方。

六君子堂　始建于明嘉靖六年（1527），供祀宋朝朱洞、李允则、刘珙、周式和明朝陈钢、杨茂元 6 位对书院发展和建设有功的先儒。此后多次迁移，又屡次被毁。清嘉庆十七年（1812）重建于今址，即书院西北角、崇道祠南侧。六君子堂为 3 间硬山建筑，与崇道祠连成一片。祠内嵌有《改建六君子堂碑记》。

濂溪祠　清嘉庆十七年（1812）建于六君子堂原址，二十五年（1820）迁至今址，即书院西北角、四箴亭北侧。专祀周敦颐。祠内悬挂“超然会太极”匾，内壁有《移建濂溪祠碑记》石刻，原《濂溪祠记》碑仍留于今六君子堂内。

崇道祠　又称朱张祠，专祀朱熹、张栻。元延祐元年（1314），建诸贤祠于讲堂左侧，合祀朱、张及书院建设有功之臣。明弘治七年（1494），始建于讲堂后，后毁。清乾隆四十一年（1776），湖南布政使觉罗敦福重建于今址，即书院西北角、六君子堂北侧。祠内悬挂“斯文正脉”匾，刻朱张二人像。

慎斋祠　又名罗山长祠，专祀清朝岳麓书院山长罗典（字慎斋）。清乾隆四十七年（1782），罗典受聘山长，主持书院 27 年。慎斋祠初建于清咸丰年间，位于屈子祠之侧，旋废。现复建于书院西北位置、船山祠北侧。

四箴亭　始建于南宋乾道年间，位于书院后进，有程颢所书“视、听、言、动”四字箴。明朝增刻明世宗所书“敬一箴”。明天启四年（1624），长沙府推官林正亨重修，改名“四箴亭”，专祀“二程”程颢、程颐。明末，四箴亭毁于火。清康熙七年（1668），偏沅巡抚周召南修复。旋毁于兵火。康熙二十六年（1687），偏沅巡抚丁思孔重修。嘉庆二十三年（1818）迁建于现址，即书院西北角、濂溪祠南侧。亭内现存清刻程颢“视、听、言、动”四箴碑。

（4）南部

南部为园林，包括麓山寺碑亭、百泉轩、杉庵和花园、池塘等。

麓山寺碑亭 位于书院南侧。明成化五年（1469），长沙知府钱澍始建。现存碑亭1962年重建，“麓山寺碑”4字为湘潭籍文化名家黎泽泰1962年书。碑亭内所立麓山寺碑，由唐朝书法家李邕撰文并书，江夏黄仙鹤（前人谓是李邕化名，真伪无考）勒石。

百泉轩 始建于北宋初，地处岳麓山清风峡口。南宋乾道三年（1167），朱熹与张栻“聚处同游岳麓”“昼而燕坐，夜而栖宿”都在百泉轩中。相传二人在此论学三昼夜不息。

（二）爱晚亭

爱晚亭位于岳麓山清风峡，是一处湖南传统风格木石结构建筑，原名红叶亭，又名爱枫亭，始建于清乾隆五十七年（1792），由岳麓书院山长罗典创建。湖广总督毕沅以唐朝杜牧“停车坐爱枫林晚”句，将其更名爱晚亭。清同治、光绪、宣统年间曾进行修复。宣统三年（1911），湖南高等学堂监督程颂万主持修复时，将罗典所撰对联“山径晚红舒，五百夭桃新种得；峡云深翠滴，一双驯鹤待笼来”刻于亭柱，又将宋代张栻、清代钱南园游岳麓山的七韵诗刻碑，世称“放鹤石刻”和“二南诗刻”（因张栻号“南轩”）。民国时期，毛泽东、蔡和森等经常在此聚会，“指点江山，激扬文字”。抗日战争时期，爱晚亭被毁。中华人民共和国成立后至2018年，爱晚亭共有6次修缮，其中，1952年由湖南大学组织重修，校长李达函请毛泽东题书“爱晚亭”亭额；1969年，刻毛泽东手迹《沁园春·长沙》于藻井，更为古亭增添光彩；1986年，全亭所有木构件进行落架大修，除亭内4根木柱未动，其余木质梁枋均做替换。

爱晚亭平面呈方形，坐西向东，边长6.23米，通高12米。亭顶重檐四披，攒尖宝顶，四翼角边远伸高翘，覆以绿色琉璃筒瓦，远观似凌空欲飞状；外檐柱4根，内为丹漆花岗岩石圆立柱；亭中荷花纹饰彩绘藻井；四面“万”字格木窗棂；东西两面亭棂外悬亭额，为红底鎏金毛泽东手书“爱晚亭”3字。亭内西侧，窗棂置木质匾额，上书毛泽东手书《沁园春·长沙》词。东侧，正面石柱阴刻罗典所撰对联。

爱晚亭1956年被列入全省第一批名胜古迹和古文化遗址保护名单，1983年重新被公布为省级文物保护单位。其保护范围：以亭为中心，东125米至前水塘东侧，南60米至两溪交汇的水塘，并以游道为界，西70米至清风峡水沟，北35米至山脚下游道。2013年3月，爱晚亭被列为全国重点文物保护单位。

（三）新民学会成立会旧址

新民学会成立会旧址暨蔡和森故居，位于岳麓区溁湾镇新民路周家台子，西傍岳麓山，东临湘江。始建于清光绪年间，原为宁乡籍人刘氏为守墓盖的一栋墓庐屋。清宣统三年（1911），新化人周堃租居于此，故此地又称为周家台子。民国6—8年（1917—1919），蔡和森全家迁居于此。原建筑毁于抗日战争时期，1985年开始按原貌复建，1988年对外开放。

民国7年（1918）4月14日，毛泽东、蔡和森等13位进步青年为“集合同志，创造新环境”发起成立新民学会，成立大会即在该旧址堂屋举行。至翌年蔡和森全家赴法勤工俭学止，这里一直是新民学会会员活动场所。新民学会初旨为“革新学术，砥砺品行，改良人心风俗”，后确立为“改造中国与世界”。五四运动前后，新民学会为在湖南开展反帝反封建斗争、宣传马克思主义和俄国十月革命、筹组长沙社会主义青年团以及创建中国共产党长沙早期组织发挥了很大作用。中国共产党第一次全国代表大会后，学会停止活动。新民学会共有会员78人，毛泽东、蔡和森、何叔衡、向警予、罗学瓒、张昆弟、郭亮、陈昌、蔡畅等是其优秀代表。

旧址坐西朝东，呈“凹”字形对称布局，分为堂屋、左右厢房、厨房、碓屋等，是一座清代穿斗式民居建筑，面积约175平方米。建筑为三开间单层悬山顶竹木结构，盖小青瓦，竹织壁结构墙体。堂屋前有庭院，外有竹篱环绕，入院槽门悬有“沩痴寄庐”匾额。核心保护区约5000平方米。邓小平、陈云分别为旧址题额“蔡和森故居”“新民学会成立会旧址”。旧址左前侧建有陈列室。1983年10月，旧址被列为省级文物保护单位。其保护范围：以围墙外东10米、北3米为界，南向至新民路北侧，西向沿省医药公司、锰矿公司围墙至新民路北侧。建设控制地带：自保护范围外缘线起，至东10米及西、北各30米处，南至新民路。2013年3月，旧址被列为全国重点文物保护单位。2021年，旧址被列为全国爱国主义教育示范基地。

（四）其他

湖南大学二院　位于湖南大学校园内，是一栋具有西方古典主义和折衷主义建筑风格的楼房式公共建筑，由中国建筑史学开拓者和奠基人之一、湖南大学土木系教授刘敦桢设计。建于民国15年（1926），省政府拨专款兴建，原为湖南大学法、商两科校舍。整栋建筑坐北朝南，平面呈“山”字形布局，占地面积1097平方米，建筑面积2929.6平方米。建筑物为2层砖木结构，西洋式坡屋顶，飞檐翘角，上覆黄色琉璃筒瓦，红砖清水墙。门楼突出，前有柱式玄关，正立面采用拱券装饰。2013年3月，该建筑被列为全国重点文物保护单位。

湖南大学科学馆　位于湖南大学校园东方红广场南侧，是一栋具有西方古典主义和折衷主义建筑风格的楼房式公共建筑，由湖南大学土木系教授蔡泽奉设计。民国

22年（1933）6月动工，民国26年（1937）竣工，省政府主席何键参加开工典礼，题字“学以致用”，刻石刊于东门门厅墙上。民国34年（1945）9月15日，抗日战争中国战区中国陆军第四方面军长衡地区受降仪式在该馆二楼举行，中国陆军第四方面军司令官、长衡地区受降长官王耀武接受日军第20军司令官坂西一良投降，翌日王耀武在湖南大学签发《中国陆军第四方面军司令部训令》。整栋建筑坐南朝北，呈长方形布局，占地面积8666.67平方米，建筑面积6550平方米，共有大小房屋41间。建筑物为砖木结构，原为2层平屋顶，民国33年（1944）增建1层，并改为青筒瓦双坡悬山顶。墙体为红砖清水墙。2013年3月，该建筑被列为全国重点文物保护单位。

湖南大学学生一舍 位于湖南大学校园内，是一栋具有早期现代主义风格的楼房式公共建筑。民国34年（1945）动工，翌年竣工，由著名建筑教育家、湖南大学土木系教授柳士英设计。整栋建筑坐北朝南，平面呈“日”字形布局，建筑面积2127平方米。建筑物为3层砖木结构，两面坡悬山顶，上覆绿色筒瓦，红砖清水墙。内设2个庭院，四周以红砖砌筑花样回廊环绕。中部突出，门厅由木柱支撑，门厅上设平顶凉台。2013年3月，该建筑被列为全国重点文物保护单位。

湖南大学老图书馆 位于湖南大学校园内，是一栋具有早期现代主义风格的楼房式公共建筑。该建筑原是学校图书馆，民国35年（1946）湖南大学为改善学生寄宿条件而改建为学生宿舍，柳士英设计，民国37年（1948）竣工。整栋建筑坐北朝南，平面呈“日”字形布局，占地面积2300平方米，建筑面积2362平方米。建筑物为3层砖混结构，层顶为庑殿顶，上覆绿色琉璃瓦，红砖清水墙。2013年3月，该建筑被列为全国重点文物保护单位。

湖南大学学生九舍 位于湖南大学校园内，是一栋具有早期现代主义风格的楼房式公共建筑，柳士英设计，建于民国36年（1947）。整栋建筑坐北朝南，平面呈“日”字形布局，占地面积约1100平方米，建筑面积2127.8平方米。建筑物为2层砖木结构，两面坡悬山顶，上覆小青瓦，青砖清水墙。内设2个庭院，中间2层由通廊连接，四周回廊环绕。门庭上额保存“第九寄宿舍”5字。2013年3月，该建筑被列为全国重点文物保护单位。

湖南大学学生七舍 位于湖南大学校园内，是一栋具有早期现代主义风格的楼房式公共建筑，柳士英设计，建于民国36年（1947）。整栋建筑坐南朝北，呈长方形布局，建筑面积2511平方米。3层砖混结构，红砖清水墙。正立面正中设富有表现主义色彩的牌楼，牌楼底层为拱门式双向楼梯，中部采用竖向木质长窗贯通，顶端以圆弧封顶，圆弧正面饰以浮雕。牌楼两侧各楼层均有长方形木质大窗。2013年3月，该建筑被列为全国重点文物保护单位。

湖南大学工程馆　位于湖南大学校园内，是一栋具有德国表现主义和维也纳分离派建筑风格的现代建筑，柳士英设计，建于民国 36 年（1947）。整栋建筑坐东朝西，建筑面积 7430 平方米。3 层砖木结构，平屋顶，红砖清水墙。墙体表面涂刷素混凝土，垂直通窗，圆弧形窗檐。2013 年 3 月，该建筑被列为全国重点文物保护单位。

湖南大学胜利斋　位于湖南大学校园内，是一栋具有早期现代主义风格的楼房式公共建筑，柳士英设计，建于民国 37 年（1948）。整栋建筑坐北朝南，平面呈“田”字形布局，依据地形整合出 4 个不等大的庭院，建筑面积 2211 平方米。建筑物为 2 层砖木结构，多种坡屋面组合，上覆小青瓦，红砖清水墙。建筑北立面保留着柳氏圆窗，一层圆窗使得正立面充满活力与动感。2013 年 3 月，该建筑被列为全国重点文物保护单位。

湖南大学礼堂　位于湖南大学岳麓书院东面，为一座中西合璧式近现代建筑，柳士英设计，始建于 1951 年，1953 年竣工。整栋建筑坐东朝西，正对岳麓书院，建筑面积 2266.86 平方米。建筑主体 3 层，采取大跨度木屋架，钢筋混凝土构件断面，水泥粉刷。建筑整体为中国传统建筑形式，坡屋顶、斗拱、脊饰、彩绘、纹样，重檐筒瓦屋顶采用西方建筑造型手法，运用曲线及圆形母题。2002 年 5 月 19 日，该建筑被

湖南大学礼堂

列为省级文物保护单位。其保护范围：以礼堂墙基为起点，四向各至 30 米处；建设控制地带：四向各至保护范围外 60 米处。2013 年 3 月，该建筑被列为全国重点文物保护单位。

二、省级文物保护单位

麓山寺 位于岳麓山半山腰，为清代建筑特色的纵轴式三进庙建筑群，初名慧光明寺，后又名慧光寺、古鹿苑、岳麓寺、万寿寺。三国时期吴宝鼎三年（晋泰始四年，268），僧人竺法崇募资在岳麓山修建慧光明寺，为佛教入湘之始。唐会昌五年（845），唐武宗诏令毁佛，麓山寺全毁。大中元年（847），唐宣宗赦会昌五年毁佛诏令。至唐末，僧人景岑重建麓山寺，改名“鹿苑”。明万历元年（1573），重建麓山寺大雄宝殿、观音阁、万法堂、藏经楼等。崇祯十六年（1643），麓山寺毁于战火。清顺治十五年（1658），官府与民间首议重修麓山寺，至 12 年后始由智檀禅师全面着手修复。康熙二十年（1681），文悝禅师等人修缮麓山寺。抗日战争时期，麓山寺被日军飞机轰炸，仅存山门和观音阁。中华人民共和国成立后，1955 年，长沙佛教协会予以修复。1956 年，麓山寺被列为全省第一批名胜古迹和古文化遗址保护名单。20 世纪 80 年代，湖南省佛教协会、岳麓山公园管理处按原貌重修大雄宝殿、弥勒殿。麓山寺坐西朝东，占地面积约 13000 平方米，建筑面积 3380 多平方米，由山门、弥勒殿、大雄宝殿、观音阁等部分组成。山门朝东，门额横书“古麓山寺”，门柱悬挂对联“汉魏最初名胜，湖湘第一道场”。门柱前立有青石抱鼓，狮、麒麟浮雕图饰，门楼饰有堆塑十八罗汉和水墨山水画。前殿弥勒殿、大殿大雄宝殿、后殿观音阁四面绕以回廊。观音阁为麓山寺保存最完整的清代建筑物，坐西朝东，硬山顶，盖黄色琉璃筒瓦，木结构抬梁式，砖混墙体，置有 27 根木柱支撑，麻石铺砌地面。面阔 3 间，南北各置耳房。殿门悬挂欧阳询书“观音阁”匾额。殿门两侧墙面各饰圆形莲花窗。阁内前塑有 6 米高观音像，后有 11 米高的木雕千手千眼观音像，正面檐柱悬挂杜甫诗作《岳麓山道林二寺行》名句“寺门高开洞庭野，殿脚插入赤沙湖”。寺周古木参天，有元樟、枫香、罗汉松等。1983 年，湖南省政府重新公布其为省级文物保护单位。其保护范围：东至山门外坪地外缘，南至寺院围墙一线，西至寺院围墙外 5 米，北至寺院围墙外游道。

翊武亭 位于麓山寺西南侧，又称蒋公亭、半山亭，是民国时期为纪念辛亥革命元勋蒋翊武而修建的亭式纪念性建筑。该亭原为半山亭，始建于清朝，地处岳麓山山腰，原为方便游人登山而建。后遭损毁。民国 5 年（1916），蒋翊武遗体自桂林迁葬岳麓山，半山亭因毗近蒋翊武墓得以重建，故称蒋公亭，后改为翊武亭。中华人民共

翊武亭

和国成立后，复更名半山亭。2011年纪念辛亥革命100周年时，恢复翊武亭名称。该亭坐西朝东，呈正六边形布局，占地面积54平方米。亭为花岗石结构，单檐六坡攒尖顶，上覆绿色琉璃筒瓦，六角起翘，亭由12根圆柱撑立，内外檐柱各6根，花岗石质。柱间榫合月梁，装饰如意云纹图，内为丹漆花岗石圆立柱，东面亭楣悬以黑底鎏金横书“翊武亭”额。亭通高4米，亭对角线长8米，边长4米。亭台基高0.8米，5级花岗石台阶。亭柱间设有木质靠椅。2011年1月被列为省级文物保护单位。

长沙海关公廨旧址 位于橘子洲中部，是一处近代中西合璧式建筑。清光绪三十年（1904）长沙辟为商埠，先在小西门外设海关，后又于潮宗门外设新海关。宣统二年（1910），长沙抢米风潮，两处海关均被焚毁，翌年清政府重建海关公廨于橘子洲。清末，长沙关与城陵矶岳州关并称湖南两大海关。该建筑坐西朝东，占地约800平方米，建筑面积1152平方米，2层砖木结构，花岗石墙基，联拱敞廊，屋面为瓦楞钢板瓦，外以围墙围护。2002年5月19日，该建筑被列为省级文物保护单位。其保护范围：以旧址墙基为起点，四向各至30米处；建设控制地带：四向各至保护范围外50米处。2016年4月，长沙海关公廨旧址完成整修。

肖劲光故居 位于天马山景区赵洲港29号，是一处具有长沙地方特色的清末民居建筑。肖劲光（1903—1989），湖南长沙人，家在长沙河西天马山赵洲港，杰出的无产阶级革命家、军事家，国家和军队的优秀领导人，人民海军的主要创建者。中华人民共和国成立后，历任人民解放军海军司令员、国防部副部长、第五届全国人大常委会副委员长等职，为人民海军的建设和发展做出了卓著的贡献。1955年被授予大将军衔。1989年3月29日在北京病逝。肖劲光故居始建于清末，坐西朝东，为单层土木结构，呈长方形布局，面阔3间，进深2间，分为正堂屋、退屋、两侧厢房和杂屋，共计14间，占地面积350平方米。肖劲光在此度过了青少年时代，直到民国9年（1920）赴苏联留学。故居主体尚存，为青瓦双坡屋顶，正堂屋屋檐出墙约1米，檐下左右两侧立2根木红柱，朱漆隔扇雕花大门。2007年7月10日，

肖劲光故居

该建筑被列为市级文物保护单位，长沙市政府发布《关于公布第五批市级文物保护单位及保护范围的通知》公布其保护范围：四向自建筑外墙基各至20米处。是年9月17日，长沙市规划管理局、市文物局发出《关于公布第五批市级文物保护单位建设控制地带的通知》公布其建设控制地带：四向各至保护范围外50米处。2011年1月，该建筑被列为省级文物保护单位。

北伐阵亡将士纪念塔 位于岳麓山清风峡南侧山腰上，建于民国13年（1924），由大思想家顾炎武之后裔顾净缘率当时长沙知名佛教团体“二学园”四众弟子所建，始称五轮塔。民国16年（1927）2月12日，国民革命军第八军军长唐生智率军及省会各界人士在此举行集会，纪念北伐阵亡将士，该塔被命名为北伐阵亡将士纪念塔。北伐阵亡将士纪念塔为佛教密宗塔式构造形制，坐西朝东，平面布局呈正八边形，占地面积400多平方米。通体石结构，高11.18米，分5层，由正方形、圆形、三角形、半圆和圆点5种几何图形构成，塔身每一层均刻金书梵文。底层正面镶花岗石碑，刻金字“先烈光明”。塔周有花岗石围护，东向设石阶。20世纪六七十年代该塔被毁，2001年修复竣工。2002年，该塔被列为省级文物保护单位。

唐生智公馆 位于橘子洲南段，是一座带八角楼的两层中西合璧外廓的公馆式建筑。该公馆始建于民国13年（1924），系湖南省政府主席兼军事厅长唐生智所建。公馆坐北朝南，呈曲尺形布局，占地面积312平方米，建筑面积653平方米。屋顶样式为坡屋顶、平顶结合式，屋面盖筒瓦。墙面上部喷水刷设备和多处陶瓷水落管，既可作为战时防空洞，又兼有防潮、防雨和防水灾功能。房间内设有壁炉，外窗上设有混合型罩阳板，有利于冬季防寒和夏季防热。2007年修缮。2011年1月，该建筑被列为省级文物保护单位。

忠烈祠 位于湖南师范大学校内赫石坡，原是纪念岳飞的岳王庙。民国28年

（1939），国民革命军第十集团军总司令刘建绪为纪念第四路军抗日阵亡将士而改建为忠烈祠。2003 年，忠烈祠得以修缮。该祠坐西向东，面积 304 平方米。砖木抬梁结构，歇山顶、卷棚、黄色琉璃瓦、四周石柱回廊，面阔 3 间，整个建筑高 15 米、长 16 米、宽 19 米，饰有麒麟山花、琉璃鳐吻、雕花雀替等。回廊檐柱阴刻对联数副。正门上方悬挂横匾，书“麓山忠烈祠”箔金字。门外立石狮 1 对。南墙外侧嵌汉白玉制石碑 2 块，分别为《第四路军阵亡将士麓山忠烈祠记》《重修麓山忠烈祠记》。祠内陈列湖南人民抗战历史展览。2005 年 8 月 30 日，忠烈祠被列为市级文物保护单位，长沙市政府发出《关于公布增补的市级文物保护单位的通知》公布其保护范围：西与岳王亭保护范围相接，东、南、北三向各至祠墙基外 50 米处。2011 年 1 月，忠烈祠被列为省级文物保护单位。2015 年，忠烈祠大修。2020 年 9 月 1 日，忠烈祠被国务院列入第三批国家级抗战纪念设施、遗址名录。

长沙会战第九战区长官司令部指挥所旧址 位于岳麓山清风峡爱晚亭后，是抗日战争时期长沙会战遗留下来的军事设施。民国 30 年（1941）12 月 30 日，国民政府第九战区司令长官薛岳为就近指挥督战，将长官司令部从长沙城内的二里牌迁至岳麓山，并在此设立指挥所。该指挥所为防空洞式建筑，占地面积 30 平方米。门框高 1.8 米，宽 1.5 米。室内宽 2 米，高 2.2 米，进深 15 米，花岗岩券顶，沙石地面。2011 年 1 月，该旧址被列为省级文物保护单位。其保护范围：自墙基和护碑亭为起点，四向各至 30 米处。建设控制地带：四向各至保护范围外 100 米处。

三、市级文物保护单位

云麓宫 位于岳麓山云麓峰顶。唐末五代时期，杜光庭撰《洞天福地记》，将岳麓山洞真墟定为天下七十二福地之第二十三福地，称为西岳真人韩终所治之处。宋朝时期，此处有岳麓宫。明成化十四年（1478），大修。嘉靖年间（1522—1566），长沙知府孙存与道士李可主持加修，道宫格局趋完善，周围遍植松柏。隆庆年间（1567—1572），道士金守分隐居岳麓山“洞真墟福地”，状元张元忭慕名拜访，共同修葺宫观，并与道众在原基础上新建关圣殿、祖师殿、三清殿。殿宇皆为石柱铁瓦，殿内供奉铁铸神像，同时建两厢为道众丹房，并于宫旁建亭，被称为江亭、望江亭、湘江亭、望湘亭等，可供游人“重阳登高”“十五赏月”。万历二年（1574）竣工，名曰云麓宫。明末，云麓宫毁于兵火。清康熙初年，云麓宫重修，以后历有增建。咸丰初年，被毁。同治二年（1863），武当山太和宫道士向教辉主持云麓宫道事，募化捐资，重修道宫。抗日战争时期，云麓宫被日军飞机轰炸，仅三清殿幸免于难。战争结束后，得以修缮。1957 年，宫内存铁雕像数尊，为明万历时所铸。宫内有铁瓦，部分铸有万历年号。1962 年 11 月，云麓宫被列为长沙市第一批文物保护单位。其后，宫内石雕、铁雕像遭破坏，大多不存。今云麓宫建筑是一处清朝式样道观建筑群，系 20 世纪 70 年代中期重建。云麓宫坐北朝南，占地面积约 600 平方米，殿宇依山面江，石柱铁瓦。殿堂三进，主要建筑前后依次为关帝殿、吕祖殿、三清殿，左右建有五岳殿、天妃殿，两厢建有丹房，宫旁建有望湘亭。吕祖殿供奉吕洞宾，殿中有汉白玉浮雕“吕祖仙师真像”，并刻《百字铭》。1976 年，濒临倒塌的关帝殿被改建为望江阁，2 层，平面呈长方形，高 9.4 米，重檐，檐角起翘。前建宫门，门额“云麓道宫”，门联“对云绝顶犹为麓，求道安心即是宫”，均为晚清进士吴獬所书。左侧坪中有 2 块石碑，一为麓山树镫记碑，碑文上横书“光垂亿载”4 字；另 1 块为青石碑，高 1.78 米，宽 0.74 米，正面刻“麓峰巩峙”。2000 年 8 月，云麓宫被重新列为市级文物保护单位。是年 8 月 30 日，长沙市政府《关于补充公布市级文物保护单位及其保护范围和建设控制地带的通知》公布其保护范围：四向分别至寺院墙基外 50 米处。

白鹤泉 位于麓山寺观音阁南侧，为一处宋代古井。古时，岳麓山桃子湖至白鹤泉一带是鹤类栖息地，有泉从石罅中溢出，冬夏不涸。北宋赵抃、南宋张栻等均赋诗于此。明代，麓山寺各住持、僧侣均对其加以整修。清光绪三年（1877），湖南粮道夏献云建亭护泉，刻碑立石以纪其事。抗日战争时期，亭毁。1956 年，长沙市政府重修。白鹤泉井口呈正方形，汉白玉石板围栏，边长约 1 米，高 0.8 米。泉井西北侧，立有 1 块纪事青石碑。护泉亭依山而建，平面呈正方形，边长约 4.7 米，亭基 0.7 米，通高 5.8 米。单檐，攒尖顶，盖青色筒瓦，亭角微翘，4 根方石柱支撑。东面亭棂悬有横额，书“白鹤泉”3 字。2005 年 8 月 30 日，白鹤泉被列为市级文物保护单位，长沙市政府发出《关于公布增补的市级文物保护单位的通知》公布其保护范围：麓山寺保护范围内。是年 12 月 1 日，长沙市规划管理局、市文物局发出通知公布其建设控制地带：岳麓山控制区。

白鹤泉

自卑亭 位于湖南大学东方红广场东北角，是一座清朝建筑风格的亭阁。自卑亭初由清康熙二十七年（1688）长沙府同知赵宁倡建，亭名取《礼记·中庸》“登高必自卑”之意，岳麓书院山长车万育书。今亭由岳麓书院山长袁名曜于清嘉庆十七年（1812）重建、山长丁庆善于清咸丰十一年（1861）修葺。自卑亭坐西朝东，平面呈正方形，砖木结构，单檐歇山顶，上盖青瓦，亭角微翘，吻兽脊饬，白色粉灰外墙，四向皆开拱门。外墙边长 6.5 米，占地面积 50 平方米。2005 年 8 月 30 日，自卑亭被列为市级文物保护单位，长沙市政府发布《关于公布增补的市级文物保护单位的通知》公布其保护范围：四向各至墙基外 30 米处。是年 12 月 1 日，长沙市规划管理局、市文物局发出通知公布其建设控制地带：四向各至保护范围外 50 米处。

美孚洋行 位于橘子洲中部，是一栋中西合璧式美式建筑。建于民国 13 年（1924），美国美孚石油公司所建，为该公司长沙洋行经理的住所。美孚洋行坐北朝南，呈不对称布局，占地 446 平方米，建筑面积 892 平方米。建筑物为 2 层砖混结构，歇山屋顶，盖大红板瓦，红砖清水墙。墙角用砖砌饰，外墙有带状装饰。一层窗顶作弧形拱饰，做工精致。门庭向外突出，由 4 根圆形石柱支撑。门庭阳台上标有“美孚”标志，内部布局规整。2014 年 3 月被列为市级文物保护单位。

张辉瓒墓庐 位于麓山寺西北侧，是一栋具有长沙地方特色的民国时期墓庐建筑，建于民国 28 年（1939）。该建筑为四合院布局，占地面积 200 平方米，坐西朝东，长方形布局，面阔 3 间，进深 2 间，砖石结构，歇山屋顶，屋面盖蓝色琉璃筒瓦，红砖清水墙，2 根四方形柱子支撑外廊。北侧墙脚嵌石碑 1 块，上刻“民国二十年八月四日奠基”。2014 年 3 月，该建筑被列为市级文物保护单位。

仰云亭 位于麓山寺北侧，建于民国 21 年（1932），系张辉瓒墓的附属建筑。仰云亭坐北朝南，八方形布局，占地约 40 平方米。花岗石结构，双檐八角形攒尖顶。亭高约 6 米，由 8 根石柱支撑八角半球拱形重檐。正门石阶上方双檐正中石碑 1 块，阴刻“仰云亭”。8 根方形石柱刻 4 副对联。2014 年 3 月，该建筑被列为市级文物保护单位。

湖南省会警察纪念堂 位于岳麓山中腰，与半山亭隔道相望，为一栋砖木结构的民国建筑，建于民国 24 年（1935），由时任省会警备司令部参谋长周翰纪念因公殉职的警察而修建。抗日战争时期，该建筑被临时作为国民政府第九战区炮兵指挥所。该建筑占地 220 平方米，坐西朝东北向，主体建筑为砖木结构，两进，面阔 3 间。青砖清水墙，青砖地面。坡顶，小青瓦。外廊宽 2.1 米，方形立柱。台基高 0.9 米。3 级花岗岩台阶，宽 2.3 米，74 级踏步，歇台 2 处。拾级而上，即为外坪，以长条花岗岩石平铺。整个纪念堂全长 18.6 米，进深 6.5 米，建筑面积 100 平方米。现辟有陈列

湖南省会警察纪念堂

室3间，主要展示抗日战争期间3次长沙会战的历史。正门花岗岩框门额为周翰“民国廿四年乙亥八月”题书“湖南省会警察纪念堂”。2005年8月30日，该建筑被列为市级文物保护单位，长沙市政府发出《关于公布增补的市级文物保护单位的通知》公布其保护范围：四向各至墙基外50米处。是年12月1日，长沙市规划管理局、市文物局发出通知公布其建设控制地带：四向各至保护范围外50米处。

岳王亭 位于湖南师范大学校内赫石坡下，是一座仿清代亭阁式建筑。民国25年（1936），湖南省政府为昭示民众投身抗日运动而建此亭。该亭呈正六边形，高约4米，周长24米，对角线7.6米，占地面积约9.5平方米。石木结构，六角攒尖重檐顶，顶盖黄色琉璃瓦，六角起翘。六面额枋下配有实木镂空挂落，内顶为彩绘藻井。亭台四周设有石雕护栏。亭内立青石碑1座，长1.4米，宽0.45米，高3.01米，阳面线刻岳王遗像，阴面刻颜昌尧题书《岳忠武王年谱》。亭内另有石桌1方、石凳4个。东向亭柱外侧刻有楹联1副。1993年，岳王亭被列为市级文物保护单位。是年10月27日，长沙市政府发出《关于公布我市市级文物保护单位及其保护范围和建设控制地带的通知》公布其保护范围：以亭为中心，南北各至30米处，西至70米处，东至岳王庙（忠烈祠）东墙基外5米处。该亭2008年、2015年两次大修。

中南大学和平楼、民主楼 位于中南大学本部校园内，为2栋公共楼房建筑。民国24年（1935）华北事变后，清华大学计划撤离北平南迁长沙办学，选址岳麓山南麓左家垅，即由华盖事务所设计，建造2栋教学楼，即和平楼、民主楼。2栋楼均于民国25年（1936）开工，翌年竣工。均坐北朝南，呈“工”字形布局，各占地面积2217平方米，均为3层砖混结构、坡屋顶、黄色筒瓦铺盖、红砖清水墙。2014年3月，和平楼、民主楼均被列为市级文物保护单位。

王东原公馆 位于岳麓山赫石坡，是一栋具有中西合璧特色的公馆式建筑。民国

35 年（1946）湖南省政府主席王东原所建。公馆坐北朝南，呈方正形布局，占地面积 159 平方米，单层砖混结构，坡屋顶，屋面起伏四折，上覆小青瓦。红砖墙体，外粉石灰浆。厢房向外突出，花格木窗。前坪置花岗石圆桌、鼓石凳，砾石红砖铺过道。公馆周围小桥流水，树木葱葱，北面还存有哨卡遗迹。2014 年 3 月，该建筑被列为市级文物保护单位。

纪忠亭　位于岳麓山赫石坡。民国 35 年（1946），湖南省政府主席王东原为纪念在湖南抗战中阵亡的将士而建。该亭坐西朝东，平面呈八边形，占地面积约 25 平方米，全石结构，通高约 7 米，边长约 1.8 米，由 8 根圆石柱支撑。单檐八角攒尖顶，檐角起翘，盖绿色琉璃瓦，中立宝瓶，正面圆柱刻有对联“赫石嵯峨严正气，麓云平远荡腥风”。亭内置有石圆桌和石凳。2014 年 3 月，该亭被列为市级文物保护单位。

归宿亭　位于岳麓山赫石坡。该亭是民国 35 年（1946）湖南省政府主席王东原主持修建。该亭坐东朝西，平面呈八边形，占地面积 28 平方米，为全花岗石结构，单檐八角攒尖顶，檐角微翘，上覆绿色琉璃瓦，中立宝瓶，亭身由 8 根圆石柱支撑。亭高 7.5 米，边长 2 米。亭下砌建 0.6 米高花岗石台基，四方各有 3 级台阶。亭柱刻有对联“鹤唳猿啼神藏幽宅，龙蟠虎踞秀毓名山”。亭内设有石圆桌和石凳。2014 年 3 月，该亭被列为市级文物保护单位。

湖南大学学生宿舍女生四舍　位于湖南大学校内，是一栋具有早期现代主义风格的楼房式公共建筑，柳士英设计。民国 36 年（1947）湖南大学为改善学生寄宿条件而建。整栋建筑坐南朝北，平面呈“日”字形布局，建筑面积 2400 平方米。2 层砖木结构，两面坡悬山顶，上覆绿色筒瓦，青砖清水墙。内设 2 个庭院，中间两层由通廊连接，四周回廊环绕。中部突出，门厅由木柱支撑，门厅上设平顶凉台。2014 年 3 月，该建筑被列为市级文物保护单位。

方叔章公馆　位于天马山景区桃子湖畔，是一栋具有民国时期建筑风格的公馆类建筑。建于民国 36 年（1947），系方叔章旧居。民国 38 年（1949）1 月，时任湖南省政府顾问的方叔章在此设宴，邀湖南大学教授李达和省政要人程星龄、邓介松、萧作霖等漫谈时局，促成程潜、陈明仁和平起义。该公馆坐西朝东，约呈长方形布局，占地面积 247 平方米，长 18 米，宽 13.5 米，共有大小房间 14 间。整栋建筑为 2 层砖木结构，四面坡歇山顶，上覆小青瓦，砖墙，外粉白石灰。木格大窗，正面为外廊式结构，二层走廊有木栏杆围护。该建筑 2007 年被列为一般不可移动文物，2014 年 3 月被列为市级文物保护单位。

长沙市干部疗养院办公楼旧址 位于湖南师范大学校区赫石坡岳王亭路与桂花路交界处西南角，是一栋中西合璧式现代公共楼房。建于1952年，原为长沙市干部疗养院，现为湖南师范大学教学办公楼。建筑坐南朝北，呈长方形布局，占地面积729.1平方米。2层砖混凝结构，主楼为双檐庑殿顶，前设柱式玄关，正立面采用拱券装饰。内部楼梯间设计精巧，铜质扶手，木板铺地。2层房间附有阳台。2014年3月，该建筑被列为市级文物保护单位。

湖南师范大学一办公楼 位于湖南师范大学校园内，为一栋具有早期现代主义风格的公共楼房建筑。建于1953年，最初作为干部疗养院使用，后改为学院办公楼。整栋建筑坐北朝南，呈“凸”字形布局，建筑面积1490平方米。建筑物为2层砖混结构，两面坡，歇山顶，屋顶设烟囱，上覆大红瓦，红砖清水墙。门框及檐下支撑柱均为麻石结构，楼层栏杆为石质，雕饰成塔形。2014年3月，该建筑被列为市级文物保护单位。

湖南大学会计学院三号楼 位于石佳岭景区湖南大学北校区内，是一栋具有苏式折衷主义风格的现代公共楼房建筑。建于1953年，时为湖南人民革命大学校舍。1956年8月湖南人民革命大学迁址，该校舍归中南土木建筑学院使用，1959年恢复湖南大学后，该校舍归湖南大学。建筑物坐南朝北，呈长方形布局，建筑面积1140平方米。3层砖混结构建筑，歇山顶，上覆大红瓦，红砖清水墙。内部布局规整，设有楼梯及防潮层，部分门窗略有改动。2014年3月，该建筑被列为市级文物保护单位。

湖南大学金融学院二号楼 位于石佳岭景区湖南大学北校区内，是一栋具有苏式折衷主义风格的现代公共楼房建筑。建于1953年，时为湖南人民革命大学校址。后为湖南财经学院校址，湖南财经学院并入湖南大学后，改为湖南大学金融学院二号楼。整栋建筑坐南朝北，呈长方形布局，建筑面积1140平方米，3层砖混结构建筑，四面坡屋顶，红砖清水墙。内部布局规整，设有楼梯和防潮层，部分门窗有改动。2014年3月，该建筑被列为市级文物保护单位。

水上工人文化宫 位于橘子洲景区中部，是一栋具有苏式折衷主义风格的现代公共楼房建筑。建于1954年，初名船民文化宫，后相继改名为长沙市水上俱乐部、水上工人文化宫，由湖南省航运局建，是湖南航运工人的集体活动场所。整栋建筑坐西朝东，呈曲尺形不对称布局，占地1145平方米，建筑面积1504平方米。砖混结构，坡屋顶与平屋顶组合，屋面盖大红板瓦，红砖清水外墙。外墙以麻石子装饰图案，门厅立3根石方柱，仿传统木结构石质挂落。2004年维修加固。2014年3月，该建筑被列为市级文物保护单位。

湖南大学毛泽东塑像　位于湖南大学东方红广场中心，1968 年 5 月 14 日建成。该建筑总占地面积 500 平方米，主要由塑像和诗词墙两部分组成。塑像为毛泽东着大衣背手全身像，坐西朝东，大理石材质，通高 7.1 米，象征中国共产党“七一”建党日。基座至塑像高 12.26 米，寓意毛泽东生日（12 月 26 日）。基座后有以毛泽东手书而镌刻的《沁园春·长沙》诗词墙。基座石碑原镌“伟大的导师、伟大的领袖、伟大的统帅、伟大的舵手毛主席万岁”，后改为“伟大的领袖和导师毛泽东主席永垂不朽”金色隶书。2014 年 3 月，该建筑被列为市级文物保护单位。

四、一般不可移动文物

极高明亭遗址　位于岳麓山顶，是一处宋朝古亭遗址，是岳麓山古游道上的亭式建筑之一。古游道从岳麓山下的“自卑亭”开始，到山腰有“道中庸亭”，到山顶有“极高明亭”，都是游人休憩之所。极高明亭、道中庸亭之名皆取自《中庸》“极高明而道中庸”句。南宋时期朱熹为该亭题额。该亭历史上毁建相继，清康熙年间重建，后又毁于兵火。康熙年间，岳麓书院山长李文炤诗作《极高明亭》云：“振衣上峰巅，下视人寰小。列宿低芒角，白云相缥缈。”遗址开口朝东，平面为正方形，边长约 10 米，砖土堆积，高度 0.6 米。2007 年 10 月，极高明亭遗址被发现，保存有部分青砖墙体。2010 年 6 月，极高明亭遗址被列为一般不可移动文物。

清风泉　位于岳麓山清风峡爱晚亭旁，是长沙地区现存名泉古井之一。清朝时期，魏源在岳麓书院读书时曾题联赞曰：“峡里青枫，云中白鹤；山间明月，岭上清风。”泉水自地下岩层溢出，水质甘美清冽，澄澈清亮，是长沙至今仍可饮用的古泉之一。该泉古井坐西朝东，占地面积约 10 平方米。井口呈长方形，长 0.74 米，宽 0.65 米。井上部分均为现代重建，花岗岩砌筑，井栏用麻石栏板装饰，有亭护井，亭正面额、亭外墙上均有“清风泉”字样，亭内墙面嵌当代作家何立伟所撰《清风泉记》碑，地面及周边道路均用麻石板铺砌。2010 年 6 月，清风泉被列为一般不可移动文物。

红房别墅　位于橘子洲中部，是一栋中西合璧式公馆建筑。始建于 20 世纪 20 年代，曾为印度侨民居所，现为岳麓山风景名胜区橘子洲景区管理使用，是洲上至今仅存的一栋外侨别墅。该建筑坐北朝南，呈左右不对称布局，占地面积 103 平方米。主体建筑为 2 层，砖木结构，“人”字形坡屋顶组合，屋面盖小青瓦，红砖清水墙。半圆形拱窗，内部楼梯扶手及栏杆均采用西式做法。2010 年 6 月，红房别墅被列为一般不可移动文物。

望麓桥 位于岳麓区望城坡街道望新社区，是中国桥梁史上建造时间最早的钢筋混凝土连续梁桥之一。该地原为长沙河西古驿道上水驿关亭。该桥建于民国 18 年（1929），抗日战争中遭战火炸毁仅存桥墩。后数次翻修，由多结构混凝土梁桥、军车钢梁铁轨枕木梁桥改修成今四跨连续梁桥。该桥横跨龙王港，呈东西走向，桥长 42 米，桥宽 7.6 米，桥下净空 7 米。桥墩为麻石混凝土 U 形墩。桥体两侧为水泥栏杆，栏高 1.25 米，并以麻石券拱支撑桥面。2010 年 6 月，望麓桥被列为一般不可移动文物。

湖南艺术职业学院第一教学楼 位于岳麓区岳麓街道湖南艺术职业学院校园内，是一栋具有现代主义风格的公共楼房式建筑。该楼于民国 23 年（1934）由教育家朱经农主持修建，时为湖南省立高级农业职业学校教学楼。整栋建筑坐西朝东，呈长方形布局，占地面积 450 平方米。3 层砖混结构，坡屋顶，上覆大红瓦，红砖清水墙，方形玻璃大窗。门楼向前突出，室内铺木地板，走廊为水磨石。大楼门前右下侧墙角嵌有奠基石碑，阴刻朱经农手书“湖南省立高级农业职业学校奠基 明农教稼 中华民国二十三年十二月宝山朱经农题”。历经多次院校撤并迁转，该楼成为湖南艺术职业学院第一教学楼。2010 年 6 月，该楼被列为一般不可移动文物。

赫石坡抗战防御工事 位于岳麓山赫石坡，是抗日战争时期长沙会战期间留下的军事防御设施。该工事是民国 28—31 年（1939—1942）国民政府第九战区部队为抵御日军进攻岳麓山而构筑。构筑物呈南北走向，半环状布局，长 51 米，宽 12~17.4 米，壕沟深 1.8~2.2 米，占地面积 887 平方米，均为花岗岩石垒砌。壕沟外侧为 6 层梯形台阶，台阶宽 1.2 米，高 0.6 米。2010 年 6 月，该构筑物被列为一般不可移动文物。

长沙会战岳麓山炮兵阵地 位于岳麓山顶观景台西侧，是抗日战争时期长沙会战期间留下的军事设施。长沙会战期间，国民政府最高统帅部为加强防务，抽调重炮部队配属第九战区，设于岳麓山顶。重炮部队为两团美式装备炮兵，配以 180 毫米榴弹炮，战争中利用岳麓山地形和战前标记弹无虚发，给犯湘日军以痛击。2010 年 6 月，该设施被列为一般不可移动文物。

铁螺塘战备水塔 位于湖南艺术职业学院后山顶，是一处战备水利设施。该水塔建于 1952 年，系长沙市政府为保障民生、储备战备用水而修建。水塔呈圆柱体，高 3 米，直径 22 米，体积 1139.82 立方米。塔体嵌于天然山体中，四周筑以围墙，隐蔽性高。围墙内有值守室，负责看管水塔出水阀。整个山体原为禁区，水塔东、南、北各有一条沙石小路直达值守处。距水塔南边 200 米处，配有数个小水槽以供扑救火灾使用。2010 年 6 月，该水塔被列为一般不可移动文物。

湖南大学财经学院礼堂 位于石佳岭景区石佳冲湖南大学北校区内，建于 1953 年，时为湖南人民革命大学校址。历经多次院校撤并迁转，该楼成为湖南大学财经学院礼堂。该建筑物坐南朝北，呈长方形布局，占地面积 300 平方米。砖混结构，四面坡层顶，红砖清水墙。2010 年 6 月，该建筑被列为一般不可移动文物。

湖南大学远程与继续教育学院教学楼 位于石佳岭景区石佳冲湖南大学北校区内，是一栋仿苏式风格的现代公共楼房建筑，由原湖南财贸干校、粮食干校、银行干校、政法干校 1954 年合建。现为湖南大学远程与继续教育学院教学楼。该建筑坐北朝南，呈长方形布局，建筑面积 1080 平方米。3 层砖混结构建筑。歇山顶，上覆大红板瓦，红砖清水墙，门楼突出。建筑物内部设有木楼梯，木质地板，底层为花岗岩石架空层。2010 年 6 月，该建筑被列为一般不可移动文物。

湖南大学财经学院露天电影银幕墙 位于石佳岭景区石佳冲湖南大学北校区操坪西。今湖南大学财经学院校址，20 世纪五六十年代时是原湖南财贸干校、公安干校等 4 所干校的共同校舍。1955 年，为丰富教职工文化生活，建造电影银幕墙，20 世纪 60 年代末拓宽。该银幕墙坐东朝西，台基高 1 米，呈方形布局，长 18 米，宽 13 米，占地面积约 260 平方米。四角各有 5 级石台阶。银幕墙主体宽约 12.4 米，高约 4 米，厚约 3.2 米。分 3 个部分，中为方形，左、右为纵向长方形，对称布局。墙体为砖混结构，顶部砌挡雨盖。东面有广阔操坪，可容纳数千人。2010 年 6 月，该建筑被列为一般不可移动文物。

共青团湖南省委老团校 位于麓山景区中共湖南省委党校（湖南行政学院）内，是一栋仿苏式风格的现代公共楼房建筑，建于 1959 年，时为共青团湖南省委团校教学楼，现为中共湖南省委党校（湖南行政学院）宿舍楼。该建筑坐南朝北，呈长方形布局，占地面积 1000 平方米。3 层砖混结构，歇山顶，上覆大红瓦，红砖清水墙。建筑内部设有传统的木楼梯，地面铺木地板，底层设防潮层。2010 年 6 月，该建筑被列为一般不可移动文物。

五、长沙市近现代历史保护建筑

中南大学教工一舍 建于民国 26—27 年（1937—1938），时为抗日战争全面爆发后成立的国立长沙临时大学校址，现为中南大学教工一舍。2017 年 12 月被列为长沙市近现代历史保护建筑。至 2018 年，建筑外墙及内部装修变化不大。

中南大学本部校门 建于1954年，时为中南矿冶学院（中南大学前身）校门，现为中南大学本部校门。该建筑融合传统与现代艺术特点。2017年12月被列为长沙市近现代历史保护建筑。

中南大学苏联专家公寓（甘棠一楼、甘棠二楼） 建于1954年。初为苏联专家公寓，后作教师宿舍、办公用房。该楼3层，建筑细部装饰采用苏联风格。2017年12月被列为长沙市近现代历史保护建筑。

中南大学理学楼 建于1954年。该楼4层，混合结构，注重竖向线条，立面整洁。2017年12月被列为长沙市近现代历史保护建筑。

中南大学采矿楼 建于1956年。该楼7层，混合结构。2017年12月被列为长沙市近现代历史保护建筑。至2018年，仍为教学和办公用。

中南大学地质楼（地学楼） 建于1956年。该楼5层，混合结构，立面简洁，讲究比例尺度，具韵律感。2017年12月被列为长沙市近现代历史保护建筑。

中南大学冶金楼 建于1956年。该楼4层，混合结构，立面简洁，竖向线条明确。2017年12月被列为长沙市近现代历史保护建筑。

中南大学特冶楼 建于1959年。该楼5层，混合结构，入口门廊具有欧式建筑的特点，立面尺度比例讲究。2017年12月被列为长沙市近现代历史保护建筑。

中南大学化学楼 建于1959年。该楼5层，混合结构，入口门廊具有欧式建筑的特点，立面尺度比例讲究。2017年12月被列为长沙市近现代历史保护建筑。

中南大学二办公楼 建于1959年。该楼5层，立面高低错落，富有变化。至今外观保存较好，功能无变化。2017年12月被列为长沙市近现代历史保护建筑。

中南大学第一办公楼 建于1960年。该楼3层，至今外观保存较好，功能无变化。2017年12月被列为长沙市近现代历史保护建筑。

湖南大学力学楼 建于1956年。该楼3层，红砖墙面，中国传统屋顶形式，连续拱券，近代建筑风格，外形稍有破损，结构无大改变，仍作办公和实验功能使用。2017年12月被列为长沙市近现代历史保护建筑。

湖南大学外语楼 建于1957年。该楼3层，红砖墙面与走廊的连续拱券加之中国传统坡屋顶，建筑结构、外形保存良好，仍作教学与办公功能使用。2017年12月被列为长沙市近现代历史保护建筑。

湖南大学中楼 建于1957年。该楼4层，立面为红色的清水砖墙，檐口有简化的斗拱，仍作教学楼使用。2017年12月被列为长沙市近现代历史保护建筑。

第二节　墓葬

一、全国重点文物保护单位

西汉长沙王后"渔阳"墓　位于岳麓区枫林路139号湖南财政经济学院内，原地名望城坡古坟垸。该墓是西汉早期吴姓长沙国王后墓葬，采用汉代高规格题凑葬制，坐东朝西。主墓由封土、墓道、墓坑、墓室四部分组成，为一带斜坡式墓道的岩坑竖穴木椁墓，墓口长15.98米、宽13.3米，底长11.6米、宽9.76米。台阶以下墓壁四周至墓底逐渐内收，形成状如斗形的墓坑室。墓壁光滑平整，经过人工拍打修治。墓内填土用灰褐色湖泥和粉碎的页岩搅拌均匀后回填，层层夯筑。主墓分内外2层椁室。内置棺柩，棺为2层套棺，外棺为彩绘漆棺，内棺为黑素漆棺。椁外四周用480余根特制短木枋层层环绕。该墓于汉、唐时期曾被盗。1986年湖南省文物普查时被发现，1993年2月进行抢救性发掘，出土文物约5000件。1996年，该墓被列为省级文物保护单位。其保护范围：主墓区包括墓道、主墓室（坑）；周边从墓道坑边缘起，东、南、西三向各至50米处，北至枫林路。建设控制地带：保护范围外，四向各至100米内。2013年3月，该墓被纳入汉代长沙王陵墓群，列为全国重点文物保护单位。

岳麓山风景名胜区内汉代长沙王陵墓群　汉代长沙王陵墓群主要分布在南起岳麓区天马山、北至望城区玫瑰园的狭长地带，大多沿湘江西岸顺低矮山丘蔓延。岳麓山风景名胜区区域内的汉代长沙王陵墓群除西汉长沙王后"渔阳"墓外，还有牛头岭汉墓、天马山一号、天马山二号汉墓、凤凰山汉墓，4座墓均为汉代长沙国王陵墓。牛头岭汉墓位于麓山景区，该墓地封土地表长满树木和杂草，并有局部塌陷现象，墓葬周边发现汉代遗物。天马山一号、二号汉墓位于天马山景区，一号墓封土略呈方形，地表长满树木和杂草，中部塌陷呈不规则坑状，直径约10余米，深约1米；二号墓封土略呈椭圆形，地表长满树木和杂草。封土表层均为含大量风化岩石碎块的土地层，厚约1米，其下土层则较为纯净，含少量风化岩碎块，且碎石较小，为人工堆筑。

此外，在与岳麓山风景名胜区咸嘉湖景区毗邻的望月公园还有3座西汉长沙国王室墓。

黄兴墓

黄兴墓 位于岳麓山云麓峰北小月亮坪，遵照民国初期墓葬最高形制建造。黄兴（1874—1916），原名轸，字克强，湖南善化高塘乡（今长沙县黄兴镇）人。近代民主革命家，中华民国主要创建者之一。民国5年（1916）10月31日病故于上海，翌年4月15日国葬于岳麓山。墓地坐西朝东，占地面积1913.6平方米。由3层92级石砌台阶步入墓地，墓上建有方尖碑，以整块乳白色花岗岩琢成四棱形，碑体通高11米，正面镶嵌紫铜墓碑，镌刻“黄公克强之墓”，四周以石柱铁栏围护，前有拜台、石凳，花岗石地面。陵墓区南、北、西三向整齐栽植松柏、香樟。墓右下500米处，建有黄兴墓庐，占地494.1平方米，辟有黄兴生平事迹陈列室。墓庐附近按规划辟林地，凿水池，建亭榭、游廊，广植花木。黄兴墓于1956年被列入全省第一批名胜古迹和古文化遗址保护名单，于1988年1月13日被列为全国重点文物保护单位。其保护范围：西、北、南三向各从墓围石栏向外延至30米处，东至道路及拜台东缘。

蔡锷墓 位于岳麓山白鹤泉左后方，遵照民国初期墓葬最高形制建造。蔡锷（1882—1916），原名艮寅，字松坡，湖南邵阳人。曾任云南军政府都督。民国4年（1915）在云南发动护国战争。翌年11月8日在日本病逝。民国6年（1917）4月12日国葬于岳麓山，是中华民国第一位获国葬殊荣者。墓地坐西朝东，占地面积1974.72平方米。墓为花岗岩圆形基座，尖顶塔式墓，形制似将军头盔，平台基座上建方形墓碑，底部周长12米，通高9.1米。墓碑高4.8米，东向正面嵌铸紫铜碑心，楷书镌刻“蔡公松坡之墓”碑文。四周以花岗石围栏，东辟入口，嵌碑24块，刻有

蔡锷墓

是时湖南、湖北、江西、贵州、广东、广西等省省长、督军的题字挽词。墓区三面青山，松、柏成林。墓地周围筑以围墙，外围辅以石砌围栏。墓地左右均砌有石梯导入。墓前石坪上有石桌、石香炉各 1 件，石鼓 2 对。墓庐大门悬孙中山所撰挽联“平生慷慨班都护，万里间关马伏波”，以及梁启超所撰挽联“吾见子之出，而不见其入也；天未丧斯文，而忍丧斯人哉”。墓区正下方建有蔡锷墓庐，辟有“蔡松坡先生生平事迹展”陈列室。蔡锷墓于 1956 年被列入全省第一批名胜古迹和古文化遗址保护名单，于 1993 年重新公布为省级文物保护单位。其保护范围：四向各从墓台外缘向外延伸 10 米，东南两向交汇于最低一级踏步，包括蔡锷墓庐。2006 年 5 月，蔡锷墓被列为全国重点文物保护单位。

二、省级文物保护单位

陈天华、姚宏业墓　位于岳麓山麓山寺左后方山腰，是一座民国时期具有长沙地方特色的分冢共茔的石棺式名人墓葬。陈天华（1875—1905），湖南新化人，近代民主革命家，清光绪二十六年（1900）就读于岳麓书院，后留学日本，光绪三十一年（1905）在日本加入同盟会，是年 12 月 8 日因抗议日本政府颁布的《清国留学生取缔规则》，在东京大森湾蹈海。姚宏业（1881—1906），湖南益阳人，近代民主革命家，光绪三十一年（1905）在日本加入同盟会，陈天华蹈海后，姚宏业在上海与秋瑾、于右任租屋创办中国公学，开民间自办新学之先河。因遭官绅阻遏，加上诽谤流言，于光绪三十二年（1906）3月27日陈天华灵柩抵上海后投黄浦江而殁。两位烈士忧愤自杀在湖南各阶层引起巨大反响。光绪三十二年（1906）5月23日，两位烈士遗骸运抵长沙，5月29日公葬于岳麓山。该墓坐西朝东，占地129平方米，由墓碑、石棺、墓围、拜台、香炉、案桌、墓栏等组成。墓身为花岗石凿成长方形石棺状。茔地中央北侧为陈天华石棺，长2.54米，宽1.16米，高0.76米；南侧为姚宏业石棺，长2.48米，宽1.09米，高0.76米。棺盖呈半圆形，由3块长条麻石黏合而成。墓围呈弧状，宽30厘米，南北直径约5米，东西径约4.6米。墓栏高1.05米，长1.46米，由2块横条麻石以榫卯方式串联立柱，两柱三开间，顶端饰狮各1只。拜台北侧处立墓志铭碑1块，高150厘米，宽51厘米，记述陈天华生平业绩，铭文系民国10年（1921）曾继梧撰写。香炉高35厘米，长33厘米，宽20厘米；香案正方形，高30厘米，长60厘米；拜台南北向，通长6米，东西向进深2.8米。墓后立汉白玉石碑4块，主碑高163厘米，宽50厘米，分别直书阴刻“陈烈士天华之墓”“姚烈士宏业之墓”，附碑高137厘米，宽40厘米，分别直书阴刻“中华民国元年”“六月湖南公刊”。左前有民国10年（1921）补立“陈天华先生墓碑”青石碑1块。1983年，该墓被列入第五批湖南省省级文物保护单位名录。其保护范围：以墓为中心，四向各20米内。

刘道一墓 位于岳麓山清风峡上方，是一座具有长沙地方特色的民国初期墓葬，为刘道一与夫人曹庄合葬墓。刘道一（1884—1906），字炳生，号锄非，祖籍湖南衡山，清康熙年间先祖落籍湘潭。清光绪三十二年（1906），刘道一因领导萍浏醴起义失败被捕就义于长沙，成为同盟会成员献身革命第一人，夫人曹庄闻讯自杀殉夫。民国元年（1912）3月，自湘潭迁葬岳麓山。墓葬占地面积约110平方米，由墓围、望板、墓碑、墓冢、拜台、石凳等组成，茔地及坟堆皆以花岗石铺砌。立碑3块，主碑刻谭延闿书“烈士刘道一曹庄墓”，高1.41米，宽0.52米。左右附碑刻道一胞兄刘揆一所撰《烈士刘道一夫妇合墓碑记》，各高1.3米，宽0.45米。墓冢为球弧形，底径3米，高0.5米，茔地及坟堆皆以花岗石铺砌。石柱置于墓前左右两侧，四周阴刻小楷，书刘道一生平事略。刘道一墓于1956年被列入全省第一批名胜古迹和古文化遗址保护名单，于1983年再次被公布为省级文物保护单位。其保护范围：以墓为中心，四向各20米内。

禹之谟墓 位于岳麓山麓山寺北侧，是一座具有长沙地方特色的晚清传统墓葬。禹之谟（1866—1907），湖南双峰人，近代民主革命家，中国同盟会湖南分会首任会长。光绪三十二年（1906），时任湖南商会会董、湘学会会长、湖南学生自治会总干事的禹之谟携志同道合者公葬陈天华、姚宏业于岳麓山，以彰义烈。禹之谟此举激怒了官府。是年8月，他被逮捕入狱，翌年1月在湖南靖州就义。民国元年（1912）10月，禹之谟灵柩从家乡双峰青树坪迁葬岳麓山。墓葬坐西北朝东南，占地面积约29平方米，由墓围、墓碑、墓冢、石案、石礅、香炉、拜台、护栏及石鼓等组成。墓冢石制，呈三级台阶状，长方形，平顶，长2.5米，宽1.6米，高0.8米。茔地及坟堆皆以花岗石铺砌。立汉白玉碑3块，主碑刻“烈士禹之谟墓”，高1.47米，宽0.5米。左右附碑分别刻禹之谟遗作《告同胞书》手迹和朱杞、颜昌尧所撰墓志铭。禹之谟墓于1959年被列入全省第二批名胜古迹和古文化遗址保护名单，于1983年再次被列为省级文物保护单位。其保护范围：以墓为中心，四向各20米内。

焦达峰墓　位于岳麓山东北侧禹王碑下方，是一座具有长沙地方特色的清末民初的传统形制墓葬。焦达峰（1887—1911），原名大鹏，字鞠荪，湖南浏阳人。清宣统三年（1911），武昌起义爆发，焦达峰、陈作新率湖南新军在各省当中率先响应，攻占长沙成立湖南军政府，焦任都督、陈任副都督，10月31日兵变双双遇害。民国元年（1912），焦达峰被南京临时政府追赠为大将军，追授陆军上将，移葬岳麓山。民国5年（1916）10月重新安葬于此。墓葬占地面积453平方米，墓冢及茔地均以花岗石铺砌。整个墓地外围石栏，由平台、拜台、香炉、案桌、墓栏、墓围、墓冢、墓碑、墓志铭碑等组成。该墓坐西朝东，墓地居高临下，修建时铸有铜像。墓呈圆形，平顶，立汉白玉碑3块。主碑刻楷书“陆军上将光复湖南大都督焦公达峰之墓”，并列生卒年月。左碑刻“故都督生于清光绪丙戌年十二月二十三日申时，薨于中华民国纪元前一年，辛亥九月初十日未时，安葬岳麓山主岭上，坐向戌山辰兼辛乙”；右碑刻“嗣子传统，中华民国元年十月五日竖”。墓上方立有刘人熙题书“浏人坠泪之碑”1块，两旁刻联“达向九霄云路近，峰连五岳众山低”。外围石柱，其入口石柱刻联“大翼垂天九万里，长松拔地五千年”。原铸有铜像一尊立于墓前，20世纪六七十年代被毁。焦达峰墓于1956年被列入全省第一批名胜古迹和古文化遗址保护名单，于1983年再次被公布为省级文物保护单位。其保护范围：以墓为中心，四向各20米内。

陈作新墓　位于岳麓山云麓宫下方，是一座具有长沙地方特色的清末民初传统形制墓葬。陈作新（1885—1911），字振民，湖南浏阳人。武昌起义爆发后，与焦达峰发动长沙起义，成立湖南军政府，任副都督，旋因兵变被害。民国元年（1912）葬于岳麓山。墓葬占地145平方米，墓冢呈圆形，花岗石墓基，三合土盖顶，封土堆底径3.2米，高0.3米，片石圈围。墓后立祁阳石碑3块，主碑刻“恤赠左将军湘军首义都督陈公作新府君之墓”，高1.5米，宽0.56米。左右附碑高1.3米，宽0.42米，分别刻“孤子基立”“民国元年十一月穀旦”。墓前原铸塑铜像一尊，20世纪六七十年代被毁。陈作新墓于1956年被列入全省第一批名胜古迹和古文化遗址保护名单，于1983年再次被公布为省级文物保护单位。其保护范围：以墓为中心，四向各20米内。

蒋翊武墓 位于岳麓山东侧山腰清风峡上方、麓山寺正门下约20米处，是一座具有长沙地方特色的民国初期名人墓葬。蒋翊武（1885—1913），原名保襄，字伯夔，湖南澧州（今澧县）人。民主革命活动家，辛亥革命武昌起义主要组织者和领导者，被孙中山称为中华民国“开国元勋”。民国2年（1913），蒋翊武参加“二次革命”时在广西全州被捕，就义于桂林。民国5年（1916）蒋翊武遗体自桂林迁葬岳麓山。墓葬坐西朝东，由平台、拜台、墓塔、墓碑等组成，占地约400平方米。墓冢居中，花岗石砌平台四级，东向以花岗岩石垒砌，正中为五级台阶至拜台，上建方形顶碑塔，高约4米。墓塔居于墓区正中，分为三级。第一级为基础，系花岗石砌方形台阶四级；第二级为基座，方形；第三级为矩状塔身，花岗石琢成，中嵌汉白玉墓碑，高2米，碑心朝东，阴刻楷书“蒋公翊武之墓”。蒋翊武墓于1956年被列入全省第一批名胜古迹和古文化遗址保护名单，于1983年再次被公布为省级文物保护单位。其保护范围：以墓为中心，四向各20米内。

林修梅墓 位于湖南大学红叶楼北上方，是一座具有长沙地方特色的民国形制墓葬。林修梅（1880—1921），名祖堃，字修梅，号浴凡，澧州安福县（今湖南临澧县）人。民国10年（1921）任广州军政府顾问、总统府代参军长，是年10月因牙疼误于庸医病逝。民国17年（1928）10月自广州迁至岳麓山国葬。墓葬坐西朝东，平面布局呈“Ω”形，占地面积约266平方米，由墓碑、墓冢、墓围等组成。花岗石围砌腰椎形墓围，中镶花岗岩墓碑3块，楷书碑文，主碑刻“林公浴凡之墓”，附碑左刻“奉令国葬”，右刻“民国十七年十一月穀旦”，3块碑高约2米、宽0.78米。墓冢呈半球形，茔地片石铺砌，坟冢花岗石盖顶，高0.9米，底径5米。布局保存完整。1993年，林修梅墓被列为市级文物保护单位。其保护范围：自墓口起四向各至30米处。2011年1月，林修梅墓被列为省级文物保护单位。

黄爱、庞人铨墓 位于岳麓山云麓宫东向的穿石坡，为民国时期长沙地区具有特色的石塔式名人墓葬。黄爱（1897—1922），原名正品，别号建中，湖南常德人。民国9年（1920）与庞人铨组织湖南劳工会，推为主任干事、教育部主任。庞人铨（1897—1922），字寿纯，笔名龙庵，湖南湘潭人。民国9年（1920）与黄爱组织湖南劳工会，任出版部主任兼驻会干事。民国11年（1922），黄爱、庞人铨领导湖南第一纱厂工人运动遭镇压，被捕就义。民国16年（1927）1月重新公葬于岳麓山。墓葬为黄、庞两人合墓，坐西朝东，平面布局呈圆形，占地面积约100平方米，由墓围、墓塔、护栏、墓坪等组成。墓塔全高 6.7 米，墓冢及茔地均为花岗石砌筑，呈立体方形，花岗石质，基座台阶式，平面 4.5 米见方。中筑墓座，墓座下部四角以石柱支承碑座。每根石柱长约 1 米，方体圆顶；上部墓碑嵌汉白玉碑心，刻“黄爱、庞人铨烈士之墓”。墓前三围用 6 根长方形石柱架 5 块条石围成半圆形石护栏。墓侧有碎石坪，左右两侧有五级台阶导入。1962 年，黄爱、庞人铨墓被列为市级文物保护单位。1983 年，被列为省级文物保护单位。其保护范围：以墓为中心，四向各 20 米内。

陆军第七十三军抗战阵亡将士公墓 位于岳麓山东侧赫石坡山腰，为纪念抗日战争三次长沙会战、长衡战役捐躯的国民革命军陆军第七十三军将士公墓。民国 35 年（1946）春，国民革命军陆军第七十三军军长韩浚指令专人督修于此。公墓坐西向东，花岗岩构造，占地面积约 2000 平方米，由台阶、墓塔、拜台、忠义观、墓区等组成。从山坡下到墓区约百余米台阶石级，台阶位于墓塔东向，全长约 120 米，分为 4 处，歇台 7 处，平台长条花岗岩石铺地。墓呈正方形，二级基座，墓座居中，墓碑方柱平顶，立于其上，正面向东，中刻楷书“陆军七十三军抗战阵亡将士公墓”。南北两端与风景区内游道相连，从平台两侧拾级而上至公墓拜台。拜台居中摆放案台，香案为花岗岩质地。墓围平面呈半圆形状，由片石垒砌，墓后为存放阵亡将士骨灰处。门洞 3 个，墓围正中有“忠义观”墓室，两侧直书阴刻对联“忠昭大麓，义塞苍冥”。左侧门题名“履义”，右侧门题名“蹈仁”。忠义观内阵亡将士骨灰按部队番号分别安放。墓后山上多层排列七十三军所属官兵之墓。墓塔位于墓围中央，塔式花岗岩结构，分为 3 层，2 层为塔座，“亚”字形状，东侧正面题书挽联“誓死卫国家，以昭来者；壮气塞天地，是曰浩然”。碑阴及两侧分别刊刻“凛冽万古”和挽联“名山忠骨万古长存，碧血丹心光耀天地”。塔身为梯形状，正面阴刻直书楷书 3 列。该墓 20 世纪 60 年代被毁，1999 年经修复重新对外开放。2006 年 5 月，被列为省级文物保护单位。其保护范围：东至 50 米，西、南、北三向至墓区外各 30 米。2015 年 8 月，国务院公布第二批国家级抗战纪念设施、遗址名录，陆军第七十三军抗战阵亡将士公墓被列入。

覃振墓 位于岳麓山清风峡上方。覃振（1885—1947），字理鸣，原名道让，湖南桃源人。“二次革命”时与蒋翊武回湘策动讨袁。参加护国、护法运动。民国 17 年（1928）后，任国民政府司法院副院长等职。民国 36 年（1947）4 月，覃振病逝于上海，初夏归葬于此。墓葬坐西朝东，平面布局略呈方形，占地面积 100 平方米，由墓坪、墓冢、墓碑等组成。墓坪宽敞，无墓围。墓冢呈半圆形，直径约为 3 米，以片石砌成，墓后正中竖花岗石墓碑，高约 1.5 米，阴刻楷书“覃公理鸣之墓”。覃振墓1988年被列为市级文物保护单位，1996年被列为省级文物保护单位。其保护范围：以墓为中心，半径30米内。

三、市级文物保护单位

吴道行墓 位于岳麓山云麓宫飞来石下南侧约100米处，2012年1月被发现。吴道行（1560—1644），字见可，号嵝山，人称嵝山先生，湖广善化（今湖南长沙）人。明朝岳麓书院最后一任山长。致力于朱张之学，力纠王学空疏流弊。崇祯十七年（1644），明覆。吴道行“郁郁不自得，不食而卒”，葬于岳麓山云麓宫飞来石下南侧。墓碑上书“明崇祯吴公嵝山之墓”，下左侧刻“石氏太君”。2014年3月，该墓被列为市级文物保护单位。

龙均甫墓 位于岳麓山赫石坡，是一座具有长沙地方特色的清代晚期民间传统墓葬。龙均甫（1763—1825），生卒年不详，湖南攸县人，清嘉庆末年迁居长沙，就读城南书院，后为湘中名士。该墓建于清道光六年（1826），坐西南朝东北，平面布局呈“Ω”形，占地面积150平方米，由墓围、墓碑、墓冢、墓塔、墓牌楼等组成。墓围为山石垒砌，中镶花岗岩墓碑1块，上阴刻楷书“清道光六年吉旦 皇清待赠显考龙公均甫老大人墓”等字样，墓冢略呈半球形，系自然山土堆积而成。民国22年（1933），增建墓塔和墓牌楼。墓塔位于墓碑后4米处，花岗石结构，通高3.4米，由基座和塔身组成。基座为方形，四面阴刻隶书祭奠碑文，系胡元倓撰写。塔身西南、东北两面分别阴刻篆书和隶书“龙公均甫府君之墓”。墓牌楼位于墓前1.2米处，花岗石搭建，4根望柱上分别阴刻有楷书、隶书、篆书铭文8处，如“生王之头不若死士，明德之后必有达人”。2014年3月，该墓被列为市级文物保护单位。

余昭常墓 位于麓山景区麓山寺北侧，是一座具有长沙地方特色的清末民初民间传统墓葬。余昭常（1867—1911），字华禄，湖南浏阳人。清宣统三年（1911）随焦达峰参加长沙起义，旋赴常德招抚被叛徒所害。民国元年（1912）归葬岳麓山。墓葬坐北朝南，平面布局呈“Ω”形，占地面积40平方米，由墓围、墓碑、墓冢、望板、拜台和香炉等部分组成。墓葬为花岗石结构，墓围呈腰椎形，正中央立方形石碑1块，左右两侧原有次碑2块，已亡佚。2011年，该墓得以修缮。2014年3月，该墓被列为市级文物保护单位。

易本羲墓 位于岳麓区云麓峰，是一座具有长沙地方特色的清末民初民间传统墓葬。易本羲（1887—1911），字羲谷，号竹心，湖南湘乡人。谋刺清廷重臣铁良未遂逃亡日本，后入同盟会。易本羲长期奔走革命，辛苦劳瘁，闻黄花岗起义失败激愤而死，葬于岳麓山。墓葬坐北朝南，平面布局呈“Ω”形，占地面积约40平方米，由墓围、墓碑、墓冢、望板等组成，均系花岗石构造。原有石额，谭延闿题“就义成仁”，现已不存。墓冢由花岗片石垒砌，呈半圆形。墓前横条石望板。2014 年 3 月，该墓被列为市级文物保护单位。

彭遂良、彭昭墓　位于岳麓山麓山寺西北侧，是一座具有长沙地方特色的清末民初时期墓葬。彭遂良（1879—1911），字若海，郴州宜章人；彭昭（1884—1911），遂良胞弟。清宣统三年（1911），彭氏兄弟在宜章发动反清起义同时殉难。1913 年迁葬岳麓山。墓葬坐东南朝西北，平面布局呈“Ω”形，占地面积约 30 平方米，由墓围、墓碑、墓冢、望板、拜台和香炉等部分组成。墓葬为花岗石结构，腰椎形墓围，中嵌汉白玉墓碑 3 块。主碑刻“赠陆军上校彭烈士遂良墓”“赠陆军中校彭烈士昭之墓”。左右次碑刻有近代民主革命家苏鹏所撰墓志铭。墓冢为长方形石棺。墓前设有长条形望板，条形花岗石砌筑的拜台，前设花岗石材质香炉 1 尊。2014 年 3 月，该墓被列为市级文物保护单位。

辛亥援鄂汉阳阵亡将士公墓　位于麓山景区管理处办公楼后方山坡上。该墓系清宣统三年（1911）援鄂湘军在汉阳保卫战中湖南阵亡将士公墓，是一处民国时期简约式烈士公墓。民国元年（1912）修建，民国 33 年（1944）重修。20 世纪六七十年代被毁坏，1991 年 10 月重修。公墓坐西朝东，占地约 200 平方米。墓围由花岗片石砌成，现存 22 冢，分 3 排并列，前有花岗石护栏。每冢前均立花岗石墓碑，刊墓主人姓名、籍贯或公葬年月等铭文。旁立墓碑，刻“辛亥援鄂汉阳阵亡将士公墓”，上镌“中华民国元年公葬。”部分将士名录如下：文光斗、贺汉云、彭德安、曾宽、刘冕生、石玉亭、王炳初、李国卿、毛贵卿、冯以义、邓皇桂、罗清云、严少全、杨义胜、左永兴　冯润臣。

该墓 2005 年 8 月 30 日被列为市级文物保护单位，长沙市政府发出《关于公布增补的市级文物保护单位的通知》公布其保护范围：以墓为中心，四向各至 50 米处。是年 12 月 1 日，长沙市规划管理局、市文物局发出通知公布其建设控制地带：四向各至保护范围外 100 米处。

辛亥援鄂民五护国阵亡将士公墓　位于岳麓山进山门楼前百余米处，是一处民国时期简约式烈士公墓。民国 5 年（1916）修建，民国 32 年（1943）重修。20 世纪六七十年代被破坏，1991 年修复。该公墓坐北朝南，平面布局呈方形，长约 12 米，宽约 8 米，占地面积约 100 平方米。由墓围、墓碑、墓冢、石栏等组成。腰椎形墓围由花岗片石砌成网纹，中嵌长条形石碑 1 块，阴刻隶书“辛亥援鄂民五护国阵亡将士墓”，高 1.3 米。上镌“一九四三年仲夏重修”，下镌“长沙市岳麓山公园管理处　一九九一年十月重修”。该公墓系清宣统三年（1911）湘军援鄂战争、民国 5 年

（1916）护国战争中，湖南阵亡将士公墓。现存16冢，分2排并列，前有石栏围护。各冢前均立石碑，上镌烈士姓名，名录如下：熊烈士亮、刘烈士玉清、黄烈士心田、谈烈士星堂、王烈士晃秋、宁烈士□□、许烈士在堂、熊烈士南生、熊烈士毓璠、谢烈士贤士、周烈士国宾、朱烈士积达、徐烈士履中、郭烈士长贵、无名烈士两人。

2005年8月30日，该公墓被列为市级文物保护单位，长沙市政府发出《关于公布增补的市级文物保护单位的通知》公布其保护范围：以墓为中心四向各至50米处。是年12月1日，长沙市规划管理局、长沙市文物局发出通知公布其建设控制地带：四向各至保护范围外100米处。

杨卓林墓 位于岳麓山五轮塔东南侧，是一座具有长沙地方特色的民国时期塔式墓葬。杨卓林（1876—1907），字公仆，湖南醴陵人。曾策应萍浏醴起义，后谋刺两江总督事泄被捕，在南京被杀。民国元年（1912）迁葬岳麓山。墓葬坐西朝东，平面布局呈扇形，占地面积约10平方米。墓碑置于墓冢顶端，呈下大上小的四方塔形，通高约2米。塔身东面阴刻行书“杨公卓林之墓”。2014年3月，该墓被列为市级文物保护单位。

谭馥墓 位于岳麓山小月亮坪东侧，是一座具有长沙地方特色的民国传统民间墓葬。谭馥（1878—1909），字文炳，又名绍基，湖南湘乡人。曾参加萍浏醴起义。清光绪三十四年（1908）拟发动广州起义，事败走郴州。翌年被捕，在广州被杀。遗骸初葬广州黄花岗。民国时期，谭延闿第一次督湘，将其迁葬于岳麓山。该墓坐西朝东，花岗石结构，占地面积约100平方米。墓葬西侧竖有内嵌青石碑盝顶麻石纪念碑1座。2014年3月，该墓被列为市级文物保护单位。

童建吾墓 位于岳麓山爱晚亭后山坡，是一座具有长沙地方特色的民国传统墓葬。童建吾（1884—1911），名杰，湖南岳阳人。武昌起义爆发后，参与长沙起义。清宣统三年（1911），童建吾遭湖南军政府误杀。民国2年（1913），孙中山、黎元洪为其昭雪，将遗体运往岳麓山国葬于此，并撰挽联。民国32年（1943）修缮。墓葬坐西朝东，平面布局呈“Ω”形，占地面积30平方米，由墓围、墓碑、墓冢组成。墓葬为花岗石结构，腰椎形墓围由长条花岗石砌成，正中嵌墓碑3块，主碑阴刻隶书“烈士童建吾墓”，左右2块次碑分别刻有“中华民国元年公葬”“三十二年仲夏重修”。墓冢为半球形，墓前横长条形望板。2014年3月，该墓被列为市级文物保护单位。

黎尚雯墓 位于湖南大学红叶楼北上方，是一座具有长沙地方特色的民国早期民间传统墓葬。黎尚雯（1868—1918），字瑞章，号桂荪，湖南浏阳人。辛亥革命后，任湖南高等工业学校校长、省参议会议员等。民国7年（1918），黎尚雯在长沙病逝，葬于此。墓葬坐西朝东，平面布局呈“Ω”形，占地面积 30 平方米，由墓围、墓碑、墓冢等组成。主碑阴刻“前任湖南高工校长黎公桂荪大人墓”，两侧附碑略低，分别刻黎公生卒年及立墓者子孙名。2014 年 3 月，该墓被列为市级文物保护单位。

刘昆涛墓　位于岳麓山云麓宫下方。刘昆涛（1887—1918），名建藩，湖南醴陵人。武昌起义爆发后，在广西全州响应，率部援鄂。“二次革命”时，参加讨袁。参加护国战争、护法战争。民国 7 年（1918）5 月在株洲落水牺牲。民国 9 年（1920）9 月由醴陵迁葬于岳麓山。墓葬坐西朝东，平面呈圆弧形，占地约 300 平方米。墓地有 3 级平台，由西侧各 30 余级踏步环绕导入，均为花岗石砌筑。墓置上层平台正中央，由墓围、墓碑塔、拜台等组成。墓座为 3 级圆台，底部周长 13.5 米，上有塔形墓碑，方柱锥尖顶，花岗石结构，通高 6.8 米，刻“刘公昆涛之墓”。墓后片石砌筑墓围，高约 3 米，中嵌碑屏，由汉白玉碑 5 块组成。主碑高 1.65 米，宽 0.6 米，刻“护法元勋”“民国九年十月”“军政府颁”文。左右碑刻广东、江西、云南等省军政大员所题赠铭文等。1988 年，该墓被列为市级文物保护单位。1993 年，该墓再次被公布为市级文物保护单位。是年 10 月 27 日，长沙市政府发出通知公布其保护范围：以墓为中心，半径 20 米内。

李仲麟墓　位于岳麓山云麓峰下穿石坡附近。李仲麟（1886—1920），字契隽，湖南醴陵人。民国 6 年（1917）参加湘南起义，任护法军前卫司令。翌年授陆军少将。民国 9 年（1920）在长沙遇害。民国 17 年（1928）5 月国葬于岳麓山。墓葬呈半圆形，茔地及坟堆均以花岗石围罗和铺砌，立碑 3 块，主碑镌刻楷书“李公仲麟之墓”，左右附碑刊碑记及立碑铭文，石栏板刻“浩气长存”。墓后有石砌 2 层小坊，中嵌程潜撰写的“追赠陆军中将李公仲麟墓志铭”石碑 1 方。碑文多数字迹不清。2014 年 3 月，该墓被列为市级文物保护单位。

龚宪墓　位于岳麓山东麓知新村陵墓区内，林修梅墓右后方。龚宪（1892—1928），别名龚吕，湖南长沙人。民国 17 年（1928）春，时为国民革命军第四十军教导师中将师长，率部北伐，4 月 15 日与孙传芳残部在山东鱼台旧城基激战，阵亡。追授上将。后据遗嘱，移归故里，葬于岳麓山。墓葬修建于民国 17 年，1982 年重修。墓葬坐西朝东，平面布局呈“Ω”形，占地面积约 240 平方米，由墓围、墓碑、墓冢、墓基等组成。墓围为花岗石砌，墓呈长方形棺椁式，茔地皆以花岗石铺砌，墓基正六边形，前立石砌长方形平顶墓碑，横嵌汉白玉碑，刻楷书“北伐阵亡陆军上将龚宪之墓”。2014 年 3 月，该墓被列为市级文物保护单位。

程宣烈士墓　位于岳麓山云麓宫下方，是一座民国时期砼石结构建造的塔式墓。程宣（1897—1925），字博权，湖南醴陵人。民国 14 年（1925）在平定杨希闵、刘震寰的战役中阵亡于广东花县大和墟。民国17年（1928）迁葬岳麓山。墓葬坐西朝东，占地面积80平方米，由墓围、墓塔、香炉等组成。墓围由青石铺砌，墓塔呈四方形，6层，砼石结构，正面阴刻隶书“程宣之墓”。湖南和平解放初期曾作修整，程宣叔父程潜题写“浩气长存，留传千古”碑文及《哭亡侄宣诗》。2005年8月30日，该墓被列为市级文物保护单位，长沙市政府发出《关于公布增补的市级文物保护单位的通知》公布其保护范围：以墓为中心，四向各至50米处。是年12月1日，长沙市规划管理局、长沙市文物局发出通知公布其建设控制地带：四向各至保护范围外50米处。

张辉瓒墓 位于岳麓山麓山寺北侧，是一座具有长沙地方特色的民国塔式墓葬。张辉瓒（1885—1931），字石侯，湖南长沙人。青年时代留学日本士官学校，旅德研究军事学。中将军衔。民国19年（1930）冬，蒋介石调集10万兵力，对中央苏区进行第一次“围剿”，张被任为前线总指挥。12月29日，率部9000余人进入龙冈，被红军擒获。翌年1月在东固万人大会公审后被处决。民国21年（1932）迁葬岳麓山。墓葬坐西朝东，平面布局呈“Ω”形，占地面积1000余平方米，由墓道石坊、忠义亭、墓庐、墓塔、墓围、地坪等部分组成。墓围为腰椎形，花岗岩水泥合缝砌筑。墓冢为塔式，通高8米，塔身刻“张公石侯之墓”。该墓曾遭损毁，2008年获修缮。2014年3月，该墓被列为市级文物保护单位。

丁文江墓 位于岳麓山南麓湖南教育公墓区，是一处简约式花岗石构造的墓葬。丁文江（1887—1936），字在君，江苏泰兴人。曾任农商部地质调查所所长、北京大学地质学教授、中央研究院总干事。民国24年（1935）12月来湖南考察煤矿，翌年1月5日病逝于长沙，葬于岳麓山。墓葬坐北朝南，平面布局为正圆形，占地面积约200平方米，由墓冢、石碑、拜台、石坊、围栏组成。墓坪由条幅形花岗石铺列成若干个同心圆，外围直径8米，正中为半圆形石冢，底部直径约4米。墓前立花岗石碑和拜台，碑刻“丁文江先生之墓”。墓下有石阶，前有四柱三门大石坊，高4米，中呈拱门形，侧两门为平梁门，4根方形石柱上顶石圆球。2005年全面修复后，增建花岗石围栏。2005年8月30日，该墓被列为市级文物保护单位，长沙市政府发出《关于公布增补的市级文物保护单位的通知》公布其保护范围：以墓为中心，四向各至50米处。是年12月1日，长沙市规划管理局、长沙市文物局发出通知公布其建设控制地带：四向各至保护范围100米处。

齐学启墓 位于岳麓山北麓，是一座具有长沙地方特色的民国时期墓葬。齐学启（1900—1945），湖南宁乡人。民国31年（1942），时任国民革命军新编第三十八师副师长，率部赴缅甸作战，驰援仁安羌驻缅英军获大捷。后重伤被俘，被叛徒所害，民国 34 年（1945）5 月 13 日身故。抗战胜利后，追授陆军中将，迁葬岳麓山。墓葬建于民国 34 年（1945），1989 年重修。墓葬坐北朝南，平面布局呈“Ω”形，占地面积 200 平方米，由墓围、墓碑、墓冢、墓道、纪念碑等组成。墓道、墓坪、墓冢布局呈倒“L”形，除墓坪用青石块铺砌外，其构件均为花岗石。腰椎形墓围，中镶方形花岗石墓碑 3 块，上嵌凸形“虬龙升天”浮雕，主碑阴刻“陆军中将齐学启”，左右附碑分别刻重修日期及亲属姓名。墓冢呈半球形，直径约 3 米，前为长条形望板和拜台。墓道与墓坪正前方立大型纪念碑，碑顶为歇山屋顶造型，刻抗日将领孙立人 1989 年所撰《重修齐学启将军墓园记》。2014 年 3 月，该墓被列为市级文物保护单位。

谢祖尧墓　位于岳麓山南麓湖南教育公墓区，是一座长沙地方特色的民国时期传统形制墓葬。谢祖尧（1889—1946），字真，湖南新化人。民国 8 年（1919）任明德中学代校长、湖南第一师范校长。民国 35 年（1946）10 月病逝于湘雅医院，11 月葬于岳麓山。墓葬坐北朝南，面积约为 30 平方米，墓围麻石结构，圆形墓冢，墓冢及周边保护范围均为土质结构。2007 年翻修，是年 7 月 10 日，被列为市级文物保护单位，长沙市政府发出《关于公布第五批市级文物保护单位及其保护范围的通知》公布其保护范围：以墓为中心，四向各至 50 米处。

胡子靖墓　位于岳麓山南麓湖南教育公墓区，是一处简约式花岗石构造的墓葬。胡子靖（1872—1940），名元倓，号耐庵，湖南湘潭人。清光绪二十八年（1902）留学日本，翌年归国，在长沙创立明德学堂。民国 6 年（1917）与杨昌济、朱剑凡等筹办湖南大学，民国 16 年（1927）任湖南大学首任校长。民国 29 年（1940）病逝于重庆，民国 37 年（1948）归葬岳麓山湖南教育公墓。墓葬坐北朝南，平面布局呈长方形，占地面积约 53 平方米。由墓围、墓碑、墓冢等组成，长方形石质墓围，南向开口，中竖墓碑 3 块，高 2 米，宽 1.8 米，主碑镶汉白玉，阴刻隶书“湘潭胡子靖先生之墓”。墓冢呈长方形，双层，顶部对称斜坡形，长 4.5 米，宽 3.2 米，皆为花岗石铺砌。2000 年 8 月，该墓被列为市级文物保护单位。是年 8 月 28 日，长沙市人民政府发出《关于补充公布市级文物保护单位及其保护范围和建设控制地带的通知》公布其保护范围：以墓为中心，四向各至 30 米处。

高继青烈士墓　位于湖南大学红叶楼北上方，是一座具有长沙地方特色的民国传统形制墓葬。高继青（1927—1949），湖南宁乡人。解放战争时期的湖南学生运动领袖，参与组织长沙“反饥饿、反迫害、反内战”斗争。1949 年 6 月 19 日遭国民政府长沙警备司令部杀害。是月，长沙市学生联合会组织市中等以上学校修建该墓，立有花岗石碑。中华人民共和国成立后，1950 年，李达题词“高继青烈士永垂不朽”。1952 年，中央人民政府追认高继青为革命烈士。1963 年，长沙市西区曾进行整修。

2000年，长沙市政府拨款重修。墓葬占地约300平方米，建于高约3米的台地上，由墓坪、墓志铭座碑、墓冢和墓围组成，均为花岗石砌。墓冢为半圆形，内墓围为腰椎形，外墓围为栏杆式。墓志铭座碑上录《高继青烈士简历》。墓坪约40平方米，内置有石桌、石凳。墓冢后墓碑为当年安葬时原物，上刻“高继青烈士墓”。2005年8月30日，该墓被列为市级文物保护单位，长沙市政府发出《关于公布增补的市级文物保护单位的通知》公布其保护范围：以墓为中心，四向各至50米处。

刘人爵墓 位于岳麓山湖南省会警察纪念堂北侧，是一座具有长沙地方特色的民国传统墓葬。刘人爵（1913—1949），湖南长沙人。1949年随程潜起义，任长沙市军管会委员兼市警察局长，9月4日在寓所遭国民党保密局特务暗杀，翌日亡故，葬于岳麓山。1983年，长沙市人民政府追认刘人爵为革命烈士。墓葬坐西朝东，平面布局呈圆形，占地面积20平方米。墓葬为花岗岩结构，由墓围、墓碑、墓冢、望板、香炉、拜台、前坪7部分组成。2014年3月，该墓被列为市级文物保护单位。

萧伟烈士墓 位于岳麓山清风峡上方，是一座具有长沙地方特色的传统民间墓葬。萧伟（1920—1948），湖南长沙人。民国26年（1937）到延安，加入八路军。民国33年（1944）随王震南下支队入平江、浏阳、湘潭、萍乡一带。民国37年（1948）夏，发动醴陵矿警队武装起义，被捕入狱后遇害。1950年，中国人民解放军湖南军区将其遗骸葬于岳麓山。墓葬坐西朝东，平面布局呈“Ω”形，占地面积约40平方米，花岗岩结构，由墓围、墓冢、墓碑、石栏等组成。墓围正中立墓碑1块，高1.62米，宽0.47米，镌刻有“萧伟烈士之墓”“公元一九五零年四月五日立”。墓前石栏刊刻萧伟叔父肖劲光（“萧”姓俗作“肖”）题赠挽词“精神不死”，上款为“伟侄殉难纪念”。墓前左右分别竖立中共湖南地下工委刊赠的“忠贞可风”石碑、1988年中共长沙市郊区委刊赠的“铁骨忠魂”石碑。2014年3月，该墓被列为市级文物保护单位。

任凯南墓 位于湖南大学红叶楼北上方，是一座具有长沙地方特色的现代墓葬。任凯南（1884—1949），字拱辰，湖南湘阴县塾塘乡（今属汨罗市）人。民国11年（1922）任湖南省商业专门学校校长兼省立图书馆馆长。后来先后担任湖南大学校长、武汉大学经济系主任、大麓中学董事长。任凯南是经济学家。民国38年（1949）7月病逝于长沙。该墓建于1954年，坐西朝东，平面布局呈“Ω”形，占地面积约30平方米，由墓围、墓碑、墓冢、石栏等组成。腰椎形墓围由不规则山石砌成，正中嵌花岗石墓碑，阴刻“前湖南大学校长任公凯南墓”。墓冢呈圆顶形，山土堆砌，直径3米，前立花岗质石栏。2014年3月，该墓被列为市级文物保护单位。

方叔章墓　位于天马山景区梅溪湖街道联络村大洞组山头，是一座具有长沙地方特色的传统墓葬。方叔章（1882—1953），原名表，湖南长沙人。民主人士。就读岳麓书院。民国38年（1949）1月，时任湖南省政府顾问的方叔章在岳麓山桃子湖自家公馆举行时局座谈会，促成程潜、陈明仁起义。1953年病逝。墓葬坐北朝南，平面布局呈圆形，占地面积约50平方米，由墓围、墓碑、墓冢等组成。墓围呈腰椎形，由不规则花岗石垒砌，水泥合缝，形成网状纹饰。长方形墓碑阴刻隶书"方叔章先生之墓"。2014年3月，该墓被列为市级文物保护单位。

易鼎新墓　位于湖南大学红叶楼北上方，是一座具有长沙地方特色的现代墓葬。易鼎新（1887—1953），湖南醴陵人，民主人士，电气学家和电工专家，教育家。民国37年（1948）11月，公推为湖南大学应变委员会主任。1949年8月1日，率先通电呼吁和平。中华人民共和国成立后，任湖南大学代理校长。1953年病逝，安葬于此。墓葬坐西朝东，平面布局呈正方形，占地面积约80平方米，由墓围、墓冢、墓碑等组成，均为花岗石质。墓围为方形石条构成的围栏，墓冢呈三级台基状，最上层阴刻隶书"湖南大学代理校长易鼎新先生之墓"。墓前立左右对称两件腰鼓形石凳。2014年3月，该墓被列为市级文物保护单位。

杨树达墓　位于湖南大学红叶楼北上方，是一座具有长沙地方特色的现代墓葬。杨树达（1885—1956），字遇夫，湖南长沙人，语言学家。民国26年（1937）任湖南大学中文系主任、文学院院长。1952年因院系调整转任湖南师范学院教授，后兼省文史研究馆馆长。1955年6月毛泽东到长沙考察时特邀会见。1956年病逝，葬于岳麓山。墓葬坐西朝东，平面布局呈"Ω"形，占地面积80平方米，由墓围、墓碑、墓冢、台阶等组成。墓围呈腰椎形，由不规则花岗石垒砌，用水泥合缝，形成网纹纹饰。墓围正中镶长条形花岗石墓碑3块，主碑阴刻楷书"杨树达教授之墓"，左右附碑分别刻"湖南师范学院立""公元一九五六年五月"。2014年3月，该墓被列为市级文物保护单位。

缪恩钊墓　位于湖南大学红叶楼北上方，是一座具有长沙地方特色的现代墓葬。缪恩钊（1892—1959），江苏常州人，土木工程学专家。民国18年（1929）与李四光共同主持国立武汉大学校舍建造工程。1953年调到新成立的中南土木建筑学院（后并入湖南大学）。1959年病逝，安葬于此。墓葬坐西朝东，平面布局呈圆形，占地面积约10平方米，由墓围、墓碑、墓冢组成。墓碑阴刻楷书"缪恩钊教授之墓"及其生卒年代、立碑人姓名等。2014年3月，该墓被列为市级文物保护单位。

陈明仁、谢芳如合葬墓　位于岳麓山电视塔东面400米处，是一座具有长沙地方特色的现代墓葬。陈明仁（1903—1974），湖南醴陵人。1949年与程潜在长沙起义。1955年被授予中国人民解放军上将军衔。1974年病逝。该墓建于1951年，墓主为陈明仁夫人谢芳如。2009年，陈明仁骨灰从北京八宝山革命公墓移葬于此，与夫人合葬。墓葬坐西朝东，平面布局呈“Ω”形，占地面积约200平方米，由墓围、墓碑、墓冢、石碑、墓志铭等组成。腰椎形墓围由花岗片石砌成网纹，中镶汉白玉墓碑3块，主碑阴刻陈明仁亲题“吾妻谢芳如墓”，填金漆。墓冢由花岗石铺砌，呈半圆形，底部直径4米。冢前另立石碑，主体花岗石质，东向坡面嵌汉白玉，镌“陈明仁将军之墓”7个金字。墓南侧竖白色大理石墓志铭，介绍陈明仁生平事迹。2014年3月，该墓被列为市级文物保护单位。

四、一般不可移动文物

阎松年墓 位于岳麓山五轮塔东北侧，是一座具有长沙地方特色的民国时期塔式墓葬。阎松年（1883—1911），清宣统三年（1911）10月随焦达峰、陈作新等参加长沙起义，任湖南军政府都督府护卫队副队长，在文昌阁附近遇害。墓葬建于民国元年（1912），坐西朝东，平面布局呈扇形，占地面积约10平方米。墓碑置于墓冢顶端，呈下大上小的四方塔形，东面阴刻行书“阎公松年之墓”。墓冢墓碑通高约2米。2010年6月，该墓被列为一般不可移动文物。

刘志高烈士墓 位于岳麓山麓山寺西北侧，是一座具有长沙地方特色的民间传统墓葬。刘志高，籍贯不明，曾参加辛亥革命，民国6年（1917）在护法运动中牺牲。墓葬坐西朝东，平面布局呈圆形，占地面积约10平方米，由墓围、墓碑、墓冢3部分组成。墓葬为花岗石结构，腰椎形墓围由褚红色花岗石片垒砌，正中立石碑1块，阴刻“烈士刘志高墓”。墓冢为三合土构筑，呈半圆形，底部直径约2米。墓前置横条形石望板。2010年6月，该墓被列为一般不可移动文物。

万贵先墓 位于湖南大学红叶楼北上方，是一处具有长沙地方特色的民国墓葬。万贵先生平待考，墓碑记录时间为民国19年（1930）。墓葬坐西朝东，墓前立有望柱，上刻对联1副，上联已模糊不清，仅可见首两字“奇功”，下联为“毅魄长存绕麓云”。墓冢荒草掩盖，直径达5米。墓碑由3块厚约0.3米、高约1.2米、宽0.5米的花岗石组成。两侧耳碑阴刻“奉令公葬”及“中华民国十九年十月”。2010年6月，该墓被列为一般不可移动文物。

陶母周老孺人墓 位于后湖景区杜家塘，是一座传统特色的民国墓葬，建于民国27年（1938）6月。墓主周老孺人为民国时期将领陶峙岳之母，逝世后安葬于此。墓葬为中国传统形式，圆冢，花岗石墓围，中立墓碑，镌“陶母周老孺人墓”，上首刻“民国二十七年六月二日刊”，下刻“宁乡二都男峙岳”等立。墓前设花岗石横栏，上镌“戌山辰向”4字，左右设花岗石屏，镌福禄寿等精美图案。2010年6月，该墓被列为一般不可移动文物。

田广真墓　位于岳麓山赫石坡，是一座形制特殊的民国墓葬，建于民国晚期。田广真生平待考。墓葬坐西朝东，呈圆形布局，占地面积20平方米，由墓碑和墓冢组成，均为花岗岩结构。墓冢为半球形，花岗岩水泥合缝构筑。底径1.5米，高出地面1.8米。墓碑由碑身和基座构成，均为花岗石结构，通高1.07米。基座为双层长方形，高0.9米。石碑丹书“田广真之墓”。2010年6月，该墓被列为一般不可移动文物。

董纯墓　位于湖南大学红叶楼北上方，是一座具有长沙地方特色的现代墓葬。董纯（1903—1955），女，又名元英，湖南平江人。早年参加反帝爱国运动，民国16年（1927）“马日事变”后赴上海，在中共中央和中共江苏省委机关工作。民国22年（1933）因叛徒出卖被捕，遭受酷刑，坚贞不屈。民国26年（1937）获释，后在湖北、湖南从事地下工作。1949年随中国人民解放军南下，任中共湖南省委委员兼妇委书记等职。1955年因交通事故殉职，安葬于此。墓葬坐西朝东，平面布局呈“Ω”形，占地面积20平方米，由墓围、墓碑、墓冢组成。2010年6月，该墓被列为一般不可移动文物。

杜心五墓　位于天马山景区凤凰山。杜心五（1869—1953），又名星武、心武，字慎媿，号儒侠，湖南慈利人，武术家。曾任宋教仁、孙中山保镖，被称“中华第一保镖”“南北大侠”。1953年病逝，与夫人陈氏合葬于此。墓葬占地约40平方米，墓冢造型简约朴素，显露出中华武术自然门流派遗风。墓围、拜台均用矮石砌成，墓碑醒目。墓前两侧立青石碑2块，一镌杜心五生平，一镌“自然门武术”源流及弟子名录。2010年6月，该墓被列为一般不可移动文物。

附　岳麓山风景名胜区内尚未列入文物保护单位的墓葬选介

桃花岭晚唐墓　位于桃花岭景区中南大学本部，1987年学校基建时发现。该墓为土坑墓，方向正南，长11.5米，宽7.9米，残深4.6米，由甬道及前、中、后室4部分组成，原墓室应为大型木构建筑。坑底铺以浮雕几何图案方砖。中室方砖下并列置有2副石棺。墓曾被盗，椁室因设于铺地砖下而幸免。考古出土随葬品50余件，有金器4件、鎏金银器15件、铜镜6件及瓷器、水晶玛瑙、银质货币等，是迄至2018年湖南发现的规模最大的唐墓。该墓出土的秘色瓷碗、白瓷大洗、“许由洗耳”铜镜、银“开元通宝”等十分珍贵。墓主人待考。

张国威墓 位于岳麓山白鹤泉南侧山坡上，2008年10月22日被发现，无墓碑，只有残塔立于土堆上，左下方立一方形石华表，字迹已损毁。张国威（1892—1927），字剑欧，又名声传，湖南醴陵人。民国15年（1926）随唐生智北伐，任团长，升师长。翌年在汉口被诱杀。程潜主祭，归葬岳麓山。被南京国民政府追认为第八军上将军长。

杨特墓 位于麓山景区内。杨特（1894—1928），又名岿山，湖南长沙人，国民革命军少将（追授）。民国17年（1928）5月3日“济南惨案”发生，腿部受伤，混乱中误入日本人所开之医院，随后被害。翌年夏，遗骸被胞弟在济南找到，护送回湘，湖南省政府主持公葬于岳麓山。墓葬采用传统形式，由墓冢、墓围、墓碑等组成。墓冢呈圆形，以三合土浇筑而成。墓围以花岗石垒砌，前有护栏。墓碑为尖顶形，以水泥浇筑，由墓碑3块和护碑2块组成。墓碑为汉白玉石，中为主碑，上刻“杨公岿山之墓”；左碑镌“奉令公葬”；右碑镌“民国十八年十月”。两方护碑刻以花卉。

李恒华墓 位于岳麓山陆军第七十三军第七十七师抗日阵亡纪念碑后。李恒华（1897—1938），河北冀县人，民国24年（1935）升少将，参加淞沪会战、武汉会战，民国27年（1938）在江西进贤殉国，迁葬岳麓山。墓葬占地面积约20平方米，墓冢为圆形，山石构筑，墓围中立碑1块，书“民国二十七年冬月刊”“显考李二公讳恒华字禹邮之墓”。该墓1993年修缮时，加刻对联“麓山赫石存忠骨，抗日捐躯扬威武；两岸儿孙齐悼念，一统大业慰英灵”，横批“浩气长存”。

彭光闾墓 位于岳麓山东麓龚宪墓附近丛林中。彭光闾（1898—1928），湖南浏阳人。民国17年（1928）在与军阀张宗昌的战斗中阵亡于河北滦河古冶车站，翌年归葬岳麓山。追授国民革命军少将。该墓主体保存完好，花岗石材质，圆形墓冢，上有花岗岩宝顶，墓碑3块，书“彭公实猷之墓”，右书“气壮山河”，左书“民国十八年己巳夏五月谷旦”。墓前面横栏上书“壬山丙向”。墓围两侧有谭延闿所题“垂功”“竹帛”。该墓2013年进行修缮。

谭嘉范墓 位于岳麓山禹王碑下北侧300米处。谭嘉范（1902—1947），字少保，名成志，湖南华容人。抗日战争时期参加台儿庄战役、豫中会战，抗战胜利后升任少将旅长。民国36年（1947）12月在河南境内与人民解放军遭遇，自杀身亡。1949年4月迁葬岳麓山。墓冢外立碑1块，上书“陆军整编第二十旅故少将旅长谭公嘉范之墓”，整个墓区占地约10平方米。

刘千俊墓 位于岳麓山南麓湖南教育公墓区。刘千俊（1893—1948），字伯祥，湖南湘潭人。曾任国民政府政治部办公厅中将主任。民国36年（1947）任湖南省民政厅长，翌年病故。该墓占地约20平方米，花岗石围护，上有陈诚题字“精诚不昧”。墓碑3块，主碑上书“显考刘公千俊老府君之墓 中华民国三十七年立”，右碑上书“琴鹤留湘水”，左碑上书“松楸护麓山”。

莫国璋墓 位于岳麓山刘道一墓北侧入口。莫国璋（1904—1949），湖南益阳人。民国37年（1948）任国民革命军少将师长，翌年在华容被枪杀。墓葬为圆形，山石材质，横栏为花岗石质地，占地约10多平方米，墓碑1块，上书“中华民国三十八年五月”“陆军第九十七军第三十三师莫故师长国璋之墓”。

谢晋墓 位于岳麓山北麓山坡上。谢晋（1883—1956），字廓晋，湖南衡阳人。曾参加二次革命、讨袁和护法战争。中华人民共和国成立后，曾任湖南省政协副主席。墓冢由花岗石砌成，3层石棺形，后立碑3块，主碑上刻“谢晋先生之墓”。石碑后方的方形墓墙由山石砌成。墓坪铺有花岗石，三面建有石凳形围栏。2011年，纪念辛亥革命100周年之际，该墓被修缮。

萧敏颂墓 位于岳麓山南麓湖南教育公墓区。萧敏颂（1914—1957），湖南湘潭人。民国26年（1937）在长沙发起成立文化界抗日救国会。民国37年（1948）筹建民盟湖南组织，任省支部主任委员。1955年任湖南省教育厅厅长。该墓采用湖南地方传统墓葬形式，由墓冢、墓围、墓碑等组成。墓冢为2层式，呈圆形，以水泥浇筑而成。墓围以花岗石垒砌，绕墓一圈，前开口，设有护栏。墓碑共3块，外以花岗石为框，框内为汉白玉石碑。主碑上刻“萧敏颂先生之墓”，上款镌墓主生卒年，下款镌立碑人姓名。左碑为中共湖南省委挽词，右碑为民盟湖南省委挽词。1999年，萧敏颂夫人、湖南省政协原副主席曹国智逝世后合冢于此。

第三节 碑铭石刻

一、全国重点文物保护单位

禹王碑 位于岳麓山北峰山顶东侧，是一处摩崖石刻，又称夏碑、神禹碑、禹碑。关于禹王碑的记载，最早见于唐朝韩愈、刘禹锡诗中。南宋嘉定五年（1212），何致游南岳，得樵夫指引，在岣嵝峰看到石碑，便临摹原文，过长沙而摹刻于岳麓山峰面东石壁。明嘉靖十二年（1533），长沙知府潘镒寻得此碑文，复摹刻于岳麓山今址，遂流行于世。

禹王碑区域占地30平方米，由禹王碑刻、欧阳正焕碑刻、陈兴亚碑刻、张之才碑刻等组成。禹王碑刻以自然山体花岗岩石磨整后摹刻，高1.84米，宽1.4米。碑文直书9行，每行9字，末行空4字，共77字，每字直径约16厘米。末有寸楷书“右帝禹刻”4字。禹王碑刻字体苍古，奇离莫辨。明朝学者杨慎等人撰有释文多种，认为是歌颂禹承舜帝令、忘我治洪之功绩。明朝岳麓书院山长吴道行撰《岳麓山水总记》载：“于时色相斐亹，神采焕发，岳麓之奇，当无最此已。”禹王碑刻北侧5米处，有清乾隆二十一年（1756）岳麓书院山长欧阳正焕所书“大观”石刻，字大54厘米，落款“正焕”；左上，刻有海城陈兴亚题“虞夏遗风 中华民国甲戌九月”。禹王碑刻南侧石壁有古石刻2块，均为竖刻，一为宋朝张之才题刻的“乐舞增光”，题头“大宋嘉定神禹碑刻”，落款“宋张之才钎刻”，一为明嘉靖七年（1528）湖广提学刘汝楠题、张隶书《读神禹碑歌》石刻，共15列。明嘉靖三十年（1551），长沙知府张西铭造亭护碑，为禹碑亭。崇祯三年（1630），兵道石维岳重修亭台，围以石墙，南北设门司启闭。清康熙年间，湖南巡抚周召南、丁思孔相继重修。民国24年（1935），湖南省会警察局局长周翰重修碑亭，于碑文上方阴刻“禹王”2字横额，高42厘米，宽126厘米，落款“中华民国廿四年六月重建碑亭 周翰勒石”。石亭为片石，依碑立四柱，莲花藻井，球状宝鼎。禹王碑左侧不远处为拖船埂，距大江五里的山口为禹迹溪，均为传说与大禹有关的遗迹。

禹王碑1956年被列为全省第一批名胜古迹和古文化遗址保护名单。20世纪80

年代，岳麓山公园装饰护栏护碑。1983 年被省政府重新公布为省级文物保护单位，其保护范围：四向各至碑刻外 30 米处。2013 年 5 月，禹王碑被列为全国重点文物保护单位。

二、省级文物保护单位

麓山寺碑　位于岳麓书院教学斋后山坡南侧护碑亭内，是一处唐代著名碑刻，又称北海碑，原立于古麓山寺内，明代砌亭复盖，清咸丰年间移嵌至岳麓书院楼壁间。唐开元十八年（730），文学家、书法家李邕撰文并书该碑。李邕任陈州（今属河南周口）刺史时被人诬告，谪为钦州遵化（今属广西钦州）县尉，该碑是他赴任途中应潭州司马窦彦澄相请所书，故碑后署有“前陈州刺史李邕文并书”。唐玄宗时，李邕官至北海太守，故该碑又称北海碑。该碑历时上千年，虽有剥损残缺，但较为完整。碑坐东面西，高 2.72 米，宽 1.33 米，圆顶饰龙纹浮雕，碑额篆书“麓山寺碑”4 字，阳文碑文 28 行，每行 56 字，全文 1400 余字，叙述晋泰始四年（268）至唐开元十八年（730）立碑时麓山寺沿革及历代禅师弘扬佛法概况。现该碑左下方脱去一小块，右方断裂较宽且有 2 处脱落，毁 361 字。上半部分从 16 行起，只字不存，下半部分尚存 90 字。碑文以楷、行、草书相间。碑阴刻有宋、元时期题名若干处，其中有北宋画家米芾元丰三年（1080）所刻题名。碑亭坐西朝东，重檐八角亭，8 根圆木柱斗拱支撑，盖青色筒瓦，通高约 10 米。亭内建方形小屋，边长约 3.5 米，碑体被封存于此。1983 年，省政府重新公布其为省级文物保护单位。其保护范围：同岳麓书院保护范围（东至湖南大学礼堂，南至上山公路路基护坡，西至爱晚亭停车坪东坎，北至黉门池北塘基坳下一线）。

长沙会战碑　位于岳麓山北侧响鼓岭。民国 30 年（1941）7 月 7 日陆军上将第九战区长官司令部竖立，置于云麓宫前坪，有亭护碑。20 世纪五六十年代移至岳麓山北侧的响鼓岭。碑为青石质地，高 2.25 米，宽 2 米。以花岗石镶边，下置基座。碑额为篆体，镌“长沙会战碑”5 字。碑文记述民国 28 年（1939）9 月陆军第九战区全体将士奋勇抗日的悲壮事迹。护碑亭为花岗岩结构，六面坡单檐攒尖顶，上覆琉璃瓦。亭高 12 米，亭基高 0.6 米，设六边形立柱 6 根，周边设有护栏，南北辟有出入台阶。2011 年 1 月，长沙会战碑被列为省级文物保护单位。其保护范围：以护碑亭墙基为起点，四向各至 30 米处。

三、市级文物保护单位

印心石屋石刻　位于岳麓山白鹤泉西南，系清代名臣陶澍刊立。陶澍（1778—

1839），字子霖，号云汀，湖南安化人，早年就读岳麓书院，清道光时官至两江总督加太子少保，兼管盐政，著有《印心石屋诗文集》等。清道光十五年（1835），清宣宗召见陶澍问及家世，赐予亲书“印心石屋”4字。陶澍以此为荣，于山川胜地多处摹刻。岳麓山“印心石屋”碑刻系赵竹泉于道光十八年（1838）为之摹刻。该碑刻是1块嵌入山墙的巨幅汉白玉石匾，高0.93米，宽2.88米，中刻楷书“印心石屋”4字。匾左上镌“道光乙未秋月”，右下镌“御笔”“太子少保兵部尚书两江总督臣陶澍谨领恭摹”，正中上方镌“道光之宝”御玺篆章，周围饰镌二龙戏珠花纹。该碑刻原有石亭，又名御书亭，后亭废。2005年8月30日，印心石屋石刻被列为市级文物保护单位，长沙市政府发出《关于公布增补的市级文物保护单位的通知》公布其保护范围：基座外四向各至30米处。是年12月1日，长沙市规划管理局、长沙市文物局发出通知公布其建设控制地带：四向各至保护范围外100米处。

二南石刻 位于岳麓山爱晚亭西，是纪念宋朝张栻（号南轩）、清朝钱澧（号南园）的碑刻。清宣统三年（1911），湖南高等学堂监督程颂万修葺爱晚亭，于亭中刻题记曰：“宣统三年秋，补葺爱晚亭，刻南轩、南园二先生诗，并征罗鸿胪故事，书放鹤二字，以永嘉游。”张栻《青枫峡》、钱澧《九日岳麓诗》均刻于亭内方石，题名“二南诗刻”。二南石刻为棱长0.7米的正方体，底座长0.8米，宽0.8米，高0.2米，东侧刻“二南诗刻”，北侧刻“放鹤”字样，均为阴刻楷书。该石刻原置于爱晚亭内，1952年移至放鹤亭。2014年3月，该石刻被列为市级文物保护单位。

中山纪念林碑 孙中山逝世后，民国政府颁布植树令，以其祭日3月12日作为全国植树节，湖南省政府民国19年（1930）为纪念孙中山而立该碑。该碑位于岳麓山穿石坡湖畔西侧，坐北朝南，占地面积约40平方米。主碑正面阴刻行书“中山纪念林碑”6字，背面阴刻行书“民国十九年三月十二日”“湖南省政府建”。两侧阴刻行书“总理遗训”，右侧为“有了森林，天气中的雨量就可以调和，便可以常常下雨，旱灾便可以减少”，左侧为“要能够防水灾，便先要造森林，有了森林，便可以免去全国的水祸”。2014年3月，该碑被列为市级文物保护单位。

笑啼岩石刻 民国时期中国国民党元老李根源游岳麓山时在笑啼岩留下的纪念性石刻。民国26年（1937），李根源登临岳麓山，瞻仰唐代书法家李邕题写的麓山寺碑，拜祭好友黄兴、蔡锷、焦达峰墓后，题书“民国二十六年十二月登岳麓，访李北海碑，祭黄、蔡、焦诸友墓。滇南李根源书石”。并雇请工匠摹刻于笑啼岩右侧褚红色花岗石崖壁，以示纪念。该石刻朝东向，幅面80厘米×40厘米，距地高度120厘米，无边框。石刻共31字，4行，每字10厘米×10厘米，阴刻正楷。2014年3月，该石刻被列为市级文物保护单位。

《沁园春·长沙》诗词碑

《沁园春·长沙》诗词碑　位于橘子洲头。碑高 4.8 米，长 8 米，厚 0.8 米，重 60 多吨，四周麻石镶边，中嵌高 1.5 米、长 6.7 米、厚 0.8 米的大理石。北面刻毛泽东手书“橘子洲头”，南面刻毛泽东手书《沁园春·长沙》。碑顶东西两端嵌大理石雄鹰，下设花坛。民国 14 年（1925）秋，毛泽东写下《沁园春·长沙》。该诗词碑所镌《沁园春·长沙》系毛泽东 1961 年 10 月 16 日手书。长沙市城市建设局规划科设计诗词碑时，通过中共中央办公厅取回毛泽东 1961 年手书水印木刻复制稿，经图片社放大而成。《沁园春·长沙》用笔遒劲有力，字体奔放洒脱，线条自然流畅，龙蛇飞舞，一气呵成。整个诗词碑采用广东英德所产天然黄蜡石制作而成，与毛泽东书法相得益彰，浑然天成。诗词碑工程 1966 年 12 月动工，1967 年 8 月建成。1979 年，经长沙市园林管理局批准，诗词碑周围辟建广场，正北主干道与两厢小游路相联，东西两侧配植竹林，使诗词碑更为壮观。1993 年，该碑被列为市级文物保护单位。是年 10 月 27 日，长沙市政府发出《关于公布我市市级文物保护单位及其保护范围和建设控制地带的通知》公布其保护范围：桔洲公园内。2004—2008 年橘子洲景区提质改造时，诗词碑被就地保护，作为橘子洲景区历史文化精髓的代表留存下来。

四、一般不可移动文物

白鹤泉碑 位于岳麓山白鹤泉，高 2.2 米，宽 0.84 米。清光绪三年（1877），湖南粮道夏献云立，翰林院编修杨翰书。碑额“白鹤泉碑”4 字为隶书，诗句和题跋为直行楷书，14 行，368 字，上刻张栻《和石通判酌白鹤泉》《清风峡》《兰涧》《石濑》、朱熹诗《兰涧》《石濑》及夏献云跋文。2010 年 6 月，该碑被列为一般不可移动文物。

麓山树镫记碑 位于岳麓山云麓宫左侧坪中，民国 15 年（1926）立。该碑高 1.9 米，宽 0.9 米，碑文 592 字，碑额楷书“光垂亿载”4 字。麓山树镫记碑左侧有麓峰巩峙碑并列。麓峰巩峙碑高 1.78 米，宽 0.74 米，碑正面竖刻“麓峰巩峙”4 字，下款“丙寅再书”；碑阴横额“光联翼轸”4 字，刻文：“古麓山树镫记碑，以时会迁延，再简石质，至今始镌立竣工。纪事著远，取乎周祥。丙寅，奉父命重跋副之，即此志也。丁卯秋九月。”2010 年 6 月，被列为一般不可移动文物。

长沙会战阵亡将士名单石刻 镌于岳麓山云麓宫东侧围栏，纪念长沙会战中阵亡的抗日官兵。围栏为花岗石材质，由 19 块长 2 米、宽 0.5 米的石板组成，石栏上竖书阴刻第一次长沙会战“抗战阵亡将士名录”，共计 5000 余名。2010 年 6 月，该石刻被列为一般不可移动文物。

陆军第七十三军第七十七师抗日阵亡纪念碑 位于岳麓山赫石坡。民国 35 年（1946），韩浚指令专人督修公墓的同时，在公墓东北侧修建七十七师抗日阵亡纪念碑，以示对七十七师阵亡官兵的纪念。该碑坐北朝南，占地面积 4.2 平方米。碑为花岗岩材质，通高 5.2 米，共分 4 层。一层为高出地面 0.2 米的正方形基座，北侧设有中间高两边低的碑围，正面刻青天白日图案；二层高 0.9 米，平面呈四方形，下部砌成坡状与基座相连，上部石棱突出呈半圆形；三层为边长 0.7 米的立方体，南北侧中部内凿 0.1 米，形成边长 0.4 米的平面，雕刻有花纹，东、西两侧均以行书繁体竖刻数行文字；四层为高 3.1 米的方锥体，四面均以行书竖刻繁体文字，上施朱漆。南侧镌“陆军第七十三军第七十七师抗日阵亡纪念碑”，留有题刻人姓名落款，东侧镌“英雄百战无余敌”，西侧镌“中华民国复兴碑”，北侧镌“浩气长存”。20 世纪六七十年代，该碑题刻人姓名落款被锉。2010 年 6 月，该碑被列为一般不可移动文物。

飞来石 位于云麓峰古银杏树下方，系一纵横各丈余的巨石，飞伸崖外，其势险峻。巨石顶端镌有隶书“飞来石”3 字，字阔约 35 厘米。石面刻有当代书法家、湖南省政府参事室参事刘世善所书宋朝赵抃诗。2010 年 6 月，此处被列为一般不可移动文物。

第四节 | 长沙著名历史文化遗址

长沙市还有不少地方曾发生重要历史事件，但遗迹今不复存在。2004—2006年，长沙市政府将这些遗址公布为“长沙著名历史文化遗址”。岳麓山风景名胜区内古道林寺故址，水陆寺、拱极楼遗址，三闾大夫祠故址，林则徐、左宗棠湘江夜话处，朱张渡故址，英国领事馆故址，湖南大学老图书馆故址等7处被列入。

古道林寺故址 位于岳麓山东麓。古道林寺始建于西晋至南北朝时期。唐朝马燧在此建藏修精舍，取名道林精舍。唐大历四年（769），杜甫游览该寺留下“玉泉之南麓山殊，道林林壑争盘纡”的诗句。唐乾符年间（874—879），寺中建四绝堂，保存沈传师、裴休、宋之问、杜甫四人诗札。宋绍兴二十三年（1153），增藏欧阳询书法、韩愈诗词，改称六绝堂。明正德二年（1507），湖广左参议吴世忠拆毁道林寺以扩建岳麓书院。清顺治十年（1653）、乾隆十五年（1750），道林寺相继重建和修缮，后因年久失修而废弃。2006年，长沙市政府立“古道林寺故址”碑。

水陆寺、拱极楼遗址 位于橘子洲尾。水陆寺，六朝济应禅师始建，清雍正八年（1730）改为江神庙，乾隆、嘉庆、道光时屡有修葺。庙前建有戏楼，毁于清末。水陆寺后有拱极楼，始建于元朝，明朝曾修缮，高约20米，登楼可平瞻岳麓、俯瞰湘流，为避暑胜地。清咸丰年间，拱极楼毁于战火。2004—2008年，橘子洲提质改造时，在遗址仿清代建筑风格重建水陆寺、拱极楼。

三闾大夫祠故址 三闾大夫祠，又名屈原祠，位于湖南大学知新村，建于清嘉庆元年（1796）。原祠面积约3000平方米，共五院，呈一字排开，中院为主体建筑，有廊通左右。祠内原有“清醒万古”石碑，为清嘉庆二年（1797）长沙知府张翙撰书。祠门悬清嘉庆年间刑部侍郎秦瀛撰联：“何处招魂，香草还生三户地；当年呵壁，湘流应识九歌心。”2006年，长沙市政府立“三闾大夫祠故址”碑。

林则徐、左宗棠湘江夜话处 位于岳麓山牌楼口附近，为林则徐与左宗棠会见之处。清道光二十九年（1849），林则徐卸任云贵总督告病还乡途经长沙，与湖南举人左宗棠会见。时两人“系舟岳麓山下”，纵论天下，彻夜倾谈，凡国家吏治、

林则徐、左宗棠湘江夜话处

民生疾苦、西北边防，无所不及，对20多年后左宗棠率军收复新疆、治理西北产生重要影响。2005年9月，此处设大型雕塑，以黄铜铸成，高3.2米。雕塑表现的是林则徐与左宗棠见面时将重任托付给左的片刻，林则徐坐在凳子上充满期待，左宗棠站在一旁聆听教诲。

朱张渡故址 位于橘子洲梅园。南宋乾道三年（1167），朱熹从福建崇安专程来潭州造访张栻。朱熹在长沙逗留2个月，著名的"朱张会讲"由此展开。朱张对理学中的一系列问题，如"中和""太极"等分别在岳麓书院和城南书院轮流进行讨论。岳麓与城南仅一江之隔，朱张二人经常同舟往返于湘江之中。张栻过世后，朱熹任湖南安抚史，移节长沙，仍取道该渡往来于岳麓书院与官衙公署，白天办公，晚间讲学。后人为表纪念，将当时两位鸿儒涉江而过的渡口称为"朱张渡"。清嘉庆十七年（1812），湖南学政汤甫捐建朱张渡亭于橘子洲，岳麓书院山长袁名曜作记。2004—2008年，橘子洲提质改造时，朱张渡故址上立有"朱张渡"及简介的标牌。

英国领事馆故址 英国驻长沙领事馆始设于清光绪三十一年（1905），位于长沙北门外，清宣统二年（1910）在长沙"抢米风潮"中被焚毁。翌年，迁建于水陆洲中部。建筑坐北朝南，为中西合璧式四合院落，四周为青砖泥墙，占地面积约400平方米。主体建筑为一栋2层楼房，砖木结构，拱式门窗，外有围墙。民国30年（1941）撤销，馆舍改为他用。1999年拆除。

湖南大学老图书馆故址 位于湖南大学化学化工学院大楼后，系湖南大学建筑系教授蔡泽奉设计，占地4亩（约2667平方米），建筑面积1000余平方米，民国22年（1933）落成。民国27年（1938）4月10日，日军飞机轰炸长沙，湖南大学校区设施受损严重，图书馆大楼被毁，仅存数根花岗岩大门柱。

第四章 宗教

三国时期，僧人竺法崇在岳麓山创建慧光明寺，为佛教传入湖南之始，此为岳麓山风景名胜区区域内宗教活动之最早记录。六朝时期，岳麓山灵麓峰下有洞真观，为“邓郁之修内外丹处”，此为道教在岳麓山的早期活动。此后一千余年，名胜区区域内建造有众多寺庙、宫观，佛道两教活动频繁，形成了浓厚的宗教文化。清末民国时期，意大利传教士在水陆洲修建住宅，建有天主教堂。抗日战争时期，意大利传教士撤离。至2018年，岳麓山风景名胜区范围内仅有佛教、道教活动。

第一节 佛教

一、寺院

麓山寺 岳麓山风景名胜区区域最早、最重要的寺院。佛教传入岳麓山风景名胜区区域，始于竺法崇创慧光明寺。慧光明寺建于吴宝鼎三年（晋泰始四年，268），奉律宗，为麓山寺前身。

南朝时期，慧光明寺备受官宦护持，规模扩大。宋后废帝元徽元年至四年（473—476），湘州刺史王僧虔在寺内“留书藏石”；梁武帝天监三年（504），湘州刺史夏侯详“别构正殿”于清风峡下；梁敬帝绍泰二年（556），湘州刺史王琳“建涅槃像于寺中”。这一时期，陈朝司空吴明澈等人还先后沿清风峡一带修建了一些与寺院有关的附属建筑。

隋文帝开皇九年（589），智𫖮住持慧光明寺，奉天台宗。隋仁寿年间（601—604），隋文帝得佛舍利，诏令各州建塔安置，仁寿二年（602），慧光明寺附近建一座舍利塔。唐朝，慧光明寺改名麓山寺，又称岳麓寺。唐至五代，麓山寺处于全盛时期，寺院规模宏大。是时，麓山寺头山门在湘江河畔牌楼口，二山门即今麓山门；李邕撰书的麓山寺碑立于山前寺碑亭；大雄宝殿在今岳麓书院处，前有放生池，两侧有钟楼鼓楼；自大雄宝殿沿清风峡而上，建有廊庑，又经舍利塔、观音阁、藏经楼、讲经堂、法华泉，直至山顶法华台，气势磅礴，殿堂华丽。会昌五年（845）唐武宗诏令毁佛，麓山寺殿宇被拆，佛经被毁。大中元年（847）朝廷赦毁佛令，至唐末，禅宗僧人景岑在麓山寺旧址重建寺庙，改名鹿苑。

宋朝，麓山寺成为禅宗名寺，但寺院范围未能突破唐末五代规模，清风峡下各殿未能复建。元朝，麓山寺毁于兵火，长时期未获修复。明万历（1573—1620）年间，麓山寺妙光和尚在吉王府资助下，重建大雄宝殿、观音阁、万法堂、藏经楼等建筑，并经朝廷赐名万寿寺。崇祯十六年（1643），麓山寺毁于兵火。

清康熙十年（1671），智檀禅师获湖南提督张勇支持，对麓山寺展开全面修复，历经5年，重建前殿、大殿、法堂等，又一年建成藏经阁。康熙十五年（1676）底至翌年四月，吴三桂军围攻并夺取长沙，刚刚修复的麓山寺又遭严重破坏。康熙二十年（1681），智檀禅师嗣法弟子文惺禅师主持再修麓山寺，湖南粮道赵廷标帮助重修后殿，布政使薛柱斗出资重修前殿、塑弥勒佛，程仕吾出资塑韦驮像，赵廷标重建山门1座，麓山寺规模恢复、焕然一新。麓山寺历来拥有相当数量田地产，以田租收入为主要经济来源，田地多由官员、富商捐赠，“经忏”“香火”收入也是寺庙重要经济来源。据清光绪三年（1877）《善化县志》卷三十“祠庙”记载，康熙七年（1668），户部清吏司孙某为麓山寺捐置屯田45亩（约3万平方米）、民田63亩（约4.2万平方米）；康熙二十三年（1684），湖南布政使薛柱斗、按察使常名扬、粮道赵廷标为麓山寺捐屯田、民田共166亩（约11万平方米）；康熙二十七年（1688），偏沅巡抚丁思孔捐民田63亩（约4.2万平方米）；康熙五十三年（1714），湖广提学邹治隆捐民田33亩（约2.2万平方米）。清咸丰二年（1852），麓山寺又遭兵火毁坏。同治、光绪年间，受历任湖南巡抚刘崐、王文韶支持，麓山寺得以修复，先后加修山门、大雄宝殿、藏经阁等。山门作牌楼式，精雕细镂，盘龙雕凤，上书“麓山寺”，两旁对联“汉魏最初名胜，湖湘第一道场”为王闿运所撰，笔势苍劲，有魏晋遗风。

民国时期，麓山寺改称古麓山寺，亦称万寿寺。民国15年（1926），著名学者罗庶丹等发起捐修该寺。抗日战争时期，古麓山寺遭日军飞机轰炸，破坏惨重，其前、中二进全被毁灭，后进遭破坏亦甚巨。古麓山寺的弥勒殿、大雄宝殿、禅堂、斋堂、大寮等大部分建筑物，均毁于战火，仅留山门、观音阁、虎岑堂等附属房屋，占地面积约800平方米，包括天井在内，共约900平方米，另有前坪1162平方米、荒废基地6366平方米，四周筑有围墙。佛事活动日渐式微。民国时期，古麓山寺经济收入仍以田租收入为主。寺庙田产佃与农户耕种，农户每年向寺庙缴纳租谷。据“长沙八大丛林”田租收入统计，民国29年（1940），古麓山寺年收租谷570石。

中华人民共和国成立以后，麓山寺、古麓山寺名称同用，岳麓山风景名胜区区域内佛事活动均在麓山寺进行。中华人民共和国成立之初，麓山寺一度为湖南大学和长沙市城市建设局所用。1953年9月，长沙市政府批准麓山寺交由佛教团体管理使用。寺内组织教徒利用周围土地从事蔬菜生产，计6.42亩（约4280平方米）。1958年，寺院房产被交给房管部门管理，所有能参加劳动的僧尼全部参加劳动，其中青壮年教徒进入城北区红旗人民公社成为社员。1966年前，有7名僧人住寺。

20世纪六七十年代，麓山寺遭到不同程度的破坏，佛教活动停止，改由岳麓公园管理。1980年3月，长沙市佛教协会恢复佛事活动。1981年，麓山寺获维修，并新塑观音、善财、龙女三像。1983年，麓山寺被国务院定为汉族地区佛教重点寺院。1985年1月，长沙市佛教协会接管麓山寺，僧人进驻寺内开展佛事活动，麓山寺办有麓山寺服务部，从事商业和服务性劳动，供应佛学书籍、副食品、茶水等。1986年，长沙市佛教协会博明主持修复麓山寺，投资104万元，加上国家补助经费25万元，重建仿重檐歇山顶式的大雄宝殿、弥勒殿、禅堂、讲堂，历时4年基本完成。修复后的麓山寺为“伽蓝七堂制”，恢复清朝时期“三进古代宫殿式”寺院格局。前进为弥勒殿，两旁为钟亭、鼓亭，殿内正面祀弥勒佛，背面为韦驮塑像，左右两壁嵌佛像18尊。二进为大雄宝殿，三开间单檐歇山，由42根石圆柱支撑，盖黄色琉璃瓦，颇具唐风。殿中塑全身佛像3尊，左、右、后壁塑千乘佛。大殿两旁有禅堂、说法堂等，一如旧制。由中殿再进，拾级而上，达后殿藏经阁，为3进，系三开间单檐前出厦硬山大殿。藏经阁又称观音阁，阁前高台下有井2口，曰“龙井”“玉泉”，井内以花岗石雕琢龙头，水自龙口中流出，形成井池，泉水清冽。1988年，湖南省佛教协会入驻麓山寺。1994年，圣辉任麓山寺方丈，寺内僧众济济，佛像齐备，藏书丰富，佛教丛林制度得到恢复。1997—2002年，圣辉进一步修缮、增建麓山寺，相继增建钟鼓楼、尊客楼、方丈楼、讲经堂、藏经阁、斋堂、大寮、后山门等，以及湖南佛学院教学楼、图书馆，又新塑药师、释迦牟尼、多宝3尊佛像于大雄宝殿，两边墙上嵌1000尊小佛像，因而大殿又名“千佛殿”。千年古寺容光焕发。

道林寺 两晋南北朝时期，岳麓山东麓建有道林寺，奉律宗，创建具体时间及创建者不详。有说此地是陶侃故居，原因是直至宋朝寺中尚有陶公井、陶公柏。

唐朝时期，道林寺与麓山寺齐名，盛极一时。唐初书法家欧阳询题书“道林之寺”。诗人骆宾王、刘长卿、杜甫、韩愈、刘禹锡、沈传师等都曾到过道林寺作诗吟咏。杜甫《岳麓山道林二寺行》云“玉泉之南麓山殊，道林林壑争盘纡。寺门高开洞庭野，殿脚插入赤沙湖”，可知寺院高大宏阔。韦蟾《岳麓道林寺》云“广殿崔嵬万壑间，长廓诘曲千岩下。静听林飞念佛鸟，细看壁画驮经马”，展示殿宇高耸、长廓纡曲的情景。唐肃宗时期（711—761），将领马燧在此建造藏修精舍，取名“道林精舍”。唐僖宗乾符年间（874—879），袁浩在寺内建四绝堂，以保存唐初以来沈传师、裴休、宋之问、杜甫四人为该寺留下的笔札和诗章。唐末五代诗僧齐己曾住此寺，至宋时，寺内还保存有齐己堂。齐己《夏日草堂作》一诗即作于此，诗中“园林坐清影，梅杏嚼红香”亦是寺院场景写照。会昌五年（845）毁佛，道林寺被毁。大中八年（854），沙门疏言从太原求取佛经5048卷，回到潭州，使道林寺重归复兴。今湖南博物院收藏的一件唐朝长沙窑扑满（即古代存钱罐），其腹部有文6行58字，正是此次道林寺重建的文字见证。文曰：“潭州准造道林寺，募主施二千五百人，各舍钱一千文，写大藏经五千卷、经藏一函、舍利塔一函，藏满即略施同福。大中三年七月日僧疏言白。福德藏。”五代时期，楚王马殷重建道林寺，“结构崇隆，廊院云连，僧众至三百余”。五代末，寺内四绝堂被毁。宋朝，道林寺仍保持相当规模，“房舍密集，有如蜂房蚁穴；塑像之多，冠于湘西”。原一直奉行律宗的道林寺，在住持圆佑雪岩禅师住持期间改为禅林，圆佑雪岩之后，比丘圆悟克勤任住持，该寺一度改奉临济宗。是时重修四绝堂，潭州知州周必大认为应加上欧阳询书、韩愈诗，改四绝堂为六绝堂。元朝，道林寺毁于兵火，长时期未获修复。明正德二年（1507），道林寺被拆毁。至明末，该寺一蹶不振。

清顺治十五年（1658），比丘果如在岳麓峰之北重建道林寺，并逐渐修复殿阁，恢复旧观。乾隆十五年（1750），住持福梁重修道林寺，颇如旧制，以后又历有加修。至光绪年间（1875—1908），道林寺仍完整无恙。清末遭破坏，再无复建。

其他寺院 六朝济应禅师在橘子洲尾兴建水陆寺。唐朝，道俊禅师在岳麓山之东北处建南台寺，号为“水西南台”。是时，岳麓山还建有景德寺、法华院、西林寺、香雨庵。景福年间（892—893），岳麓支山玉屏山下溁湾市驿道旁建有兴化寺。

宋朝，岳麓山各处寺院有所扩大，法华院、南台寺、景德寺、兴化寺晨钟暮鼓、香火缭绕。景德寺较唐时壮丽，洪觉范曾阅藏于此。据宋《景德传灯录》记载，该寺“门连城市，车马骈阗，渔唱潇湘，猿啼岳麓……丝竹歌谣，时时入耳”。溁湾市驿道旁的兴化寺，宋至和年间（1054—1056），住持绍铣欲铸钟，经潭州知州刘元瑜上奏朝廷，得豫章朱氏舍钱200万，铸成大钟，嘉祐二年（1057）举行典礼，“升之重屋”“声震十方”。元末明初，景德寺、南台寺等多遭废弃，兴化寺被吉王府占为庄地。明末，水陆寺毁于兵火。

清初，景德寺被比丘果如重建。今湖南师范大学新至善村小区石阶路上，还保存多方当年景德寺刊立的墓碑，墓主有“僧茂庵老和尚”“僧茂能老和尚”“僧海慧老和尚”，立碑时间有“光绪十年”“光绪十一年”，可知该寺至光绪年间（1875—1908）尚有僧人。清初，兴化寺重新归于佛家，时有雪照禅师披荆斩棘，重加修葺，废寺“遂成精庐”“即成胜境”。该寺清后期终被废弃，民国时期被一邱姓占为族祠。清顺治十一年（1654），水陆寺由住持募捐重修。雍正八年（1730），水陆寺改为江神庙。南台寺至清嘉庆年间（1796—1820），庙宇倾颓，祖遗田产被僧人觉海典卖殆尽。后善士罗城轩捐银300两予僧善参，将田赎回，并刊碑为照。咸丰二年（1852），该寺因兵火化为灰烬，后由善参之徒湘云力为修复。至光绪年间，该寺又遭孽运，僧人杜波将全寺田园、山场、庙宇、殿阁卖给一陶姓作为私人住宅，佛像、古庙化为乌有。

二、名僧

自三国晚期竺法崇创建慧光明寺起，岳麓山风景名胜区区域内名僧辈出，享誉佛门，声及俗世。

竺法崇是中国最早深入研究《法华经》的高僧，著有《法华义疏》4卷，对中国佛教发展产生重要影响。魏晋南北朝时期，麓山寺高僧继竺法崇之后有法导、法愍两人。法导是晋武帝太康时人，时慧光明寺遭破坏“丘墟尽平”。太康二年（281），法导“大起前功，重启灵应”，于是“法物增备，檀供益崇”。法愍，著《显验论》，注《大道地经》。

隋文帝时，智顗在麓山寺讲《妙法莲华经》，宣扬“三谛圆融”。智顗（538—597），颍川（治今河南许昌）人，隋开皇十一年（591）为晋王杨广授菩萨戒，被尊为智者，著《法华玄义》《法华文句》《摩诃止观》等。唐朝，岳麓山风景名胜区区域内出现更多名僧，先后有昙捷、智谦、摩诃衍、法华禅师、首楞严、惠境、惠齐、惠檀、兴哲、景岑、齐己等。

宋朝，麓山寺从五代末的荒废中复兴，产生了鹿苑山晖禅师、潭州岳麓和尚、从悦禅师、清素禅师、慕喆禅师、悟新禅师、宝琳禅师、潭州鹿苑和尚、鹿苑文袭禅师、鹿苑圭禅师、智海禅师及惠洪、智才等名僧。宝琳禅师习佛家经典，多有心得，颇得丞相王安石器重，驻锡道林寺时“声闻益盛”，慕名来学者甚众。智海禅师是宋朝麓山寺废而复兴的重要人物，主持重建麓山寺，使之“复成大兰若”。惠洪是著名诗僧，中年来潭州，藏修岳麓山景德、麓山诸寺，多有吟咏。绍铣禅师为兴化寺铸巨钟，影响甚远。

宋朝，道林寺由律院转变成著名禅林。宋朝道林寺第一任住持元祐禅师，俗姓王，信州上饶（今江西上饶）人，临济宗黄龙派创始人慧南的嗣法弟子。慧南殁，元祐来游湘中。潭州知州谢师直仰其风采，延请居之。时道林寺塑像甚多，元祐欲将之改为禅宗道场，须在寺中建一无佛像的法堂，匠役惧祸不敢毁像，元祐动手将佛像毁弃抛入湘江。元祐之后，临济宗嗣法弟子圆悟克勤、虎丘绍隆、雪岩祖钦对道林寺复兴作用甚大，史称“著功道林”“有廓清光复之功”。圆悟克勤（1063—1135）

为临济宗著名比丘，曾任道林寺住持。宋徽宗曾赐其紫服、封“佛果禅师”称号，并曾召见，褒宠甚渥。因此道风远播，朝野知名。所著《碧崖录》，被奉为“禅门第一圣典”，在中日禅宗史上具有重要地位。虎丘绍隆（1077—1136），宋政和年间（1111—1118）来岳麓山道林寺，参访圆悟克勤禅师，获悟尤深，从此追随克勤20年。今日本京都相国寺尚保存圆悟克勤亲笔书写的绍隆禅师传法鉴定书，时为建炎二年（1128）二月十二日，书兼行草共348字。雪岩祖钦（1216—1287），号雪岩，闽之漳州（今属福建）人，宋宝祐元年（1253）住潭州龙兴禅寺，后住岳麓山道林寺。为人“胸襟洒落，梵行真纯”。曾任道林寺住持，史称“与圆悟克勤后先著功道林”“徽猷不朽”。

明清时期，麓山寺亦是高僧辈出。明朝有妙光、德清；清朝有智檀、文惺、佛月、弥嵩、天放、晓迷、笠云、敬安、明果等，皆为曹洞宗僧人。妙光，生平不详，曾受吉王府援助重修麓山寺。德清，俗姓蔡，安徽全椒人，明万历四十一年（1613）至衡阳，滞居三年设坛开讲，曾到麓山寺讲经，后成为明末佛教四大师之一，称憨山大师。智檀是清朝时期重建麓山寺的第一人。康熙二十年（1681），智檀嗣法门人文惺又修麓山寺。文惺，俗姓周，号阿诺，原籍湘潭，著有《妙法连华经笺》30卷及《南岳游仙记》《岳麓杂咏》《晓云诗集》等。佛月，康乾年间僧人，曾任麓山寺住持，工诗，与岳麓书院山长王九溪诸湘中名流友善，唱和甚多。弥嵩，又名续灯，俗姓郑，湖北孝感人，是智檀的弟子，亦是诗僧。天放，工诗，著《十笏斋诗集》，编《麓山寺志》3卷。晓迷，俗姓寻，字无碍，原籍浏阳，清嘉庆初年飞锡长沙谷山宝宁寺，后入岳麓山屈子祠，任住持，工诗，著《无碍诗草》。笠云（1837—1908），俗姓陈，字芳圃，原籍江宁（今江苏南京），披剃于长沙黎仙庵，同治十一年（1872）冬任麓山寺住持，主持修复太平天国战争时期被损山门和弥勒殿，光绪三十一年（1905）东渡日本考察，受到日本佛教界欢迎。有《东游记》《听香禅室诗集》。敬安（1851—1912），俗姓黄，名读山，湖南湘潭人，自号“八指头陀”。明果（1852—1918），湖南湘阴人，曾任金山江天寺首座，光绪后期回湘住持麓山寺。

民国年间，古麓山寺名僧有筏喻、明教等。筏喻，生卒年不详，曾随笠云东渡日本。明教（1852—1932），俗姓萧，号道香，湘乡永丰（今属双峰县）人，民国初期出任古麓山寺住持。

中华人民共和国成立后，在麓山寺任方丈的名僧有博明、圣辉。博明（1922—2016），字稽理，湖南湘阴人。出家于南岳祝圣寺，后就读于湖南佛教讲习所。民国年间曾住古麓山寺。1985年麓山寺恢复佛事活动时，博明主持寺务，时任湖南省佛教协会副会长、代会长，长沙市佛教协会会长。圣辉，俗名盛清辉，湖南湘潭人。1952 年 11 月 23 日生，1981 年 4 月安徽九华山出家，法名圣辉，法号慧果。1994 年任麓山寺方丈和湖南省佛教协会会长。2002 年 9 月当选为中国佛教协会主持日常工作的驻会副会长。2018 年，担任第十三届全国人大代表、中国佛教协会副会长、中国佛学院副院长、湖南省佛教协会会长、闽南佛学院院长、湖南佛学院院长等职。

三、主要活动

宋朝潭州知州余靖《潭州兴化禅寺新铸钟记》载，宋嘉祐二年（1057）四月，兴化禅寺住持绍铣为铸成大钟举行典礼，邀请阖城僧俗“食而击之”，“声闻数十百里，真招提之壮观也”。寺院时有应俗界之请举办法事，民国 16 年（1927）2 月 12 日，为纪念北伐战争阵亡将士，唐生智率军界和社会各界人士在五轮塔举行公祭，僧众唱赞，法师读经，行礼如仪。

1966 年起，麓山寺受严重破坏，基本没有佛教活动。1978 年后，麓山寺陆续得到修复，香火日盛，佛事活动频繁。1994 年，圣辉任麓山寺方丈，麓山寺举行圣辉法师荣膺方丈及入院升座庆典。这是中华人民共和国成立 45 年以来麓山寺首次举行方丈升座。1998 年，经国家宗教事务局、中国佛教协会、湖南省宗教事务局等部门批准，圣辉创办湖南佛学院，男众班设麓山寺。2006 年 10 月 3 日，麓山寺举行圣辉法师晋升麓山寺法主暨法通法师荣膺麓山寺方丈升座法会。2008 年 6 月，圣辉法师回麓山寺续任方丈。2014 年 5 月，湖南佛教首届讲经弘法月在麓山寺举行。

麓山寺恢复佛事活动后，多次与台湾佛教界开展交流活动。1993 年 11 月，台湾佛教界晓云法师参加麓山寺举办的“清凉艺展”，该展览展出晓云法师创作的禅画和山水画 80 余幅。2006 年 3 月 18 日，国际佛光会世界总会会长、台湾佛光山开山宗长星云大师一行参访麓山寺。

麓山寺僧众爱国爱教，慈悲为怀，关爱社会，当有自然灾害发生，如 1998 年长江特大洪水灾害、2008 年中国南方雪灾与四川汶川大地震，都踊跃捐献钱物。2010 年，麓山寺获首届全国创建和谐寺观教堂先进集体。

岳麓山风景名胜区区域内，各寺院主要佛事活动有忏法、水陆法会、盂兰盆会、焰口。佛教徒以斋戒、经忏为主，谨遵戒律，早、晚诵经礼佛；重大节日涅槃节（农历二月十五）、佛诞节（农历四月初八）和敬奉观音菩萨 3 个节日（农历二月十九、六月十九、九月十九）举行法会；殿宇落成或佛像开光举行仪式。

第二节　道教

道教在岳麓山风景名胜区区域内的活动，源远流长。晋代陶侃隐居山间时，其孙陶淡上云麓峰结茅庐隐居修炼 3 年。南朝时期，岳麓山灵麓峰下即有洞真观，为道士邓郁之修炼之所。

唐宋时期，岳麓山风景名胜区区域内道教处于鼎盛时期。唐末五代著名道师、道教学者杜光庭著《洞天福地记》，将岳麓山巅洞真墟定为天下七十二福地之第二十三福地，系“西岳真人韩终所治之处”。北宋大中祥符年间（1008—1016），岳麓山禹王碑北幽谷中，有道士张抱黄传内外八卦系辞，修之成道，此处即为抱黄洞。至迟在南宋时期，岳麓山“洞真墟福地”遗址建成为有一定规模的岳麓宫，此即今日云麓宫之前身。是时，诗人翁卷、廖行之、陈起等参拜岳麓宫留下不朽诗句。翁卷《岳麓宫道房》云：“借问经行处，群仙第几家。晴檐鸣雪滴，虚砌影梅花。香爇何年柏，芽煎未社茶。道人三四辈，相对诵南华。”南宋时期，岳麓山上还建有岳神庙，潭州知州、荆湖南路安抚使真德秀（嘉定十五年至十七年任此职，即 1222—1224）在此祈晴谢雨，祭祀麓山之神。元代，道教中的南北天师道与上清、灵宝、净明诸派逐渐合流，岳麓山风景名胜区区域内的道教归于正一派。

明朝时期，道教在长沙继续发展，全真派逐渐成为长沙道教的主流，正一派部分教徒归于全真派。明朝前期，岳麓山有宫观兴建，溁湾市（今溁湾镇）建有关帝庙。明成化年间，吉简王就藩长沙，岳麓宫成为他祭祀先祖之处。嘉靖年间（1522—1566），道人李可经在此修炼，植树辟路。隆庆年间（1567—1572），道人金守分获得状元张元忭帮助，共同重修旧宫、增建新殿，万历二年（1574）竣工，称云麓宫。此后，云麓宫历有修葺，宫阁巍然，香火日益鼎盛，成为长沙道教的重地。李可经、金守分均属全真龙门道人。清雍正年间（1723—1735），湖南巡抚奉旨在水陆洲兴建江神庙，即在水陆寺遗址创建。渔湾市建有关圣庙，土城头有李真人庙，溁湾中市有戴公庙，水陆洲还有财神殿、将军庙、土地庙等。岳麓山曾有岳神庙，后遭废弃，清道光元年（1821），岳麓书院山长欧阳厚均以书院旧六君子堂改为岳神庙，塑岳麓山神于其中。同治年间（1862—1874），武当太和宫龙门派道士向教辉来长，主持募修云麓宫，发展“永、圆、明、至”四代教徒 40 余人。清末，长沙全真道士尽属武当山龙门玄裔。

民国后期，岳麓山风景名胜区区域内的道教逐渐衰落，宫观多被毁弃，云麓宫道众日渐减少，其他各宫观道士，多则十余人，少则二三人。各宫观田土房产少，经济较贫困，其经济来源主要是香火收入、经醮符箓收入、田土房地租金、自耕自种、官绅富豪施舍。直至 20 世纪 80 年代以后，岳麓山风景名胜区区域内道教活动才得到恢复和发展。

一、宫观

云麓宫前身可追溯至南朝萧梁时期。《南岳九仙传》记载，南朝萧梁天监（502—519）初，梁武帝赐金帛予南岳道士邓郁之，许他在岳麓山建上、中、下三观作为修炼之所。“中观”即岳麓山云麓峰顶之洞真观，又称“洞中观”。

唐宋时期，岳麓山云麓峰被道家称为洞真墟，岳麓山抱黄洞曾是历代仙士道人修炼之所，建有万寿宫、崇真观。南宋庆元年间（1195—1200），岳麓山洞真墟福地遗址已建有岳麓宫，宫中有碧虚阁。是时，长沙河东寿星观“无田以备瓜果之奉”，岳麓宫“分余业给之”，可见岳麓宫之富足。

明永乐年间（1403—1424），岳麓宫进行修缮。后岳麓宫逐渐荒废，至嘉靖年初，“仅茅舍一区”。隆庆年间（1567—1572），道人金守分与状元张元忭共同修缮旧宫、增建新殿，万历二年（1574）竣工，称云麓宫。云麓宫由此成为道教圣地。此次重修，或许得到了长沙吉王府的帮助，据明朝在籍尚书周堪赓《鼎建玄帝宫六元帅殿碑记》载，此次修复，“内辅李公安缔旧宫而新之”，万历二年（1574）竣工。明崇祯十五年（1642），由长沙吉王府右辅忠吾张公发起，善士王某捐资，对云麓宫又进行一次大的维修。但旋毁于兵火。

清朝，云麓宫有多次修复。康熙初年，长沙分巡道张睿修葺云麓宫。康熙年间，云麓宫前立有天灯，“长十二丈”，以高悬远照。乾隆年间（1736—1795），构殿 5 间，其后为三清殿，冶铁为瓦，立石为柱。道光十三年（1833），湖南巡抚吴荣光、布政使惠丰重修前殿，并在拜岳石上建望湘亭，供游人凭栏远眺。咸丰二年（1852），云麓宫又毁于兵火。至咸丰十一年（1861），云麓宫仍处于“墙宇塌废，椽柱仅存”状况。同治元年（1862），云麓宫得到修复，于门前筑小亭，亭外增五岳、天妃二殿。翌年，武当山太和宫道士向教辉来云麓宫主教事，集道友捐资募化，按昔日规模重葺道宫，并在殿前后左右建五岳殿、天妃殿，又增建宫门，嵌“云麓道宫”于门额。临湘进士吴獬特为宫门题写“对云绝顶犹为麓，求道安心即是宫”一联，内隐“云麓道宫”4字，传为佳作。三清殿檐柱悬一联：“道生一，一生二，二生三，三生万物；人法地，地法天，天法道，道法自然。”云麓宫拥有一定数量的田地产，以田租收入为主要经济来源，其田地多由官员、富户捐赠。清同治《岳麓书院续志》载云麓宫所获田地银两：道光年间，布政使惠丰捐置粮田3石3斗，大小24丘；同治三年（1864），善士唐若水捐银30两、永定佃规银60两、岁租32石，归住持收管；云麓宫另有文昌祭祀田租、银两，清嘉庆年间（1796—1820），即有祀田20亩（约1.33万平方米）、佃规银40两、岁租20石，归值年收管。

民国初期，云麓宫基本维持旧貌。天灯因年久失修，到民国时期已腐烂倒折。云麓宫道人瞿若云、周桂青欲重树天灯，并与当过济良所长的熊辅文商量。不久，两位道人去世，熊辅文继承遗志，以一人之力，历尽千辛万苦，费银洋1200余元，从贵州购回12丈巨木，高立于岳麓山顶。2年后，熊氏之子在云麓宫竖立麓山树镫记碑、麓峰巩峙碑2方，记载购置巨木、悬挂天灯及求道安心的体会。抗日战争期间，经历文夕大火的长沙，无大房可用，第九战区将未受影响的云麓宫征为第九战区司令部，数日后被日军侦测到，遭日军飞机轰炸，云麓宫受损严重，灵官殿、玉皇殿、三清殿、天妃殿、五岳殿及生活用房被毁。抗日战争胜利后，道士邬开云、吴明海等人曾多方筹款，稍作维修，但三清殿未能修复。是时，望湘亭增置纯阳真人吕洞宾浮雕石像，并刻真人所著《百字铭》，亭壁挂有清朝黄道让撰“西南云气来衡岳，日夜江声下洞庭”木刻楹联。

中华人民共和国成立之初，云麓宫处于维持状态。1957年岳麓山公园成立以后，由于历史原因，道教活动中断。云麓宫由公园管理处管理，并由文物部门维修。1962年，云麓宫被列为第一批市级文物保护单位。今云麓宫建筑是一处清朝式样道观建筑群，系20世纪70年代中期重建。1976年，濒临倒塌的关帝殿被改建为望江阁，2层。道教活动恢复。1987年，云麓宫交由长沙道教协会管理，列为市级重点开放道宫。1991年6月，云麓宫大殿由岳麓山公园管理处正式移交给长沙市道教协会。1995年，省政府批准云麓宫为省级重点开放道教场所。2000年，云麓宫被重新列为市级文物保护单位。

关帝庙　位于渫湾镇，始建于明朝建文年间（1399—1402）。是时，长沙县人、侍郎黄氏自江西回湘，念三国关羽的忠义勇武，发起修建关帝庙，计划建后殿、前楹及左右廊庑。就在规制粗讫，铙鼓、鱼螺、钟磬之属亦已备齐，工尚未竣之时，燕王朱棣发动“靖难之役”，黄氏匆忙赴京，关帝庙停工。正德十一年（1516）秋，黄氏裔孙、陕西巡抚黄宝回乡省墓，过关帝庙，见其“梁桷陊剥”，钟鼓不作，唯关帝像岿然存焉，于是发起重修，终完成祖上遗愿。清朝，该庙小有破损，亦经众姓捐修。

洞庭宫 位于橘子洲头，原名水神庙，祭祀水神，当建于明代，其情不详。清康熙年间（1662—1722），洲上林、谢、姚、甘、连、许、王、余、卢九姓人士见水神庙衰颓不堪，发起兴修，工竣，立碑以志。咸丰二年（1852），毁于兵火。咸丰九年（1859），洲上居民发起重修，更名洞庭宫。中华人民共和国成立之初，洞庭宫仍然存在。1957年9月8日，毛泽东回长沙，到湘江游泳，游到橘子洲头指着洞庭宫问：“你们知道这是什么庙？”他还兴致勃勃介绍洞庭宫来历。1966年，橘子洲头建设望江亭和游廊，洞庭宫废墟拆除。

江神庙 六朝应济禅师在橘子洲尾兴建水陆寺，几经兴废。清雍正七年（1729），清世宗发出展祀山川之神之诏，并谕：“（湖广）为川泽之总会，凡属地土、民人及舟楫行旅，皆仗江神默佑……允宜修建庙宇，按时致祭。”翌年，湖南布政使赵城捐资置香火田五石七斗，巡抚赵弘恩将水陆寺改为江神庙。是时，诗人柳汇生作诗《恭和赵中丞择地建江神庙元韵》云：“霓旌晓发簇云霞，共沐仁风雨露赊。拟报安澜隆岳渎，更缘保赤问桑麻。随车属吏窥冰鉴，遵渚飞鸿戏锦沙。自是圣朝无阙事，画船箫鼓醉江花。”江神庙后来多次修复。乾隆十七年（1752），官府“捐施赈粥项内余银八百两，委国学徐兴让监修”。乾隆四十二年（1777），江神庙“又倾圮”“栋折柱摧，瓦泐甃破”；四十五年（1780），湖南“藩司陈用敷捐给月俸，职员杨国昌捐百金，长、善二县士民共捐银三百有奇”，巡抚刘墉“辇材遴匠”，开始重修江神庙，此次修缮历时3年，作殿三重，前有门，并建楼于后，高2层，庙貌一新。嘉庆年间，湖南布政使周人骥祭祀江神后，登楼远眺，作七律《秋日祭江神庙礼毕，登楼眺远，因成长句》：“五里平沙认橘洲，质明礼罢共登楼。三间剩有刑牲祀，八月刚逢落雁秋。潦尽分流江势远，烟深隔岸雨声收。相传此是神仙窟，巨浪排空天地浮。”在嘉庆、道光、光绪年间，江神庙共有4次修葺。

民国时期，由于抗日战争中的文夕大火和长沙会战，江神庙遭严重破坏。中华人民共和国成立之初，江神庙被用作过学校、工厂，到20世纪90年代末，仅余几堵残墙。21世纪初，长沙市政府全面整治和开发建设橘子洲，拆除残墙，重建。施工时在江神庙旧址发掘许多古代青砖、石础、古碑等，其中 3 方青石残碑，字迹依稀可辨，为清乾隆和嘉庆年间重修江神庙所立。2010 年建成开放。

二、名道

岳麓山风景名胜区区域内，道教历史悠久，名道辈出。

邓郁之（？—519），梁武帝时在“洞真墟福地”即岳麓山抱黄洞下洞中观修炼，天监八年（509），端坐逝于洞中观前自然石坛上。唐朝，葛洪天台派传人肖灵护是较为著名者。肖灵护，江西庐陵（今江西吉安）人，字天佑。贞观二年（628）游岳麓山，在石廪洞阳宫得道人传授火鼎黄白之术，遂精丹道。后居南岳招仙观炼丹，化黄白外鬻之，所得金用于修葺观宇。5 年后创建寻真阁，继续在岳麓山修炼。弘道元年（683）得道仙去。宋朝，岳麓山崇真观刘跛仙堪称道法高超者。刘跛仙，传说为宋太宗太平兴国时期（976—984）人，得道于岳阳君山，后居住岳麓山崇真观，自号潇湘子。崇真观就在抱黄洞，风景优美，宛若仙境，潇湘子甚是喜爱，曾吟诗赞道：“我爱潇湘地，红尘隔岸除。南山七十二，惟喜洞真墟。”传说百余年后，宋元祐年间（1086—1094），白鹤立于杉松树不停鸣叫，3 日后跛仙随白鹤而去。

元朝时期，岳麓宫成为知名道教宫观，不乏名道，比如张嗣房。延祐三年（1316），张嗣房创建江西龙虎山元禧观，后随师入觐，元仁宗授以体道通玄渊静法师，派往潭州主持岳麓宫，泰定三年（1326）化去。明朝，道人金守分与状元张元忭共同修缮旧宫、增建新殿，称云麓宫。清朝，向教辉主持大修云麓宫。

从清末直至 20 世纪 80 年代，岳麓山风景名胜区区域内道教活动衰落甚至中断，80 年代以后，道教得到恢复和发展，知名的道长有罗浩明、周永慎、马永辅等。罗浩明（1920—1992），女，湖南长沙县人。民国 21 年（1932）到长沙县水塘乡（今安沙镇）河图观出家，师承罗圆成，得名罗明原，成为道教全真龙门派第二十代弟子。抗日战争时期，罗浩明被推为河图观住持，带领道友开展抗日救国活动。1985 年任长沙道教协会（1992 年 5 月更名长沙市道教协会）会长，是时协会驻地为长沙县河图观。同年任湖南省道教协会副会长。1988 年，长沙道教协会设于云麓宫，罗浩明主持云麓宫道事活动。周永慎，俗名周勇慎，湖南长沙县人。1985 年入道，1986 年入中国道教学院深造。1991 年回长沙，住云麓宫。后任湖南省道教协会副会长、长沙市道教协会会长。周永慎长期钻研道教理论，著有《历代真仙高道传》，合著《湖南省志·宗教志》《宗教知识宝典》《新解道教格言》等。马永辅，俗名马涌奇，湖南长沙县人。1983 年在长沙县河图观入道，同年往南岳。1986 年，考入中国道教学院，毕业后回长沙主持云麓宫事务。1999 年任长沙市道教协会会长，兼云麓宫住持。2018 年，担任中国道教协会常务理事、湖南省政协常委、湖南省道教协会常务副会长、湖南省海外联谊会理事、长沙市云麓宫住持等职。著有《道德经通俗注解》《阴符经通俗注解》《道教常识通俗问答》等。

三、主要活动

岳麓山风景名胜区区域内的云麓宫及其他道教宫观，在漫长的历史时期，其道教修炼的具体方法有服饵、导引、胎息、内丹、外丹、符箓、房中术、辟谷等。宗教仪式有斋醮、祈祷、诵经、礼拜。日常道教活动主要是早、晚在宫观聚徒诵经、礼忏，节日活动主要是设祭、说道、诵经、建醮或举行庙会。每年正月初九玉皇圣诞、二月十五太上老君圣诞、十二月二十四玉皇接驾为道教重要节期，云麓宫都要举行隆重的庆祝道场，还要加诵“铁罐施食”“上祖师表”等经文。每逢作道场等庄严法会，都要乐诵经文，即把念诵的经文与音乐结合，融为一体。

中华人民共和国成立初期，云麓宫道教活动基本维持，至 20 世纪 60 年代中后期完全停止，70 年代后期逐渐恢复。1987 年，云麓宫由岳麓公园归还给长沙道教协会管理。长沙道教协会设于云麓宫后，宫内道徒日众，法事逐渐频繁。1988 年 9 月，法籍华人、法国成道协会主席成之凡女士到云麓宫参拜，与湖南省道教协会草签《关于成立湖南玄图基金协议书》，为保护道教文物古迹、弘扬道家学术思想筹集资金。1995 年，云麓宫举办省会长沙自中华人民共和国成立以来的第一次平安法会——纪念抗日战争胜利 50 周年，祈祷世界和平，省会道教群众及各界人士 150 多人参加。1997 年 6 月，为迎接香港回归，云麓宫举办迎庆香港回归、祝愿祖国繁荣富强法会。1999 年，为迎庆澳门回归，云麓宫组织省会道教界人士举行迎庆法会，祝愿祖国强大，祈盼台湾早日回归。

云麓宫道众爱国爱教，关爱社会，1998 年长江特大洪水灾害、2008 年中国南方冰灾与四川汶川大地震，发动募捐，支援灾区。

表 4-1 岳麓山风景名胜区区域内已圮寺庙宫观表

名称	始建时间	位置	毁圮年代
道林寺	两晋或南北朝	岳麓山东麓	清朝末期
水陆寺	南北朝	橘子洲尾	后为江神庙
兴化寺	唐朝景福年间中	溁湾镇	清朝后期
法华院	唐朝	岳麓山	不详
景德寺	唐朝	岳麓山	清朝后期
南台寺	唐朝	岳麓山东北	清光绪年间
西林寺	唐朝	岳麓书院右	不详
香雨庵	唐朝	西林寺右	不详
向上寺	不详	不详	不详
半云庵	不详	岳麓山半山亭处	不详
真身禅寺	不详	凤凰山前	不详
关帝庙	明朝建文年间	溁湾镇	不详
洞庭宫	明朝	橘子洲	20 世纪 60 年代
关圣庙	清朝	渔湾市	不详
李真人庙	清朝	土城头	不详
戴公庙	清朝	溁湾中市	不详
财神殿	清朝	橘子洲	不详
将军庙	清朝	橘子洲	不详
龙王庙	不详	溁湾镇	不详
药王庙	不详	不详	不详

第五章 艺文

南北朝时期，岳麓山风景名胜区区域已成为读书治学的极佳之处，唐宋伊始，这里又成为湖湘地区一大旅游胜地。千百年来，众多文化名人如杜甫、韩愈、张栻、朱熹、文天祥、王阳明、王夫之、陶澍、魏源、曾国藩、毛泽东等都曾来到这里，在读书治学、观赏秀丽景色之余，写下了众多华章美赋、诗词对联。为记录一方山水千年文脉，明清以来，这里还出现了诸如《岳麓志》《岳麓书院志》等专门著述。这些专著、文赋诗联是岳麓山风景名胜区千年历史文明的集中体现，是一份极为珍贵的历史文化遗产。本章选录的文赋、诗词、联语为各历史时期有代表性的作品，生人作品不收录；著作述要是对明朝以来部分重要专门记述本区域风景名胜和历史人物、历史故事著述的简要介绍。

第一节 著作述要

岳麓书院诗集 明朝杨溥编集，弘治十八年（1505）刊印。杨溥时为长沙卫指挥使，集岳麓书院古今文章刊作该书，开书院辑刊史志纪录。该书今已失传。

岳麓书院志 明朝陈论刊作。正德九年（1514），湖广提学佥事陈凤梧为该书作序。此为岳麓书院第一部专志，今已失传。

岳麓书院图志 明朝陈论刊作。嘉靖八年（1529），陈论以正德《岳麓书院志》“事疏而无图”，乃“再辱郡委，稍详于初，因更其名曰图志”，是为《岳麓书院图志》10卷。嘉靖二十年（1541），该书重刻，后附第11卷，附刻禹碑释文及诸家辩论之作。

重修岳麓书院图志 明朝陈论编集，吴道行（山东滨州人）续正，万历二十二年（1594）刊印。该图志题作陈论编集，吴道行续正，实成于善化县教谕彭宗旺、攸县教谕徐昌期。该图志10卷，含道统、书院、崇道祠、六君子堂图志、禹碑考、石本图志、建造、沿革、书院兴废年表志、山川、古迹、疆界以及先贤、山长、儒吏、器数、教条、食田、艺文、诗、杂、志等内容，另有湘西、道林、城南等书院附。

岳麓书院志 明朝吴道行（湖南长沙人）修，崇祯六年（1633）刊印。是志依旧志，“更举原文，删其过繁，订其论谬，挈大纲，折款类，凡山水泉石亭台馆舍之属，简细不遗，而又为之修明文学，标举词咏，旁收二氏”，且“绘之以图，创之以论”，图文并茂。该志今已不存，但被康熙年间刊印的《新修岳麓书院志》吸收。

新修岳麓书院志 清朝赵宁纂修，又称《长沙府岳麓志》《岳麓志》，康熙二十七年（1688）刊印。该志8卷，首1卷，上承明修旧志，下记清初50余年之兴复。徐国相序称“其亦可以上佐兰台石室之藏，下补舆图传记之缺”。今初刻本已失传，有初刻黄纸、白纸本及增补重刻本存世。20世纪八九十年代以来，湖南大学邓洪波以各家所藏“康熙志”初刻本汇校，清除糊漫，厘正讹衍，挖移配补，并采用现代电子技术将其影印。2018年3月，该书作为“千年学府文库”之一种，由湖南大学出版社出版。

岳麓诗文钞　清朝欧阳厚均率岳麓书院诸生编于道光十年（1830），是一本以岳麓山作专题的诗文总集。全书57卷，其中《诗钞》35卷，收诗691首；《词钞》1卷，收词90首；《赋钞》3卷，收赋11篇；《文钞》18卷，收文98篇。全书涉及作者550多人，上起唐朝，下至清道光年间，历时千余年，反映岳麓山文化渊源及发展脉络。据卷首编者《叙》，本诗文钞是以清康熙《新修岳麓书院志》为蓝本，“择集中诗古文词，芟繁去冗，录而存之。复就见闻所及，加以咨访，上溯唐宋，逮于国朝，凡宦寓名贤，钓游髦士，题咏传记诸作，悉与抄撮，按时代之先后为编次。其中之古迹名胜，为之寻流讨源，考其沿革兴替，一一疏证之，附以按语，俾后之修山志者采择焉”。2009年9月，岳麓书社出版该书校点本，纳入《湖湘文库》，邓洪波、周郁校点。此本对原书作了校勘，改正了其中的错、讹、倒、衍，并仿原书体例辑录唐至明朝岳麓山诗文若干，作《补遗》两卷附于书末。

续修岳麓书院志　又称《岳麓书院续志》，清朝丁善庆纂辑，同治六年（1867）刊刻。咸丰年间重修岳麓书院，重刊正志之后续成此志。该志4卷，另有首1卷、终1卷。卷一为书院、庙祀、田额、规条，卷二为列传、古迹、寺观，卷三、四为艺文，卷首为新典恭纪、奏疏，卷终为图书著录及捐赠事。

岳麓书院续志补篇　清朝周玉麒纂辑，同治十二年（1873）刊刻。同治年间岳麓书院整修，并清理田产、整顿规章，山长周玉麒收集有关文献17篇作此“补篇”1卷。

岳麓书院记事录存　清朝王先谦纂辑，光绪年间刊刻。王先谦任岳麓书院山长时，改革院规、课程，收集有关文献11篇成此“录存”1卷。

岳麓志·形胜篇　刘宗向著，撰于民国6年（1917）。曾刊于湖南大学中文系编《员幅》杂志，1992年收入湖南大学长沙校友会编《刘宗向遗著选》。全篇分“形势”“胜迹”2章，计约2万字。作者以旧志叙岳麓形胜，于“云麓宫南、天马山北往往言之不详”，则于此予以记述。“胜迹”一章记载民国初年以来史事，其中颇有其亲身经历之事，具有重要史料价值。

岳麓小志　民国成嘉森编辑，民国21年（1932）湖南新闻社出版，长沙水风井光耀印刷局铅印本。该小志1册，有疆域、山水、古迹名胜、书院沿革、名贤传记、湖南大学概要、仙释、浏览行程8篇。首列麓山全图及名胜照片10幅，附朱子遗像墨迹、摩缩禹王碑文，拍摄有古麓山寺、禹碑亭、蔡锷墓、五轮塔、吹香亭等遗址照片。全书体例简明，内容浅显，广征博引，实地调查，辑而成篇，是小志之上品。

岳麓小志　编者佚名，胡庶华题签，民国23年（1934）八月铅印出版。该志分山川形势及名胜古迹、书院沿革2章。以岳麓书院“今虽易名湖南大学，然图书、科学之设备扩充……其吸收现代科学知识，发扬固有历史精神，斯成后起者之责也”，乃作此志。

岳麓山 刘与为编写，湖南人民出版社 1957 年出版。全书分为岳麓山的形势与风景、历代文人的记述、毛主席与岳麓山、现存的名胜古迹与历史文物、人民景仰的革命先烈墓葬、日益发展的新文化区 6 个部分，前附《岳麓山导游图》，共 2.4 万余字。该书根据历史文献记载，对岳麓山历史与现状作了较系统的介绍，特别是保存的 20 世纪 50 年代岳麓山的资料较为珍贵。

新民学会文献汇编 湖南省博物馆历史部校编，为“湖南革命史料选辑丛书”之一种，湖南人民出版社 1980 年 2 月出版。本书分为 5 个部分，汇集了民国 9 年（1920）冬至民国 10 年（1921）夏毛泽东编辑的《新民学会会员通信集》第一、二、三集和《新民学会会务报告》第一、二号，共计 11.2 万字，为新民学会的重要文献资料。

新民学会资料 中国革命博物馆、湖南省博物馆编，为“中国现代革命史资料丛刊”之一种，人民出版社 1980 年 9 月出版。本书分为 2 个部分：第一部分为历史文献，收入《新民学会会务报告》第一、二号和《新民学会会员通信集》第一、二、三集；第二部分为回忆录，收入毛泽东、萧三、周世钊等 20 位新民学会会员口述或撰写的有关新民学会的回忆录，前附新民学会会员合影和新民学会重要文献的珍贵照片，后附《新民学会会员录》。共计 39.2 万字，均为有关新民学会历史的重要第一手资料。

岳麓山的传说 中国民间文艺研究会湖南分会主编，为“湖南地方风物传说”之一种，湖南人民出版社 1983 年出版。全书不分卷次章节，记述岳麓山、自卑亭、爱晚亭、小桃园等 29 则民间传说故事，以及长沙市河东白沙姑娘、老龙潭等 13 则民间传说故事，每则传说故事后署搜集整理者姓名，后附《岳麓山简图》，共 9.5 万余字。

岳麓山诗词选 王毅编，湖南人民出版社 1985 年出版。该书系编者自其所收集的历代诗人歌咏岳麓山的 1500 多首诗词中，选注的诗词选集，入选唐代至当代作者 144 家、诗词 198 首；每位作者均作简要介绍，每首诗词均作必要注释。共 18.8 万余字。

朱熹与岳麓书院 杨金鑫著，华东师范大学出版社 1986 年 8 月出版。全书分为朱熹的生平、学术师承和教育活动，朱（熹）、张（栻）岳麓会讲，朱熹知潭州荆湖南路安抚使，朱熹兴学岳麓更建书院，朱熹在潭州岳麓的遗迹，朱熹在潭州岳麓的门人和著书叙述朱学的湘人 6 个部分，阐述了朱熹的生平、思想及其对岳麓书院的重要影响，书中并附《岳麓书院兴废年表》《宋代湖南的书院》《本书所引主要书目》，共13.6万余字。

岳麓书院山长考　杨布生著，华东师范大学出版社1986年8月出版。全书53篇，叙述并考证岳麓书院自宋代创建至晚清时期53位山长的生平、掌教岳麓书院的活动、理论贡献及学术成就等各个方面，每篇均附《参考书目及文献》，书前配张栻、王文清、罗典、贺长龄、欧阳厚均、丁善庆、徐棻、王先谦画像，共20万字。

岳麓文物与名胜　周良驹、唐子畏、刘心语编，湖南大学出版社1986年9月出版。全书分为岳麓山概况、文物古迹、先烈陵墓、游程导引4个部分，介绍了岳麓山的名胜古迹和岳麓书院文物。书前附有若干地图，书末附《岳麓山对联辑注》。

岳麓书院史略　杨慎初、朱汉民、邓洪波著，岳麓书社1986年10月出版，简练而全面系统地梳理并阐述了岳麓书院历史，共15万字。

岳麓书院名人传　陈谷嘉主编，湖南大学出版社1988年8月出版。全书分为湘楚人才的摇篮——岳麓书院，著名理学家张栻，著名理学家和教育家朱熹，湖湘学最盛，“六经责我开生面”的王夫之，著名山长举例，中兴将相、什九湖湘，师夷长技、近代先驱——魏源，“欲栽大木柱长天”的杨昌济等9章；传述包括张栻、朱熹等在内的岳麓书院24位著名历史人物的生平、思想和重要贡献。共18.7万字。

长沙市桔洲公园志　未署编纂者，编纂于1988年12月，电脑打印稿，长沙市岳麓山风景名胜区管理局藏。全书分为历史沿革、主要建筑景点及艺术、绿化布局及苗木花卉生产、经营管理、党群工作、文化教育及职工福利、大事记、附则8章，共2.6万字。该书主要记述1960年筹建水陆洲公园以来公园的建设与发展情况，为至2018年所知有关橘子洲的最早一本专志。

岳麓山公园志　长沙市岳麓山公园管理处编，1989年9月内部刊印，长沙市岳麓山风景名胜区管理局藏。全书分为概述、园林、名胜古迹、革命烈士墓葬、公园建设与古迹维护、管理、党群工作、文献选辑、岳麓山诗词楹联选编、领导名人墨迹、岳麓山专文、大事记和附录，共13章，约40万字。该书重点记述1957年公园管理机构成立以来，岳麓山风景名胜区的历史变革和各项建设，对名胜古迹与有关名人佚事亦略有介绍，并保存了不少重要文献资料，为至2018年所知有关岳麓山公园的最早一部专志。

湖湘学派与岳麓书院　朱汉民著，教育科学出版社1991年2月出版。本书为“中国教育史研究丛书”之一种，分为北宋时期湖南的书院和理学、衡麓书院群的崛起和湖湘学派的形成、岳麓书院的振兴和湖湘学派的发展、湖湘学风的形成及其对后世的影响4章。全书论述了岳麓书院的创建、理学在湖南的传播，湖湘学派的形成、发展及其与岳麓书院不断发展的关系，共17.6万字。

岳麓山揽胜 兰烟、亦农编著，本书为“跨世纪旅游丛书”之一种，湖南地图出版社1992年5月出版。全书分为麓山古今、麓山揽胜、千年学府——岳麓书院、寺庙寻幽、缅怀先烈、建设新貌、诗联选萃、民间传说8个部分，后附《游程建议》《岳麓山风景名胜图》，叙述岳麓山的历史沿革、古今风貌、名胜古迹和民间传说，并选录唐代至清代吟咏岳麓山的诗词70首、联语44首，共13万余字。

岳麓书院导游 李晓钟、陈海波编，湖南大学出版社1995年11月出版。全书分为概说、沿革、古迹、学规、匾额、楹联、碑刻、诗选、著作述略、著名山长、高足生徒、游程建议、附录13个部分，是一本颇具特色的旅游读物，共18.8万字。

岳麓书院 江堤、彭爱学编著，湖南文艺出版社1995年12月出版。本书是“岳麓书院文化丛书”之一种，从文化的角度较为全面地介绍岳麓书院的文物和掌故，共13万字。

岳麓书院的历史与传统 朱汉民著，湖南大学出版社1996年4月出版。全书分为上篇、下篇，共7章。上篇为历史篇，分北宋创建、南宋鼎盛、元明延续、清代再兴、学制变革5章；下篇为传统篇，分教育传统、人文传统2章，后附《岳麓名人萃言录》、张栻《岳麓书院记》、朱熹《朱子书院教条》、王文清《王九溪先生手定读书法》及《书院文化知识》。共14.5万字。

岳麓风景名胜 刘金春主编，彭爱学、江堤副主编，湖南文艺出版社1998年12月出版。全书分为岳麓山风景名胜区概况、麓山胜景、儒家胜地、佛寺探幽、道教名胜、橘洲揽胜、革命纪念地7章，共计13万字。本书是第一本以岳麓山风景名胜区为专题，叙述名胜区历史沿革、名胜古迹的著作，书前附有《岳麓山风景名胜区游览图》和彩色照片39幅。

岳麓书院史话 朱汉民、邓洪波著，湖南大学出版社2006年9月出版，2009年6月再版。全书分为北宋创建、南宋鼎盛、元明延续、清代再兴、学制变革和附录“文物古迹”6个部分，叙述了从北宋岳麓书院创建到晚清高等学堂，再到民国前期创办湖南大学的历史沿革、办学体制和历代名人、文物古迹等，附有彩色照片、图表352幅，共14.3万字。

岳麓山历史文化丛书 长沙市园林局、岳麓山风景名胜区管理局麓山景区管理处组织编写，陈大川主编，中共湖南省委常委、长沙市委书记梅克保作总序。全书8种，2006年9月—2007年12月由海南出版社、中国文联出版社出版。《岳麓山宗教史话》，罗军强著，本书分儒教、佛教、道教3篇共12节，28.5万字；《岳麓山传奇》，谢卫东著，本书分19回，25.6万字；《岳麓山抗战史话》，罗军强著，本书分17部分，28万字；《岳麓山民间故事》，谢卫东、胡滔滔编著，本书收集民间故事40余篇，11.6万字；《麓山名人谱》，陈先枢、梁小进编著，本书分为名胜与名人、名墓与名人2个部分，共28万字；《岳麓山诗联赏析》，唐子畏、胡滔滔编著，本书分14部分，22万字；《麓山诗稿》，陈录社著；《岳麓胜景》，彩色摄影画册，赵勇摄影并编著，本书分4个部分，收录图片101幅，配有中、英、日、韩四国文字说明。

岳麓山辛亥英烈墓 郑坚编著，湖南大学出版社2011年9月出版。全书不分卷次章节，介绍了掩映在岳麓山层林深处的26座辛亥革命英烈墓及其墓主的生平事迹，收录历史名人题赠的悼词挽联和墓志铭文，并通过实地踏勘，对墓葬的地址、形式、构造和保护状态作了较详尽叙述，共20万字。

岳麓书院志 邓洪波、杨代春等校点，岳麓书社2012年2月出版。本书收入尚存世的明万历《重修岳麓书院图志》、清康熙《新修岳麓书院志》、清同治《续修岳麓书院志》、清同治《岳麓书院续志补篇》、清光绪《岳麓书院记事录存》、民国21年（1932）《岳麓小志》、民国23年（1934）《岳麓小志》7种点校整理而成。后附清朝瞿中溶编《岳麓书院新置官书目录》。

岳麓山寻古探微 刘丽珍、陈胸怀著，湖南大学出版社2015年出版。全书分“岳麓山概述”“千年学府，道南正脉”“汉魏名胜，湘湖古刹”“云麓道宫，福地洞天”“三湘忠烈，魂归岳麓”5个部分。

岳麓书院史 朱汉民、邓洪波著，湖南大学出版社2017年1月出版。全书分称名天下、湖湘学派的基地、维系斯文与再造辉煌、兴盛与变革、千年学府弦歌不绝5章，后附《岳麓书院历史年表》。本书以时间为线索，系统地阐述岳麓书院自北宋创建以来的兴盛、重建、变革及千年弦歌、学统传承历史，共52万字。

长沙橘子洲 中共长沙市委宣传部主编“长沙文史书丛”之一种，王丽君、杜颖芳编撰，湖南人民出版社2017年8月出版。全书分概述、民俗文化、传说故事、旅游胜地、渡学之地、长沙开埠、历史风云、工业遗产、航渡、橘洲风情、艺文选粹11章，共30万字。

两个世纪的光影——岳麓山老照片琐话 “岳麓山历史文化丛书”之一种，周竹平主编，胡滔滔著，岳麓书社2017年9月出版。全书分景点、墓葬、往事3部分，收录作者在麓山景区工作20多年来收集的老照片300余幅，内容涉及19世纪、20世纪，展示岳麓山历史风貌和文化底蕴，其中不少老照片是第一次公开，史料价值珍贵。

第二节 | 文赋

北魏时期，郦道元所著《水经注》就有关于岳麓山、橘子洲的记载。唐朝之后，历代文人学者写下很多游记、碑文、辞赋，声情并茂地描绘这里的自然风光，记录寺观书院、碑铭石刻及变迁，留下了宝贵的历史资料。本志收录介绍文赋共40篇、作者39人，其中唐朝作者2人、宋朝作者7人、元朝作者1人、明朝作者7人、清朝作者20人、民国作者2人。

麓山寺碑

唐·李邕

夫天之道也，东仁而首，西义而成，故清泰所居，指于成事者已；地之德也，川浮而动，岳镇而安，故耆阇所临，取于安定者已。兹寺大栕，厥旨玄同，是以回向度门，蹱于郭右，仰止净域，列乎岩巅。宝堂岌嶪于太虚，道树森捎于曾渚，无风而林壑肃穆，不月而相事澄明，化城未真，梵天犹俗。名称殆绝，地位尝高者，不其盛欤！

麓山寺者，晋太始四年之所立也。有若法崇禅师者，振锡江左，除结涧阴，尝与炎汉太宗长沙清庙栋宇接近，云雾晦冥，赤豹文狸，女萝薜带，山祇见于法眼，窦后依于佛光，至请旧居，特为新寺。禅师洎翌日，弘聚谋介众表之，明诏行矣。水臬有制，丘墟尽平。太康二载，有若法导禅师者，莫知何许人也。默受智印，深入证源。心本无作，真性而见。不坏外缘，而注福河。大起前功，重启灵应。神僧银色化身丈余，指定全模，摽建方面。法物增备，檀供益崇。广以凌云之台，疏以布金之地。有若法愍禅师者，江夏人也。空慧双铨，寂用同辔，慈目相视，净心相续。综核万法，安住一归。注大道经，究上乘理。永托兹岭，克终厥生。

逮宋元徽中，尚书令湘州刺史王公讳僧虔，右军之孙也。信尚敬田，作为塔庙，追存宝相，加名宝山。矧乎弓冶笔精，陶甄意匠。留书藏石，缄妙俟时。候法宇之倾佤，斯珍价以兴葺，远虑将久，遗事未彰。

梁天监三年，刺史夏侯公讳祥，了义重玄，别构正殿。绍泰二年，刺史王公讳琳、律师法贤，或在家出家，或闻见眼见，建涅槃像，开甘露门。长沙内史萧沆，振起法鼓，弘演梵言。继揵槌于景钟，纳贝叶于曾阁。陈司空吴明彻，隋侍中镇南晋安王、乐阳王，并佛性森然，国桢秀者。壮回廊以云构，蔚悬居以天覆。

开皇九年，天台大禅师守护法身，澄清悲海，严幢标耸，智火融明。袭如来堂，坐法华定。四行乐而不取，三贤登而更迁。有若昙捷法师者，伐林及树，染法兴衣。不坠一滴之油，有沾大根之雨。总管大将军齐郡公权，公讳武，福德庄严，喜慧方便。疏写四部，镇重百城。有若智谦法师者，愿广于天，心细于气。诵习山顶，创立花台。有若摩诃衍禅师者，五力圆常，四无清净。以因因而入果果，以灭灭而会如如。有若首楞法师者，文史早通，道释后得。远涉吴会，幽寻天台。法界图于剡中，真诀论于湘上。具究竟戒，敷解说筵。一法开无量之门，一音警无边之众，方等有以复悔，双林有以追远。并建场所，互为住持。惟慧龙禅师者，迹其武，凭其高，超乎云门，绝彼尘网。深以为性有习，道有因。止于心，反于照，习也者。坐乎树，居乎山，因也者。固习而无因则不住，因而无习则不证。是以沤和正觉，阿若冥搜。想息而精进甲坚，受除而烦恼壳散。百川到海，同味于咸。千叶在莲，比色于净。起定不离于平等，发慧但及于慈悲。故能闻者顺其风，觏者探其道。牧伯萃止，皇华洊臻，启焚香之上缘，托成佛之嘉愿。上座惠杲、寺主惠亶、都维那、兴哲等，皆静虑演成，妙轮转次。因差别而非法，随品类而得根。去二见而入流，率一心而办事。咸以形胜之会如彼，修行之迹如此。而丰碑未勒，盛业不书。安可默而已哉？将何以发挥颂声，披扬宿志者也？司马西河窦公，名彦澄，硕德高闱，绍贤远识，器守岳厚，检操冰清。属以师长阕官，摄行随手，以家而形于孝友，以己而广于诗书，以明而雅俗自兴，以明而至道丕若。且犹归心净土，模范佛乘。摧憍慢之外幢，兴开示之真语。建谋群吏，乃命下寮。顾蛟山之易疲，叹龙宫之难纪。其词曰：

天地有象，圣贤建极。宴坐中岩，成道西域。后代袭武，前良作则。安乐是依，灵鹫是式。一想冥契，三归愿塞。其一。

金方置庙，衡麓开场。龙象拥锡，人天护香。鬼神赐土，灵化度堂。重镇牧伯，上游侯王。光昭法侣，大启禅房。其二。

幽岩左豁，崇山右峙。瞰郭万家，带江千里。玉水布飞，石林云起。雷激庭际，月窥窗里。花台随足，天乐盈耳。其三。

人与地灵，心将法灭。既往在此，比明齐哲。佛日环照，牛车结辙。连率顺风，驷骊钦烈。访道追胜，形驰目绝。其四。

碑板莫建，轨物未弘。和合是请，佐贰是膺。政敷大郡，信发广乘。愿言有述，以访无能。惟石可久，与山不崩。其五。

赞计于京，不偶兹会。英英披雾，其德允烁。卓立隽才，标举明略。雄辩纵横，神情照灼。备闻政理，深悟禅乐。

大唐开元十八年岁次庚午九月壬子朔十一日壬戌建

前陈州刺史李邕文并书，江夏黄仙鹤刻

潭州法华院记

唐·于頔

长沙郡之安国寺，寺之北偏法华院，结构始毕，光明宏敞。依之者，其有旨乎？即我湖南伯御史中丞杨公，竭孝思，追大福，报罔极于所恃也。於戏，万法性离也，言说非法也。然舍言说，无以辨了义，诠实相，繇是经教生焉。佛说九部，《法华》为最，其逗机也。

韬灵珠于髻上，指众实于藏内。药草沐茎叶之雨，诸子悦羊鹿之车。其会真也，以开示误入诱群迷，令得佛知见，以会三归。一为上乘，令知法真际，至于如是性、如是相、了缘起，叩寂灭亿劫，诸佛乃能知之。其余声闻辟支如稻麻竹苇，不得其微密也。若有受持读诵，勇猛坚固，我为胜因，果亦随之即。扬州龙兴寺阿阇黎灵祐，钻研岁久，深解义趣，常为宝函以授信心，仍大署其背曰：“功满三千，其道乃圆；百福万善，充塞沙界。”

中丞先太夫人荥阳郑氏，以闺门尊重之德，奉西方清净之教，归命道士，且业是经。时有明晦，我无间断，居无几，实盈其数焉。常愿极精虑，罄泉贝，大依佛事，共扬光烈。呜呼，风树之感，霜露之悲入肺肝者，可胜道哉。

今位登方伯，轻千乘之贵，捐万钟之禄，隳心裂胆，虔绍前志，此所谓不敢一日而忘其亲也。先是，此地松竹葱蒨，含绝世之异，观者百辈，曾无颂声。公乘时多暇，高步廊庑，密获胜势，其心快然。因心计手指，付于匠吏，经时而成之。堂殿崔巍以切云，轩廊窈窕而疏风，皎严净而无尘，若释梵之天宫。大德僧怀远，秀掩珪璧，操陵霜雪，是故启请，为其主张，加之以田产，因之以臧获，受用具足，无遗乏相。

尝闻于经曰：造塔庙，建形像，旃檀沈水，彩画装饺，如是功德，福不唐捐。伏知必有以资窈冥，辟往路，挥斥万有，腾陵三界，巍巍尊识，补贤圣处，信决定矣。其或否者，我教其诬乎。

恭惟先太夫人诚敬斋庄，高明惠和，道可以裨补阴教，礼可以绸缪妇则。早居穆伯之器，有贤子三人，始在童孺，则自教诲，非雅言正味，不道不食，使中和淳粹之气，饱饫其腑脏焉。故中司洎令弟兵部郎中凝、大理评事凌，皆擢进士高第，以清风累德、文学政事，振休声于宇内。议者谓玉昆金友，如三山峙立、三川横流焉。

后之君子，非但宝地，睹此志，可以知上有圣谟之美，下有大孝之嗣矣。公永怀恸绝，不忍握管濡墨，以文字自导其意，见托序述，乃惕然而书之。

潭州岳麓山书院记

宋·王禹偁

三代而下，两汉称理，次叙循吏，彰示后人。西京首述文翁，东观先书卫飒，观其理蜀郡、教桂阳，率以庠序为先，夷落自化，是知学校政之本欤。崇文广武圣明仁孝皇帝嗣位之明年，诏以供备库副使陇西公知武安军府事，公自以当不次之用，临至剧之郡，思树殊迹以答奇遇。下车布政，比屋允怀，参考吏能，寻绎民病，狱讼纷紊，决剔无留，米盐靡密，推行不倦。属岁非大有，人用阻饥，减估发仓，惸嫠无告者得安其业；募兵置籍，强梁亡赖者悉拘于军。千里耕桑，涸辙得水；七州兵甲，走丸在槃。有废必兴，无政不举。

初，开宝中，尚书郎朱洞典长沙，左拾遗孙逢吉通理郡事，于岳麓山抱黄洞下肇启书院，广延学徒。二公罢归，累政不嗣，诸生逃解，六籍散亡，弦歌绝音，俎豆无睹。公询问黄发，尽获故书，诱导青衿，肯构旧址，外敞门屋，中开讲堂，揭以书楼，序以客次。塑先师十哲之像，画七十二贤，华衮珠旒，缝掖章甫，毕按旧制，俨然如生。请辟水田，供春秋之释奠；奏颁文疏，备生徒之肄业。使里人有必葺之志，学者无将落之忧。谁谓潇湘，兹为洙泗；谁谓荆蛮，兹为邹鲁。人存政举，岂系古今，道德齐礼，自知耻格。

先是，公之先公好儒术，通《春秋》，刺济州日，命乡之荐，不减百人，宴以嘉宾之诗，遣以计吏之礼，举进士者钱五万，袭衣以副之，应学科者钱三千，绨袍以遗之，咸出己俸，人以为难，故其子孙不忘儒学。某占籍济上，出职禁中，直承明之庐，已叨三入，开缑氏之学，将谈六经。记以斯文，拙于叙事，聊书兴废，用纪岁时而已。大宋咸平三年某月日记。

潭州兴化禅寺新铸钟记

宋·余靖

金鼓所以警众也。众之攸居，非夫疾噪大呼，安能齐一，必以声宏硕而远闻者，为之节焉。京洛之制，睥睨置钟，节昏晓也；舍卫之法，众集撞钟，节进退也。则知钟之为用尚矣。

兴化禅寺，唐景福中所建，其营造之因、景物之美，则寺记存焉。国家承天立极，四圣继统，日月所照，罔不丕冒，民去兵火之厄，将百年矣。由是僧徒之博识雄辨者，得以佛事率导其间。故其金璧庄严之像，楩楠轮奂之室，日完月构，时兴岁广，不得不益壮而增华也。凡百供器，还视初制，岂不狭小哉，钟之当易宜矣。

本朝铜禁尤严，私无铢蓄，僧坊道具，官为制而给之，惟钟之巨，则许入金而赋铜焉。长老僧绍铣以易钟事闻州，内阁刘公为之上白，朝旨从之。乃募信士，得豫章朱氏舍钱二百万，为檀施之首，众遂响从。购良冶于余杭，积劳数千工，用凫氏之剂，事皆素练。以恭谢改元之明年正月三日，鼓铸于寺之东隅。群僧赞咀，以俟其成；乡坊士女，捐金钱以助其缘。自寅讫巳，一鼓而就。越三月，升之重屋，会阖郡僧俗食而击之，声闻数十百里，真招提之壮观也。自镕范及考击之始，予与群官偕往视之，既嘉其工之巧而赏之，仍镌名于钲铣之间。绍铣又伐石乞词，以志岁时。嘉祐二年四月日。

岳麓山记

宋·张舜民

甲子，晴无风。发潭州，循西岸牵行，舣舟王公亭，奠南岳行祠，游岳麓、升中、洞真观，谒汉文帝庙、岳麓书院、塔院。大抵诸寺相邻，惟升中寺最高，宛转登陟，可百余步，门外小溪，激射竹木，其声泠然，稍稍露石角。寺后有法华台，高绝山顶，晋僧法崇者笺《法华经》于此，有杉樮数本，其大如菌，云陶士衡手植也。王公亭，湖民为王宰少卿所立。洞真观，记云邓固真人上升之所。岳麓书院有孔子堂、御书阁，堂庑尚完，清泉经流堂下，景意极于潇湘。升中寺法华台下有白鹤泉，涓涓有声，味极甘冷。橘洲湘江中，南北与城等，有巡检司，僧寺两三所，居民业渔者数百家，景物最为佳处。秦少游死藤州，其子护丧藁殡潭州，黄鲁直有诗云“长眠橘洲风雨寒”。

题潭州道林寺六绝堂

宋·周必大

唐乾符中，袁浩作《道林寺四绝堂记》。盖指“沈传师、裴休笔札，宋之问、杜甫篇章”也。本朝治平四年秋，蒋之奇别为记。谓沈、杜固无闲言，裴本学欧阳询书，寺幸有询四大字，当为一绝。又不应近舍韩愈，远及之问。其去取如此。今三人诗各在集中，众所共知。惟袁记与裴欧字画则不复存。予既稍葺其堂，访沈碑而归之，复临阁本欧书并襄阳僧舍所作八大字，并刻于石。盖欧实郡人，裴尝牧此，俱不可废。今古异同之论，衍四为六，其在兹乎？后数日，寺僧于朽壤中得大中十一年断际禅师《传心要法序》，字小楷，亡其后段，乃亦裴笔，真赝未可知也。先是，堂之题梁著马氏五代时职位，近岁修《长沙志》，遂谓此石创于马氏，误矣。

赠了敬序

宋·欧阳守道

往年予长岳麓，山中碑十余，寻其差古者，其一李北海开元中为僧寺撰，其一记国初初建书院，忘撰者名。碑言书院乃寺地，有二僧，一名智璿，一名某，念唐末五季湖南编户，风化凌夷，习俗暴恶，思见儒者之道，乃割地建屋，以居士类。凡所营度，多出其手。时经籍缺少，又遣其徒市之京师而负以归。士得屋以居，得书以读。其后，版图入职方，而书院因袭增拓至今。予读此，甚善二僧之用心。与予同读者乃笑之，若谓此碑为不足存。

嗟呼！自白鹿洞诸书院经近世诸大贤主张扶植，必推本其初为何人之居，出何时之意，后虽有述，而始作之善不可没也。智璿若某二僧者，生于彼时，同时有位与力过二僧者何限，彼不为此举，而此为之，岂不大可嘉哉！独以其僧也，而今置之不道，其亦不得为公也已。

吾州万安县有僧，寺在韶山，曰了敬者，前太守于潜徐公静观先生书“云壑”二大字遗之，其徒目为云壑上人。邑之闻士赖子平、刘元芳与上人为方外友，而上人为之筑读书堂于寺之隙地，求予书堂匾，不远二三百里而来，留十余日而不厌，此岂寻常僧家干求所可比。惜予不能作大字，书岳麓故事遗之。上人有诗质予，其言心性，多先儒语录中语，然则，筑堂之意固有在矣。

岳麓书院记

宋·张栻

湘西故有藏书室，背陵而面壑，木茂而泉洁，为士子肄业之地。开宝中郡守朱洞始度基创置，以待四方学者。历四十有一载，居益加葺，生益加多。李允则来为州，请于朝，乞以书藏。方是时，山长周式以行义著。祥符八年，召见便殿，拜国子学主簿，使归教授，诏以岳麓书院名，增赐中秘书。于是书院之称始闻天下，鼓笥登堂者相继不绝。自绍兴辛亥，更兵革灰烬，什一仅存。间有留意，则不过袭陋仍弊，而又重以撤废，鞠为荒榛，过者叹息。乾道改元，建安刘侯珙安抚湖南，既剔蠹厘奸，民俗安静，则葺学校，访儒雅，思有以振起，湘人士合辞以书院请。侯竦然曰："是固章圣皇帝加惠一方，劝励长养以风天下者，而可废乎？"乃命郡教授婺源郭颖董其事，鸠废材，用余力，未半岁而屋成焉。屋五十楹，大抵悉还旧规，肖先圣像于殿中，列绘七十子，而加藏书阁于堂之北。

既成，栻从多士往观。爱其山川之胜，栋宇之安，徘徊不忍去，以为会友讲习，诚莫此地宜也。已而与多士言曰："侯之为是举也，岂特使子群居佚谈，但为决科利禄计乎？亦岂使子习为言语文辞之工而已乎？盖欲造就人才，以传道而济斯民也。"惟民之生，厥有常性，而不能以自达，故有赖圣贤者出。三代导人，教学为先。人伦明、小民亲，而王道成。夫子在当时虽不得施用，而兼爱万世，实开无穷之传。果何与？曰仁也。仁，人心也。率性立命，位天地而宰万物者也。今夫目视而耳听，手持而足行，以至于饮食起居言动之际，谓道而有外夫是，乌可乎？虽然，天理人欲，同行异情，毫厘之差，霄壤之谬，此所以求仁之难，必贵于学以明之与？善乎孟氏之发仁深切也。齐宣王见一牛觳觫而不忍，则教之曰："是心足以王矣。"古之人所以大过人者，善推其所为而已矣。论尧舜之道，本于孝弟，则欲其体乎徐行疾行之间。指乍见孺子匍匐将入井之时，则曰："恻隐之心，仁之端也。"于此焉求之，则不差矣。尝试察吾事亲从兄、应物处事，是端也，其或发见，亦知其所以然乎？苟能默识而存，扩充而达之，生生之妙，油然于中。则仁之大体，岂不可得乎？及其至也，与天地合德，鬼神同用，悠久无疆，变化莫测，而其初则不远也。是乃圣贤所传之要，从事于兹，终身而后已可也。虽若闲居屏处，庸何损于我？得时行道，事业满天下，而亦何加于我？

侯属栻为记，遂书斯言，以励同志，俾无忘侯之德，抑又以自励云尔。

衍六堂记

宋·文天祥

余行长沙，道湘西，登道林寺。旧有四绝堂，指沈传师、裴休笔札，宋之问、杜甫篇章也。堂之颜，吾乡益国周公书之，至是百二十年。公又有记述蒋之奇语，之奇取欧阳询书、韩愈诗，而黜裴、宋。公独合古今异同，有衍四为六之说，人之意度相远如此。僧志茂以屋压字漫，寿公字于石，取公之意，易名衍六，揭于新堂。余嘉其有二善焉：补唐贤故事，宝乾淳遗墨。非俗衲所为，为之嘉叹，而记其后。

建岳麓书院记

元·吴澄

天下四大书院，二在北，二在南。在北者，嵩阳、睢阳也。在南者，岳麓、白鹿洞也。其初，聚徒受业，不仰给于公养。然嵩阳、睢阳、白鹿洞，皆民间所为，惟岳麓乃宋开宝之季，潭守朱洞所建。其议倡自彭城刘鳌，而潭守成之也，时则陆川主簿孙迈为之记。绍兴毁于兵。乾道之初，郡守建安刘珙重建。时则有广汉张子敬夫为之记。德祐再毁于兵。大元至元二十三年，学正郡人刘必大重建，时则奉训大夫朱勃为之记。逮延祐甲寅，垂三十年矣。瑮陵刘安仁来为郡别驾，董儒学事，睹其敝圮，慨然整治。木之朽者易，壁之漫者圬，上瓦下甓，更撤而新。前礼殿，旁四斋，左诸贤祠，右百泉轩，后讲堂。堂之后阁曰尊经，阁之后亭曰极高明，悉如其旧。门庑、庖馆、宫墙四周，靡不修完。善化主簿潘必大董其役，朱某、张厚相继为长其始末，请纪岁月。

余谓书院之肇创重兴，与今之增饬，前后四刘氏道同志合，岂苟然哉？开宝之肇创也，盖惟五代乱离之余，学政不修，而湖南遐迩之郡，余风未振，故俾学者于是焉而读书。乾道之重兴也，盖惟州县庠序之教沉迷俗学，而科举利诱之习鼓惑士心，故俾学者于是焉而谋道。是其所愿望于来学之人，虽深浅不侔，然皆不为无意也。考于二记可见。呜呼！孟子以来，圣学无传，况数百年之久。衡岳之灵，钟为异人，而有周子生于湖广之道州，亚孔并颜而接曾子、子思、孟子不传之绪。其源既开，其流遂衍。又百余年，而有广汉张子家于潭，新安朱子官于潭。当张子无恙时，朱子自闽来潭，留止两月，相与讲论，阐明千古之秘。聚游岳麓，同跻岳顶而后去。自此之后，岳麓之为书院，非前之岳麓矣，地以人而重也。然则，至元之复建也，岂不以先正经始之功不可以废而莫之举也乎，岂不以真儒过化之乡不可以绝而莫之续也乎。别驾君之拳拳加意者，亦岂徒掠美名为是哉？其所愿望于诸生，盖甚深也。且张子之记尝言当时郡侯所愿望矣，欲成就人才以传道济时也，而其要曰仁。

呜呼，仁之道，本先圣之所罕言，轻言之，则学者或以自高自广而卒无得。《论语》一书，大示学者求仁之方，而未尝直指仁之全体。盖仁体之大如天之无穷，而其用之行于事物无不在，迩之事亲事长，微而一言一动皆是也。饮食居处一不谨焉，非仁也；步趋唯诺一不谨焉，非仁也；应接酬酢一不谨焉，非仁也；温清定省一不谨焉，非仁也。凡此至近至小甚易不难，而明敏俊伟之士，往往忽以为不足为仁不可几矣。呜呼，仁，人心也，失此则无以为人。曾是熟于记诵，工于辞章，优于进取而足以为人乎！学于书院者，其尚审问于人，慎思于己，明辨而笃行也乎。

建岳麓书院记

明·李东阳

东阳昔省墓长沙，尝渡湘江，登岳麓，访宋人所谓书院者，得断碑遗址于榛莽间，慨晦翁、南轩二先生之余风遗泽，未有以复也，顾有寺存焉耳。越二十余年，则闻通判陈君捐俸治材，为中门，为左右庑，甃石数级，上为讲堂，又上为崇道祠，以祀二先生，复名之曰岳麓书院。未几，陈君以内艰去且卒。通判李君锡与推官彭君琢构亭其巅，名之曰极高明。又买田若干亩，以成陈志。比王君来知府事，帅寮属师生行释菜礼。诸所未及，如辟道路、备器用、广旁舍、储置经史、延师领教，皆次第举行，而同知杨君实佐其事。盖兹院自宋初郡守朱洞始建。真宗时，李允则请藏书，国子监簿周式教授其间，乃请赐额，遂与应天、白鹿、石鼓并称为四大书院。及南渡，毁于兵，安抚刘公珙复建。孝宗时，二先生实会讲焉。光宗时，晦翁为安抚，更建于兹地，学者多至千人，田至五千顷，庙舍至百余间。今殿基故在，遗址废田为僧倅势家所据，历三百余年，而兹院始复其旧。于是王君遣使属记于予，亦陈君昔所尝请也。

唯古者学校遍天下，其教与学者，皆圣贤之道，故能以一德同俗。及世衰政弛，道晦不明，上择官以教，下择师以学，穷什一之力而罔德，世之少治而多乱，奚惑哉！今学有恒制，师有定员，第玩常惕，久不能无望乎什一之外，如书院者。故事或起于乡塾，则于此为培养之地，或籍于郡学，则借游息以广见闻。使斯道之在天下，体用一源，显微无间者，随厥穷达，皆可为成己成物之用，乃可以言学。不然虽学于此，犹学于彼，无益也。且南轩得衡山胡氏言仁之旨，观其为书院记，亦惓惓以是为辞。晦翁之学，固有大于彼，然亦资而有之。后之学者，曾不逮其万一，而不百倍其功，乌可哉。由南轩以企晦翁又等而上之，以希所谓古之人者，庶几为兹院之重，以为山川光，若其程格条绪，则存乎教与学，吾于吾乡大夫士望之矣。

院建工于弘治甲寅七月，落成于丙辰十月。陈君讳纲，起乡贡士，王君名瑶，杨君茂元，举进士，皆四明人，吾郡之贤大夫也。助建祠屋者，布政参议罗君鉴、都阃杨君铨、府学生陈大用辈，助置田者，国子生李经，皆郡人。寺僧法印实董其役，盖亦有慕乎吾教者，不欲泯其名，亦附书之。

岳麓书院祠祀记

明・黄衷

长沙，古潭州也。兴教之地，是为岳麓书院。宋建于开宝，则有朱子洞，历岁而毁。建于乾道，则有刘安抚珙，历岁而毁。更建于绍熙，则有朱先生元晦，历岁而毁。我敬皇帝弘治甲寅，陈郡倅钢始复旧绪，嗣而葺者则有杨郡二茂元，率亦陈诸未备者耳。考书院之兴废，此其大都焉。

方其盛时，藏书则有李守允则，主教则有周山长式，讲学则晦翁、南轩二先生，歆风向道，学者计千人，授餐田五十顷。弦诵响绝而游宴踵至，君子慨之。考教理之盛衰，此其大都焉。

院旧有祠以祀晦翁、南轩，潭人请以山长式、郡倅钢配，若或寝之而专祀朱、张。潭人之言，文公集诸儒之成，以明圣贤之道。讲学于兹，吾师焉；安抚于兹，吾师焉。南轩鸣世大儒，并时同业夫所谓过化者存焉，吾祀之。山长行谊，乡先生也。乡先生没而祀于社，山长有焉，吾祀之。始，书院之鞠于榛莽也，阅三百年。倅斯来也，异梦兆其感，遗碣征其处，费也吾无与焉，力也吾无庸焉，治吾惠而教亦吾惠也，吾祀之。是乌知专之者未为失，而寝之者固未为得耶？潭人有辞矣，君子以为义，民动以义，莫可拂已。督学许佥宪宗鲁则因旧祠以祀朱、张，崇道也；更堂焉以祀守洞、守允则、安抚珙、山长式、郡倅钢，序位以世，崇教也。于是潭人始慰。考祠祀之沿革，此其大都焉。

铁桥子曰：是役也，有足劝者三尔。大道既隐，师友义衰。口耳之常谈，无谓乎教；仕进之筌蹄，无谓乎学。圣贤成己成物之用，无复异时。丽泽之余，朱、张不远千里讲道湘西，论中庸之义，尝越三昼夜而不合，然卒定于朱夫子。夫以粹精如文公，超悟如南轩，犹不能无借乎问辩剧难之益，吾得以劝士。良吏之品，惟治与教，故鲁称弦歌，郑美乡校，蜀郡之余化，赞皇之启封，非教莫取也。后世乃有殚力簿书，俯首绳检，自委于俗且冗者，犹将不免。郡倅陈君卒能于文法寖密之日，无守之力而举师帅之职，若可与古良牧齿者，一兴教已乎！吾得以劝吏。民志既伪，俗滋敝矣，视去守令如唾洟。然潭人怀惠故倅恒若一日，申之祀事，以上及乎世之贤大夫者，吾得以劝俗。是故，士成乎学，吏成乎义。嘻，独潭之利也乎哉！

重修潆湾桥关壮缪侯庙碑

明·黄宝

汉关将军壮缪侯，乃心汉室勋烈，且炳炳麟麟矣。方其鏖兵赤壁，曹孟德之狼奔鼠窜于华容者，犹曰藉势东吴，公瑾德谦，亦得分一臂之劳。而侯于追亡逐北之余，在彼已势若釜鳞。我何难掩其阱兽，顾置之死地而犹生，留未烬之灰复滋。难图之蔓，毋乃纵敌而挠军令乎？而侯之用意甚深，而为虑甚周也。有曹与吴以犄角之，而我得以坐观其变。曹去则东人无北顾之忧，焉知不有西向之举。此岂浅人所能测哉！厥后昭烈既西，侯以一身独处江陵，扼吴与魏之中吭，跃马横刀之力，多在襄水荆樊之间。讵料功堕于末路，业挫与垂成，未必非时数之适然。而猥以成毁论英雄也，亦浅之乎。为丈夫矣，要其灏气丹忱，炳于天日。

累朝以来，保厘家国，惠爱黎元，通都大邑，穷乡僻壤，靡不尊崇而庙祀之，无虑千百处。郡城湘春门外有庙在焉，岁时官民屠牲湑酒，为国祝厘。缘城内尚有黄忠故宅，相传庙为侯与忠交战之所，其说存而不论可也。

余高大父侍郎公自豫章致政归，建侯庙于湘江之西潆湾市，规制粗讫，铙鼓鱼螺钟磬之属，靡不具备。僧某幼有夙悟，秉戒于华山，乃令住锡于此。方拟为后殿、为前楹及左右廊庑，庾井庖湢，次第经理。讵靖难师起，匆促停工。未久而僧示寂，又未久而我公亦前赴玉京矣。余省墓频过其地，肃而入焉，登其堂而梁桷陊剥，晨钟暮鼓，响寂音沉，惟侯像岿然存焉。乃刻日鸠工庀材而重理之，市井若士，若农若贾，咸踊跃欢忻，相与拜而揖之，尸而祝之。且曰：自侯庙建后百余年来，阖境时和年丰，土敝水烦之患无有也，疾疠夭札之灾不作也。侯惠绥一方，而庙宇不修，我辈无能为役。缘系公家庙，弗敢举也。

于虖！圣王之制祭祀也，以死勤事则祀之，以劳定国则祀之，能御大灾、捍大患则祀之，是岂可视为寻常谄渎之地乎哉？顷复奉吉王殿下命，为重修郡城寿星观落成撰文，因属同郡南陵罗都宪湘川书以寿诸石。因慨然念我先人潆湾桥未竟之工，余亦颓然就衰恐其久而湮也，后之人倘有更举其事，丰其甍者乎。毋亦茫乎前望溯图经所始而无从也。爰将建置所由来次列于左，仍请湘川书之而系之以铭。铭曰：

羲驭代序，正气囧光。麓山之北，潆湾之阳。保兹黎庶，固兹金汤。吴宫墟圮，魏阙苔荒。以古况今，孰否孰臧。元霄奕奕，白水洋洋。岳镇同峙，湘水偕长。

大明正德十一年岁在丙子季秋

神禹碑序

明·湛若水

余来为南礼部尚书之明年，传闻衡山有神禹碑，发于地中，即欲往观而未能。又明年，为嘉靖乙未之秋，楚士有摹神禹碑来遗者，快睹而谛观之。字画奇古，与后来篆籀手笔迥别，而碑石复剥落。虽习于古者，仅能辨其一二字。既不可识其中所云，独于碑末有小楷书"古帝禹刻"四字，意者必后来汉唐人，因见此碑，别有所考据而题之。及考韩昌黎《岣嵝山诗》云云，而刘禹锡《寄吕衡州诗》亦曰"尝闻"云云。盛弘之《荆州记》云：南岳周回数百里，昔禹登而祭之。徐灵期《南岳记》云：夏禹导水通渎，刻石书名山之高。《南岳文》云：高四千一十丈。由数说合《禹贡》而观之，则大禹由岷山导江，历湖入海，过南岳，登祭而刻石此山，即此碑无可疑者。

然韩、刘二公，盖皆闻而不及见。今余幸见之，而其所谓科斗拳薤，倒披鸾凤，飘挐虎螭，悉如此碑字画之形状，岂所谓道人之偶见者所流传？而碑末四字，或即此时题之欤？至于二公所云秘文秘迹，则理固有然者。夫宇宙内神物，固当天宝而地藏之，岁久则必复见。而余幸当其数千载复见之会，又获观之，则视二公之不得见而悲诧涕洏者，顾不幸欤！

岳麓山水总记

明·吴道行

衡山之峰，七十有二，绵邈几七百余里，迄长沙湘江之西而尽，则岳麓也。峭壁擎空，联岩叠嶂，可数十里许。东面豫章、浏、醴诸峰，缥缈天际。北漾洞庭、湘水，澄彻如匹练。峰顶东西广约五丈，南北倍之。怪石奇伟，悬绝磴，一片如屏，禹碑刻其上。碑右一坎，为神禹拖船坰。洚水怀山襄陵，其信然哉。折而南，两峰环抱，中函彝隅，幽清而衍，泉声淙淙，瀑布落风雩亭，岳麓寺峰也。又折而南，倏伏倏起，土不胜石，而石骨苍秀，色古蒨。随拔一峰，如伏釜覆钟。碧树千章，绿光隐隐浮动，若悬岩石砥，凌虚嵌空，则云麓宫峰也。峰降若干级，江流环带，中拓一坪如掌。再折而东，盘旋逶迤，特据江边，大天马山也。折而北，为抱黄洞、崇真观诸山，修坂叠巘，幽渺弘旷。又折而北，群峭骈连，面面南顾，以趋于东，道林、桃园、小天马山也。再折而北，崔巍树石，窈纠蒙茸，为官星山、人字山，岷嶙平衍，驳霞腾雾，为玉屏山。是又兹山衣履之所覆护焉。其他圭峰、云母、潆潭隶左臂，金牛、金盘、旗鼓、靳江隶右臂。总以成岳麓胜概，而为星沙一大观也。

登山之迳匪一。自郡城，从上渡过渔村，三里登岸。从下渡过橘洲，历禹迹蹊，五里登岸。从古渡半里达中洲，仅一带水登岸，宋朱、张讲学胥由此，代有浮桥，而今废矣。一岸滨江，约四里，为古柳堤，中有石坊曰“岳麓书院”，宋真宗赐额也。岸内有湘西书院旧址。进而为梅堤，为咏归桥，为濯清池。约三里，抵书院。入静一堂，登尊经阁，朱晦翁手书“忠孝廉节”四大字。斋馆、号舍各若干楹。阁后有堂翼然，祀六君子，石壁镌紫阳遗迹。近北为流觞曲水亭、百泉轩，源自白鹤泉，历兰涧泻来，转入洗心濯缨池。一线清流，分沙漏石，昔人所谓“冷暖与寒暑相变，盈减经旱潦不异”者，非耶？右有宣圣殿，承以崇台，盘以文石，虬柱云榱，华梁藻井，令人有宫墙数仞思。擎杉百本，干不甚巨，而鳞鬣叶鬖鬖如覆发，晋陶士行所植，以壮庵居者。庵近藏书阁旧址，久就芾没。其他古柏苍松，修篁巨桧，菁茂离披，即蔚蓝光碧之境，宁啻过之。左为山斋旧址。殿后高阜百级，上有四箴亭。又上即朱张讲学处也，今古名人碑刻列焉。稍进，故孙太守建亭于赫曦台山下，而今以祠道乡先生矣。降而簹筤谷，旧钟仙巢吹香亭，宋理宗笔也。趋而上，有崇真观，晋邓郁修炼处也。久与万寿宫、射蛟台俱属榛莽。随扪萝附篆以登，仅抱黄洞在焉。寻循小径，转磴道，蜿蜒峻绝不可步，每以一足蹁踔行，左右皆万仞之溪，无可倚。历千余级登中庸亭憩焉。自是愈高愈险，每以肘代踵。更历千余级，憩高明亭，古赫曦台基也。再转数百级，达禹碑亭。于时色相斐蕤，神彩焕发，岳麓之奇，当无最此已。

从禹碑由故道翼而下，出棂星门，觅雨花、谕苗两台基，北海碑峙山麓，旁有米元章数字。碑经千余年，曾不少泐，岂三绝神奇，应亦有山灵呵护耶？由此渡清风桥，望兰涧、石濑，水石相驳激，如花如雪，湃礴有声。登清风峡，风雩亭、道乡台、雪观诸古迹，恍在虹光岚黛间。转入岳麓寺，不数武，经观音阁，视白鹤泉，一线泉石隙中簸簸出，甘洌异诸水。循僻岩数百级，上讲经台，宫殿壮丽甚。殿后依岩建静院修廊。廊外缘峰岩泉互相照耀，僧人刳竹从岩畔取泉，声韵更悠。诸如古峰修柯、朱藤蔓络，幽闲绣森，当不让三山五院。返峡南趋，皆奇石，块而伏者，锐而昂者，如狮如貉如鱼鸟者。几经转曲层累，上云麓峰绝顶，昔金道士禁足处也。后冶铁为瓦，凿石为柱，建宫祠玄帝，右五岳帝祠附焉。四面环绕，多珍木茂树，轮囷扶苏，而南首琅玕近千个。倚栏凭眺，溪谷田隰，冈阜林泉，江河波涛，洲渚城郭，王居庐井，俱在紫气青烟中。稍降，有石飞岩外，如伸螭首，面平如砥，约二丈。土人竖石，为柱为栏，覆亭其上，拜衡岳。石下空深近数丈，瞷之毛发皆竖。百千簇竹树自下迸起，劲挺凌霄，姿态百出。又转一奇观已。从石趋南，降百十级，山自峰顶累叠下，围垣高护，谷中土石纹致，控昭霞而襟湘水，其野秀更异他山。自山左渐趋渐下，过咏归桥，越桃园，至道林坪，古有道林精舍、四绝堂、石浴池、道林寺，又别有天地也。

四面高山环合，异石悬岩，若舞兽翔禽，云霞映罨，五色氤氲，涧流山泉，飘风激滃，漱石铉铿，可当一部鼓吹。远望樵夫牧竖，隐跃如画图中人。对面三洲，水陆寺屹然江心，为麓山闬捍。渔舫巨舰缭绕上下，水光烟波呈巧献奇。有是哉，岳麓之胜，甲湖南而光今古也！然而，岳麓之传自书院，其重以朱张。况乎禹碑蝌蚪，千秋欣慕。递汉、晋、唐、宋，以迄于今，帝子名贤，禅宗羽客，风韵如新。夫岂非山川奇异，足畅襟期而开清旷之致耶！

重修邹道乡先生台记

明·邹志隆

岳麓书院之有道乡台也，所由来远矣。道乡先生讳浩，字志完，家世晋陵。宋哲宗朝，先生为右正言，抗疏立后，事忤章惇得黜。徽宗寻召为风阁舍人，蔡京忌之，出判衡州。时崇宁二年也。道经于潭，潭守温益阿诸贵人意，下逐客令，旅店不容。风雨夜渡湘江，山僧列炬迎之，大倡理学。此岳麓书院有道乡先生，而道乡先生有台之始也。越数十余年，晦庵朱先生、南轩张先生讲学湖南，称为小邹鲁，访遗迹而绍明之。一筑台，一刻石，夫亦两先生之深有当于道乡先生也者，而谋为志不朽乎？

会隆视学南楚，驻星沙，距岳麓襟带水也，褰衣从之，跋草涉苇，吏属毕集，爰度爰谘，婆娑废墟荒壤间，不胜屋社之悲。而“道乡台”三字碑，摩崖剔藓，则不啻灵光之岿然存也。岂人与地别有神物护呵其间？故造化不终闷其宝耶！夫人亦有爱剑履者，不以形而遗也，矧宗伊祖洛，滴滴归源有真焉者乎？人亦有珍手植者，不以微而忽也，矧抗颜折槛，扶纲植常，凛凛然生气有大焉者乎？且朱张两先生，固一世之大儒也，千古所望而宗焉者也，而高山景行，辄相引以为重，则知生同其揆，没亦同修文地下者耳。两先生有灵，其割半席以避知己也明矣。即以六君子论，如宋之垂范李公，共父刘公，国朝坚远陈公，皆以守土儒吏，无靳庙食。夫岳麓亦衡土也，判于衡亦司土吏也，与李、陈诸公相剖符而理画疆而守者何以异？乃进不得共登朱张之堂，退不得颉颃六君子之列，岂寓贤一节足尽先生耶？抑当年纂修诸君子固议而不计耶？尚兴而有待耶？礼可义起，道以人行。若有俟于今日者，乃相乃度。惟山之阳，高者夷之，棘者薙之，即僻在湫隘乎而孕毓秀灵，吞吐风气，居然沂浴雩风而山瞻斗仰者矣。

是役也，捐赀如千缗，构宇三楹，中设一木主，神有依也。左横列道乡台碑，旧可仍也。右横列道乡台记碑，事足征也。乃立高门，颜其额曰“道乡遗址”，俾途之人皆得过而问也。至筑之登登，削屡冯冯，环堵具兴，而事竣矣。台成，置祠田如千亩，总岁数而会计之，以输税之余，半给郡学博举祀事，无忘春秋；半给祠僧膳香火，责之洒扫除涤，无他逼处，此亦以存山僧列炬相迎之遗意，庶几续传灯于不灭云尔。时长沙守何公节，四川人。郡佐师公承宠，四川人；程公文律，广西人；黄公元声，江西人；宁公绳武，南直人。长沙令赖公朝选，福建人。善化令潘公之楫，广东人。一时诸贤各协乃心，共襄厥事。为堂构肯者佥云无遏佚名贤以光祖德，视向者下逐客令，而风雨栖其止，有山僧作朋好者，其人之端邪、贤不肖去相万万。司李宁公专董是事，以修明书院诸贤于阐微觐徽有大功焉。善化潘公亦以其地隶治内，故一切劳任之。而拮据督工，则善化佐令谢国瑞也。是为记。

鼎建玄帝宫六元帅殿碑记

明・周堪赓

考道家言虚危之精嬗，而为人蚤岁修道太和山之南岩，道成，乘龙天飞，是为玄武之神。自兹风穴雷洞，应变不测，以黑驼裘角之剑，断魔消邪，为国为民，灵贶裒集。于是，群仙四朝而特起乎中央，旁有介士，玉板金录，冉冉而升。锡之荣禄，振宗风于永劫，协水德以通玄，其三天之炁与其九清之辅也。故阐其威曰帅，尊其灵曰玄。盖坎北方之卦也。皇元之兴，肇始于北，北方之气将王，故北方之神先降，鞭驾风雨，震煜日月，山川鬼神以莫不宁。至元庚午冬月，帝献龟蛇瑞相于大都高梁河，此后天而奉时之应也。帝尊居太乙，驱摄万灵，周行六合。佩玄旗，垂斗柄，启天扉，腾绿斧。非帝罔以噏其灵，非帅罔与嘘其略。此先天而弗违之理也。故玄君陟降，左右六师者，帅之昭事钦若乎；勾陈千仞，抗我皇棱者，帅之夙夜寅畏乎；键櫜载挥，以庶孔殷者，帅之介福四境乎？惟帝之作镇，均房间也，参居三华，雄视南衡。从古七十二家登封有迹，所在祷祈，山委川赴，况长沙翼轸之墟，殆七十二峰之所托足也乎？然则，其能出雷雨，昭灵符也，天告之矣。

麓山遗迹，旧有玄宫，引以石径，植以松杉，磵甍鹄峙，洞户蜂缀，游者入山，望之如环霞披雾。自吉藩胙土以来，而旅祀隶焉。隆庆壬申，内辅李公安缔旧宫而新之，告成于万历甲戌之冬，今阅岁几七十矣。猿鸟幽嗥，林榛纷覆，蜿蟺龙宫，黓焉轮劫。右辅忠吾张公，时蹑麓山之胜，愍兹旷地，谓帝为岳镇，祠望所归。以圣天子绥柔百神，我国王屏藩四履，微臣窃禄怀恩，廿有余载，捐縻罔效于上，寸丹聊矢诸神。曰自今以往，内和外宁，锡嘏王图，繄帝之休，其何敢爱一缗一线，不以为山灵助。于是选材诹日，沿帝之常制，范新铁瓦，覆堿貌坚。初年缺一天门，乃鼎建三楹，镂饰六元帅于前，壮帝威也。钟鼓在县，考击以时。丹碧焜晃，洵谓具美。诸若圣公、圣母、天妃殿、飞来阁，翼翼煌煌，一还往格而丕新之。于时，平川王公一乐捐镪，助襄厥美。经始于崇祯壬午五月，越八月而工竣。

噫嘻，开辟以还，金真出世。其八十二化，实同天地并永。曩也圮而复隆，今且新而加盛，忠吾公道缘广覆，玄德上歆，将与是山叶灵不朽也哉！其辞曰：

虚危之精玄武君，上临玄天配至尊。穹龟赑屃螣蛇蜿，手指北斗酌乾坤。四十二年游紫府，苍龙在左右白虎。朱方翼翼朱鸟举，腾精蹑影我为主。山灵守之谁敢侮，或按长剑坐黄庭。吐纳日月含风霆，五龙冉冉随降升。倏而去之若流星，忽而来之雨冥冥。鬼车九头匝火屋，山鬼倚树惟一足。玉虹飞兮紫电伏，长蛟鼓浪沉平陆。神君一顾将赤族，前有殷房后马田。陈搏尹轨相攀援，堂堂大将凌风烟，五龙守位辅乾乾。新开大殿晃云缠，璇题藻井相钩连。愿神汛扫下三天，湖南作镇万斯年。

重建岳麓书院记

清・周召南

今上戊申，予以填抚之暇，与耆旧诸君子修明掌故，刻《长沙郡志》成，因而稽古今风教之盛衰，则巍科大节在南宋为尤著。考其时为连帅、郡守者多名臣大儒，相与崇正学之功居多。所称师帅守牧，其人则杨文靖、真西山、朱考亭诸先生也。所称倡道讲学，其人则胡文定父子、吕东莱、张南轩诸先生也。若夫讲学肄业之地，则环州邑为书院者十数处，而岳麓为最大，朱张之讲席为最专，前后安抚刺郡四刘公所创建为最备。昔在咸平、祥符之间，海内四大书院，独岳麓奉诏赐额，颁经籍，敦聘山长，立三舍法，则恩数为最异，虽百世可也。历元与明四百年间，教不逮古，地亦有兴废。废之既久，无如今日。予过其墟，不能不忾然以思也。既奉今上诏建义学，亟为卜郡庠左，师书院制，选佳士而鼓昕之，蒸蒸起矣。诸耆旧子弟复抱《岳麓图志》以请，愿得襄事还旧观，若山川文献之灵勃焉相觋者。爰集藩臬、守令、师儒而谋之，佥曰韪哉。举端谨者董其事，得云阳诸生刘温良、长沙义耆魏朝荣任之。即以春夏之交，涤其灌莽，搜其残碣，疏其流泉，鸠工庀材，役者千指，日给直作食如理家事，属郡倅某时一阅视耳。江以东吏民若不知有将作也，逾岁六月而工竣。

按图以报，院之左阜隆起，别为礼殿，陛戟廊庑如郡县孔子庙，独循旧制肖杏坛像，四子侍焉。别增名宦、乡贤，祀有事于岳麓者为不同。院以内为堂者二，曰成德，曰静一，皆讲堂，而成德则陈钟鼓敷皋比之地也。为祠堂者二，曰崇道，曰君子，报功也。为台者一，曰道乡，怀古迁客也。为亭者二，曰拟兰，曰及泉，临曲水幕洌井也。合而缭之以垣，凡二里许。昔人动称数年、十数年次第而就者，今皆巍然翼然，丹雘燦然，一旦复其壮观，而坚浑雅丽数倍于前，谓非天人交助之力不可。予因是而窃有感焉。

唐虞立德，三代立政，而教行于德政之间。孔子兼之，以学为宗。故子思直指修道，谓教而其要言曰：修道以仁。夫仁亦二氏之所窃据也。然二氏必不可以治天下者，无其道焉耳。宋儒惩唐之弊，而濂溪挺生于楚，文不在兹乎？迨淳熙、乾道时，诸大儒迭为此邦之师帅牧守，以理学为吏治。南轩先生适以其学侍魏公于幕府，密赞忠勤。考亭夫子嗣且以安抚帅潭，政教大行，比于邹鲁，海内学者咸以岳麓为归，则两公之能用其仁益明矣。然而浮屠、老子之宫，当时非不并盛，诸名臣大儒但力举其政教，以匡翊忠孝廉节之原，未尝喋喋焉与之相排击也，亦恃吾道以包举之尔。今五百年昌期再振，当必有绍明绝学者来主之。予愿有志之士敬业于此，以求道与仁之实际而大用于天下，勿徒滋朱陆之辩而成洛蜀之竞也，斯社稷赖之矣。诸士谓落成当有记，敢以鄙意质于大君子云。

是役也，为栋宇若干楹，计费三千余缗。方与督学使议，将以饩士之廪、筦钥之司、山长、堂长之名，仿宋制请于朝，而诸生先砻石求记岁月，并勒藩臬、郡县及郡人士同志而襄事者于其端。

游岳麓寺记

清·李何炜

岳麓有寺，至唐始大著。沈欧之笔，杜韩之篇，世所宝也。近闻寺有掘土者，深数尺，得瓦百数十片，虽不及未央铜雀，以为砚，颇能下墨，云是王僧虔藏物，则晋宋以来有之矣。崇祯癸未，寺既毁于兵火，竹木斩伐几尽。肺山和尚力募再创，高下参差，纵横疏密，远豁慧眼，实具匠心。弥嵩，其上者也。参学有年，不愧付托，精神渊著，情致萧散。师已西归，敬遵遗命，厝其蜕于寺后，而塔封之，予诗中所谓“宝镜台前种明珠”者是也。山气如渴骥奔泉，至此忽自住其衔勒，形家遇此甚难，而肺山安坐而得之。释云无生，何有于骨？盖衣钵相传，自有世系，未有为人子孙，而忍暴露其祖父者，则佛氏之教亦何尝大远于人情哉？

弥嵩业浮屠而能为儒者言，与予辈登高而眺，倦游而坐，直至月出，重以茗饮。予与王子在简不能断酒，因携与俱，弥嵩亦无忤也。语次，偶征梦事，各述旧闻。忽有蝶集于席上，两翅文成五彩，与皓魄相为映照，良久，始栩栩去。昔支公善解庄子，岂其神化为之乎？月过中天，仆侍皆睡，露浓草湿，未寒已凉，因与邹与传、章戴谋共出寺门。东望郡城，万籁无声，独江间渔火时隐时现，风静波恬，云无纤芥，历历可指数也。昂首四顾，真武殿出于颠际，竹树环拥而荫之。真武有帝者之号，故其位置不妨高于佛，恨无徐佐卿鹤化术耳，然子猷之兴已尽。黑甜一枕，晨钟唤起，与同游者饮，而后诣之。道人方起，案有桃实数枚。道人谓此径榛莽殊未易翦除，独予以一缁一黄，彼此往复，何为幽寻及此？盖为望南岳而来也。与道人谈华山䕫岭之胜，不觉精魂飞动。道人以病不能久语，别去。下殿行可百步，少折而西，为飞来石。七十二峰恍在白云紫气中，得韩幹韦鶠操笔，当以匹练概括之矣。

弥嵩曰：此行岁月可书。山中高寒澹澈，岳麓如此，则拜祝融而登峰造极者当复何似，又安可不使世间尘滓人知之？于是以属不律，使有记焉。

乙卯七月十八日

建复禹碑亭记

清·黄性震

治水碑在岳麓峰顶，蝌蚪奇迹，传于岣嵝，海内学士大夫莫不奉为神物。前代司土者，曾构亭庇之，盖以保护为崇重也。今上御极之二十有五年，余忝承简命，备员楚南，兢兢职守，弗暇登陟。今年三月，乃得纵观岳麓之胜，寻览碑文，则七十七字，一片磨岩露立于蒙茸瓦砾间，自明监司石君重修后，累经兵燹，榛莽弗芟，烬于野烧，已数十余年矣。呜乎，睹河洛而思禹功，千古有同心也。余安敢对古圣之奎章，坐视其浸淫于风雨乎！于是庀材鸠工，给值佣作，纤毫不以烦民，经旬乃讫。是时，大中丞丁公修举岳麓书院，四方生徒盛集，我皇上亲洒宸翰，悬额颁书，天使遥临，震耀山谷，而兹亭相继落成。休哉！昔之禹碑，今之御书，山灵景运之升，与圣道中天之庆，何其后先协应也哉！夫平水土者，大禹当年治水之功；而立民极者，皇上万世教人之泽也。后之学者，读禹篆而思奠丽之德，仰御书而深淑性之思，则治统、道统与日星河岳并垂。天壤是则，余之所厚望也夫。

重修道乡台并建祠堂记

清·赵申乔

余莅潭治事之余，即稽旧典应秩祀者。所司详列具报，内有道乡祠，而其祠之所在并祭者何官，俱不可问，是名存实亡，俎豆之缺久矣。及览《府志》载：道乡先生谪衡，过长沙，守臣温益下逐客令，旅店不容，风雨夜渡湘江，至岳麓，山僧列炬迎之。后南轩张先生为筑台，晦庵朱先生刻石曰“道乡”以表焉。明万历丁巳，学道邹志隆改赫曦山下，建屋祀奉，今废。余为低徊慨叹者久之。夫先生抗疏危言，植纲常而忤权贵，功名既所不顾，身家亦不遑恤。何有于台，何有于祠？第以先生廉顽立懦，闻其风者莫不肃然敬，油然爱，愿得其遗迹，一瞻其庙貌，以附于私淑之列，而因以激厉有位，扶进人心。何为一台一祠，听其废而不复也？因问其台，台在，不过苔鲜剥蚀已耳；问其祠，祠在，不过庭垣倾圮已耳。此仅仅木石畚筑者，犹非甚烦难之务也。何载笔者竟指之为废址而守土者，遂缘此以废其祀也？前哲芳徽，忽然泯没，岂朱张两先生垂示不朽之意乎？

予于楚南理学、忠义之祠久而渐湮者，悉已修复荒坠，清其基址，焕其规模，而先生居歆之地尚委草莽，是予之责也。岳麓隶善化境，乃与善邑章令谋所以兴之，俾先往相度。章令复予曰：邹学使建屋三楹，置主祀于中楹，今木主已失，而左为道乡台碑，右为邹学使自撰碑，此即志所谓建屋奉祀者也。然地处洼僻，屋太浅隘，不足以容骏奔，光祼献，似宜举台碑中立，以崇朱张之迹，而改卜壤建祠以隆禋祀之规，惟载夺焉。余深然之。爰于书院前左方得隙地一区，构材鸠工，为祠三楹，缭以周垣，中为祠门，栋宇台城，一准程式。其台碑既迁于中，视榱桷之朽者更之，瓦甓之损者易之，墙堧之颓缺者补而完之。凡阅四旬，而始竣厥事。惟台与祠相望，一时并成。自此春秋致祀，济济跄跄，可无叹于寒烟蔓草矣。

嗟夫，先生之没已数百年，而眺其台如见先生焉，拜其祠又如见先生焉，彼章惇、蔡京、温益辈，虽得志乱朝，而至今齿其姓名，牧竖犹为唾骂，则先生可无憾，而后之为惇为京为益辈，嫉正若仇、误国流殃者，不亦当瞿然悔悟，以免为山僧之所窃笑哉！余固先生同里之后学也，叨抚是邦，幸借兹台兹祠，记数言以光于兹土，而更期后之人时加葺治，勿忘今日之举焉可耳。至邹学使置有祠田，按碑清厘，以资香火，亦崇久远之一助也。

六朝松赋

清·蔡以偁

夫何黄云大野之漫漫，凛然见古之大英雄参天地而独立。六朝送金粉之灰，百战走龙蛇之血。既雷电丁甲而长呵卫兮，又神奸古鬼慑孑魄。朝往来于七十二峰云兮，夕形影于三十六峰之月。蛇子蛇孙，蛮烟蛮雨，逍遥兮不计岁年，倔强兮不随仰俯。金碧斜阳，江山千古。石号飞来，碑名岣嵝。不见入地四十围，擎天一尺五。衣冠非故人，第宅皆新主。剩支离兮此身独，抑郁而谁语。重为告曰：

太上无功，至德无名，其用也，以无为；流水不腐，户枢不蠹，其天也，以劳全。自今而后，吾与子，将或推或挽，趋趋焉以媚世取寿乎？抑将不雕不琢，睢睢焉而忍与终古也？

自卑亭记

清·赵宁

岳麓书院在麓趾之阳，自长沙往者，济江登岸，道出山陂田野间，峰峦可数，林壑渐开，为程三里有奇，虽皆坦平无险阻，然求一憩足之所，则不可得也。康熙乙由岁丁大中丞思所以广教化，育人材者，捐俸重新书院，以聚生徒，延宿学以主训迪，置饩田以资膏火。又疏请御书匾额，秘阁经史，以旌先贤备讲诵，而庀材鸠工，则委其事于宁。既已相度经营，自圣殿以及祠亭、门庑、坊表、垣墙，与夫泉池、阶径，悉补葺而更置之。又稍拓其右，建御书楼，前增文昌祠。山旧有二亭，稍上曰道中庸，更上曰极高明，皆考亭夫子所创而名者，今俱无存，亦仍其基重建焉。工将讫，规模成就，纤细毕举，区舍池馆之间，足以藏修游息。惟自书院达江数里，往来无所暂息，彼负笈至止者，欲少从容揽胜概，而无一厦以避风日，岂非缺略乎？于是，度于道中建一亭，俾与高明、中庸遥相睇瞩，而名之曰自卑。

盖尝闻之师矣，强急之趋，半多颠踬；骤躐之行，无裨率循。彼夫圣贤之道，功极位育，而修之只在戒惧慎独之中，体之不外夫妇伦常之际，不益信登高行远之有自哉。於戏！游斯亭也，仰高山之靡遥，景前修以遵迈，其于学，亦思过半矣。夫虑其所缺，以奖翼之董修者事也。故既建斯亭，并为之识，使学者有省焉。

康熙二十七年三月上巳，长沙郡丞山阴赵宁记。

麓山寺重建藏经阁碑记

清·常名扬

经何以有藏也，曰崇法也，尊教也；藏经何以有记也，曰志其始也，要其成也。自陈武帝舍身大庄严寺，得姚秦鸠摩罗什所译诸经，汇而藏之，嗣后名山大刹莫不有藏。昔如来说法四十九年，至于无法可说，拈花一笑，以为教外别传。不知四十九年一言一语，莫非法也，即莫非经也。故竺国大藏凡八万四千四百卷，而在东土者仅三千八百三十三卷，则今日僧伽所诵，皆我佛未完之书耳。

长沙岳麓，为衡山七十二峰之一，旧有麓山寺，即古鹿苑。李北海碑记谓创自晋泰始四年，若法华泉、舍利塔、讲经台、六朝松，皆始祖法崇尊者遗迹。寺有藏经阁，自唐景岑禅师相传迄今，其兴建之源流，未易悉数矣。有明之末，躏于烽火，宝地摧残。皇清底定之后，肺山檀禅师结庐而居，茇榛芜砂砾之余，经营祖庭，梦感大中丞周公。于是大殿法堂，百废俱举，而藏经阁亦岿然复新。甲寅之警，夹江相拒，阁既旋毁，经亦随废。中丞丁公，方伯薛公、张公，廉察钱公，大参赵公，后先经理，然规模虽备，布置未遑也。岁戊寅，余奉简命，秉宪兹土，渡湘江寻大禹碑，谒圣庙，访考亭、南轩讲堂故址。循麓而登，瞻大雄殿，阿诺上人迎见于维摩丈室，知为肺山冢，孙记莂于弥嵩灯和尚，继洞宗三十二世，因言经阁之迭兴迭废。余恻然念之，为此倡导，相度地宜移建于松关之上。阿诺复塑大士于阁中，又购山下军田四十五亩，为焚祝接待之资。阿诺可谓克荷宗风者矣。阁既成，请记于余。

尝思经者经也，先古圣贤之书，如日月之经天，江河之经地，万世不可易者也。释氏之教，本属空虚，后人尊其所说，奉以为经，传世无穷。读《楞严》《大乘》诸品，莫非心性之旨，与吾儒似异而同，故能并行而不悖。初祖西来，直指根源，不落语言文字，以注经为担板汉，而宗教始分。不知正法眼藏，涅槃妙心，大包无外，细入微尘，不在诸经论律中。如来亦云：有能受持读诵者，其福德不可思议。则经以传法，阁以藏经，宜阿诺之殷殷以期于成也。推阿诺之意，岂仅修崇废坠侈祖庭之盛事哉！将使后之学者登是阁，阅是经，举无上妙谛，揭扬宣著，愈远愈新，以无负肺山、弥嵩之寄也。是可记也。

岳麓书院四公德政记略

清·王文清

书院在深山之麓，创自宋开宝时。江岸有古石牌坊，定向与旧院向差一宇，朱子所欲改就之而未及为者也。乾隆中，建城南书院于会城中，阛阓纷华可悦，而岳麓书院遂鞠为茂草焉。

时太守吕公南村聘予修长沙郡乘，蹙额告予曰："吾守此郡而不能复岳麓书院，吾不能见先人矣。"因捐俸薪请予馆此。予以终养固辞，吕公请益力；又令司马鲍公、县尹魏公、明经朱槛到门敦请，予乃就席。及门多应童子试者。迨学宪按试，邀山灵之秀，入泮者凡十余人，后中式者数人，其姓名今犹勒讲堂右壁。于是，读书士子争束行李渡江，肄业岳麓。当事亦以师生膏火移归岳麓书院，而岳麓书院遂从此中兴矣。此德政之出吕公者，一也。

然朱子欲就之向犹未成也。癸未、甲申间，抚军陈公榕门毅然拨公项金若干，增斋舍两层，凡数十间。照依朱子所定向：两山交会，大江横绕，路从古牌坊下而出。大修后，连科贤书叠荐。此德政之在陈公者，二也。

书院在深山中，人烟稀少，暮夜屡受穿窬之害。予亟请于驿宪熊公蔗园，乃详定更夫二名，每年共给工食银壹拾肆两肆钱，永夜轮守，师生安枕。此熊公之德政，三也。

戊子年，当事以术士祸福之言，忽改书院偏对麓右。白虎高昂千尺，院中灾病大作，几致撤散。幸德公纯庵来抚，予为先后详述其事。德公按视之，曰："此如人面然，移嘴居右耳之旁，尚复成人面乎？"立命有司唤匠作即行拆改，刻期观成，门复旧制。院中渐次安堵如故。是德公之德政，不居其四乎？

此皆予亲历其事，亦通省十余郡中所共见共闻且共仰共感者。予掌岳麓教，前一载，后八载，今以耄年辞归。恐后人不知详故，特据实而略记之，附入《岳麓志》中，俾后之沐浴此中者每饭祝之，而世世无损善政、无忘旧德也。

辛卯冬日题。聘通省岳麓书院山长宁乡王文清题于半学斋头

朱张祠碑记

清·旷敏本

南岳七十二峰，独岳麓传者，以书院也。书院遍域中，独首岳麓者，以朱张也。朱张旧有专祠，祠久废，奉主于四箴亭，非所以示崇也。当事诸公重建于书院之左，仍旧额曰崇道。妥主之日，肄业诸子拟仿柏梁体作歌，既而思“超然会太极，始知太极蕴”，朱张之诗备矣，乃属予记数言。予惟太极者，一也。一者，无欲也。无欲，则公于己者公于人，与天地万物为一体。此即五峰所授南轩求仁之旨，晦庵所与论中庸之义也。夫儒者之学，岂其自有余哉？濂溪谆谆于志伊学颜者，伊弗视弗顾，颜克己复礼，盖惟无欲之尽。故天下自任，天下归仁，包六合于方寸而非夸也，而其源早裕于莘野陋巷之乐。乐故无欲，无欲故无我，忘怀得失，人我一视。当年讲席拳拳，端不外此。愿与诸子勉之。

岳麓书院文泉记

清·姚颐

先是，大中丞南丰李公慎抚楚南之明年，既饬纪纲，厘庶务，念厚风俗必先文教，兴文教必自书院始，乃与方伯廉使诸公谋重新岳麓书院，而鹾使纪公实总其成，乡大夫洗马刘公率绅士之贤者董其役，以己亥冬十月，庀材鸠工。既而庚子夏四月，李公奉命移节粤东，今大中丞诸城刘公继之。至秋七月，工甫竣，而泉适涌于讲堂之西偏，既清且甘，可鉴可酌，同人相贺曰瑞也。遂疏为方池而栏之，而余为名之曰“文泉”。

泉之在山常耳，而往往出之有时，譬之人才，然天下无通都僻壤，皆将有扶舆清淑，磅礴郁积其间，而因时以发，况楚南故名区，岳麓又大儒过化地，百世兴起，人才固未尝一日无。夫士犹水也，水有气，士亦有气。水之气得晴阳蒸之，则浮浮而上；士之气得在上者鼓舞而振作之，则亦跃跃然迎之而兴。且夫天地亦气感也，人受气于天，天之气常与人通。故人有发扬迅奋之气，天亦不吝为之应。父兄之于子弟，望之以文章，期之以贵显，则为之延明师，取益友，日夕而督课之，不必其子弟之尽能遂有成也。久之，而其家必有振拔而起者，人将曰此天所以报其父兄也，则亦一气之所感然也。惟贤邦伯牧，长之于士，何独不然？然则，斯泉之涌，时哉时哉，岂非天哉！夫泉之道浚而日生，引而不竭。而适以瑞吾岳麓文教之兴，人才其自此蒸蒸矣。命之曰文，不亦宜乎！然余闻经天纬地之谓文，诸公之为教也，盖将勖以实学，使继朱张之绪，道德经济本末灿然，不仅如世之以词华富贵相期者而已，则其名盖不易副，而余亦有不得不为多士劝者。然要之士气之奋，于斯泉征之矣，遂为之记，既以质诸公，勒之泉侧，且将以告李公云。

岳麓书院记

清·易宗涒

宋四大书院，曰嵩阳，曰睢阳，曰白鹿洞，曰岳麓也。嵩阳、睢阳、白鹿洞，皆民间所建，惟岳麓，乃宋太祖开宝中郡守朱洞所创。真宗咸平中，州守李允则请赐书籍于院，而山长周式以行义著，召见，拜国子主簿，赐鞍马，使归院主教，而书院始盛。高宗绍兴中，安抚刘珙延南轩张子讲学其中，而书院遂益盛。光宗绍熙五年，朱子晦庵安抚湖南，更建于爽垲之地，立馆舍，置学田，为诸生讲学，以黎贵臣充讲书执事，而从者数千人，一饮马而池水尽竭，遂有潇湘洙泗之目，其盛甲于天下矣，嵩阳诸院皆不及也。元世祖、仁宗两朝，刘必大、刘安仁次第修葺。自是而废弛者百五十年。至明孝宗时，太守钱澍因元旧址重修之。陈钢、李锡、彭琢、杨茂元、王瑫，踵事增华，以成前志。武宗朝，守道吴世忠以风水未美，迁正学基，翁理孙咸置田千亩，以攸人陈论为山长，著《湖南道学渊源录》。而学使张邦奇，鼓励有加，彬彬蔚起，远近称颂。世宗朝，太守王秉良、孙咸，更为建置，名其斋曰诚明、敬义、日新、时习，舍曰天、地、人、智、仁、勇。复请赐书、置山长如白鹿洞例。学使郭登庸聘郡人熊宇主教事，使诸生卒业。逾年，中式者十余人，一时振兴，遂逾其旧。至神宗朝，巡道李天植及吴道行、唐源鼎、潘之楫，又加培植。崇祯年，黄承中、高世泰重为兴复。然视朱张之盛，则皆有间矣。此书院修建之大略也。

建创固历千年，恢扩尚资今日。康熙二十六年，我圣祖仁皇帝御赐“学达性天”之额，兼赐《十三经》《二十一史》于院，中丞丁公力为修葺。嗣后，贤当事接踵举行。雍正二年，命生主教其中。今皇上加意作人，于雍正十一年，各省皆赐千金，以为书院兴贤育才之资。更逢大中丞钟公，以宗伯师臣开府南邦。仰体宸衷，情殷化导。商之藩臬两司，精心筹画，将千金别为经营。为岳麓计永久，各节其禄之所入，重为修治。延李君天柱为主教，以司训罗君士撰司其管钥。俾诸生读书其中，授以饔飧，资之膏火，中丞公率其僚属亲临其地，劝诫赏赉，人人自奋将来，望风云集，书院之盛于兹方始矣。

窃以岳麓秀发衡山，蜒蜿千里，三湘环其下，洞庭澄其旁，踞湖南之胜地，固重矣。而又有朱张两大儒讲学其间，而地又以人重也。今我朝两贲恩纶，赐额赐金，又有当事为之宣承，俾永久无坏，其辉煌炫燿，增重于书院者，又越古今而上之矣。独是读书其中者，当知其所重，不徒以工文词、弋科名为能事，务求隆德茂业，以仰窥于天人性命之微，坐言起行，出而赞襄文治，人伦明而王道成，盛莫盛于此矣。则庶乎朱张讲学之旨有得，而不负皇上教养之隆恩，当事作育之深心也夫。

奎星楼记

清・罗典

壬子夏五月初旬，制军毕公秋帆先生以诘武再莅长沙。十四日渡江，亲主书院文课，与学使张公忍斋先生偕至。制军谓己酉跻岳麓绝顶，揽得大局，今当就平宽势一环面之，因复偕学使出登台。遽指是山左界一支，从禹碑前正脉数折而下，既外作天马横峰回抱，内复于平田中突起高阜。其来曲隐隐，有过峡处，使人踪迹之而信。喜曰：此天成也，可以构魁星楼冠之，以当文峰，为今秋闱发兆。旋遣趋致白金一百两整，属为经始之藉。

明日，诸学徒同辞请于余曰：斗魁缀联，文昌正宜；仰迓灵光，以资其荫。且制军以庚辰廷对第一人，出而持节秦陇豫楚，既历二十有三年，海内无与伯仲。彼吉曜中，所称天贵，欣有真矣。今实得其降临周览，指示所宜，如其言必有奇验，已订同人更朋资助之。时复有溆浦戴生，通日者之学，轮指而得吉，亦即来告曰：五纬之行天，木为福德之主，火为文明之极。今岁在壬子，值六月十八日，二星同会于苍龙之角度，千载未易得逢，时不可失也。因相与候之初昏，皆确然不惑。乃其跃跃集工料，刻期纠督，不半月落成，事诚美且异矣。楼之制，周回八丈，作八方式，方一丈，高二丈八尺，塑像七尺有五寸。望之轩耸欲翔，炳焕相辉，地与人之灵杰相凑会，端有赖焉。今之从余游者，适及乘时与力，以荷承嘉应，夫岂偶然者。谨覙缕营建颠末，为之记。

江神庙碑记

清・余廷灿（代湖南巡抚李世杰作）

湘江滥觞阳朔山，迤逦汇潇、蒸诸水，北折而下至长沙，江澜澄涵不怒作，则橘洲浮其中。《水经》所注：橘洲，子戌者也。考湘江清照五六丈，下见底石为樗蒲齿，宜若空明净澈，千里一碧者。独橘洲匹练曳水面，如荇藻牵风，湘人传其初无根蒂，能与波下上。盖江之瑰奇，灵异谲诡正于是乎聚。昔人尾洲建拱极楼，雄观俯瞰，所以陪护墉隍夹辅，形势与岳阳、黄鹤名胜相望也。

雍正八年，世宗宪皇帝下诏湖南以江神职司江渎，利赖舟楫、云雨、井牧、土田，宜秩祀所司，又选楼前地作神庙。奉春秋庙制既上关国典，且与楼并峙，奠定中流，橘洲益增严整壮丽矣。岁既久，栋折柱摧，瓦泐甃破，上雨旁风，无以崇明祀饬钜观。至叠议撤新，而皆不克蒇事。今大司空刘公驻节长沙，时政通民和，有愿输金百两呈请劝众捐修者。公度不可禁，即严饬有司，无废无侈无扰。众欢趋之，不期而集醵金若干，遂荦材遴匠，作庙重三殿门，其前作楼级二层捍其后。周遭啮岸甃栏，以次凿金嵌石，坚致玲珑。起庚子，讫壬寅，工落成。而余适奉简命，来抚军是邦。展庙翼翼，凭楼言言。栖湘灵于恍惚，壮气象以万千。水之蛟宫蜃窟，陆之隩皋神区，与夫湖岳之精英灵淑，皆贡献轩豁，收纳在岛屿、橘柚、轩檽、墙屋间。是以阴阳和，风雨会，老幼蕃祉，年谷连熟，鱼虾、菱芡物土之产，阗溢街衢。

盖是役也，典制严重，神人欢喜，固为天子守土吏所不得简陋者也。而公皆先余为之，余则何幸而承其乏乎！书颠末于石，志美也。经纪其事者，知长沙府事蒋炘曾也。捐金者，别石书之，记实也，从众志也。

岳麓山赋

清·朱滋丹

岳麓之胜甲于湘楚。予客星沙，盖三年于兹矣。日困尘鞅，弗遑登眺。乙丑榴月，适有余闲。嘉客伴予以寂惸，主人佐予以俎醴。渡江游衍，无幽不探，把酒临风，致足乐也。恐睹记偶遗，爰作斯赋。

稽翼轸之象纬，系长沙之一星。照荆楚之疆域，延下土之万氓。厥地之上应乎列宿，郡邑遂因之而得名。舆图奠位，山川汇精。襟三湘而带七泽，簪九嶷而冠百城。粤维名胜，岳麓竦尊。秀本峋嵝，高拟昆仑。谷盘旋而蛇曲，石突兀而虎蹲。书院耸乎冈阜，梵阁矗乎林樊。以是骚人神逴，游士心赏。见则留咏，闻则结想。余也憾星渚之久栖，怅名山之未上。欣主人之予情，幸追陪之有鄰。于时泽兰香郁，娇荷水掬。纨扇风摇，炎曦云覆。一苇将杭，八珍亦簇。就轻舠兮荡漾，挂片席兮迅速，底曲湾兮岸西，登陆程兮步北。尔乃循芳径，蹑深蹬，谘农樵，听钟磬。睹坊柱之卓峙，知寺院之聚胜。道范可宗，讲堂犹在；文风可挹，箴亭尚崇。时习日新，朱张昭其阐教；开来继往，曾李奂其栋隆。曲道细流，亭贮及泉之水；方圭嵌壁，堂留成德之风。拂试邕碑，宛似当年之结构；追寻古迹，方知今日之躬逢。爰是迤逦而西，崎岖逼仄；层累而进，峭峰崤崒。望之岿然而坦削者，石之壁；就之虬然而屈曲者，禹之笔。其文斋皇，其灵炳日。既再拜而稽首，亦神悚而股栗。少焉转山腰之晚阴，度谷口之瀳泬。贾步武之余勇，跻窈窕之修岑。且行且憩，豁目开襟。殿纳千山之翠，禅开万寿之林。黛螯苍松明霁景，紫崖绿竹映清浔。鼓钟寺内严香火，笑语窗前听鸟音。因复还探邃秀，玩狎入昼。入耳潺潺，泉响幽深之涧；凝眸朗朗，江卧嵯岈之岫。礼真君而肃穆昭虔，登岳石而拜瞻恐后。俯瞰而岩崿如鳞，仰观而云霞若绣。岚光拥翠，拓开天地之奇；云气漫空，锁断尘寰之陋。当斯时也，可以消迁沙之恨，可以解骚人之忧，可以释湘妃之怨，可以蠲宋玉之愁。景物意遇，奇胜目收。于是憩东山之屐，设北海之席，擎琥珀之红，泛葡萄之碧。畅我郁襟，乐我嘉客。事彷佛乎兰亭，醉徜徉而岸帻。方今天子圣武神文，英谟胜算，廓清妖氛。声教翔洽，德化流恩。东渐出日之表，西被无雷之垠，南穷火鼠之域，北尽鸟喇之群。文章则昭回云汉，膏泽则汪濊河汾。景庆耀其辉彩，川岳蔚其氤氲。乐升平于化日，获游衍于夕曛。噫嘻！胜景难逢，韶光易转。翰墨罔识，山灵窃羞。虽寡陋之是怍，然睹记之可求。爰驰情于文苑，遂纪事于笔篝。

若夫岩花艳吐，崖树阴浓，枫岭飘红，松峦积素。金燃晓光，珠点夕露，雨洗烟空，月明云路。此又四序之芳华，非一时之可遘。请以俟班马之奇才，补余情之所不足。

西亭记

清·严如熤

当东亭之未构，夫子先得西亭址，因西亭之成，继构东亭。然则东亭之伟丽，固不可盖西亭，况西亭面湘背岳，气象万千，实颉颃东亭耶？岁甲辰，夫子初辟八景，徘徊曲涧者久之，曰是有异。道旁旧有池，鸠工廓而大之。于池侧培小墩，构茅亭其上，四面近柱足，横板供坐具。亭后夫子手植垂柳数十株，近皆长大，万缕千条，踠青萦绿，披拂槛前，春日坐其间，不复作板渚灞桥想。又曲涧绕山麓南注，每风止雨收，烟澄雾净，凭槛听鸣泉声，非笙非竽，沥沥淙淙，令人怡而忘倦。子厚曰“西山爽气，在我襟袖”，又曰“清泠之状与目谋，潜潜之声与耳谋”，借以品题，兹亭固宜。山水之灵，待人而启。西亭在今日，为游麓者开场一胜语，其朔特碕岸小墩耳。因曲涧而得西亭，因西亭而成东亭，西亭之联络其间，亦吾夫子精神所寄哉。

东亭记

清·严如熤

柳子厚有云，视壅则志滞，君子必有游息之所，灵旷之具，使之清宁平旷，恒若有余。是言也，于学者为宜。院左巨陂曰黉门，约占地十余亩，绿波溶溶，胜状为岳麓最。戊申初春，夫子乘水退减，尽泄其停蓄，从中央累石培土作基，高寻有五尺，置亭覆以瓦，长二丈，横分长十之八，四面编朱栏。又缀长桥十寻，便来往不时。自亭之成也，层楹矗碧波上，檐宇轩竦欲翔，涵山黛，吞涧流，云影天光，缭白萦青，鱼大小千许头，日光下澈，影布栏前，往来翕忽，似与游者相乐。诸同人于讲诵余暇，陪杖履，览光景，娱空阔之灵区，涤尘埃之积虑，旷心怡神，咸浩浩乎与澄波俱而莫得其涯，悠悠乎与造物者游而不知其所穷。非真有清宁平旷者乎？集韵语歌其胜，用志赏心乐事，得一亭而已足云。

移建濂溪祠记

清·欧阳厚均

岳麓旧无濂溪周子专祠，嘉庆初年，罗慎斋夫子掌教时，倡建屈子祠于山之阳。落成后，以其左为贾太傅祠，附周子主于其内。每朔望释菜、春秋丁祭、大成殿礼成，率诸生躬诣祠内行礼，岁以为常。厥后，有通人秉臬吾楚，以屈公称谓不典，易其额为“三闾大夫”，于贾傅祠内增设左徒弟子宋玉、景差、唐勒等主，复以周子未闻一至岳麓，乃即其主刓削之，改题为“汉太史司马迁”，加丹漆焉。谓迁曾至楚，有《史记》可考也。近日遂有以汉侍中王逸尝注《离骚》，复增一主于祠内者。夫注《离骚》者前后数十家，往哲名流指不胜屈，安得人人而祀之？此其不待辨者也。至于濂溪未至岳麓而削其主，易其名如腐迁者，奚堪与大儒相颉颃耶？且如宋玉、唐勒、景差，人品更不足论，亦尝涉足至吾楚之地耶？濂溪楚人，以乡人祀其乡先生，何地不宜？乃黜濂溪而祀诸子，通人固如是耶。

嘉庆壬申，袁岘冈侍讲为院长，始建专祠于书院内，特祀濂溪周子。捐赀者平江黄修谅、宜章吴楚翔、临湘方大锦、溆浦严正基，董其役者善化杨璋，碑记具在也。越六年，厚均膺聘而来。又三年，大中丞李松云先生率僚属渡江送学，周视祠宇，以濂溪之有专祀，礼固宜之，惟祠在朱、张两夫子之右，位置尚为不协。于是诸同人闻之，请移建于上。适新辟地构四箴亭，以祀两程夫子，其旁尚有隙地，祠濂溪于其左，位次先后，庶几咸宜矣。爰以募建崇圣祠之羡金鸠工庀材，三阅月而告成，仍奉周子木主祀于其中。制龛位者，衡山肄业生周濂也。先是，康熙年间，邵阳车给谏主讲席时，尝摘张南轩诗句“超然会太极”五字，手书为额，藏于院。今粉饰而新之，悬诸祠内，以存乡先生之手迹云尔。

重建岳麓书院文昌阁记

清·袁名曜

清兴二十余年，文治益渐被。康熙初，中丞周公，讳召南，始因旧址鼎新，构造书院，建先师殿庑，而其时车氏万育、潘如安、陶汝鼐、陶之典、胡之凤、唐世徵、于公允、吴季芳、胡虞潢、陈有为、黄佳色、胡依云、史左严、李先香、张元龙、王士乾、蔡寿生、尹士伟、车万备、施作霖、张元凯、龙起田、刘象贤、陈于前、刘友光、汪大宗、张完楚、丁昌龄、李先登、江有溶、阳始亨、车以遵、刘允祁、苏我望、陈献忠、黄尉、金玉、高榜、尹凫、王琼、黄钫、严珽诸耆旧，同建文昌阁于讲堂后。二十五年，中丞丁公，讳思孔，奏请钦赐“学达性天”额，颁发经史书籍，乃于阁后崇建御书楼尊藏。越乾隆九年，中丞蒋公，讳溥，又奏请钦赐“道南正脉”额，颁发书籍，亦尊藏楼上。璇题宝轴，霱采烺烺，焜耀千古矣。盖圣庙文昌阁之建，越今已百五十年。御书楼之建，亦阅百三十年。中间，当事以时粉垩肸饰，而陈文恭公抚楚，大修斋舍，恢廓旧规。尔时，圣庙、文昌阁、御书楼，工尚完固，无俟缮葺也。名曜以嘉庆庚午岁回籍，自壬申洎今，当事不弃谫陋，俾庽砚兹院，与乡人士相切劘。敬询书籍，早为蠹蟫伤蚀，鲜有存者。而殿庑楼阁材日朽坏，势难悯玏。乃以昔年捐置文昌祭田之余，增醵得四百缗，修葺圣庙，榱桷椽棁，砖甃门墙，臻于完固。而肄业贡生零陵何龙光，遂以独力捐修文昌阁及御书楼，费八百缗，始克蒇事，一切鸠工庀材，皆亲为摒挡。其梁上镂文，以名曜挂名者，龙光让善之词也。于其成，碑以纪之。至重购书籍，以复旧观，则不能无请于当事云。

橘洲赋

清·郭焌

潭城之南，得洲者三焉。盖衡山、湘水之坑隘也。其最胜者为橘洲，俗又谓之水陆洲。或曰橘生其间，故名焉。予谓是洲不必以橘传也。其吐纳风水，映带山郭，秀气绝人区。恍惚遇之，盖在蓬壶方丈间矣。乙卯秋半，与钟子下帷其中，流连光景，吟啸水曲，栩栩然不知身之去尘寰远也，遂不揣而为之赋。其词曰：

翳湖南之清绝，幻灵境于江汀。忽三洲之并峙，讶一水之中分。溯遗踪于志乘，有嘉橘之棱森。美媲湘妃之竹，甘齐楚子之萍。饱足秋霜，红透夕阳之照；舒残新叶，绿分杜若之春。惟此洲之绝胜，遂因之而著名。

尔其隔水盈盈，累石碌碌。城百雉以几横，水双流而带束。恍玉案之浮青，类绮琴之结绿。映带洞庭几八百余里，截湘流而独坐中权；瞻顾衡岳七十有二峰，迤麓岭而长舒左足。怀瀛壶而不见，舟子难招；幸砥柱之犹存，龙门易凿。斯天巧之独钟，亦人工之最渥。则有云台矗矗，月殿层层。南天高瞰，北斗遥撑。影倒清流，恍兮露蛟宫之隐隐；势凌绝汉，忽兮幻蜃气之腾腾。烟霭霭而宝鼎耀彩，风骚骚而铁马飞声。光灿灿而朱栏环绕，炳烺烺而金额标名。响动鲸钟，夜送重阳之雨；帘垂绮户，时栖渡水之云。况复拨竹树之蒙密，带烟水以潆洄。千竿秀出，一径潜偎。作吟声兮风历历，抛碎玉兮月皑皑。闻语响兮人难觅，逗江光兮目易猜。或短吟而刻句，更长啸以浮杯。树垂垂以交密，路冥冥而忽开。尔乃见烟火之成村，值渔樵之错处。俨三市与六街，仍鹤汀而凫渚。尚得草屋万千间，土阶四五步。寒菜数十畦，柔桑百余树。岸多结网之渔人，檐有负暄之老父。三叉路口，交通水陆之行；十字街头，半杂乡城之语。于是事与地殊，亦且景随时变。

若夫水澄波，峰净色，和风翔，皎月出。鼓双飞之燕剪，渔艇斜骞；拖六幅之湘裙，风帆乱叠。瞩天宇之四垂，混水光于一碧。灿暮景之陆离，眩冰壶之明灭。半天霞起，江水都红；两岸沙明，芦花共白。灯悬十万户，清莹之波影俱摇；露下二三更，欸乃之渔歌未绝。若乃天惨惨而云低，风洌洌而江寒。雨巡檐而箸下，浪浮空而雪翻。声如裂石，势欲崩山。两岸林深，猿啼不住；孤灯夜照，客梦将残。系缆蒹葭之畔，卧舟杨柳之湾。仿佛乎落星之浦，依稀乎独石之关。凡此皆兹洲之胜概，历游子而方多。挽波靡以孤撑，叹人类其几何。江山兮如画，岁月兮掷梭。窥园兮徙倚，骚首兮吟哦。笔床茶灶，雨笠烟蓑。水气轻盈，风光淡沲。洗尘襟兮浩荡，极高睇兮嵯峨。乃击楫兮中流，更引袖兮长河。揽澄清兮有日，令沅江兮无波。快子期兮既遇，奏流水兮高歌。歌曰：

海外有山兮缥缈虚无，不可骤到兮仙子所居。爰得我所兮天辟灵区，横槊而赋兮投竿而渔。水天涵兮，碧虚飘飘兮，如坐我于凌风含露之玉壶。

又歌曰：麓山高峙兮湘水汤汤，乍疑无岸兮忽若有梁。岳起方寸兮莫之敢量，秋水时至兮一苇可杭。露白兮葭苍，怀伊人兮不能忘。

重修自卑亭记

清·欧阳正焕

戊寅冬，余家大人来游岳麓，遂登斯亭。顾谓予小子曰：富哉，赵公之命名也，其有概夫中庸之指乎！今夫登高自卑之说，学者童而诵之。至于工文章、取科第，置身青云之上，自命诚不凡矣。迨反而求之日用行习之地，或不必悉衷诸道，是骛高而遗卑也。究所谓高者安在哉？今譬欲登麓峰，扪禹碑，俛视苍茫，慨然追朱张之履舄，而非下循平坂，问途已经，辄谓其能冯虚御风，蹑凌绝顶，其谁信之。然则，深造自得之境，固自有真际焉。诚使远观诸物，近取诸身，平心以督之，实力以践之，从容渐渍以俟之。如循绝磴毋废半途，如陟层峦毋阻一间，卑之既尽，高不可逾矣。则所谓下学而上达，岂外是哉。小子志之，其无忘先民嘉惠后来之意也。于是，小子敬奉严训，缮葺斯亭，而泐其说于石。

岳麓书院碑记

清·郭嵩焘

古者立学，详于邦国而统于君师。比、闾、州、党庠序之教，皆各以其长董之。降及汉、唐，学校之制仅存，立教之意微矣。至宋而书院兴，然后诸大儒者起任师儒之责，以修明礼教之遗，相沿至今而不能废。盖圣人所以尽性而尽人之性者，非能作而致之而已，必将有诗书礼乐之文以游其心于高明之域，升降揖让之节以驯服其耳目手足于和雅之规。而其为教，又在反而求之彝伦日用，而要而致之于中正仁义，使其性之所发，无过不及之差；心之所存，无有奇淫邪僻之为害者。是以萃夫民之秀者，习而游焉，沉潜而餍饫焉，岂以是奖之为利哉！而百司之事，于是裕焉而待理；天下国家之任，于是取求焉而不匮于用。人才之成，学校之效，所从来远矣。

汉兴，广厉学官，以文学掌故为利禄之阶，则司马迁非之。而其时，齐、鲁诸儒习礼孔氏之堂，陈车服、礼器。考仪者习其容，治经者传其义，尚有以自得者。嗣是诸经并立于学，传习者少，师儒之道益衰。于是始有书院，会天下之学者，以道相承，以业相勖规，济学校之穷而广师儒之益。君子之学之大防有必辨者，义利而已矣。尽天下之学一出于科举，其所谓书院者，亦以是为程，泛然不知圣人之教与其所以学者之为何事，是岂立学之本意然哉！

岳麓书院肇始宋初，有四书院之名，而吾楚岳麓与石鼓并列其间。守臣刘忠肃公、真文忠公次第修明。南轩张氏及朱子实躬教诱之。七八百年间，湖湘人文日盛，而未闻有大儒名德相踵以起。今相国曾公以道德文章为时归仰，起乡兵讨贼。一时任将帅若江忠烈、罗忠节、李忠武诸公，乃多出宿学，卓然以扶翼名教、砥节砺行为心。意将有人焉起任斯文之责者，以相维于兵革摧残之余。

同治七年，中丞刘公悯书院前毁于兵，有意振新之。方伯李公发帑金四万，属郡人士成君果道、黄君国瑞、陈君乃涉、丁君敏忠，视讲堂斋舍之就倾圮者，除旧布新，益广前规。凡在学者，感发奋兴，乐书院之有成，相与泐其事于碑。方南宋时，有朱、张为之师，而士之学行犹闇而未光也。元、明以来，人文稍盛矣，抑又无与作兴之。今二公者，为政知所本如此，其为道与教，又益绝远于俗。而吾楚忠孝廉能，隆然以起，有向学之资，其将有明天人之分、通古今之宜，以大兴起于学者乎？于是举也，又始基之矣。

游岳麓记

民国·向警予

久雨新霁，形神顿适。侧闻高等师范有运动会之举行，二三子簇簇然谋曰：高等师范，校于岳麓，其趾为岳麓书院之遗，而岳麓名山也。岳麓书院为吾国古昔四大书院之一，有宋大儒朱子讲学之地也。流风未艾，贤哲代有，虽在湘省，其实不啻吾国精华之萃焉。

昔太史公周览天下名山大川，与燕赵间豪杰交游，无远弗至。今吾侪幸生贤人之乡，躬际胜地，安可不一往瞻觐，迹其精神之所在而自壮耶。乃皆与其徒属行。且涉且陟，出自卑亭，而闳宇倚山，檐牙高啄，高等师范已画然在望。暨吾辈至，则黔首累累，蠕然如蚁动。环而观者，无虑数千百人。而出场运动，已数十余次矣。场颇广大，极目望不见边涯，容数百千人若亡有人。吾辈驻其场所之一隅，远未能明视。而其武术，如掷铁饼之类，雅所未闻见。遥望十许人，跳蹈场中，手长皮带，而左右上下其量之，唱曰若干码、若干码。于时更有旋转其身而掷黑色圆块者。意谓其将有所为，而不知其即掷铁饼也。诸如此类，不胜数。惟观赛跑则绝详。每七、八人或九、十人一次，疾走绕场三、四周，约七八百码。始则互相先后，往往初列前茅者终多落后，而夺红旗辄为第三、四之人，而相随最后者尤莫能与焉。盖初列前茅者志得气浮，精力已暴，故奋于始而亦疲于终；相随最后者去人太远，则委顿而到底无能为振；惟第三、四之人，用力不猛不随，养勇蓄锐，如鸷鸟之敛其威，最后一奋，故常出人意表而不可与京。嘻，人之成业，亦何以异斯也。数周既竟，则头、二、三名往往多人挟持以行，往往距旗数武不省人事，有一人僵卧地上，良久乃稍动，数人挟持徐行场周，良久乃稍有生气。如此激烈，究竟合于运动目的否，兹姑不论。第处此国家陵夷、学绝道丧之际，诚易其赛跑之心，瘁力以致之，以拯其国家之陵夷，而侧之人哀其力之将瘁而不能致也，则为之扶翼，则吾国其庶几乎。诚易其赛跑之心，瘁力以致之，以拯其学之绝、道之丧，则学也道也，其庶几乎！则吾国，其庶几乎！

顷之，其校赐餐，遂入内进食。不知其为头门与二门与，有联一楹曰："惟楚有材，于斯为盛。"今何时乎，才乎才乎，其盍兴乎。餐罢，日已向暮，为之怅然。抚古松柏，低徊留之而不忍去，盖古迹乃未睹其什一也。黄先生曰：诸生其有遗思与，行休矣，事难卒穷。翰臣刘先生方编《湖南先贤录》，帙成，诸生取而终日讽咏之，以索其神可也。行休矣，何必斯。因喟然曰：鼎革而后，吐弃先德，轻蔑陈迹，其故实亦渐渐亡矣。今校长吴雁舟先生始理而尊之，诸生初进所见横匾"名山坛席"四大字，是即先生起而复之于泥涂乱草中者也。嗟夫，学绝道丧，沧海横流，发扬先绪，以茂其德，封而植之。既生于斯，当无玷斯，吾于斯游乃重有慨矣。唯人之情，每勤始而懈终。因物兴感，其谁无之。志于此，以观其异日而自励云。

时民国四年十一月二十七日也

募修古麓山寺启

民国·罗焌

麓山寺者，楚南之奥区，湘西之灵刹，而晋泰始四年之所立也。时有法崇禅师，学悟性相，思通鬼神。请汉宗之敝庐，创僧佉之新寺。茅茨诛结，兰若兆基。爰暨太康，导师则大起前功，愍师则永托兹岭。宋齐聿降，堂构相承，法贤开甘露之门，德安建舍利之塔。昙捷说法，伐祇树于林隈；智廉诵经，立花台于山顶。

嗣是若摩诃衍、首楞、慧性、惠杲、惠亶、都维那诸大师，靡不托钵长沙，驻锡灵麓，澄观坐树，演音开场。金碧建其霞标，缁素感而云集。斯其愿力之大，固造端于桑门；而布施之功，实取材于檀越。

当是时，巨人长德，名将达官，宋则有尚书令湘州刺史王僧虔，梁则有湘州刺史夏侯详、王琳，长沙内史萧沆，陈则有大司空吴明彻，隋则有侍中镇南晋安王乐阳王、总管大将军齐郡公权武，唐则有大司马窦彦澄。大都心契一乘，体空三轮。乐善好施，扶翼西方之教；信今传后，留名北海之碑者也。五季以还，三灵在疚。智海起衰于元祐，智果兴废于至元。明祖崇禅，觉皇显化，讫乎万历，已阅十朝。而君主犹锡以嘉名，藩王亦拓其精舍。虽仍旧贯，远度弘规。至逊清入主乎寰中，故老半逃于方外。肺山一呵而深林虎伏，弥嵩一喝而大众龙骧。于时护法诸公，如少师提督张勇、布政薛柱斗、按察常名扬、粮道赵廷标、巡抚丁思孔、提学邹治隆，或先或后，善作善成，咸护招提，聿新波演，恢张基业，劝助众功。福德多于恒沙，姓氏垂之方志。

时逾廿纪，劫遇三灾。几成锋镝之场，将复蓬蒿之径。禅宇由其倾覆，法会是以凋沦。长老顾瞻，咨嗟悯叹。幸遭斯世，众建共和。信教许以自由，名流亦多归向。宗风大鬯，天雨皆花。由是尊黄度于南台，浚碧湖于北郭。沩山埃灭，方谋中兴；湘水波澄，宜修内典。况兹山为七十二峰之一，建寺在千六百载以前，英灵之所凭依，中外之所瞻仰。而乃法筵灯黯，僧舍烟寒，丛棘郁其没人，伽蓝荒而不治。宁惟宗门之痛，毋亦居士之差？同志之伦，悼心厥状。爰矢弘愿，共结胜缘。谋纳缚之更新，仰郊祁之喜舍。或化维摩之室，或布须达之金。庶其福地洞开，祥宫云涌。虎岑净土，随白日以重光；鹿苑崇基，负青天而高引。法螺震地，四众归心；走马粪田，八方向化。非营土木，求利人天。岂徒朝思舍庄，自资冥福；孙郎造塔，冀免沉疴而已哉！

又考本寺名称，因时变易。明曰万寿，本神宗之敕书；清称岳麓，见善化之县志。夫为政有道，必先正名；革命成功，无取祝圣。名岳麓则几乎忘祖，称万寿则嫌于尊君。宜复晋代之称，定名麓山之寺。海内闳达，当能相印于心心；湘上丛林，伫见作新之奕奕。

第三节 | 诗词

唐朝至今，文人墨客游览麓山湘水橘子洲，无不诗兴顿发、思如泉涌，写下大量优美诗章。他们当中，有诗词歌赋大家，有著名思想家、政治家，他们以无尽的才华、充沛的情感，或高歌岳麓逶迤起伏的峰峦，或赞美橘洲柔美绮丽的娇容，或颂扬山间洲上巍峨雄壮的古寺，或记述千年书院幽雅景色和治学传统，或以景叙事、以文寄怀。这些诗词，搭建了一座辉煌灿烂的艺术宝库。本志收录介绍诗词共 112 篇、作者 108 人，其中唐朝作者 12 人 12 篇、宋朝作者 12 人 12 篇、元朝作者 4 人 4 篇、明朝作者 20 人 20 篇、清朝作者 43 人 47 篇、民国作者 6 人 6 篇、当代作者 11 人 11 篇（含在民国时期出生、在中华人民共和国成立后去世者。下同）。

春晚从李长史游开道林故山

唐·骆宾王

幽寻极幽壑，春望陟春台。
云光栖断树，灵影入仙杯。
古藤依格上，野径约山隈。
落蕊翻风去，流莺满树来。
兴阑荀御动，归路起浮埃。

初入湘中有喜

唐·张九龄

征鞍穷郢路，归棹入湘流。
望鸟唯贪疾，闻猿亦罢愁。
两边枫作岸，数处橘为洲。
却记从来意，翻疑梦里游。

岳麓山道林二寺行

唐·杜甫

玉泉之南麓山殊，道林林壑争盘纡。
寺门高开洞庭野，殿脚插入赤沙湖。
五月寒风冷佛骨，六时天乐朝香炉。
地灵步步雪山草，僧宝人人沧海珠。
塔劫宫墙壮丽敌，香厨松道清凉俱。
莲花交响共命鸟，金榜双回三足乌。
方丈涉海费时节，悬圃寻河知有无。
暮年且喜经行近，春日兼蒙暄暖扶。
飘然斑白身奚适，傍此烟霞茅可诛。
桃源人家易制度，橘洲田土仍膏腴。
潭府邑中甚淳古，太守庭内不喧呼。
昔遭衰世皆晦迹，今幸乐国养微躯。
依止老宿亦未晚，富贵功名焉足图。
久为野客寻幽惯，细学何颙免兴孤。
一重一掩吾肺腑，山鸟山花吾友于。
宋公放逐曾题壁，物色分留与老夫。

己酉孟冬诘武星沙，邀张忍斋学使、王梦楼侍读访慎斋前辈于岳麓书院，遍游诸名胜，攀跻绝顶，摩挲古刻，叙旧论文，薄暮渡江而返，得长律二章呈政。

长沙早春雪后临湘水，呈同游诸子

唐·刘长卿

汀洲暖渐渌，烟景淡相和。
举目方如此，归心岂奈何。
日华浮野雪，春色染湘波。
北渚生芳草，东风变旧柯。
江山古思远，猿鸟暮情多。
君问渔人意，沧浪自有歌。

陪杜侍御游湘西两寺，独宿有题一首，因献杨常侍

唐·韩愈

长沙千里平，胜地犹在险。
况当江阔处，斗起势匪渐。
深林高玲珑，青山上琬琰。
路穷台殿辟，佛事焕且俨。
剖竹走泉源，开廊架崖广。
是时秋之残，暑气尚未敛。
群行忘后先，朋息弃拘检。
客堂喜空凉，华榻有清簟。
涧蔬煮蒿芹，水果剥菱芡。
伊余夙所慕，陪赏亦云忝。
幸逢车马归，独宿门不掩。
山楼黑无月，渔火灿星点。
夜风一何喧，杉桧屡磨飐。
犹疑在波涛，怵惕梦成魇。
静思屈原沉，远忆贾谊贬。
椒兰争妒忌，绛灌共谗谄。
谁令悲生肠，坐使泪盈脸。
翻飞乏羽翼，指摘困瑕玷。
珥貂藩维重，政化类分陕。
礼贤道何优，奉己事苦俭。
大厦栋方隆，巨川楫行剡。
经营诚少暇，游宴固已歉。
旅程愧淹留，徂岁嗟荏苒。
平生每多感，柔翰遇频染。
展转岭猿鸣，曙灯青睒睒。

次潭州酬唐侍御、姚员外游道林、岳麓寺题示

唐·沈传师

承明年老辄自论，乞得湘守东南奔。
为闻楚国富山水，青嶂逦迤僧家园。

含香珥笔皆眷旧，谦抑自忘台省尊。
不令执简候亭馆，直许携手游山樊。
忽惊列岫晓来逼，朔雪洗尽烟岚昏。
碧波回屿三山转，丹槛缭郭千艘屯。
华镳躞蹀绚砂步，大旆彩错辉松门。
樛枝竞骛龙蛇势，折干不灭风霆痕。
相重古殿倚岩腹，别引新径萦云根。
目伤平楚虞帝魂，情多思远聊开樽。
危弦细管逐歌飘，画鼓绣靴随节翻。
锵金七言凌老杜，入木八法蟠高轩。
嗟余潦倒久不利，忍复感激论元元。

唐侍御寄游道林、岳麓二寺诗，并沈中丞、姚员外所和见征继作

唐·刘禹锡

湘西古刹双蹲蹲，群峰朝拱如骏奔。
青松步障深五里，龙宫黯黯神为阍。
高殿呀然压苍巘，俯瞰长江疑欲吞。
橘洲泛浮金实动，水郭缭绕朱楼骞。
语余百响入天籁，众奇引步轻翩翻。
泉清石布博棋子，萝密鸟韵如簧言。
回廊架险高且曲，新径穿林明复昏。
浅流忽浊山兽过，古木半空天火痕。
星使双飞出禁垣，元侯饯之游石门。
紫髯翼从红袖舞，竹风松雪香温磨。
远持清琐照巫峡，一戛惊断三声猿。
灵山会中身不预，吟想峭绝愁精魂。
恨无黄金千万饼，布地买取为丘园。

再上湘江

唐·柳宗元

好在湘江水，今朝又上来。
不知从此去，更遣几年回。

春日湘中题岳麓寺僧舍

唐·罗隐

蟾宫虎穴两皆休，来凭危栏送远愁。
多事林莺还谩语，薄情边雁不回头。
春融只待乾坤醉，水阔深知世界浮。
欲共高僧话心迹，野花芳草奈相尤。

暮游岳麓寺

唐末五代·齐己

寺楼高出碧崖棱，城里谁知在上层。
初雪洒来乔木暝，远禽飞过大江澄。
闲消不睡怜长夜，静照无言谢一灯。
回首何边是空地，四村桑麦遍丘陵。

晚霁望岳麓

唐·刘昭禹

湘西斜日边，峭入几寻天。
翠落重城内，屏开万户前。
崖崚危溅瀑，林罅静通仙。
谁肯功成后，相携扫石眠。

道林寺

唐·裴说

独立凭危阑，高低落照间。
寺分一派水，僧锁半房山。
对面浮世隔，垂帘到老闲。
烟云与尘土，寸步不相关。

拜岳石

宋·赵抃

片石倚中天，云深鸟道间。
人多祝尧寿，登此拜南山。

潇湘八景图诗并序·江天暮雪

宋·米芾

岁暮江空，风严水结。
冯夷剪冰，乱飘洒雪。
浩歌者谁，一篷载月。
独钓寒潭，以寄清绝。

岳麓寺

宋·曾幾

岳麓知名寺，寻幽到眼边。
林深不见日，山静只闻泉。
便欲呼舟去，聊为借榻眠。
明朝游历处，都在小窗前。

题岳麓道乡台

宋·范成大

山外江水黄，江外满城绿。
城外杳无际，天低到平陆。
长烟贯楚尾，远势带吴蜀。
故园东北望，游子阑干曲。

山斋

宋·朱熹

藏书楼上头，读书楼下屋。
怀哉千载心，俯仰数椽足。

和石通判酌白鹤泉

宋·张栻

谈天终日口澜翻，来乞清甘醒舌根。
满座松声闻金石，微澜鹤影漾瑶琨。
淡中知味谁三咽，妙处相期岂一尊。
有本自应来不竭，滥觞端可验龙门。

昭君怨·豫章寄张定叟

宋·辛弃疾

长记潇湘秋晚，歌舞橘洲人散。走马月明中，折芙蓉。

今日西山南浦，画栋珠帘云雨。风景不争多，奈愁何。

花光仲仁出秦苏诗卷，思两国士不可复见，开卷绝叹。因花光为我作梅数枝及画烟外远山，追少游韵记卷末

宋·黄庭坚

梦蝶真人貌黄槁，篱落逢花须醉倒。
雅闻花光能画梅，更乞一枝洗烦恼。
扶持爱梅说道理，自许牛头参已早。
长眠橘洲风雨寒，今日梅开向谁好。
何况东坡成古丘，不复龙蛇看挥扫。
我向湖南更岭南，系船来近花光老。
叹息斯人不可见，喜我未学霜前草。
写尽南枝与北枝，更作千峰倚晴昊。

送左真州还长沙

宋·姜夔

吴郎牵挽醉莼鲈，今日西归略自如。
别路冷云随驿马，望乡乔木记吾庐。
湘中花鸟偏怜酒，淮左儿童待拥车。
凡我旧游君更历，橘洲相见讶无书。

潇湘八景·江天暮雪

宋·宋宁宗

朔吹扫氛埃，同云暝不开。
千山飞鸟尽，一水泝舟回。
波面散铅汞，林梢已泻瑰。
怀人留剡棹，野店且新醅。

岳麓水陆寺

宋·戴复古

长沙沙上寺，突兀古楼台。
四面水光合，一边山影来。
静分僧榻坐，晚趁钓船回。
明日重相约，前村访早梅。

水调歌头·裴公亭怀古

宋·王以宁

岁岁橘洲上，老叶舞愁红。西山光翠依旧，影落酒杯中。人在子亭高处，下望长沙城郭，猎猎酒帘风。远水湛寒碧，独钓绿蓑翁。

怀往事，追昨梦，转头空。孙郎前日豪健，颐指五都雄。起拥奇才剑客，十万银戈赤帻，歌鼓壮军容。何似裴相国，谈道老圭峰。

双调·寿阳曲八首·江天暮雪

元·马致远

天将暮，雪乱舞，半梅花半飘柳絮。
江上晚来堪画处，钓鱼人一蓑归去。

送前玉隆副宫岳麓刘苍云

元·程钜夫

官已我方来问道，道成子却去为官。
出山不为功名在，有眼要知天地宽。
定力千年衡岳峻，浮生一苇洞庭寒。
玉函只在游帷近，何日归舟觅剩丹。

潇湘八景·江天暮雪

元·陈孚

长空卷玉花，汀洲白浩浩。
雁影不复见，千崖暮如晓。

渔翁寒欲归，不记巴陵道。
坐睡船自流，云深一蓑小。

泊舟水陆洲·望岳麓

元·余嘉宾

一望苍烟阔，徘徊泊橘洲。
放兹舟内眼，看出岳山秋。
照水平分翠，如云淡不流。
谁能生羽翮，吟笑最高头。

江天暮雪

明·邓云霄

蓑笠无踪失钓船，彤云黯淡混江天。
湘妃独对君山老，镜里修眉已浩然。

水陆洲

明·叶子奇

长沙城西湘水流，客来城下系孤舟。
隔江几树残杨柳，留与啼乌伴白头。

壁间画潇湘八景

明·于谦

烟寺微茫几杵钟，渔村斜映夕阳红。
平沙落雁迷残霭，远浦归帆趁便风。
山市微岚孤屿断，江天欲雪暮云同。
洞庭月色潇湘雨，想像阴晴似梦中。

潇湘八景画·江天暮雪

明·朱瞻基

大江东去天连水，薄暮萧萧朔风起。
须臾吹却冻云同，六花乱撒沧浪里。

桥南桥北树槎牙，隔浦纷纷集晓鸦。
马嘶百折蟠云路，犬吠孤村卖酒家。
俯仰山川同一色，眼前不辨浪花白。
茫茫七泽与三湘，分明皓彩遥相射。
渔翁独酌寒江滨，顷刻琼瑶飞满身。
得鱼醉唱湖南曲，欸乃一声天地春。
有时倚棹弄长笛，洞庭景物清无敌。
中流迢递望君山，但见遥空耸银壁。

岳麓书院

明·陈钢

开荒不用买山赀，土老分明有梦知。
迂径远通云麓寺，颓基新筑古贤祠。
吾儒事业聊承昔，圣学源流若在兹。
何日松杉成拱把，神游重赴草堂期。

潇湘八景图

明·李东阳

鹅溪白练长如许，半画峰峦半洲渚。
恍然置我潇湘间，坐对溪山作宾主。
洞庭茫茫遥接空，湖水下与长江通。
千林无人万籁寂，海月照见蛟龙宫。
舟中夜雨岩前雪，更道四时风景别。
牧唱渔歌递往来，僧钟社鼓无年月。
七千里外江南游，四十五年空白头。
每向画图谈往事，却从天际认归舟。
归舟不挂三湘水，指点丹青问桑梓。
回雁峰头一雁飞，南楼昨夜秋风起。

潇湘夜雨

明·唐寅

鱼龙出没吼江涛，墨染云烟不断飘。
乔口橘洲何处是，满江芦荻夜萧萧。

朱张祠书怀示同游

明・王守仁

林间憩白石，好风亦时来。
春阳熙百物，欣然得予怀。
缅思两夫子，此地得徘徊。
当年靡童冠，旷代登崇阶。
高情讵今昔，物色遗吾侪。
顾谓二三子，琴瑟为我谐。
我弹尔为歌，尔舞我与偕。
吾道有至乐，富贵真浮埃。
若时乘大化，勿愧点与回。

水陆寺

明・廖道南

寻幽为访云边寺，乘兴还临河上洲。
万里乾坤此江水，三湘烟雨共谁舟。
怀沙不尽灵均恨，许国谁堪贾傅谋。
驰檄近闻多战骑，衔杯那复对沙鸥。

岳麓书院怀古

明・谭敬承

幽径迂回苍翠浮，云峰飞动挟危楼。
临流宛听当时讲，授简疑从昔日游。
灵岳薜萝穿象外，道林钟磬落山头。
不禁怀古江天暮，返照高窥大壑秋。

岳麓书院

明・陈凤梧

此地已芜没，弦歌谁复来。
今晨集冠履，旷然千载怀。

策马步崇冈，欲下乃徘徊。
再拜奠蘋藻，摄齐东升阶。
朱张有遗化，仰止非吾侪。
风雅三百篇，金石可与谐。
谁当嗣徽音，愿以诸子偕。
矧兹泉石清，境胜绝纤埃。
俯仰风雩下，咏歌何时回。

大成殿

明・张元忭

峨峨绀宇祀先尼，曲曲清泉出涧回。
万壑总归江上去，一源原自谷中来。

过道林寺

明・萧禹臣

石径松声午夜沉，真人跨鹤野塘阴。
我来借榻不成寐，静听山僧诵梵音。

谒朱张二先生祠

明・堵允锡

犹见先生宇，嵬然古刹前。
勿深同异辨，翻藉磬声缘。
栋落阴晴雨，甍飞昼夜泉。
相期今在昔，回户历星悬。

禹碑

明・车以遵

岳麓岣嵝孰假真，数行深见水精神。
辛壬癸甲无多日，泥樏舟车载一身。
苍水元彝曾授简，宣房汉帝但沉薪。
黄虞远矣思明德，北海碑前说主臣。

岳麓寺

明・张邦政

云霄青嶂出，风物总堪怜。
庭午疑无日，山幽别有天。
人逢双剑合，佛许一灯传。
可是蓬莱地，能令思洒然。

同济美友鸿访果如上人，重新岳麓古道林寺

明・江有溶

樵夫相逐入丛林，城市刚离洞壑深。
漠漠尘灰搜殿阁，棱棱瓦石定台岑。
百年苍鼠开生面，一钵黄虀见道心。
世事茫然如废寺，耐人风雨细披寻。

秋日登岳麓

明・阎升

危峰雄踞古城西，半壁烟罗四望迷。
秋浦帆连江面窄，衡云雁下楚山低。
讲堂淅沥悲风雨，古寺离奇映斗奎。
仰止芳踪无限憾，晴霞冉冉素琴携。

谒六君子

明・黄焜

衡南胜概枕湘流，千载名贤只此留。
无数烟萝供俎豆，常鲜日月建旗斿。
碑残卧虎难寻碟，树老盘螭不记秋。
我亦殷勤怀古道，云深径滑几来游。

朱张祠

明・吴愉

新声发黄鸟，古道照危岑。

结想河山邈，浮光草木深。
石巉空欲语，云岫澹无心。
定入如相遇，希微未可寻。

三闾庙诗

清·黎士宏

生前已自叹无徒，既死何能赋卜居。
醒眼排场犹旦暮，荒邮存祀寄沽屠。
两行浊酒浇春社，一束刍灵荐鬼车。
我亦有怀天梦梦，只当呵壁问三闾。

橘洲泛月

清·吴敞

疏风一舸影江楼，云满潇湘似不流。
寒涩渔翁声扣月，湘城无处不宜秋。

登岳麓绝顶

清·黄性震

乾坤灵迹自何年，疏凿神碑斗际骞。
壁立千寻凝就日，削成一柱欲承天。
人家烟火星沙郡，客渡帆樯湘浦船。
气象苍茫归指顾，还瞻北极紫云边。

宿云麓宫

清·廖元度

林深宵气重，一枕对灯青。
月色和秋瘦，虫声触梦醒。
壁铭嗟故宅，天问补遗经。
乐死吾知勉，云山足典型。

麓江阻雨

清·王象天

星星疏雨点流波，阵阵寒风冻笠蓑。

岳麓偏随帆影转，洞庭不逐石尤过。
江光一带摇枫口，客意千端醉薜萝。
空有乡思何处寄，双双鸟入暮云窝。

同陆亦樵游岳麓

清・释文惺

衡山曾有约，岳麓果同游。
溜石飞泉响，空林薄雾收。
风高寒气重，日落水光浮。
把臂寻烟寺，疏星灿树头。

访六君子堂

清・张宏猷

春容澹冶写危岑，仰止名贤过道林。
声冷松涛空翠湿，香生桃浪郁红侵。
宗盟落落辉先后，风政悠悠贲古今。
徒倚莽榛看日暮，步趋谁复一相寻。

岳麓书院二首

清・郭金门

圣涯巍构衍千秋，眺望虚无触景幽。
正学几人麟武接，悬碑一片鸟痕留。
藤萝隐见烟中寺，洲渚浮沉水上楼。
遥想朱张心迹在，赫曦台下俨同游。

割据名区半佛仙，儒风独畅此山川。
无言芳草依人绿，有意停云入抱妍。
晓汲花泉炊白饭，夜惊藜火照青毡。
倚阑凭吊多遗迹，古瓦封尘不记年。

极高明亭

清·李文炤

振衣上峰巅，下视人寰小。
列宿低芒角，白云相缥缈。

翠微亭

清·赵宁

抱膝望湘江，江云自舒卷。
愿将云作衣，湘君为予剪。

道乡台

清·秦文超

孤臣严谴日，一苇渡江滨。
风雨空山夜，流离万里身。
高台空突兀，直道自艰辛。
叹息碑旁草，偏于秋后新。

念奴娇·晚次水陆洲

清·宋宾逢

日穿山胁，看桐城，落照舣舟帆卸。界破湘流分碧白，不尽碎光如泻。一叶迎涛，几人唱晚，网集澄潭下。声声欸乃，前汀月满方罢。

欲觅橘似金黄，杏同银白，空作当年话。剩有渔庄圈绿柳，一幅米家佳画。烟寺生凉，晚钟度水，风月宁论价。酒家何处，且须买醉今夜。

题董邦达摹宋马远《潇湘八景图》·江天暮雪

清·爱新觉罗·弘历

柳绵鹤毳正纷纷，七泽三湘杳莫分。
何处参差飘钓艇，因风吹裂冻江云。

十一月二十七日，秦芝轩方伯陪游岳麓山

清·袁枚

方伯名山主，长沙岳麓高。
多君陪杖履，为我拥旌旄。
霜叶红于锦，松声响作涛。
希文有清德，应赋履霜操。

言寻禹王碣，独上最高峰。
字冠四千载，云封一万重。
埋沙疑有鼓，拄杖戏敲钟。
不信开如雪，梅花满仲冬。

狂风吹日落，叱驭急言归。
人老知寒早，山高见鸟稀。
道乡台尚在，北海笔如挥。
可惜黄仙鹤，乘云早已飞。

次石琢堂学使留题书院诗韵二首，即以送别

清·罗典

明月清风与士公，山斋云壑置身崇。
尘喧隔断平沙外，清福留连好日中。
觅句早梅缘昔有，停车霜叶得今同。
两番题品皆椽笔，第二人来写不工。

自注山中红叶甚盛，山麓有亭，毕秋帆制军名曰爱晚，纪以诗，与学使皆以廷对第一人及第也。

老去桥虚号咏归，诗坛壮思力全微。
及门官冷能供酒，策杖身轻好振衣。
独学雄篇贻我厚，说书初稿证人稀。
岭头拜岳知神物，那得来飞不去飞。

云麓宫

清・张九鎰

铁冶为椽石作扉，巉空绀宇陟崔嵬。
不知绝迹仙何去，但看悬崖势欲飞。
黄入洞庭含日气，碧连衡岫淡烟霏。
到来便隔尘凡界，结坐频谁学息机。

晚登拱极楼

清・张世浚

高阁临波峙，凭栏敞暮烟。
遥空孤月映，分野一星悬。
帆影龙湾失，钟声岳麓连。
苍茫人境远，吟啸落江天。

湘中诗

清・余廷灿

灵麓宗风振，名山属大儒。
薪传无尽火，骊探得元珠。
湘水心源远，湖光眼界殊。
赫曦台有咏，天籁异于喁。

九日岳麓

清・钱沣

雨歇江平政亦闲，相寻故事一登山。
红萸黄菊有深味，碧嶂丹崖俱净颜。
北海碑看落照里，南轩座接清风间。
归欤且住穷幽兴，细数林鸦几队还。

道乡台

清・文上杰

列炬当年事，于今见古台。
藓衣生不尽，野鸟去还来。
客渡湘江远，僧迎夜雨回。
高贤遗迹在，长吊白云隈。

由麓山寺转道乡台归宿书院

清・邓士锦

一峰坐翠微，坡西杳复折。
斜角屋参差，老僧夕阳歇。
登高望长沙，城垛森森列。
古道动秋风，红叶飞明灭。
煮茗话兴亡，上山有薇蕨。
柏子昼氤氲，两袖香如榔。
回岩步书院，芙蓉见新月。

岳麓爱晚亭

清・欧阳厚基

一亭幽绝费平章，峡口清风赠晚凉。
前度桃花斗红紫，今来枫叶染丹黄。
饶将春色输秋色，迎过朝阳送夕阳。
此地四时可乘兴，待谁招鹤共翱翔。

浪淘沙・和洪觉范潇湘八景・江天暮雪

清・郑燮

雪意满潇湘，天淡云黄，梅花冻折老松僵。惟有酒家偏得意，帘旆飘扬。
不待揭帘香，引动渔郎，蓑衣燎湿暖锅傍。踏碎琼瑶归路远，醉指银塘。

道林寺

清・周有声

一杖穿云叩碧寥，名蓝依旧枕山椒。
残碑剥尽江声转，只有寒松记六朝。

道乡台怀古

清・陶必铨

道乡之台何森爽，萋萋芳草青春长。
开廊架亡蔚山腰，千里长江望如掌。
自来使节轸车闲，征鞍驯息恣游赏。
先生有道被南山，太守奚为绝依仗。
湘江更阑双桨荡，列炬辉煌照银榜。
非关逐客效秦皇，鸾栖故在孤桐上。
春寒冶游未几时，人非老大焉伤悲。
短鬓东风牵醉眼，鼠须殊费惜春辞。
壮志肯遭盛时贱，浮生虚负皇天慈。
酴醾贳得山僧酒，独倚高台自咏诗。

朱张渡

清・张先骏

二贤讲学当年事，古渡犹教胜迹传。
两水平分帆影外，一亭孤峙渚花天。
洲中雨细闻芳若，山里云深隐杜鹃。
漫说文津和道岸，迄今遗绪几人肩。

岳麓印心石屋图

清・陶澍

麓山好泉石，印取心如玉。
上有禹碑亭，中堪结茅屋。

夜登云麓宫

清・严正基

云麓峰巅跂足眠，征衫犹带五溪烟。
当头华月三千里，弹指东风念四年。
暝色暗投游屐外，松涛清到杵钟边。
故园计买青山宅，便与人间作散仙。

道乡台

清・黄本骥

迁客偶留宿，斯台传至今。
如何萧寺衲，反识逐臣心。
列炬苍皇渡，投林感慨深。
隔江见渔父，犹似昔人临。

屈子祠

清・贺熙龄

招魂何处草芊芊，绀壁崚嶒一抹烟。
千古不流湘水恨，孤灯愁读楚骚篇。
此身报国空怀石，无计回君只问天。
泽上渔翁今在否，愿随鼓枻五湖边。

宿岳麓寺

清・魏源

经旬偶闭关，关在白云间。
月树影孤寺，风泉声众山。
桃逢开士悟，鹤似老僧闲。
爱晚亭前立，微闻双涧潺。

咏六朝松

清・黄维同

孤松讬层巘，枝干何青青。
风霜炼奇骨，天地留元精。
经冬不改色，入春仍向荣。
岂不怀雨露，雨露损坚贞。

题箬苍筤谷图

清·曾国藩

我家湘上高嵋山，茅屋修竹一万竿。
春雨晨锄劚玉服，秋风夜馆鸣琅玕。
自来京华昵车马，满腔俗恶不可删。
洞庭天地一大物，一从北渡遂不还。
苦忆故乡好林壑，梦想此君无由攀。
嗟君与我同里社，误脱野服充朝班。
一别箬筤谢猿鹤，十年台省翔鹓鸾。
鱼须文笏岂不好，却思乡井长三叹。
钱塘画师天所纵，手割湘云落此间。
风枝雨叶战寒碧，明窗大几生虚澜。
簿书尘埃不称意，得此亦足镌疏顽。
还君此画与君约，一月更借十回看。

重登岳麓

清·黄道让

万壑风来雨乍晴，登高一览最忪惺。
西南云气来衡岳，日夜江声下洞庭。
我发实从近年白，此山犹似旧时青。
读书老友今何在，古木秋深爱晚亭。

麓山题壁

清·刘蓉

芙蓉顶上踏歌行，百丈飞泉答啸声。
万里征鸿留爪迹，千秋过客剩诗名。
烟花任我春三月，山鸟呼人夜五更。
射策请缨成底事，山中猿鹤是苍生。

岳麓山屈子祠

清·郭嵩焘

楚臣余恨到江村，一径荒芜昼掩门。

遗构山川仍故国，满庭兰芷黯归魂。
惊鸦堕叶随高下，暮岭孤云自吐吞。
乱后楼台知几在，坏墙销尽旧题痕。

谒三闾大夫庙

清·李寿蓉

荒凉屈子旧祠堂，遗像犹争日月光。
谣诼倘能诛靳尚，放流何敢怨怀王。
沅湘有恨沉终古，兰芷无情向夕阳。
今日少年非贾傅，也来凭吊倚苍茫。

岳麓书院

清·郭祖翼

赫曦终古屹崔嵬，四座弦歌讲幄开。
乔木百年思老辈，名山一代养奇才。
云端梵呗随风落，槛外泉声绕竹来。
惆怅残碑先泽在，斜阳影里剔苍苔。
八世祖黄瞻公曾主讲席，有碑。

岳麓书院半学斋偶题

清·王先谦

山斋得妙理，事外断意识。
花树香正纷，几案静如拭。
晴窗百编横，虚室万想逼。
不如卷此心，贮之水精域。

云麓宫

清·凌玉垣

幽林如帜寺门前，日暮空山鸟唤烟。
何处白云生槛外，有时翠雨洒吟湮。
虚堂书静看花落，古坛僧闻抱石眠。
清夜诗分煨芋火，松阴犹可席枯禅。

湘春夜月·江天暮雪

清·程霖寿

被回风，半空传就飞霙。得似一夜梨开，空际万花迎。料得老梅春透，定有人寻探，踏碎琼瑛。望白痕匝地，还疑夜月，留照前汀。

风欹短笠，篷腰束暝，孤酌寒生。色相全空，浑不辩，缟衣仙子，携伴湘灵。骚心瑟韵，胜灞桥，驴背吟情。冷眺处，认依稀过雁，冲开絮影，飞度层冥。

泛舟湘江登岳麓散步偕罗寄云

清·杨恩寿

一声柔橹破清湘，流过桃花水亦香。
几日不来江上路，春风吹绿柳丝长。

题麓山寺

清·释寄禅

迢遥钟梵下斜阳，寂寂岩花渡水香。
殿角一铃风自语，窗前万木雨初凉。
山衔云气窥人净，江挟涛声入海长。
却羡巢松千岁鹤，不知人世有沧桑。

岳麓

民国·程颂万

秀插玉芙蓉，青葱几万重。
岭堆残腊雪，涛响隔江钟。
日暮回孤艇，苍茫见远峰。
欲寻高士隐，缥缈白云封。

长沙怀古·朱张渡

民国·罗庶丹

杨柳萧萧古渡头，朱张遗迹已千秋。
两贤道学惟循性，七种人情不说愁。
亭外卷云招老鹤，舫中听雨起浮鸥。
源流总属濂溪水，不尽余波绕橘洲。

朱张渡

民国·方维夏

风雨城南几十年，摩挲残碣思依然。
即今遥望朱张渡，犹是秋高月在天。

登岳麓山

民国·蔡锷

苍苍云树直参天，万水千山拜眼前。
环顾中原谁是主，从容骑马上峰巅。

送黄、蔡殡归麓山

民国·傅熊湘

谁与重挥落日戈，江山憔悴泪痕多。
一时龙虎都消歇，凄绝临歧薤露歌。

溁湾市

民国·刘善泽

湫市临江岸，潆环水缩迟。
秋残虫篆叶，风飐鹊巢枝。
逸兴通身豁，吟思入骨痴。
日旁蜺抱耳，刚是雨晴时。

沁园春·长沙

当代·毛泽东

独立寒秋，湘江北去，橘子洲头。
看万山红遍，层林尽染；
漫江碧透，百舸争流。
鹰击长空，鱼翔浅底，万类霜天竞自由。
怅寥廓，问苍茫大地，谁主沉浮？
携来百侣曾游。忆往昔峥嵘岁月稠。
恰同学少年，风华正茂；书生意气，挥斥方遒。
指点江山，激扬文字，粪土当年万户侯。
曾记否，到中流击水，浪遏飞舟？

岳麓山礼黄蔡墓

当代・程潜

奋起扫浊秽，两公真健者。
英气迈千古，大年天不假。
我来拜山陬，墓道长松槚。
层崖云气鲜，幽涧湍流泻。
缅维道义交，执信锲不舍。
振我皇汉灵，明德光九夏。
如何忽殂谢，万类失陶冶。
抚世悲艰屯，沉忧浩难写。

麓山寺碑

当代・王啸苏

佛光法眼照无涯，净域岩巅耀墨华。
四裔书名尊北海，百年拓本重长沙。
笔端宛带江千里，眼底犹看廓万家。
只惜道林碑尚佚，率更墨翰郁龙蛇。

初登云麓宫

当代・罗章龙

一九一五年岁杪，雪后与润之共泛湘江。经朱张渡游岳麓，遂登云麓宫。

共泛朱张渡，层冰涨橘汀。
鸟啼枫径寂，木落鹤泉滢。
攀险呼俦侣，盘空识健翎。
赫曦联韵在，千载德犹馨。

（枫径、鹤泉均在岳麓寺畔，赫曦台在岳麓书院门首，上有朱熹、张栻题咏。）

爱晚亭

当代・周世钊

秋来岳麓尚峥嵘，为爱枫林憩古亭。
小雨初收斜照晚，满山都是读书声。

与轩贞游岳麓山小饮

当代・萧长迈

寻幽访胜路非遥，廊馆园林逐处调。
嘉树紊紊多种橘，甘泉沸沸易盈瓢。
如花红叶疑三月，不老青松话六朝。
政美时雍足欣赏，举杯相属慰清聊。

岳麓山顶眺望

当代・陈毅

岳麓山头任我行，三湘眼底绝风神。
西南云气来衡岳，日夜江声下洞庭。
战争破坏归陈迹，建设峥嵘定太平。
终到山河澄清日，主持华夏是人民。

爱晚亭

当代・李淑一

日暮兴偏赊，亭前看落花。
身浮云影外，秋老石林斜。
翠柏凌枯草，丹枫映晚霞。
可怜南去雁，犹恋此蒹葭。

重游爱晚亭

当代・林伯渠

重来不是旧山村，耳目一新爱晚亭。
公社标名用岳麓，遍山种树尽冬青。
韶光正是多佳日，化雨群欣出岫云。
看到萌芽即发展，能宁大地可胜春。

岳麓山题咏

当代・刘世善

纳于大麓楚多材，曾向名山负籍来。
落落友朋游古寺，荧荧灯火坐书斋。

亭贪秋色酣红叶，峰瞰春江泛绿醅。
五十余年弹指过，老挥椽笔压苍苔。
（余于1922至1923年肄业湖南高等工业专门学校，设岳麓书院内。）

题岳麓书院重建

当代·廖沫沙

千年学府世间稀，岳麓山前绕翠微。
长岛弦歌波荡漾，三湘子弟焕朝晖。
（一九八三年三月）

第四节　联语

岳麓山风景名胜区范围内（主要是麓山景区和橘子洲景区），唐宋以来，遍布亭台楼阁、寺庙宫观、书院学舍、公馆园林、先烈墓葬墓庐。历代来此观赏游览、问仙礼佛、读书求学、拜瞻先贤的人们，无不为其名山秀水及人文胜景而惬意，而陶醉，而景仰，而遐思，有的引吭讽吟，有的挥笔书翰，为各处门楹、亭柱写下一副副对联，使名山佳构又添异彩，更为生色。1978年，中国实行改革开放以来，名胜区内各文物古迹一一得到修复，并修建不少服务设施，乃有诸文士书家为之撰书联语，又为名山增添文气。本节收录名胜区内部分联语44副。

进岳麓山门

当代·周昭怡撰并书

学正朱张，一代文风光大麓；
勋高黄蔡，千秋浩气壮名山。

爱晚亭

清·欧阳厚均

红雨径中，记侍扶鸠会此地；
白云深处，欲招驯鹤待何年。

爱晚亭

清·罗典

山径晚红舒，五百夭桃新种得；
峡云深翠滴，一双驯鹤待笼来。

白鹤泉亭

曾广言

鹤去泉仍冽，
山深亭自幽。

岳麓山半山亭

当代·黄其杰撰　穆梧书

锦绣引前程，才到半山休久息；
云峰罗远景，快登绝顶任盘桓。

云麓宫

清·吴獬

对云绝顶犹为麓，
求道安心即是宫。

古麓山寺

当代·马续常

古刹出层霄，看岳色平分，湘流环绕；
名山留胜迹，有少陵写句，北海题碑。

麓山寺山门

清・王闿运

汉魏最初名胜，

湖湘第一道场。

麓山寺山门

清・欧阳厚均

泉在山清，万里朝宗终到海；

松经岁古，百年培养自凌云。

麓山寺山门

民国・欧阳演道

沧海献珠来，妙法如闻龙女偈；

白沙遗塔在，禅关近接祖师灯。

麓山寺观音阁门

古联

万亿香水海，

百千日月光。

麓山寺观音阁门柱

唐・杜甫句　杨应修书

寺门高开洞庭野，

殿脚插入赤沙湖。

麓山寺花蹊联

佚名

登临曲径思余地，

稍驻征鞍且看花。

岳麓书院大门

清·袁名曜　张中阶

惟楚有材，
于斯为盛。

岳麓书院二门

民国·程颂万

纳于大麓，
藏之名山。

岳麓书院二门门厅

清·罗典

地接衡湘，大泽深山龙虎气；
学宗邹鲁，礼门义路圣贤心。

赫曦台

清·左辅

合安利勉而为学，
通天地人之谓才。

文庙

古联

异境名山，圣道尊崇有地；
春风化雨，英才造就无疆。

濂溪祠

明·凤渚

一湾河水流新绿；
万仞好山依旧青。

濂溪祠

当代·欧伯达

翼轸衡湘并丽，于昭大圣之文章；
荆舒邹鲁同芳，丕显真儒之教化。

崇道祠

古联

明月对床，湘水楚天一色；
春风归袂，青山绿树无边。

崇道祠

当代·虞逸夫

江阔天高，识此心之份量；
鸢飞鱼跃，见斯道之流行。

明道堂

古联

鸢飞鱼跃，
月到风来。

御书楼

当代·何光年

圣域修文，前有朱张讲坛，宋清宸翰；
名山汲古，上藏三坟五典，诸子百家。

半学斋

当代·湖南大学岳阳校友会

惟楚有材，三湘弟子遍天下；
于世无偶，百代弦歌贯古今。

大成殿

清·王闿运

吾道南来原是濂溪一脉，
大江东去无非湘水余波。

大成门

佚名

道若江河随地可成洙泗，
圣如日月普天皆有春秋。

教学斋

佚名

业精于勤漫贪嬉戏思鸿鹄，
学以致用莫把聪明付蠹虫。

岳麓书院讲堂

清・旷敏本

是非审之于己，毁誉听之于人，得失安之于数，陟岳麓峰头，朗月清风，太极悠然可会；

君亲恩何以酬，民物命何以立，圣贤道何以传，登赫曦台上，衡云湘水，斯文定有攸归。

岳麓书院讲堂

民国・宾步程

工善其事，必利其器；
业精于勤，而荒于嬉。

岳麓书院讲堂

当代・周叔弢

院以山名，山因院盛，千年学府传于古；
人因道立，道以人传，一代风流直到今。

岳麓书院讲堂

当代・冯友兰

惟楚有材，于斯为盛。
沅生芷草，澧育兰花。

三闾大夫祠

清・欧阳厚均

植体洁芳，三代以还存直道；
盟心忠爱，六经而后发奇文。

三闾大夫祠

清・秦瀛

何处招魂，香草还生三户地；
当年呵壁，湘流应识九歌心。

谭馥墓

佚名

名山有幸埋忠骨，
黄土无情化国殇。

焦达峰墓

民国・刘人熙

达向九霄云路近，
峰高五岳众山低。

蔡锷墓庐陈列室

民国・孙中山

平生慷慨班都护，
万里间关马伏波。

黄兴墓庐

当代・黄其杰撰　史穆书

血染黄花，魂归岳麓，
名垂青史，首建中华。

牌楼口古牌楼·西面

佚名

文津道岸，往返东西，术业共千秋，遥想黉宫传理学；
云气江声，绵延南北，风光招百侣，同挥健笔绘新图。

牌楼口古牌楼·西面

佚名

学贯九流，汇此地人文法海；
秀冠三湘，看群贤事业名山。

牌楼口古牌楼·东面

佚名

学宗邹鲁，礼门义路圣贤心；
地接衡湘，大泽深山龙虎气。

拱极楼

古联

拱极楼中，五六月间无暑气；
潇湘江上，二三更里有渔歌。

江神庙

佚名

教演偏圆，统摄九界齐济度；
德全福慧，高超十地独称尊。

江神庙

清·王运常

满天风景，水陆平分，登楼览云梦潇湘，壮气直吞巫峡北；
千古英雄，浪沙淘尽，倚剑听铜琶铁板，高声齐唱大江东。

第六章

建设与旅游

20 世纪 50 年代以前，岳麓山风景名胜区区域没有进行系统规划和建设。中华人民共和国成立后，开始进行科学规划和较大规模建设。20 世纪五六十年代，长沙相继建设岳麓山公园、水陆洲公园，并对这两地进行初步规划；八九十年代，长沙市开始对岳麓山风景名胜区从总体上进行规划和建设。2002 年岳麓山风景名胜区被批准为国家重点风景名胜区后，长沙市开始编制岳麓山风景名胜区总体规划，同时编制各景区详细规划，基本形成以总体规划为框架，各景区规划、城市控规等为支撑的岳麓山风景名胜区规划体系。2004 年，长沙市展开对岳麓山风景名胜区整治改造，按照总体规划要求，投入 100 多亿元，至 2018 年底，完成橘子洲、天马山等景区环境综合整治和麓山景区提质改造。在此基础上，名胜区管理局和各景区着力发展旅游，使名胜区成为湖南省会长沙的一张亮丽名片。

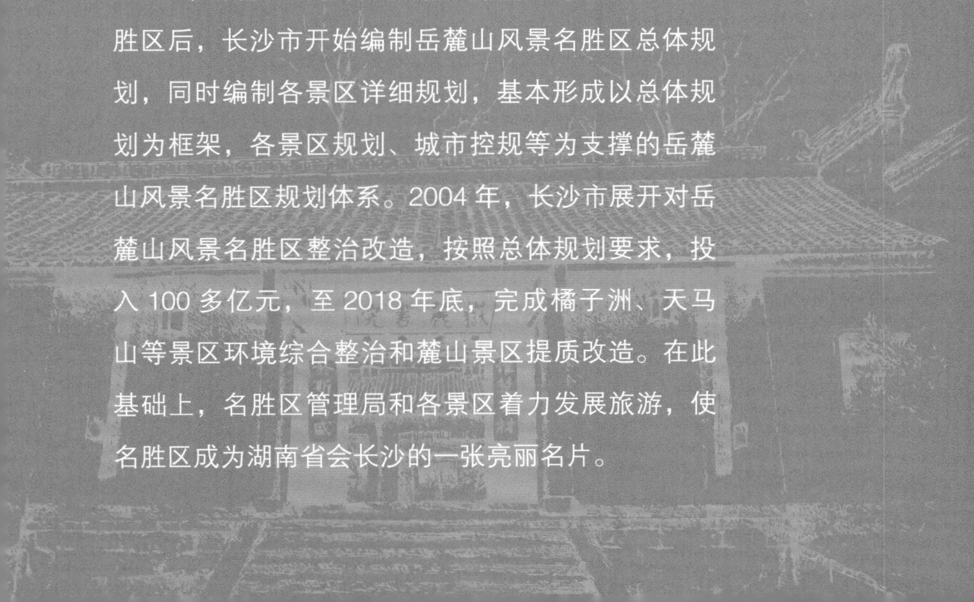

第一节 | 建设规划

一、总体规划

岳麓山风景名胜区区域内的总体规划编制始于20世纪50年代。是时虽无“名胜区”“规划”概念，但文件编制思路上已初步具备总体规划的意义。之后，陆续出台了工作方案、工作意见、建设规划、总体规划等。

《岳麓山管理工作方案（草案）》 1955年9月24日，该方案由长沙市人民委员会办公室提出，向长沙市房地局、城市建设局、湖南师范学院和湖南省文化局、长沙市文化局等单位征求意见。该方案指出了岳麓山管理工作的范围，包含今岳麓山风景名胜区区域的麓山、天马山、桃花岭等景区。方案提及的主要工作包括进行封山育林、保护与修复名胜古迹、整修道路。

《岳麓山公园修建工作意见（草案）》 1956年4月24日，该意见由岳麓山公园修建委员会提出（由长沙市文化局代呈），向长沙市有关部门和岳麓山所在区域各单位征求意见。该意见指出，“岳麓山为湖南风景名胜区和文化区，是毛主席早年革命策源地”，因此“对岳麓山的名胜古迹的保护管理和修建极为重要”。该意见提出，岳麓山的范围和面积“东至西约5华里，南至北约10华里，估计1万亩以上”，较1955年方案提出的范围略大。该意见提及七方面意见，除封山育林、古迹修复与保护、道路整修外，还提及文化教育、生产、摊贩管理和服务、治安保卫、清洁卫生等工作。

《岳麓山公园建设规划》 1960年，该规划由岳麓山园林管理所制定。该规划分为绿化造林、古迹修复、基建方面。绿化造林方面，计划全区建成春、夏、秋、冬各具景色特点的游览区，其中突出爱晚亭—白鹤泉—云麓峰一带，以古枫为基调的秋季游览区，桂、柿、银杏等点缀其间，到秋游旺季时，万山红遍，桂子飘香，系全山的中心游览地；春季游览区辟在小桃园一带，遍植桃李、映山红、垂柳、春兰等；夏季游览区，辟于蟒蛇洞一带；冬季游览区安排在赫石坡，以黑松为主，广植红、绿、蜡梅，使全山四季不同景色各异其趣。古迹修复方面，拟修复麓山寺、云麓宫。基建方面，拟辟建环山公路，沟通各景点，以方便游客。

《岳麓公园扩建规划（修正草案）》　1963 年，该规划由岳麓山公园管理所拟制。该规划经长沙市城市建设局审查后，由中共长沙市委上报湖南省委，经湖南省委南岳会议讨论研究后，作出修改。是年 8 月 29 日，长沙市委再次上报，9 月 18 日湖南省委批复同意。该规划按照“绿化造林结合生产、整理名胜古迹结合政治教育、游览休息结合便利游人”原则，提出“绿化造林”“充实提高游览区”“收回岳麓书院、小桃园、赫石坡房屋土地”等意见。

《岳麓公园扩建规划（修订）》　1973 年，该规划由长沙市城市建设局编制上报。该规划遵循以往中共湖南省委、长沙市委提出的“三结合”的规划建设指导思想，即“整理名胜古迹，结合宣传毛泽东思想，进行思想和政治路线方面的教育；园林绿化‘抚’‘改’并举，结合生产；充实和扩充游览点，结合便利游人”，将岳麓山划分为“中心游览区”“茶叶、油茶生产区”“高坡处针阔叶混交林区”“赫石坡地带”“后山”5 个区域，还规划了全山森林防火道及各景点游道建设。

《岳麓山公园建设规划（1984—2000）》　该规划由岳麓山公园管理处 1983 年 11 月完成拟制。该规划计划按 3 个阶段实施，第一阶段为 1984—1985 年，实施项目为修复麓山寺、修复云麓宫及遗建、修筑防火道 4300 米、增辟游览道 3000 米、建设兰圃 600 平方米、建设职工宿舍 2400 平方米；第二阶段为 1986—1990 年，实施项目为充实穿石坡景点、赫石坡景点、蟒蛇洞景点，开展水电建设，建设职工宿舍 4000 平方米；第三阶段为 1991—2000 年，实施项目为新辟北极峰景点、开发北山小游园和岳麓山后山植物园项目。上述项目计划总投资 2709 万元。该规划的主要目的，在充实提高原有景点基础上，增辟新的游览点，使整个公园的景点布局更加合理；改善公园水电、防火等基础设施，改善职工居住条件。

《岳麓山风景区规划设计》　该规划设计由岳麓山公园管理处 1986 年 6 月拟制。主要内容包括：在岳麓山风景区设立 1~4 座防火瞭望台、添置灭火设备、设置无线电联络系统、加强生防科技和提高治虫机械化程度控制虫害（特别是松毛虫等）、建设苗木基地、引进部分名贵苗木、修建环山柏油马路和林间步道（小游道）、扩建云麓宫风景点、新建赫石坡景点、新建穿石坡景点、新建北极峰风景点、新建北山小游园 12 项。总投资约 800 万元。该规划设计主要思路是以森林经营为中心，通过发展林区交通扩大游览区域、修筑各种林区道路、建立护林防火设施，完善通讯联络网，加强森林植保的研究和设备扩充，提高森林经营的机械化程度，扩大园林建设，充实游览内容。

《岳麓山风景名胜区规划（1989—2000）》 该规划由岳麓山公园管理处1988年8月拟制。规划实施时间分为3个阶段，新增和改造工程包括：修筑3条防火游览道、完成仰天坪盆景园和桃园洞兰圃配套工作、打通溁湾镇长沙市四医院南侧进山口、修建岳麓山公园新大门、建成花圃400平方米、游览电视台服务楼竣工、充实穿石坡风景点、建立岳麓度假村、开辟赫石坡风景点、开辟蟒蛇洞风景点、新辟北极峰风景点、新辟山北小游园、修通航运医院经赫石坡到麓山寺山腰4千米防火游览公路、扩建云麓宫风景点、新建植物园、新建职工宿舍10000平方米等项目，总投资4600.4万元。该规划主要目的是继续恢复原有的人文和自然景观，高质量完成在建的各项工程，使之配套，充分发挥其作用。开发2000平方米的新游览区和新景点，通过环山腹的防火游览公路穿串其间，把岳麓山建设成一个能满足游客多层次心理需求的综合功能风景名胜区。

《岳麓山风景名胜区总体规划》 该规划形成历时长达10年。1984年9月，长沙市政府成立5人小组，按照中共湖南省委、省政府领导指示，审议通过《长沙市麓南分区规划》，并向省委省政府提交《关于长沙市河西风景文化区建设中有关问题处理意见的报告》。1985年4月25日，中共湖南省委办公厅、省政府办公厅下发文件，划定岳麓山风景名胜区绿化保护线并正式制图，划分岳麓山保护范围。1987年岳麓山风景名胜区获批为省级风景名胜区后，长沙市规划设计院受长沙市政府委托，1994年编制完成《岳麓山风景名胜区总体规划》。是年11月，该规划经省政府同意，由省建设厅批准实施。规划岳麓山风景名胜区的范围36.2平方千米。

《岳麓山国家重点风景名胜区总体规划》 2002年5月17日，岳麓山风景名胜区获批为国家重点风景名胜区。湖南省、长沙市都对此非常重视。省政府提出“切实采取措施，提升和保护好湖湘宝地岳麓山风景名胜区”要求，长沙市政府成立由市领导及有关职能部门组成的规划编制领导小组，长沙市园林管理局（长沙市岳麓山风景名胜区管理处）设立规划建设协调领导小组办公室。中国城市规划设计院受长沙市政府委托，编拟完成《岳麓山国家重点风景名胜区总体规划》及《岳麓山国家重点风景名胜区总体规划纲要》。2003年4月，国家建设部和省直有关部门组织召开《岳麓山国家重点风景名胜区总体规划纲要》评审会。9月，召开《岳麓山国家重点风景名胜区总体规划》评审会。11月上旬，长沙市政府常务会议、长沙市人大常委会主任会议、中共长沙市委常委办公会议分别听取规划汇报并进行专题审查，原则通过该规划，当月由长沙市政府报省政府审批。2005年9月30日，该规划经国务院批复同意。该规划明确：岳麓山风景名胜区范围为北起龙王港—咸嘉湖一线，南抵后湖—

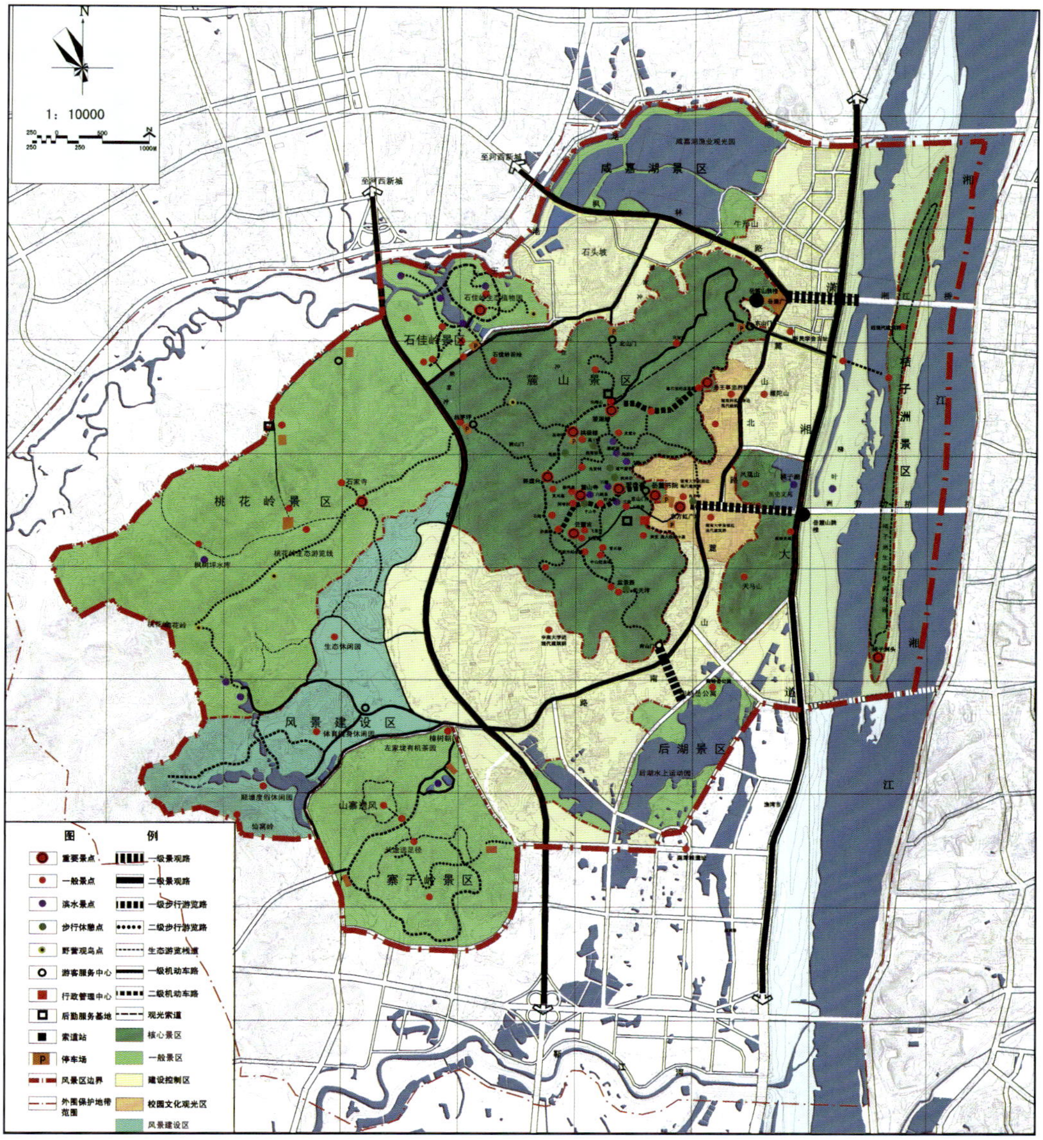

岳麓山国家重点风景名胜区总体规划总图（2005 年 9 月）

寨子岭南缘，东至橘子洲以东湘江中心，西部则延伸至桃花岭北侧山麓，总面积 35.2 平方千米，其中陆地面积 19.07 平方千米、水域面积 16.13 平方千米。风景区范围以外划定外围保护区面积 22.68 平方千米。该规划明确名胜区的空间结构为一区（麓山核心景区）、三山（麓山、桃花岭、石佳岭）、五园（寨子岭、后湖、天马山、橘子洲、咸嘉湖）。该规划对名胜区的定位为：长沙历史文化名城的重要组成部分，山水洲城地理格局的核心因素，以秀美的自然山水为基础，以悠久的多元历史文化为内涵，融自然与人文景观为一体，是兼具城市绿地功能的综合性山岳型国家级风景名胜区。

《岳麓山风景名胜区总体规划（2018—2035）》 2012年6月，省住房和城乡建设厅发出《关于启动岳麓山风景名胜区总体规划修改工作的函》，建议长沙市政府开展《岳麓山风景名胜区总体规划》实施评估工作和启动规划修改工作。2013年8月，长沙市城乡规划局会同岳麓山风景名胜区管理局，先期启动风景区总体规划实施评估工作。10月，市城乡规划局组织风景区总体规划实施评估报告专家论证会并上报省住建厅，2014年初上报国家住建部，纳入修编规划纲要阶段成果。2014年11月，省住建厅经请示国家住建部，同意长沙市继续推进总体规划修编。2015年，长沙市完成景观风貌特色保护、居民社会调控、道路交通系统等专题研究，作为规划修编前期研究论证内容。2015年7月，省住建厅组织总规修编纲要技术审查。2016年8月，市城乡规划局和岳麓山风景名胜区管理局共同组织修编规划初步成果市级专家审查会。2017年3月，长沙市城乡规划委员会对初步成果进行研究，要求各部门提出意见后再报。2018年1月，长沙市城乡规划委员会审查通过总规初步成果。3月，长沙市城乡规划局会同岳麓山风景名胜区管理局将送审成果上报省住建厅，同时由市城乡规划局上报市人大常委会。4月2日，省住建厅组织召开《岳麓山风景名胜区总体规划（2018—2035）》成果审查会，通过该规划。至2018年底，该规划正报省政府审批。

二、详细规划

麓山景区 2004年，长沙市园林管理局（长沙市岳麓山风景名胜区管理处）在《岳麓山风景名胜区总体规划》通过部际联席审查后，经请示国家建设部同意，提前进行岳麓山风景名胜区各景区详细规划编制工作。2004年12月，市园林管理局会同省建设厅、市规划局开展联合考察，决定首先编制《岳麓山风景名胜区麓山景区详细规划》。该规划委托湖南省城市规划设计院编制，编制完成后，长沙市城乡规划委员会2005年9月组织评审通过，随后上报省建设厅。12月5日，省建设厅组织专家审查，随后上报国家建设部。2006年6月，国家建设部批复同意该规划。是年，岳麓山风景名胜区管理局根据《岳麓山风景名胜区麓山景区详细规划》划定的景区保护范围，完成景区勘界定桩工作。该规划期限为2003—2020年。该规划明确：麓山景区系岳麓山风景名胜区的核心景区，位于岳麓山风景名胜区中心位置，用地包括麓山路以西、西二环路以东、党校路和长宁公路以南的岳麓山山地，规划

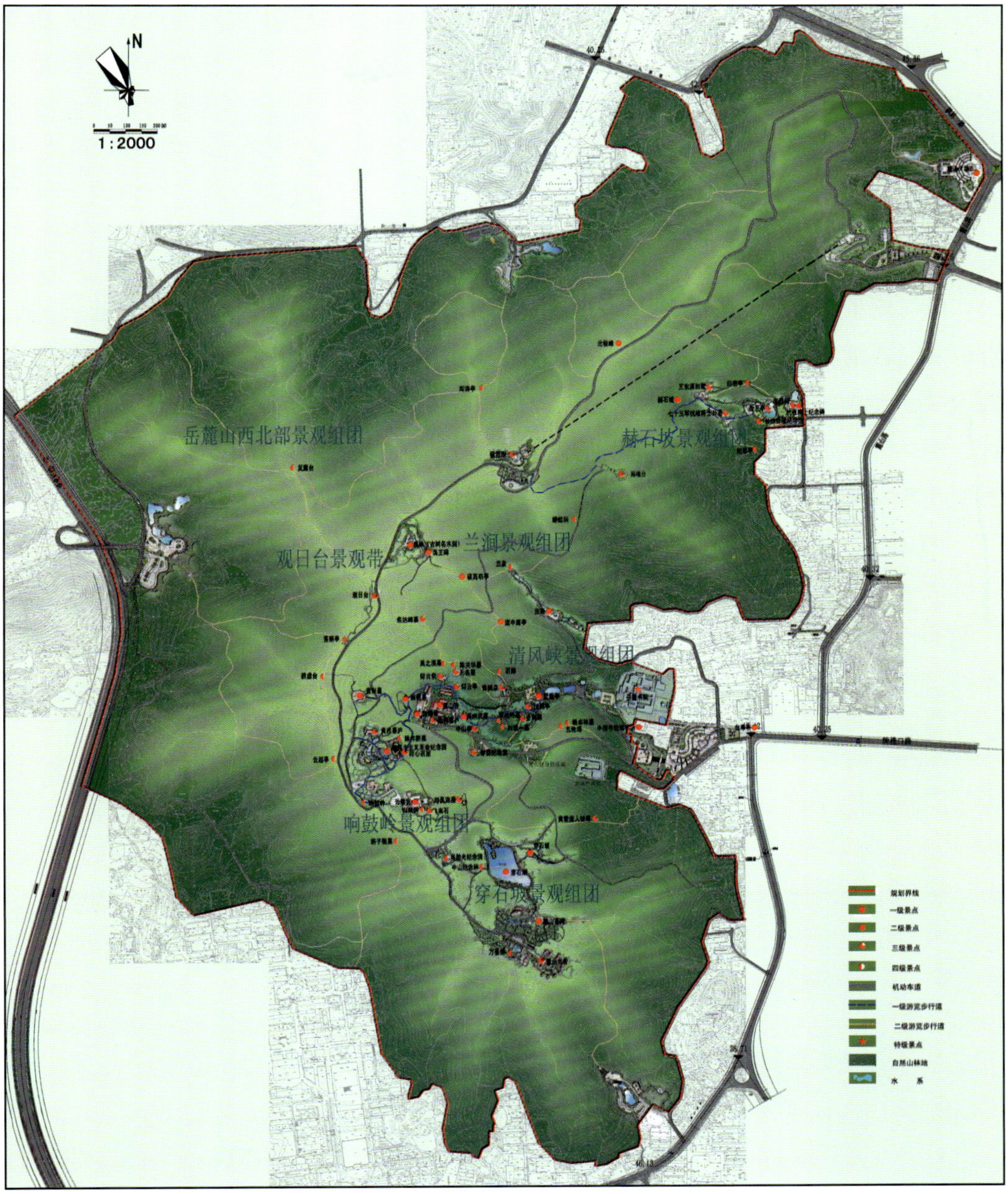

岳麓山风景名胜区麓山景区详细规划（2003—2020）总平面图

面积556万平方米。规划将景区定位为：千年学府岳麓书院为代表的湖湘文化、近现代名人文化、儒释道汇于一山的宗教文化、原生性地带植物群落与红叶景观。规划空间结构为“三区一带一片”：“三区”为清风峡区域（麓山景区自然与人文景观最集中、最主要的精华区域，以体现湖湘文化、宗教文化、名人文化为主线，突出人文景观的历史文化内涵）、仰天坪区域（南部景观区域，以高旷、通透的自然景观为主）、赫石坡区域（北部景观区域，以陆军第七十三军抗战阵亡将士公墓为主，突出“和平”主题）；“一带”为位于山脊的景观带；“一片”为景区西部及北部片区。整个景区由赫石坡、兰涧、观日台、清风峡、响鼓岭、穿石坡、麓山西北部 7 个景观组团构成，以探访古迹、领略文化、修学研讨、宗教旅游、登高揽胜、山林游憩为主要功能。

橘子洲景区 1960 年 3 月 26 日，长沙市水陆洲公园建园指挥部制定《水陆洲公园初步规划》并上报。该规划宗旨为：加强绿化，成为名副其实的橘子洲；将毛泽东青少年时代活动地整理为纪念地，并结合园林布局，成为综合性的文化公园。规划范围为“上至牛头洲，下至水陆洲尾”。规划提出要建设 13 个项目，包括牛头洲纪念区、橘林区、果林区、图书阅览室、露天舞场及服务点、露天音乐厅、儿童游戏区、大型花坛、综合供应点、文娱活动区、桥头堡、居民区、生产区。

2004 年，长沙市政府成立橘子洲开发建设指挥部，是年通过网络公开征集规划设计方案，共有 56 家设计单位参与征集。经长沙市规划局组织评审，长沙市规划设计院方案入选。2006 年，长沙市规划设计院编制完成《岳麓山国家级风景名胜区橘子洲景区环境整治规划》，经省建设厅请示国家建设部同意，于 2008 年 1 月 18 日发文批复。该规划期限为 2008—2020 年。该规划明确，橘子洲景区面积 91 万平方米，是一个以自然风光为主体，以“生态、文化、旅游、休闲”为主题，生态环境

岳麓山国家级风景名胜区橘洲景区详细规划（2008—2020）总平面规划图

优美、功能布局合理、特色鲜明、基础设施配套完备的生态、文化旅游休闲景区。根据规划，橘子洲景区以探访伟人踪迹、观光访古、沙洲休闲为主要功能，由南往北分 3 个功能区。桔洲公园：总用地面积 37.43 万平方米，规划保留及新建总建筑面积 1.16 万平方米，其中保留建筑面积 0.6 万平方米，主要景点包括毛泽东青年艺术雕塑、橘洲生态文化园、橘洲客栈、天伦纸厂、朱张古渡、唐生智公馆、《沁园春·长沙》碑、公园入口等。旅游配套服务区：总用地面积约 35.97 万平方米，规划保留改扩及新建总建筑面积 4.9 万平方米，其中保留建筑面积 1.29 万平方米，主要包括水上运动俱乐部、亲水大平台、游客服务中心、婚庆园、海关公廨、水上工人俱乐部、公共停车区、江神庙等。沙滩公园：总用地面积 18.24 万平方米，保留建筑面积 0.63 万平方米，规划保留及新建总建筑面积 0.82 万平方米，利用原有的橘洲造船厂建筑进行改扩建，设置阳光沙滩、沙滩泳池及室内运动场、室内游乐中心及室外游乐场等。

天马山景区　2006 年 5 月，中共岳麓区委为在天马山景区范围内妥善解决天马村、麓山村村民留地安置问题，委托长沙市规划设计院编制天马山景区详细规划。该规划经长沙市政府相关部门现场调研和专家论证，2007 年 7 月 24 日由市城乡规划局、市园林管理局联合上报省建设厅。后来，中共长沙市委、市政府对岳麓山风景名胜区的保护提出新要求，省建设厅对该规划的审批工作暂停。2008 年 6 月，湖

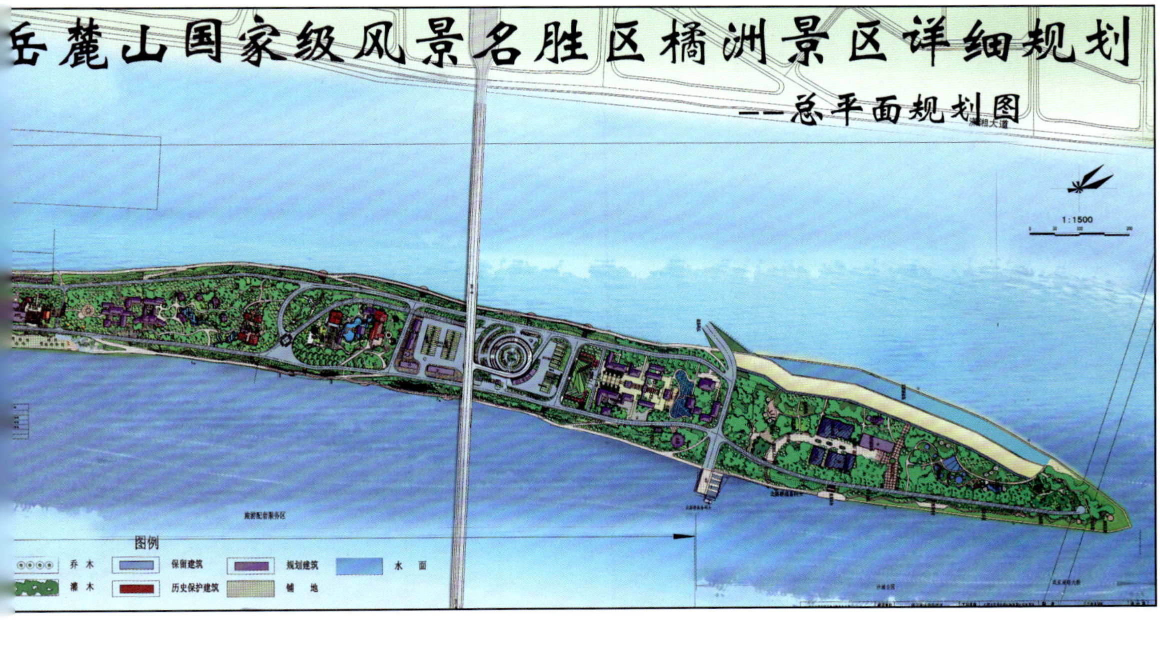

岳麓山国家级风景名胜区天马山景区规划（2009—2020）总平面图

南省、长沙市对天马山景区提出“显山、露水、透绿”总体目标和保护、停建、提质、拆违、移民、整治等多方面要求。2009 年 3—4 月，长沙市城乡规划局、岳麓山风景名胜区管理局联合向大学生征集天马山景区综合整治规划方案，中南大学、湖南大学、湖南师范大学各组织编制提交 10 个方案。经评审，4 个方案入围，另选出 3 个优胜方案，一并提供规划设计单位参考。同时，长沙市城乡规划局、岳麓山风景名胜区管理局向全国规划设计单位征集方案。经评审，澳大利亚 GHD 咨询（北京）有限公司被选定为深化规划单位，湖南城市学院规划建筑设计研究院、吉好地建筑设计武汉有限公司组成联合团队共同编制规划。2010 年 4 月 16 日，《天马山

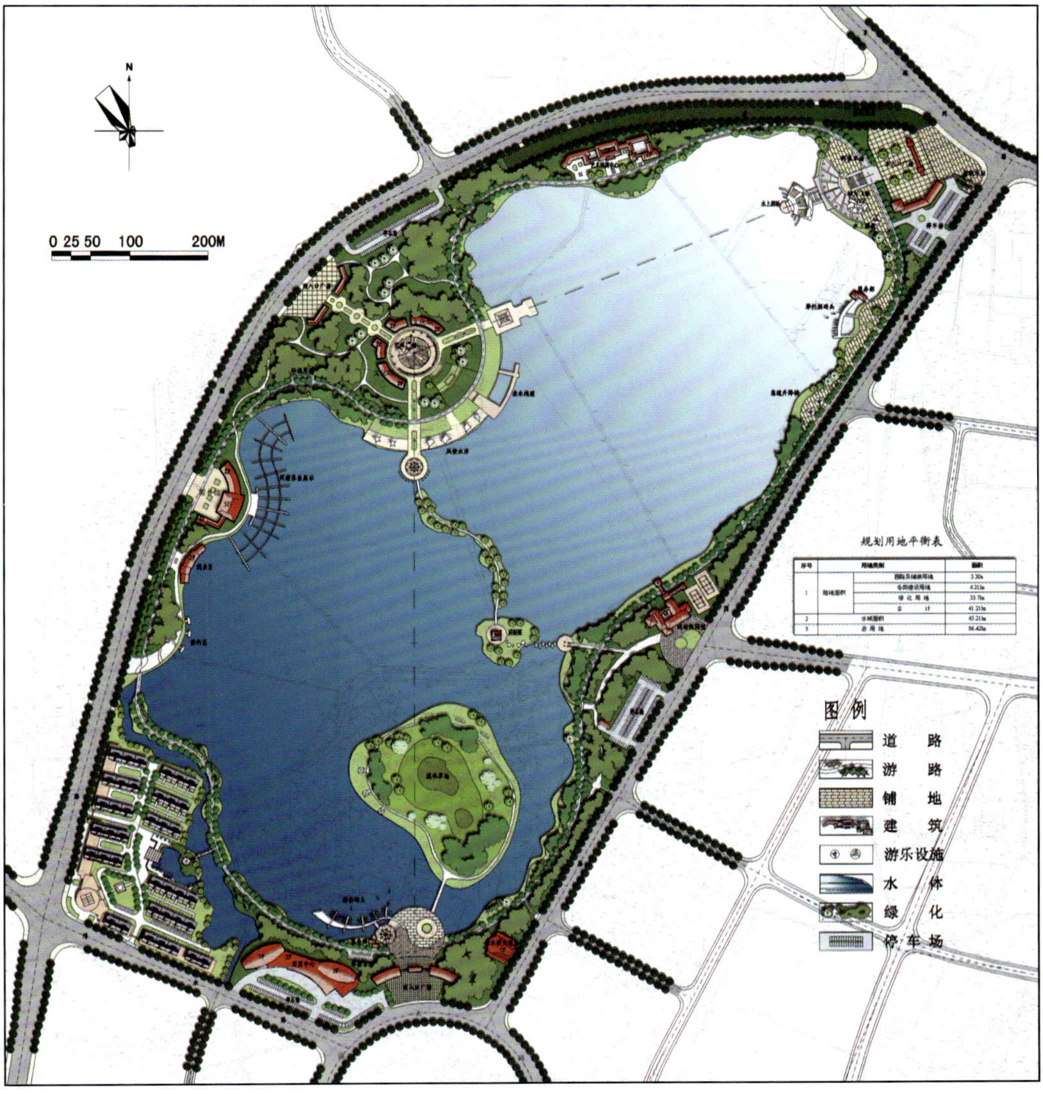

岳麓山国家级风景名胜区后湖景区规划（2007—2020）总平面图

景区综合整治规划》经省住建厅批复同意。该规划期限为2009—2020年。天马山景区规划面积82万平方米，定位为观赏自然山水、领略湖湘文化，空间布局为“三区一廊”。北区，由大学生文化展示服务区和凤凰山生态保育区、桃子湖滨水休闲区3个区域组成；中区，由旅游接待展示服务区、牌楼口文化旅游区组成；南区，由历史文化与休闲游览服务区、天马山生态游览区组成。“一廊”为牌楼路入口门户及空间视觉通廊。

后湖景区 2007年1月9日，由湖南省城市规划设计院编制完成的《岳麓山风景名胜区后湖景区修建性详细规划》经长沙市园林管理局、市城乡规划局初步审查后上报省建设厅。1月12日，省建设厅召开评审会通过。5月29日，该规划被上报国家建设部。6月，国家建设部专家实地考察。7月，省建设厅批复同意。该规划期限为2007—2020年，规划景区面积119万平方米，以游览休闲、水上活动、文化参与等为主功能。2015年，为落实湖南省政府、长沙市政府有关建设大科城、将后湖片区打造成后湖国际艺术园区的要求，岳麓区成立后湖片区综合整治指挥部，组织区域概念性方案征集。广州市城市规划勘测设计研究院方案中选。该单位编制完成包括后湖景区在内的143万平方米区域《后湖区域综合整治工程详细规划》，2017年获市政府同意。规划区域定位为集原创艺术创作交易、湖湘文化展示、艺术休闲娱乐、传统文化传承的文化艺术园区、文化创意产业园区、大学生创业园区以及长沙市中心城区宜居宜业的生态治理示范区。规划还提出景区内土地用地性质不变、原有民居保留、建筑微改造的原则。

咸嘉湖景区 2005年“港洽周”期间，岳麓区引进战略投资者重点打造“西湖文化园”。该项目即在咸嘉湖景区内，并被列入省、市重点工程项目。是年，岳麓区主持编制完成《岳麓山国家级风景名胜区咸嘉湖景区详细规划》，市城乡规划局会同市园林管理局组织召开专家审查会。2007年7月24日，该规划被上报省建设厅。2008年7月，中共长沙市委、市政府决定终止西湖渔场600亩（约40万平方米）土地的出让合同，收回土地重新规划。9月，市城乡规划局组织开展全球详细规划方案征集。2009年5月，长沙市政府决定由湖南阡陌设计有限公司牵头，长沙吉佳城市设计有限责任公司、湖南省建筑设计院配合，成立西湖文化园设计联合体，编制完成《咸嘉湖景区（西湖文化园）环境综合整治规划》。2010年6月3日，该规划经省建设厅批复同意。该规划期限为2009—2020年。咸嘉湖景区位于岳麓山以北，东至牛形山东部山脚、咸嘉湖东岸，南至长宁公路，西、北以龙王港为界，属三级保护区，规划面积167万平方米。规划定位为以开敞空间为主的大众化休闲游憩场所和长沙市区域游憩中心。规划空间结构为“两轴三区”。“两轴”指城市中轴和水轴。“三区”分别为：南岸滨水区，包括生态涵养、景观缓冲、滨湖生态休憩、休闲垂钓等功能；北岸滨水区，以“大众休闲，文化传承”为主题，打造创意时尚文化、滨水休闲游乐、休闲商业服务等功能；水域体验区是一个包含水中、水面的立体休闲体验空间。

桃花岭景区　2010 年 8 月，长沙大河西先导区管理委员会、长沙市岳麓山风景名胜区管理局联合邀请省内外三家规划设计单位征集概念性方案。长沙市规划设计研究院有限公司中选，是年完成《岳麓山国家级风景名胜区桃花岭景区详细规划（2012—2020）》编制。2011 年 2 月，该规划报市政府、省建设厅审查通过。2012 年 12 月 26 日，国家住建部批复同意。该规划期限为 2012—2020 年。桃花岭景区位于岳麓山以西，东至西二环路，与麓山景区、石佳岭景区接壤，西至风景名胜区边界，南至桃花岭山麓，北以桃花岭西北部山脚道路为界，属三级保护区，规划面积 556 万平方米。规划定位为包括旅游服务、文化娱乐、体育健身和休闲度假等内容的综合性生态旅游区，以生态游览、徒步登山、假日休闲、体育健身为主要功能。规划空间结构为“一轴一带六组团”，即山脊观光轴、环山游览带和洪寺庵水库、腊八寺、东入口及自然博物馆、桃花谷、麓溪峪、马鞍山 6 个景观组团。

石佳岭景区　2015 年，湘江新区国土规划局、长沙市岳麓山风景名胜区管理局联合组织委托长沙市建筑设计院有限公司编制《岳麓山国家级风景名胜区石佳岭景区详细规划》。2018 年底，该规划编制完成待审查。根据该规划草案，石佳岭景区位于岳麓山西北部，东至湖南大学北校区，南至党校路，与麓山景区相接，西至西二环路，北至龙王港风景区边界，属三级保护区，规划面积 99 万平方米。规划定位为利用石佳岭良好的山水围合条件，成为综合性的生态植物园，为生态科普教育和植物培养示范基地。景区分为湿地和山谷 2 个景观组团，即景区西部的湿地景观组团，提高水位，扩大哑河水面，形成开阔的人工湖面，并通过水体的自然延伸，种植丰富的湿地植物群落，在景区内形成自然湿地景观；景区东部的山谷景观组团，丰富与完善景区景点，并以此构筑景区较为完整的游览线路，充分发挥景区生态景观价值。

寨子岭景区　寨子岭景区位于岳麓山西南，东至寨子岭山麓道路，南至金牛岭山脚，西至风景区边界，北至寨子岭山麓道路，属三级保护区，拟规划面积 259 万平方米，以野外游憩、登山露营、参与品茗、生态游览为主要功能。至 2018 年底，该景区的规划工作正开展前期研究，规划编制未启动。

岳麓山国家级风景名胜区咸嘉湖景区（西湖文化园）环境整治规划（2009—2020）总平面图

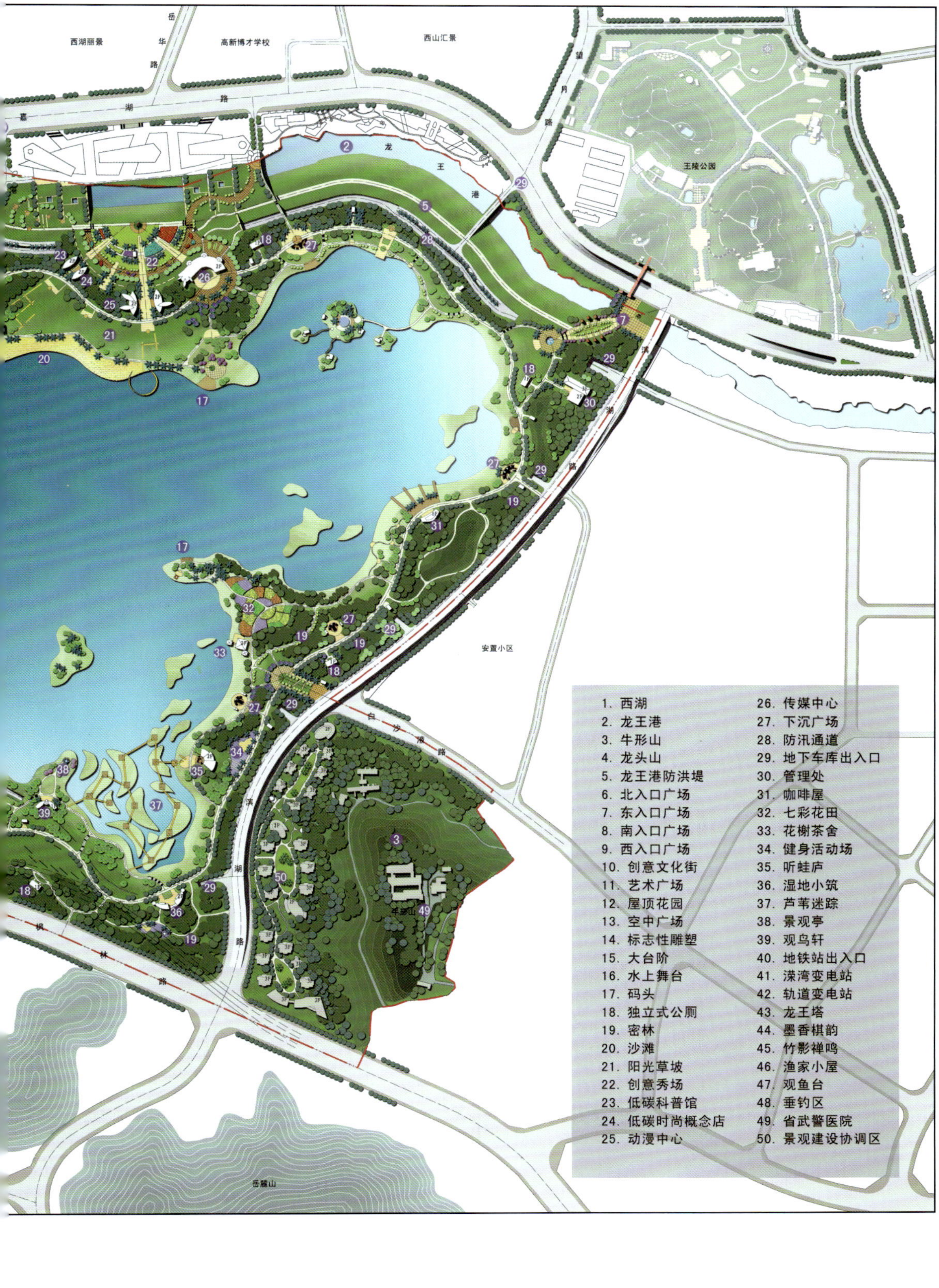
西湖丽景
岳华路
高新博才学校
西山汇景
嘉湖路
龙王港
王陵公园
安置小区
白沙港路
滨湖路
枫林路
岳麓山
1. 西湖
2. 龙王港
3. 牛形山
4. 龙头山
5. 龙王港防洪堤
6. 北入口广场
7. 东入口广场
8. 南入口广场
9. 西入口广场
10. 创意文化街
11. 艺术广场
12. 屋顶花园
13. 空中广场
14. 标志性雕塑
15. 大台阶
16. 水上舞台
17. 码头
18. 独立式公厕
19. 密林
20. 沙滩
21. 阳光草坡
22. 创意秀场
23. 低碳科普馆
24. 低碳时尚概念店
25. 动漫中心
26. 传媒中心
27. 下沉广场
28. 防汛通道
29. 地下车库出入口
30. 管理处
31. 咖啡屋
32. 七彩花田
33. 花榭茶舍
34. 健身活动场
35. 听蛙庐
36. 湿地小筑
37. 芦苇迷踪
38. 景观亭
39. 观鸟轩
40. 地铁站出入口
41. 溁湾变电站
42. 轨道变电站
43. 龙王塔
44. 墨香棋韵
45. 竹影禅鸣
46. 渔家小屋
47. 观鱼台
48. 垂钓区
49. 省武警医院
50. 景观建设协调区

北入口及洪寺庵水库景观组团建设控制一览表

建筑编号	项目名称	建筑面积上限（m²）	占地面积上限（m²）	规划控制指标				服务内容	建设类型	建筑风貌控制
				容积率	建筑密度（%）	建筑限高（M）	绿地率（%）			
1	游客中心及管理用房	2000	3600	≤0.6	≤20.0	≤12	≥35	管理、医疗救护、小卖、导游服务	新建	现代风格、建筑以灰、白色为主
2	生态茶室	1090	2100	≤0.6	≤18.5	≤12	≥35	茶室	新建	
3	公厕一	100	250	≤0.40	≤40.0	≤6	≥30	公厕	新建	
4	公厕二	110	280	≤0.4	≤40.0	≤6	≥30	公厕	新建	
5	森林防火监测站（两处）	900	1800	≤0.50	≤20.0	≤12	≥35	防火监测	新建	
	合计	4200	8030							

腊八寺景观组团建设控制一览表

建筑编号	项目名称	建筑面积上限（m²）	占地面积上限（m²）	控制指标				服务内容	建设类型	建筑风貌控制
				容积率	建筑密度（%）	建筑限高（M）	绿地率（%）			
1	自行车服务配套用房	2000	4200	≤0.6	≤20.0	≤15	≥35	医疗服务、休息、维护等配套服务	新建	坡屋顶、园林建筑、采用本地石材和木材
2	天然氧吧体育健身用房	2000	4000	≤0.6	≤20.0	≤15	≥35	健身用房、体育活动房、配套设施用房	新建	
3	数字化信息监控用房	2000	3800	≤0.6	≤20.0	≤15	≥35	设备用房、中心控制室	新建	
4	科普科教展览用房	2000	4000	≤0.6	≤20.0	≤15	≥35	宣讲、科普、展览	新建	
5	景区病虫灾害观测预防控制用房	2000	4000	≤0.6	≤20.0	≤15	≥35	监控中心、配套用房等	新建	
6	游览服务点	1200	2500	≤0.6	≤20.0	≤15	≥35	休憩、公厕、小卖	新建	
	合计	11200	22500							

东入口景观组团建设控制一览表

建筑编号	项目名称	建筑面积上限（m²）	占地面积上限（m²）	控制指标				服务内容	建设类型	建筑风貌控制
				容积率	建筑密度（%）	建筑限高（M）	绿地率（%）			
1	东入口旅游服务中心	2500	7500	≤0.5	≤20	≤15	≥35	医疗救护、小卖、导游服务、纪念品、公厕	新建	园林建筑、建筑以灰、白色为主、采用本地石材和木材
2	东入口茶室及管理配套用房	1500	5000	≤0.5	≤20	≤15	≥35	景区管理、宣讲、科普、展览、茶室、公厕	新建	
	合计	4000	12500							

岳麓山国家级风景名胜区桃花岭景区规划（2012—2020）总平面图

麓溪峪景观组团建设控制一览表

建筑编号	项目名称	建筑面积上限（m²）	占地面积上限（m²）	控制指标				服务内容	建设类型	建筑风貌控制
				容积率	建筑密度（%）	建筑限高(M)	绿地率（%）			
1	麓溪峪体育康乐中心	5500	13000	≤0.5	≤19.0	≤12	≥35	康体中心、音乐娱乐、小卖、公厕	整治	综合整治为主、建筑以灰、白色为主、
2	石家寺	500	900	≤0.6	≤20.0	≤12	≥30	休憩庇护	恢复	坡屋顶、园林建筑、采用本地石材和木材
	合计	6000	13900							

桃花谷景观组团建设控制一览表

建筑编号	项目名称	建筑面积上限（m²）	占地面积上限（m²）	控制指标				服务内容	建设类型	建筑风貌控制
				容积率	建筑密度（%）	建筑限高(M)	绿地率（%）			
1	南入口综合服务中心	1500	3000	≤0.5	≤20	≤12	≥35	管理、公厕、医疗救护	新建	园林建筑、建筑以灰、白色为主、采用本地石材和木材
2	桃花涧	250	1000	≤0.4	≤18	≤12	≥35	桃花主题纪念品、小卖、公厕	新建	
3	桃花茶室	1000	2500	≤0.5	≤20	≤12	≥35	茶室、公厕	新建	
4	桃花坊	3350	25000	≤0.3	≤18	≤12	≥40	现状厂区改造为桃花文化展示基地	整治改造	
	合计	6100	31500							

马鞍山景观组团建设控制一览表

建筑编号	项目名称	建筑面积上限（m²）	占地面积上限（m²）	控制指标				服务内容	建设类型	建筑风貌控制
				容积率	建筑密度（%）	建筑限高(M)	绿地率（%）			
1	次入口管理	1000	2000	≤0.5	≤20	≤12	≥35	管理、小卖、公厕	新建	园林建筑、建筑以灰、白色为主、采用本地石材和木材
2	配套服务用房	2350	5000	≤0.5	≤20	≤12	≥35	公厕、医疗救护、果品展示	新建	
3	马鞍阁	150	500	≤0.4	≤20	≤12	≥30	休憩庇护	新建	
	合计	3500	7500							

三、其他区域的建设规划

风景建设区 风景建设区为桃花岭与寨子岭之间的山麓平缓地，规划面积254万平方米，主要包括桃花岭村新塘、古人塘、石塘等11个村组，农业人口约5000人。总规定位为主要进行景观游览设施、旅游服务设施、文化娱乐设施及生态景观别墅等建设的区域。2015年，根据中共湖南省委、省政府关于建设岳麓山国家大学科技城的部署，湖南湘江新区国土规划局在全球开展风景建设区规划方案征集。是年11月，深圳规划院方案中选。规划目标调整为：风景旅游胜地、文化传承宝地、创新创意高地、健康养生福地。发展定位为：校企共荣的双创平台、中部地区的高端文旅服务基地、具有世界影响力的科技智慧高地。2017年，湘江新区组织编制《岳麓山国家大学科技城科创服务中心控制性详细规划》，规划范围为东至西二环、南临含浦大道、西至麓景路、北临桃花岭景区，总面积约3.36平方千米。规划对本范围内的土地利用、开发强度、道路交通组织、公共服务设施、市政公用设施等内容提出控制要求。

城市景观控制区、大学风貌保护区 岳麓山风景名胜区内的城市景观控制区和大学风貌保护区为风景区与城市、高校协调区域，由长沙市城乡规划局组织编制城市控制性详细规划。2003年10月，湖南方圆建筑工程设计事务所编制完成《岳麓广场周边地段控制性详细规划》。2004年10月，湖南省城市规划研究设计院编制完成《麓山南路两厢控制性详细规划》。2005年6月，长沙市城市规划设计咨询公司编制完成《岳麓山大学城南片控制性详细规划》。2005年9月，海南雅克城市规划设计有限公司编制完成《石佳岭景区控制性详细规划》、湖南方圆建筑工程设计事务所编制完成《工大、师大南院周边地区控制性详细规划》、湖南仟府城市设计有限公司编制完成《五星片控制性详细规划》。2013年10月，长沙市城乡规划局落实长沙市城市总体规划，对原有控规中的道路交通、公共服务设施、公用工程设施、历史文化保护、生态环境保护等内容进行优化提升。

岳麓山国家大学科技城（园） 岳麓山国家大学科技城原名岳麓山国家大学科技园，主要依托中南大学、湖南大学、湖南师范大学、国防科技大学、长沙矿冶研究院、长沙建设机械研究院等院所，按照“政府引导、市场运作、多校一园”运作模式和省、市、区、校共建的管理模式运行。21世纪初，岳麓山国家大学科技园编制的控制性详细规划范围：西起二环线西南段至潇湘路为界，南自湘江南大桥，北抵湘江北大桥，占地面积约30平方千米，由孵化区和产业发展区两大功能区组成：孵化区占地面积约6平方千米，在湘江一桥以南、长沙矿冶研究院以北；产业发展区与高新区岳麓山高科技园融为一体。孵化区和发展区相对独立运作，互为发展依托，两区功能各异、层次递进，产业关联，有机结合，共同形成环岳麓山的高科技产业发展群。2017 年 2 月 6 日，中共长沙市委常委会会议审定岳麓山国家大学科技城规划选址。长沙市城乡规划局、湖南湘江新区国土规划局、岳麓区政府就大学科技城的总体定位、空间结构、综合交通、产业引导、风貌形态、节点设计等提出全方位的规划构思，并委托有关单位编制了以核心区为重点的 7 项规划，即《岳麓山国家大学科技城城市设计》《核心区交通改善规划》《岳麓山国家大学科技城综合交通规划》《麓山南路街景整治规划与设计》《岳麓山国家大学科技城核心区及过渡带现状调研和规划梳理》《麓山南路交通优化》《岳麓山国家大学科技城核心区及过渡带城市设计整合与重要节点概念设计》。是年 3 月 18 日，长沙市城乡规划局、湖南湘江新区国土规划局召开岳麓山国家大学科技城城市设计讨论会。3 月 29 日，长沙市城乡规划局召开项目推进会，并召开由国家超级计算长沙中心、湖南大学、湖南师范大学、国防科技大学共同组织的项目协调会。5 月 17 日，初步成果专家评审会完成，并征求相关单位意见。6 月 14 日，提交市长办公会议研究。7 月 26 日，吸收上述各规划成果核心内容的《岳麓山国家大学科技城城市设计》《岳麓山国家大学科技城综合交通规划》经长沙市城乡规划委员会审查通过。岳麓山国家大学科技城规划范围为 91.55 平方千米，包括“一核一区一带”，核心区 23 平方千米（潇湘大道、南二环、西二环、麓景路南延线、桃花岭景区界线、龙王港南侧边界线所围合而成的区域，全部在岳麓山风景名胜区范围内），拓展区 35 平方千米（高新区范围），过渡带 33.55 平方千米（包含风景建设区、桃花岭景区范围）。

第二节　|　基础设施建设

一、公路

岳麓山风景名胜区区域内湘江以西地区，自古至清末仅有山径小道。东西向的驿道，从溁湾市（即溁湾镇）往西，至瓦店铺（位于今望城坡），西至宁乡，这是一条古驿道；从牌楼口到岳麓书院的小路，行人从牌楼口登岸，然后西行，可至岳麓山下。水陆洲有一条横贯东西的古驿道，从湘江东岸经由渡船到达水陆洲的人们，可经由此道，再通过水陆洲与溁湾市之间的简易小桥“百搭桥”（由木跳板搭成，受湘江水位涨跌影响，该便桥经常需要重搭，也被称为“白搭桥”，意指之前搭桥的工夫白费了），抵达溁湾市。此外，水陆洲上还有数条南北向的小路，方便人们在屋舍与菜地间穿行。

民国时期，岳麓山风景名胜区区域内湘江以西地区的两条主要道路，前者，古驿道被拓宽为公路，即长宁公路，溁湾市设有汽车站；后者，因湖南大学创办，学生众多，又因游览岳麓山的游人增多，路面有所拓宽，并在岳麓山下分别向南、北延伸，成为可通汽车的公路。水陆洲上，由于长沙海关、英国驻长沙领事馆搬迁至此，一些外国公司也在此建造房屋，洲上小路得到整理并拓展。

中华人民共和国成立后，20 世纪 50 年代起，长宁公路东段拓宽建成枫林路，新建南北向的麓山南路；80 年代，湘江西岸大堤开始拓宽建成公路，即潇湘大道。2001—2018 年，新建渔湾路、后湖路、湖大路等 19 条公路（见表 6–1），至此，岳麓山风景名胜区已建立密集、便捷的公路交通网络。以下是名胜区内的公路干道：

枫林路　20 世纪 50 年代末，由原来的长宁公路东段扩建而成，东起溁湾镇，西至望城坡。该路处于麓山景区、石佳岭景区和咸嘉湖景区之间，北接溁湾路，南接麓山南路、省委党校路。沿途连接中共湖南省委党校、湖南大学北校区、湖南财政经济学院、西湖公园。

麓山南路　始建于 20 世纪 50 年代末，直至 70 年代初仍为城郊便道，宽五六米，仅容两车并行。80 年代初拓宽，始通公交车。2002 年初，长沙市安排 3 亿元资金拓改麓山南路，按城市Ⅰ级次干道标准改造，全长 5375 米，路幅宽 30 米，双向 4 车道。拓改整治包括对道路及排水系统的改造整治。3 月 15 日施工队进场施工，3 月 28 日完成拆迁腾地，6 月 10 日完成排水工程，7 月 10 日完成土方工程，7 月 30 日全面拉通路基，8 月 25 日路面沥青铺设完毕，9 月 15 日完成拓改整治任务。2017 年 7 月，长沙市、岳麓区启动实施麓山南路有机改造，包括节点改造、征地拆迁、交通优化、立面改造和业态重组。该路处于麓山景区、天马山景区和石佳岭景区之间，北接枫林路，西南接西二环。沿途连接中南大学（校本部、南校区、新校区）、湖南大学南校区、湖南师范大学、湖南师范大学附属艺术中学、岳南路小学、湖南艺术职业学院等学校和长沙矿冶研究院、长沙矿山研究院、国家超级计算机长沙中心等科研院所。

长沙二环线（西南段）　长沙二环线始建于 1994 年，分为东南段、东北段、西南段、西北段 4 段陆续开工建设，全线约 47 千米，城市Ⅰ级主干道，2006 年整体建成通车。西南段 2001 年 12 月动工，2004 年 12 月通车，从湘江猴子石大桥东开始，由东向西分别经湘江猴子石大桥西桥头立交、罗家嘴立交、王家湾立交、西大门立交、龙王港立交至长宁公路立交桥北止，全长约 12 千米，从桃花岭景区和麓山景区间穿过。2016 年 6 月，长沙启动实施西二环交通改善工程（王家湾到汽车西站），

表 6-1　2001—2018 年岳麓山风景名胜区主要道路建设一览表

序号	道路名称	起讫点	长（m）	宽（m）	建设单位	通车时间
1	渔湾路	麻园路—潇湘大道	700	26	岳麓区工务局	2015
2	后湖路	清水路—阜埠河路	1790	36	湘江新区市政投资有限公司	2018
3	湖大路	清水路—靳江路	550	26		2017
4	麻园路	湖大路—阜埠河路	1320	26		2016
5	湖大支路一	麻园路—潇湘南路	770	16		2016
6	湖大支路二	靳江路—湖大支路三	328	16		2017
7	湖大支路三	麻园路—湖大支路二	211	12		2017
8	大塘坡路	支路十八—梅溪湖路	1614	5	梅溪湖投资（长沙）有限公司	2014
9	学湖路	桃花岭路—梅溪湖路	1957	5		2014
10	滨湖路	咸嘉湖路—枫林路	1333	36	长沙城投河西投资开发有限公司	2009
11	咸嘉湖东路拓改	潇湘大道—金星路	1400	46		2011
12	新民路景观街改造	麓山南路—潇湘大道	560	30	岳麓区城管局	2009
13	阜埠河路改造	麓山南路—潇湘大道	1260	36	长沙市市政工程有限责任公司	2006
14	桃子湖路	麓山南路—潇湘大道	590	26	长沙水业投资管理有限公司	2015
15	牌楼路	麓山南路—潇湘大道	650	30		2015
16	白云路改扩建	枫林路—西二环	3682	12	西湖建筑集团	2011
17	清水路	后湖路—麓山南路	1190	30		2008
18	枫林路景观改造	橘子洲大桥—金星路	2976	46	岳麓区城管局	2011
19	银盆南路拓改	潇湘大道—枫林路	780	36	长沙市城管局	2010

全长约 8.8 千米，2018 年 6 月竣工通车。

潇湘大道中段（银盆岭大桥至猴子石大桥）　始建于 1985 年，原路幅宽 12 米，堤高 5 米，也称潇湘中路。2001—2012 年，长沙市按照“200 年一遇”防洪标准，将潇湘大道拓宽改造成集防洪、交通和沿江风光带于一体的道路。交通方面，路面加江堤共宽 60~80 米，堤高 42 米，全长约 10 千米，主道双向四车道，辅道双向四车道，设计时速为主道 60 千米、辅道 40 千米。2016 年 8 月，针对潇湘大道路面存在横向和纵向裂缝、路面坑洼不平等问题，长沙市、湖南湘江新区、长沙市岳麓区政府启动潇湘大道提质改造，由中机国际道路桥梁设计所设计，西湖建筑集团施工，工期 50 天，在道路路面使用状况、行驶的舒适性、整洁美观、配套设施的完善、绿化提质等方面进行整体提升。是年 9 月 24 日，提质改造完工。2017 年 1 月 20 日，潇湘大堤游步道建成。游步道位于大堤东侧腰部地段，从猴子石大桥西侧风光带一直延续到橘子洲大桥，宽 4 米，长 8 千米。

二、桥梁、隧道

1971 年，岳麓山风景名胜区区域内始开建第一座现代公路过河桥梁，至 2018 年名胜区内共建有 3 座。2009 年，名胜区区域内开建第一条湘江隧道，至 2018 年共建有 2 条。

橘子洲大桥 原名湘江大桥、湘江一桥，是长沙市第一座横跨湘江的大桥，东接长沙城区五一大道西端，西连溁湾镇，大桥中部建有支桥连接橘子洲。橘子洲大桥是大型钢筋混凝土双曲拱公路桥，1971 年 9 月 6 日开工，1972 年 9 月 30 日通车。全长 1250 米，主桥 21 跨，其中正桥 17 跨双曲拱桥；最大宽径 76 米；桥面净宽 20 米，中间为车行道，两边有人行道；共有 18 个混凝土浇筑的台墩；建有南支桥上下橘子洲。2003 年 10 月—12 月，橘子洲大桥进行第一次大型维修，增设北支桥上下橘子洲。2006 年 5 月，长沙市路桥征费维护管理处对大桥桥面局部维修，对破损路面进行开挖、沥青填充和压实，在底层和面层重新铺油。2008 年 7—8 月，大桥实施小修改造工程。2013 年 7 月，大桥路面实施整修以提高桥面行车舒适度。

连洲大桥 位于橘子洲尾与傅家洲连接处，石拱桥，2014 年建成。大桥所跨河道呈西南至东北斜向布置，为 5 孔连续拱桥，长 265 米，宽 12 米，主跨 65 米，两侧对称分布 55 米和 45 米的 2 个边跨。连洲大桥所有基础均采用桩基础，柱状选用弱风化板岩为桩端持力层，设计抗地震基本烈度为 6 度。桥面铺装采用 9 厘米厚沥青，栏杆材料采用麻石，显得古朴大方。

靳江河大桥 位于岳麓山南侧靳江河口，桥长 152.5 米，桥宽 12 米。1981 年 8 月，长沙市郊区成立“靳江建桥指挥部”主持大桥建设，由长沙市规划设计院设计，主体工程由铁道部大桥工程局第五桥梁工程处承包施工。1982 年 1 月开工，1983 年 6 月竣工。该桥为 3 孔，跨径 40 米，截面悬链线无铰双曲拱形。

营盘路湘江隧道 位于银盆岭大桥和橘子洲大桥居中偏南位置，其中江中段距橘子洲大桥约 1.3 千米，距银盆岭大桥约 2.1 千米。隧道主线西起咸嘉湖路，下穿潇湘大道、傅家洲、橘子洲和湘江大道，东接营盘路。隧道主线采用双洞单层形式，分为南线（南洞）、北线（北洞），西岸设一进一出 2 条匝道，接主线北侧的潇湘北路；东岸设一进一出2条匝道，进口匝道接主线南侧的湘江中路，出口匝道接主线北侧的湘江中路。主线设计时速50千米，两洞各设2个3.5米宽的车道，其中北线路线全长3001米，南线路线全长2702米。匝道设计时速40千米，车道宽度3.5米，4条匝道路线总长2659米。2009年9月开工建设，2011年9月30日建成通车。

南湖路湘江隧道　位于橘子洲大桥与猴子石大桥之间，西起阜埠河与潇湘大道交叉口，东接南湖路，是长沙市第二条湘江隧道，也是首条采用盾构法施工的湘江隧道。隧道采用双洞单层形式，分南北2线双向四车道穿越湘江，全线约6千米，北线隧洞长1582米，南线隧洞长1375米，东西两岸道总长2912米，道路等级为城市主干路Ⅰ级，设计时速50千米。2011年7月开工，2013年12月25日通车。

三、公共客运

（一）路面公交

在路网基础设施逐步完善的同时，岳麓山风景名胜区各景点借助城市公共交通网络，使得公交出行得以便利。

1952年，长沙市公共汽车公司成立，是年5月1日开辟河西线，往返溁湾镇与湖南大学，全程3公里。这是名胜区区域内第一条公交线路。1952年7月1日，该线路延长至左家垅，改称溁左线，全程5.1公里。1957年，该线路改称5路车。1952年至20世纪70年代初期，这条线路是长沙河西唯一一条公交线路。由于是时岳麓山仅有南大门，长沙市民上岳麓山游玩，往往需要先乘坐该线路公交车，所以该线路被俗称“岳麓山专线”。

1972年，湘江一桥建成通车。是年11月，长沙调整3路车、6路车运行线路以连接河东河西，其河西终点站（始发站）均为溁湾镇，3路车河东终点站（始发站）为黑石渡，6路车河东终点站（始发站）为位于树木岭的正圆动力厂。1977年9月，长沙开通15路车，往返溁湾镇与雷锋纪念馆。1978年10月，长沙调整12路车运行线路以连接河东河西，河西终点站（始发站）为溁湾镇，河东终点站（始发站）为长沙火车站。1978年5月，长沙开通16路车，由五一广场往返橘子洲头。1979年7月，长沙开通17路车、18路车，其中17路车由溁湾镇往返咸嘉湖，18路车由溁湾镇往返三汊矶。1981年11月，长沙开通25路车，由溁湾镇往返湖南财经学院（今湖南大学北校区）。

1988年，著名慈善家余彭年（本名彭立珊）向长沙捐赠20辆公交车，是年11月1日长沙开通长沙火车站往返湖南大学公交线路，称“立珊专线”。翌年，余彭年再捐出10辆公交车，长沙开通湖南大学往返东塘公交线路，称“立珊二线”，原

“立珊专线”改称“立珊一线”并延至中南工业大学。后由于市政调整，“立珊二线”取消，“立珊一线”恢复“立珊专线”名称。“立珊专线”沿线高校云集，客流量大，是名胜区区域内一条重要的公交线路。

2005年10月，长沙开通旅游1路公交，由长沙火车站经名胜区区域内的新民学会旧址、桃子湖路口、湖南大学、天马村、后湖小区等往返猴子石大桥。2009年5月，长沙开通旅游3路区间线，该线路上行串起名胜区内8个重要站点，分别是橘子洲景区站、橘子洲大桥西站、新民学会旧址站、岳麓山北站、湖南师大站、东方红广场站、湖南大学站、天马山景区站。

2018年底，名胜区各已开放景区的公交线路情况如下。麓山景区：乘坐902路、913路、152路可达岳麓山东大门，乘坐旅1路、立珊专线、202路、132路可达岳麓山南大门，乘坐132路、305路可达岳麓山北门。橘子洲景区：乘坐公交1路、2路、11路、112路、123路、142路、143路、301路、368路、406路、804路、901路、908西线、旅2路可达橘子洲大桥东，乘坐117路、118路、202路、401路、旅1路、106路、109路、12路、18路、301区间线、301路、303路、312路、314路、317路、6路、901区间线、旅3路区间线、立珊专线到太平街口上桥往西可达橘子洲景区。天马山景区：乘坐106路、152路、318路、318路区间、358路、360路、63路、811路、902路、908路区间、913路、W115路南、W115路区间、W201路区间、临202路、旅1路公交线路可达天马山东公交站。后湖景区：乘坐205路、225路、311路、318路、601路、63路、811路、905区间线可达后湖公园。咸嘉湖景区：乘坐6路、12路、18路、63路、303路、309路、312路、314路、315路、325路、902路、903区间线、908区间线可达西湖公园。桃花岭景区：乘坐W107路、W201路、207路、211路可达桃花岭公园。

2018年，岳麓山风景名胜区共有自配停车场23个，总面积约20万平方米，日均可容纳车辆超过10000台次。麓山景区停车场包括麓山景区东门停车场、麓山景区南门停车场、麓山景区管理处停车场、岳麓书院入口停车场等，总面积32150平方米，其中麓山景区东门停车场为3层复式结构，占地面积11150平方米，建筑面积9150平方米，车位244个。天马山景区停车库位于桃子湖以北，桃子湖路南侧，2层，占地面积2000平方米，建筑面积4000平方米，车位152个。橘子洲景区设两处停车场，北支桥转桥下停车场车位230个，江神庙前坪停车场车位300个。咸嘉湖景区地下车库及配套商业建筑位于景区西部，基底面积63898平方米，其中建筑屋顶覆土绿化面积56751平方米，车位2120个。景区地下车库分为5区，其中1区建筑面积15905平方米，车位498个；2区地下车库建筑面积9062平方米，车位

210 个；3 区地下车库建筑面积 17142 平方米，车位 452 个；4 区地下车库建筑面积 21159 平方米，车位 485 个；5 区地下车库及配套设施建筑面积 48600 平方米，车位 475 个。桃花岭景区停车场位于北入口广场，面积 6700 平方米，车位 143 个。

（二）地铁

2014 年，岳麓山风景名胜区区域内始有地铁交通，至 2018 年，有长沙地铁 2、3、4 号线过境。

地铁 2 号线　地铁 2 号线一期工程，起于望城坡站，止于光达站，大致呈东西走向，全长 21.926 千米，2014 年 4 月 29 日开通运营。以地下线形式经过岳麓山风景名胜区，过境长度 4.6 千米，埋深约 15~45 米。在名胜区内设有橘子洲站、溁湾镇站、西湖公园站和 1 个区间风亭。

地铁 3 号线　地铁 3 号线一期工程，起于山塘站，止于广生站，全长 36.477 千米，设站 25 座，2014 年 1 月 3 日开工，2020 年建成通车。以地下线形式经过岳麓山风景名胜区，过境长度 4.3 千米，埋深约 15.6~47.2 米。在名胜区内设有中南大学站、阜埠河站和 1 个区间风亭。

地铁 4 号线　地铁 4 号线一期工程，起于罐子岭站，止于杜家坪站，全长 33.6 千米，设站 24 座，2014 年 12 月 31 日开工建设，2018 年底建成通车。以地下线形式经过岳麓山风景名胜区，过境长度 6.755 千米，埋深约 14.2~42.3 米。在名胜区内设有望月湖站、溁湾镇站、湖南师大站、湖南大学站、阜埠河站。

（三）水上客运

清朝至民国时期，长沙跨江交通只有船只和“百搭桥”，时有义码头、百搭桥码头、渔湾市 3 个码头。

1951 年 10 月 1 日，长沙轮渡客运码头开业，为民众往返湘江两岸提供方便。20 世纪 60 年代，长沙修建湘江西岸至橘子洲便桥（下称湘江便桥），方便洲上居民出行，但每到洪水季节，该桥就会被淹。

2000 年之后，随着想乘船去橘子洲游玩的民众增多，长沙河东湘江风光带揽客乘船乱象丛生，而橘子洲又没有规范的船舶码头，乘船民众只能通过一个私自搭设的近 10 米高焊接楼梯爬上洲，非常危险。长沙市及岳麓区政府多番治理，屡禁不止。

2002 年，湘江便桥因年久失修，两边护栏缺失引发多次安全事故，引起社会关注，10 月 25 日长沙市政府开始拆除该桥。因种种原因，拆除工作中断数月，2003 年 10 月 17 日开始第二次拆除，10 月 19 日，湘江便桥拆除，永成记忆。

2014 年，湘江长沙综合枢纽建成蓄水后，长沙市一边专项治理湘江风光带揽客乘船乱象，一边谋划开办正规的江上旅游。2015 年 4 月，湖南龙骧交通发展集团、珠海九洲控股集团合资成立的湖南九洲龙骧水上旅游客运有限责任公司建成橘子洲西观光旅游公共客运平台。该平台由一大一小 2 条带黄色琉璃瓦顶的趸船组成，称为“新型双体豪华游船”。游船长 42 米、宽 12 米，拥有 280 个客位，船身共有 3 层，航速每小时 26 公里，具有 8 级抗风能力，并配有雷达导航、自动测深仪等先进设备设施。游船与岸上由一条宽约 3 米、长 5 米的钢制通道连接。

2015 年，橘子洲旅游码头、岳麓山旅游码头相继建成，以满足游客乘坐游轮或汽艇开展水上旅游之需。橘子洲旅游码头位于橘子洲西观光台地铁口往毛泽东青年艺术雕塑 1 千米处，码头有出入口各 1 个，分别对应一大一小 2 条趸船。2 条趸船共设 5 个泊位，上有售票窗口、候船室、洗手间及小商店。岳麓山旅游码头位于新民路东口湘江岸边，与橘子洲旅游码头相对应。该码头有 1 个进出口，江岸与江中趸船通过栈道连接，供游客上下。

2016 年初，位于湘江西岸的新民路口公共客运平台投入运营。由此，以橘子洲景区为主的长沙城区水上旅游基础设施基本成型。至 2018 年无变化。

四、水电设施

清朝和民国时期，岳麓山风景名胜区区域内没有电，没有自来水，照明使用油灯，用水取自湘江和山泉、水井。

20 世纪 60 年代中期，名胜区区域内开始建设供电供水设备设施，开始使用电灯和自来水。21 世纪初，由于游客日益增多，各主要景区开始建设污水处理设施，设置污水处理站。

（一）水电管网及供水供电设备设施

麓山景区 20 世纪 50 年代初期，岳麓山由于地势高，没有安装自来水管道。是时，岳麓山也没有用电，照明主要靠油灯。1957 年岳麓山公园成立后，在今南大门附近建一水泵房，自湖南大学引水，抽排上山，每月可用水 3000 吨。1964 年，公园架设自来水管上山，从此，岳麓山开始使用自来水。是年，公园通过空中架设电线上山，设 1 个配电间。六七十年代，公园又在山上修建蓄水池以保证供水。80 年代，自来水管道铺设到全山各处。90 年代，岳麓山的空中电线改为地下电缆。21 世纪初，麓山景区加强自来水管道建设，至 2018 年，供水主管网全长 11450 米、支管网全长 16000 米，供水蓄水池共 9 处，蓄水量 1530 立方米。至 2018 年，麓山景区主

表 6-2 2018 年麓山景区蓄水池、水泵房分布一览表

蓄水池			水泵房		
序号	地点	蓄水量	序号	地点	配置
1	一泵房	60m^3	1	一泵房	75KV 离心泵 2 套，控制柜 1 个
2	二泵房	200m^3	2	二泵房	37KV 离心泵 2 套，控制柜 1 个
3	三泵房	350m^3	3	三泵房	20KV 离心泵 2 套，控制柜 1 个
4	万景园茶场	60m^3	4	北极峰	37KV 离心泵 2 套，控制柜 2 个
5	云麓宫	60m^3	5	东大门	75KV 离心泵 2 套，3KV 深井泵 2 台，控制柜 2 个，深井泵控制柜 2 个
6	索道上站	100m^3			
7	往来亭	100m^3			
8	北极峰	200m^3	6	穿石湖	3KV 离心泵 2 套，控制柜 2 个
9	东大门	400m^3			

表 6-3 2018 年麓山景区供电线路一览表

序号	地点	配置
1	一号配电间（南大门）	油式变压器 160KVA，高压柜 4 个，低压配电柜 3 个
2	二号配电间（管理处）	油式变压器 400KVA，低压配电柜 4 个，综合电能计量柜 1 个，路灯系统控制柜 1 个
3	索道配电间	油式变压器 400KVA，高压开关柜 2 个，低压配电柜 4 个，综合电能计量柜 1 个，路灯系统控制柜 1 个
4	东大门配电间	干式变压器 400KVA，高压开关柜 2 个，低压配电柜 5 个，路灯系统控制柜 1 个
5	云麓宫箱变	油式变压器 400KVA，防网柜 2 个
6	兰涧箱变	油式变压器 160KVA，防网柜 2 个

配电电缆全长 19141 米，配电间 4 个，箱式变压器 2 个。

橘子洲景区 20 世纪 50 年代以前，橘子洲除少数公馆、外国人居住区和一些企业外，没有架设普通民用电线和铺设自来水管道。洲上居民日常照明用煤油灯，用水取自湘江。50 年代中期，橘子洲架设电线，一般居民才开始使用电灯照明。

20 世纪 60 年代，桔洲公园利用天伦造纸厂水塔引用自来水。1972 年，橘子洲开始铺设自来水管道，洲上部分居民结束直饮湘江水的历史，但洲尾由于属农村地区，到 20 世纪 80 年代才用上自来水。

2006 年，橘子洲景区提质改造进入全面建设阶段，水电设施项目涉及电力、电信、给排水、污水处理综合利用、亮化、弱电及广播系统等各方面。2009 年 10 月，水电设施项目竣工，景区供电供水、通讯和污水处理能力得到很大提升。全洲建成 4 个中心配电间，确保全洲电力、电信及网络的需求。至 2018 年，全洲亮化、路灯系统建设完备，灯光全部采用 LED 节能灯，既美化了景区，也节能环保。

（二）污水处理设施

麓山景区　该景区于 2009 年在红色旅游建设项目、2013 年在岳麓山核心景区环境综合整治项目中，分 2 批建成污水处理站共 12 处（见表 6-4），日处理量 277 立方米。至 2018 年无变化。

橘子洲景区　2007 年 2 月，橘子洲景区开建污水处理综合利用工程，2009 年 10 月竣工，建成污水处理中心 1 座，占地面积 240 平方米，日处理量≤ 1000 吨，实现全洲雨水、污水的回收，并采用中水回用处理技术将处理后的中水用于浇灌花草，实

表 6-4　2018 年麓山景区污水处理站一览表

序号	地点	日处理量	运行情况
1	万景园片区	$7m^3$/ 天	正常运行
2	极目山庄片区	$10m^3$/ 天	正常运行
3	雷达站片区	$15m^3$/ 天	正常运行
4	祥云阁片区	$10m^3$/ 天	正常运行
5	鸟语林片区	$15m^3$/ 天	正常运行
6	步虚楼片区	$10m^3$/ 天	正常运行
7	电视塔片区	$30m^3$/ 天	正常运行
8	吟将阁片区	$30m^3$/ 天	正常运行
9	麓山寺片区	$30m^3$/ 天	正常运行
10	管理处片区	$60m^3$/ 天	正常运行
11	长廊片区	$30m^3$/ 天	正常运行
12	爱晚亭片区	$30m^3$/ 天	正常运行

现全洲污水零排放。2016 年 11 月 2 日，橘子洲景区启动 5A 提质改造建设工程。至 2017 年 5 月，完成 7 座景观水塘清淤消毒，实现水体自然净化。为处理橘子洲生活污水，景区采取集中汇集，通过过江管网，集中处理。2017 年 12 月，橘子洲景区污水过江管网建设基本完工，洲上生活污水通过过江管网接入潇湘大道市政污水管网至污水处理厂集中处理。

天马山景区　2008—2010 年，中共岳麓区委、区政府对天马山景区内的桃子湖进行治理，包括截污、清淤、补水等。随后，通过潇湘大道修建和麓山南路拓改，将大学城的生活污水纳入市政污水管网处理。

咸嘉湖景区　2008 年，龙王港（西湖文化园段）实施综合整治工程。景区修建 5 千米西湖文化园驳岸，以避免龙王港上游垃圾流入咸嘉湖（西湖）。景区在东入口滨湖路西侧设置水处理净化中心，将水体处理达到地表水Ⅳ类水质标准后通过泵站提升，经压力管引至西入口广场处排入湖面。景区在东、西两部分湖面之间设置滚水坝和在湖体局部增加推流曝气富氧设备，提高水体自净能力。咸嘉湖补水来自岳麓山北坡汇水区，设置识水湾净水池，通过管道把岳麓山的水收集到净水池净化，再进入湖体。

后湖景区　2015 年，长沙市岳麓区成立后湖片区综合整治指挥部，实施综合整治工程。2017 年，后湖湖体治理实施，清理 70 多年未清的淤泥，同时实施截污、箱涵建设、水循环、水生态修复等治理工程。截污工程：将后湖外围污水接入后湖路、麻园路、清水路、湖大支路 4 条道路，配套建设 2914 米截污干管；对景区内民居散户全面雨污管道实施截污，截断面源污染源。箱涵建设：将约 1000 米原明渠、沟底清淤，改建为雨水箱涵。水循环：利用取水泵站，从靳江河引水，途经榨泥湖、榨泥河、中南大学湖，引入后湖，后湖调蓄时，从后湖经赵洲港泵站，再到湘江，全长约 3500 米；又将人工砌筑的渔堤破除为一个大水面，平均深度约 2.5 米，常水位 30 米，洪水水位 31 米，常蓄水量 70 万立方米，调蓄水量 40 万立方米；铺设 1400 米水循环管道，形成循环，改善水质。水生态修复：采取五方面措施，一是营建人工湿地，约 2 万平方米，建立水生植物为主的生态系统；二是建设后湖生态护岸，后湖驳岸总长 3570 米，柔性湖岸 3010 米，占比 84%，硬性湖岸 560 米，占比 16%；三是水生森林、水生草皮构建，种植水生沉水植物 5000 平方米；四是人工增氧，安装曝气推流机 101 台、喷泉曝气机 21 台、供电设备 20 台，增加水中溶氧量；五是雨水净化区，沿湖岸线形状布置。雨水依次经过格栅、沉砂池、生态植物塘（地表流生态湿地），净化处理后汇入湖体。

五、通信设施

20 世纪五六十年代，岳麓山公园和桔洲公园建园伊始就安装了有线电话，以保障公园与外界的通信。至 80 年代，2 处公园内部均装设电话，实现内部电话畅通。90 年代后期，移动电话使用日益广泛，麓山景区、橘子洲景区均建有无线通信设施设备，实现移动电话信号全覆盖。在此基础上，至 2018 年，岳麓山风景名胜区已对外开放的景区均开通电子商务，增设景区通信、邮电服务设施设备。

第三节 旅游设施建设

一、景区主出入口建设

麓山景区出入口大门建设 20 世纪 80 年代以前，麓山景区没有设置大门，游客可随意从不同方向进入。20 世纪 80 年代初，景区建成南大门，这是岳麓山的第一个大门，位于登高路拦车亭处，系用钢管架和硬纸板搭建而成。20 世纪 90 年代末，南大门拆除重建，改为花岗岩构筑，仿唐古城门建筑，占地面积 47.6 平方米，整体高度 7.8 米。1997 年，景区在细塘坡、东临新民路处建设东大门，它是仿唐式门楼，成为岳麓山东北麓的主要出入口。征地 50 亩（约 3.33 万平方米），建设门楼票房 180 米，修建道路总长 458 米，面积 2868 平方米；拉通防火通道 410 米等。2006—2009 年，拆除东大门区域的职工宿舍建成停车场。2017 年，景区启动西大门建设，该大门位于岳麓山西部，西临西二环，东接桃花岭景区。总用地面积 18.41 万平方米，其中景区环境整治与生态修复功能区用地面积 17.04 万平方米，景区配套建设服务区用地面积 1.37 万平方米。主要建设内容包括景观部分（景区出入口及景观工程）、建筑部分（配套管理用房、游客中心等），占地面积小于 2500 平方米，总建筑面积 7000 平方米，交通部分包括游步道、车行道等，市政配套部分包括停车场、桃花岭景区东入口连通桥、各类综合管线等。至 2018 年底，西大门仍在建设中。

橘子洲景区出入口建设 景区四面临水，不设门墙，其出入口为橘子洲大桥南、北支桥和地铁 2 号线橘子洲站。橘子洲大桥南支桥 1972 年 9 月开通、北支桥 2003 年 12 月开通，地铁 2 号线橘子洲站 2014 年 4 月投入使用。

天马山景区出入口建设 建有 3 个出入口，2010 年景区对外开放时启用。南出入口设在多乐街入口广场边缘，桃子湖北、东两面均设出入口。

桃花岭景区出入口建设 有北入口、腊八寺入口，2014 年景区对外开放时启用。北入口广场亦为停车场，总建筑面积 3300 平方米，建有 1~2 层的低层建筑，建筑高度控制在 12 米以下。腊八寺入口北接梅溪湖路，用地面积 23.55 万平方米，包括入口停车场、室外文化活动广场和景区配套用房。

咸嘉湖景区出入口建设 有 4 个主要出入口，2014 年景区对外开放时启用。东出入口在白沙液街附近，西出入口位于枫林路与龙王港交界处，南出入口选址滨湖路和枫林路交叉口，北出入口从咸嘉湖路建步行桥跨龙王港到达防洪堤。

后湖景区出入口建设 后湖景区有东北、西北、东南 3 个主出入口。东北主出入口在麻园路与阜埠河交界处附近，西北主出入口在后湖路附近，东南主出入口在麻园路附近。2018 年 6 月景区点状开园时启用。

二、景区游道建设

岳麓山风景名胜区各景区内的步行游览道路，主要由登山道路、环洲步道及步行道构成，均依据天然形势，以景辟路。至 2018 年，麓山景区、橘子洲景区、天马山景区、咸嘉湖景区、桃花岭景区、后湖景区均已形成完善的步行系统，其中麓山景区道路宽度 1~2 米，道路长约 15 千米；橘子洲景区道路宽度 2~6 米，道路长约 22 千米；天马山景区道路宽度 1~2 米，道路长约 2 千米。

麓山景区游道建设 清朝，游览岳麓山只有一条山间古游道，即从自卑亭起，经岳麓书院、爱晚亭、道中庸亭，到极高明亭、禹王碑。民国 6 年（1917）4 月，为举办黄兴、蔡锷国葬仪式，湖南地方政府特地修路从山下直达山顶。参加黄兴国葬仪式的革命党人刘崧回忆："岳麓山上山古道，原经爱晚亭清风峡，峡谷峻险难上，行人视为畏途。1917 年春，黄克强先生灵柩自沪运湘，国葬麓山，始筑马路绕出峡外，是役我亦曾从事。中华人民共和国成立后，迭经加修，更为平坦。"这条路由此成为游客登山的主游道。中华人民共和国成立后，这条路先后铺设水泥、沥青，行走更为平坦。

清风峡是麓山景区风景绝佳之地。1963 年，爱晚亭后方峡谷两溪合流处砌建石桥 1 座，称枫林桥，以方便游客上山。随着游人增多，为使爱晚亭左后方高坡处所建的茶室与亭右后方的茅亭相通，1976 年，在枫林桥上方增建 1 座小桥，水泥材质，仿枫木颜色做出木纹，过桥后，通往上山游道的一段路面以鹅卵石铺建各式图案。

1993 年，岳麓山公园管理处筹资 489 万元在岳麓山北建成登山索道。全线斜长 1238 米，高差 211.5 米，上、下站水平距离 1197 米，最大爬坡 21° 44′，设 19 个支架、44 组轮组。索道为双人吊椅式，运行速度 0.8 米 / 秒，单向运行时间约 16 分 20 秒，单向小时运量约 500 人次。上、下站建有站房，为仿古园林建筑风格，面积 1478 平方米。1995 年，岳麓山公园管理处引进社会资本建成高山滑道，自电视发射塔下至细塘坡附近，上、下站站房 254 平方米，仿古园林风格。滑道全长 700 米，落差 150 米，配置单、双人滑车 112 套。滑道占地面积 1800 平方米。该工程投资 600 万元，投资方运营 10 年，2005 年移交麓山景区管理处。

1998 年，岳麓山游道往北拓展，从响鼓岭由南往北沿山脊拉通到东大门处，长 4385 米，宽 6~8 米。2007 年 10 月—12 月，麓山景区道路提质改造，新建北片东大门滑道—响鼓岭主干道 3.96 千米。2008 年 8 月，麓山景区鸟语林—蟒蛇洞路段改造完工，全长 1.71 千米，总造价约 1700 万元。沿线设 11 个景观节点，将鸟语林、蟒蛇洞、响鼓岭等景点串联起来形成新的旅游路线。

橘子洲景区游道建设 2007 年 2 月，橘子洲景区开始大规模道路建设，2009 年 10 月道路建设竣工，建成长约 10 千米的环洲柏油道路和 10 千米环洲压膜漫步道。2016 年 12 月 16 日至 2017 年 1 月 7 日，景区外围道路封闭施工，翻新 10 千米环洲道路，渠化隔离外围道路，设置大巴上下落客点，优化升级外围交通，有效实现人车分流。

天马山景区游道建设 游道长约 4 千米，其中环桃子湖路约 1 千米。景区凤凰山西侧设置 2 条上山通道。均为 2010 年景区对外开放时启用。

桃花岭景区游道建设 景区北坡区域，游步道分 A 型和 B 型 2 种，宽度均 1.5 米。A 型游步道，总长 7 千米，路面为自然面冰裂纹黄片石碎拼；B 型游步道，总长 5.7 千米，路面为自然面麻石板。景区还建有自行车道，宽 3 米，总长 4.6 千米，路面为彩色沥青混凝土。均为 2014 年景区对外开放时启用。

咸嘉湖景区游道建设 景区利用道路与园区的高差，建有车行环道、电瓶车道、人行游路，实现人车分流。景区内以步行交通方式为主，除满足特殊情况下消防、救护车辆通行外，其他机动车禁止通行。游路由主、次、支 3 级构成。主路通过环湖及水面西侧生态岛构成 2 个环道，将公园主要景点及设施串联起来，基本宽度 6 米，在创意街区部分主游路结合两侧建筑以街道的形式出现，路幅放宽为 12 米左右。主路分 4 条，A 路（全长 2221 米、宽 7 米），B 路（全长 1533 米、宽 6 米），C 路（全长 679 米、宽 6 米），D 路（全长 791 米、宽 6 米）；次路宽度 3.5~6 米，共 2 条，B1 路（全长 232 米、宽 3.5 米），B2 路（全长 117 米、宽 6 米）。均为 2014 年景区对外开放时启用。

后湖景区游道建设 后湖景区在综合整治过程中，新修 2 千米栈道栈桥，新修 3 千米环湖自行车道和绿道。2018 年 6 月景区点状开园时启用。

三、管理服务用房建设

（一）岳麓山风景名胜区管理局用房建设

2008 年，长沙市岳麓山风景名胜区管理局与长沙市园林管理局分设后，其办公楼设在天马山以东山谷（原麓山供电所办公楼及住宅 4 栋）。是年，供电所整体搬迁，原建筑保留并略加改造，作为岳麓山风景名胜区管理局办公用房。办公楼及附属用房共 4 栋。一栋是办公楼，3 层，坐北朝南，建筑面积约 1093.6 平方米；二栋是会议室，2 层，坐东朝西，建筑面积约 329.5 平方米；三栋也是办公楼，3+1 层，坐北朝南，建筑面积约 871.2 平方米；四栋是食堂，1 层，坐北朝南，位于办公楼后方，建筑面积约 81.1 平方米。

（二）麓山景区用房建设

办公与生产管理用房建设　1957 年 1 月，长沙市岳麓山管理所设立，办公地点借用中南土木建筑学院理发室。是年 4 月，更名后的长沙市岳麓山园林管理所迁至蔡锷墓庐办公。1963 年 9 月，更名后的长沙市岳麓山公园管理处办公地点迁至凤凰山刘庄。后来，管理处又迁蔡锷墓庐、岳麓书院半学斋等地。1981 年 3 月，中共湖南省委办公厅决定岳麓书院移交湖南大学管理，公园管理处暂留半学斋办公的同时，在岳麓山登高路新建办公楼。新楼由公园管理处自行设计，1982 年动工兴建，1984 年竣工使用，建筑面积 1392.68 平方米。整体建筑由办公区、会议区、生活区组成，隐于风景林中，屋顶作绿化处理。

岳麓山公园管理处除建设办公与生产用房外，还先后在景区建设生产性园地——盆景园、兰圃。盆景园位于仰天坪高坡，由长沙市规划设计院设计、长沙县高岭建筑队施工，1985 年底建成投入使用，该园占地 6600 平方米，包括温室、花房、荫棚、生产、管理用房等，另辟水池，栽培花木，曲径通幽，设施完善。2009 年，由湖南省建筑科学研究院设计，湖南省第一工程公司施工，对盆景园整体布局进行调整并提质改造。原生产用房拆除，新建精品盆景展示区、自然盆景园区、综合办公接待区。精品盆景展示区位于场地西部，包括室外展区、室内展区，为半围合形园林院落；自然盆景园区位于场地中部，包括水景、植物、盆景及专类展区；综合办公接待区位于场地东南部，作为办公、接待、值班、游人休息之用。兰圃位于蟒蛇洞下方山谷中，由长沙光明设计事务所设计，1987 年底建成投入使用。兰圃包括温室、花房、展览曲廊、荫棚、小亭、生产、管理用房等，占地面积 6000 平方米。2010 年，兰圃提质改造，生产性园地被改造为风景游览区。

2007—2008年，麓山景区拆除200平方米职工住房，建设信息指挥中心。该中心由长沙市规划设计院设计，湖南麟辉建设工程有限公司施工，建筑面积397平方米，2层，设置有道路弱电闭路电视监控系统、弱电管网系统、大屏幕等。截至2018年，麓山景区生产与管理用房共22处（详见表6-5），总面积9175.99平方米。

表6-5 2018年麓山景区生产管理用房一览表

序号	地点名称	建筑面积（m^2）	房屋数量（栋）	建筑结构
1	园林一卡通服务点一	19.60	2	砖混
2	园林一卡通服务点二	19.60	2	砖混
3	管理处旁油库	18.36	1	砖混
4	水电队队组	440.00	5	砖混
5	岳麓山茶场	802.86	3	砖混
6	园林二队	124.70	4	砖混
7	园林二队处员工宿舍1	498.70	21	砖混
8	园林二队处员工宿舍2	390.00	9	砖混
9	园林二队处材料仓库	1101.90	8	砖混
10	仰天坪生产用房	225.30	11	砖混
11	消防队	1600.80	18	砖混
12	索道上站	770.50	8	砖混
13	滑道上站	12.00	2	砖混
14	索道下站配套用房	248.60	10	砖混
15	滑道下站	241.80	8	砖混
16	东门新门楼	180.00	2	砖混
17	三队组处建筑	606.40	24	砖混
18	五道梯处建筑	502.30	23	砖混
19	四队建筑群	1139.66	27	砖混
20	盆花队管理用房	88.32	4	砖混
21	兰花队管理用房	121.44	3	砖混
22	液化气库	23.15	2	砖混

经营性用房建设　20 世纪 60 年代，岳麓山公园管理处在爱晚亭西北方、白鹤泉北侧分别辟建茶室和小卖部，另在蔡锷墓庐、云麓宫西侧分别建造外宾接待室。1979 年起，2 处外宾接待室对游客开放。

20 世纪 80 年代，岳麓山公园管理处在响鼓岭北侧建设步虚楼综合服务厅。该工程由长沙市规划设计院设计，望城县学士建筑工程公司施工，1987 年 6 月动工，1988 年 9 月主体竣工并交付使用，建筑面积 1852 平方米。该服务厅位于响鼓岭、云麓峰、黄兴墓庐三景点之间，方便游客在游览时就近餐饮和休憩。建筑按园林特点构思，具有湖湘建筑特点，主要结构均采用水泥预制或现浇，以利防潮，屋面覆盖小毛瓦，隐现于风景林间，以与周围自然景观协调。服务厅内凿水池、设喷泉，旋梯登楼，回廊相连，拾级登楼，即至茶室，可坐憩品茗，亦能眺望麓山景色。部分平顶屋面覆土，植树种花。2009 年，步虚楼维修，由湖南新宇装饰设计工程有限公司设计并施工，主要改造调整内部功能和立面整治。改造后，该楼保留服务功能，作为以快餐、茶饮等为主的饮食服务中心。

1997 年，岳麓山公园管理处吸引社会投资，在岳麓山尖峰山即索道上站与电视塔之间建设 1 处休闲处所，名为极目山庄，建筑面积 450 平方米。1999 年 9 月 28 日，岳麓山公园管理处通过吸引社会投资，在黄兴墓庐场地建成鸟语林。2004 年底、2005 年初、2008 年初，岳麓山连续遭受冰雪灾害，鸟语林遭受重创，后重新整修园内大网。2014 年 9 月 4 日合同到期，鸟语林搬迁。

2016 年，麓山景区依据《麓山景区详细规划》，将极目山庄定位为岳麓之巅和城市悦麓，集休闲、文创艺术、娱乐为一体的人文旅游风尚地。一期拆除建筑 733 平方米，二期拆除建筑 73 平方米，新建建筑 481 平方米，提质改造后的极目山庄建筑面积 1474 平方米。

至 2018 年，麓山景区共有经营性用房 18 处（详见表 6–6）。

表 6–6　2018 年麓山景区经营性用房一览表

序号	名称	地点	用地规模(m^2)	服务内容
1	步虚楼	响鼓岭	2200	餐饮、小卖
2	极目山庄	尖峰山	6325	餐饮、休闲
3	服务部	清风泉旁	150	茶室、小卖
4	红叶轩	清风峡	40	小卖

续表

序号	名称	地点	用地规模(㎡)	服务内容
5	爱晚亭摄影部	爱晚亭边	110	摄影
6	吟将阁小卖部	肖劲光纪念园	576	小卖、餐饮
7	白鹤泉茶室	白鹤泉	352	茶室、小卖
8	观日台茶室	观日台	67	茶室
9	无名餐馆	北极峰下	60	小卖、餐饮
10	半山亭旅游小卖部	半山亭	120	小卖、餐饮
11	蔡锷墓庐茶室	蔡锷墓庐	120	茶室
12	云麓宫茶室一	云麓宫	280	茶室
13	云麓宫小卖部	云麓宫	20	小卖
14	云麓宫茶室二	云麓宫	230	茶室
15	鸟语林小卖部	鸟语林	138	小卖
16	长廊餐馆	观日台长廊	1300	餐饮
17	麓山景区管理处小卖部	景区管理处	150	小卖
18	黄兴拜台小卖部	黄兴拜台	135	小卖、餐饮

（三）橘子洲景区用房建设

办公用房与经营性用房建设 桔子洲景区管理处办公楼系使用市级文物保护单位——水上工人文化宫，建于1954年。经营性用房于20世纪80年代初建成，主要包括游泳服务、饮食服务等设施。游泳服务设施1978年开建，1980年建成，包括橘子洲头天然游泳池和位于西岸亭廊的更衣室。西岸亭廊也是游客饮食服务设施，位于1959年6月24日毛泽东畅游湘江登岸之处，分南、北两亭，建筑面积482平方米，南亭上层与茶食、南食部相联，下层为更衣室。2004—2008年，橘子洲景区实施大规模提质改造，新建的旅游配套服务区、沙滩公园、水上运动区均为经营性建设。旅游配套服务区位于橘子洲中部，用地面积35.97万平方米，设有百米高喷、焰火广场、游客服务中心、公共停车区等。沙滩公园位于洲尾，用地面积18.24万平方米，设有阳光沙滩、沙滩泳池及室内运动场、室外游乐场等。水上运动区位于橘子洲西面水域，水面长2250米，宽280米。

生产性用房建设　生产性用房主要有亦园花圃、苗木基地。亦园始建于20世纪20年代初，是民国初年湖南军政府军务部长童锡梁私人园宅，民国33年（1944）长沙被日军占领后，亦园被当作疗养院，后被破坏，仅存屋顶与四壁。1960年，亦园旧址建立花圃，用地面积2200平方米。1984年春，桔洲公园管理处在原天伦造纸厂北面建设苗木基地，面积16.9亩（约1.13万平方米）。为解决花卉防寒问题，1985年，经长沙市建设委员会批准，长沙市城市建设局投资4万元，苗木基地开建面积189平方米的长方形钢架温室。该工程由湘潭纺织厂设计施工，1986年3月建成。2004—2008年橘子洲景区提质改造后，花圃、苗木基地均被拆，未建设新的花圃和苗木基地。

（四）天马山景区用房建设

2010—2014年，天马山景区实施二期建设工程，建有游客接待中心、管理用房和梅兰竹菊茶艺馆等。游客接待中心、管理用房位于天马山麓东北角，由游客接待中心、游客服务中心、茶室3处建筑和管理用房组成，采用品字形布局。游客接待中心结合牌楼路绿化广场，传统坡屋面有机地与山形过渡，尽量削弱建筑体量感。建筑占地面积5400平方米，建筑面积16515.65平方米，其中地上建筑8980.33平方米。管理用房占地面积352平方米，总建筑面积831.61平方米，建筑层数2~3层。梅兰竹菊茶艺馆是天马山景区的经营性建筑，位于天马山以东山谷，至2018年已建成梅苑、竹园、菊轩3个分散院落。建筑与环境相融合，总占地面积2989平方米，总建筑面积5415.35平方米，其中梅苑占地面积670平方米，建筑面积3072.19平方米，3层；竹园占地面积612平方米，建筑面积686.82平方米，2层；菊轩占地面积463平方米，建筑面积1105.1平方米，2层。兰苑因拆迁原因未建。

（五）桃花岭景区用房建设

景区管理用房位于景区北部，北侧与梅溪湖城市片区相接，2011年开建，2014年建成。占地面积23.3万平方米，其中游客中心及管理用房，建筑面积2000平方米；生态茶室，建筑面积1090平方米；公厕2所，建筑面积210平方米。景区配套用房建筑层数1~2层，建筑高度15米以下，其中有自行车服务配套用房，建筑面积2000平方米；天然氧吧体育健身用房，建筑面积2000平方米；数字化信息监控用房，建筑面积2000平方米；科普科教展览用房，建筑面积2000平方米；景区病虫灾害观测预防控制用房，建筑面积2000平方米；游览服务点，建筑面积1200平方米。

景区北部建有信息监测管理中心，用地面积 6133.53 平方米，建筑面积 8380.61 平方米，地上 3 层，地下 1 层，主要承担景区电子监控管理和广播信息中心等功能。

（六）后湖景区用房建设

后湖景区共有公共服务和管理用房 3 处，其中西岸游客及产业服务中心 1 处，占地面积 300 平方米，建筑面积 600 平方米，2 层；东岸东南人行入口处管理服务用房 1 处，占地面积约 100 平方米，建筑面积 200 平方米，2 层；东岸中部设备用房 1 处，占地面积约 100 平方米，建筑面积 200 平方米，2 层。2012 年，长沙市后湖文化艺术有限公司投资 4800 多万元，开始在后湖西岸桃花岛投资建设后湖艺术区，1 年后完工。该艺术区为后湖景区的经营性用房，占地面积约 2 万平方米，建筑面积约 1.5 万平方米，系由原有的旧仓库、旧民居等建筑改造而成，总共建成艺术高地名家展厅、艺术团体办公中心及 60 套艺术家工作室。

第四节 | 文化设施建设

截至 2018 年，岳麓山风景名胜区区域内有地质博物馆、中国书院博物馆、湖南民俗民居博物馆、湖南橘子洲古董钢琴博物馆、长沙海关历史博物馆等博物馆，有黄兴生平事迹陈列室、新民学会历史陈列室、蔡锷生平事迹陈列室、长沙会战陈列室、肖劲光生平陈列室、橘子洲变迁史陈列室、青年毛泽东在长沙的岁月陈列室等陈列室，还有抗战专题展等其他展馆。

一、博物馆

地质博物馆　设在中南大学校内。1952 年始建。1987 年扩建，由中南工业大学（今中南大学）主办。馆内设有动力地质、古生物地史、矿物、岩石、矿床、宝玉石、矿产资源开发 7 个陈列室以及 1 个储藏室、1 个研究室，陈列面积 750 平方米，以全封闭移动柜式陈列为主。馆内藏品有全国各地地质标本 1.4 万多件，其中珍品有湖南大庸（今张家界）、永顺奥陶纪大型三叶虫化石群，举世无双的大型辉锑矿、雄黄、雌黄晶簇、茅头状辰砂穿插双晶、白钨矿八面体单晶、车轮矿和中国独特的香花石晶体，还有各重70千克的铁镍陨石、铁石陨石等。馆内还藏有来自俄罗斯、美国、法国、英国、德国、日本、朝鲜、蒙古国、坦桑尼亚、南非、澳大利亚等10余国家的古生物、矿物、岩石、矿床标本。

中国书院博物馆　设在湖南大学校园岳麓书院南部原“静一斋”旧址。2004年，经中央机构编制委员会办公室及国家文物总局批准，由湖南大学岳麓书院主办，2012年6月14日建成开馆。该馆建筑面积4737平方米，地上2层，地下1层，陈列总面积3180平方米，主要功能包括藏品展示、学术交流、文物鉴定与修复、办公等。馆内包括展示中国古代书院千年发展历史的弦歌千年展厅，陈列学习用品和教学方法的书院教育展厅，介绍知名书院和代表人物的书院学术展厅，以及书院祭祀、藏书、刻书展厅等。馆内展品丰富，除古代应试教材、各类匾额和教条、珍贵古籍、文房四宝外，还有北宋真宗亲笔题写的“岳麓书院”石碑，明代代表性书院东林书院丽泽堂、韩国陶山书院典教堂、白鹿洞书院明伦堂、清代学海堂的复原场景，以及明万历朱应台镌朱文公先生真像碑拓和清朝朱子造像等。

湖南民俗民居博物馆　设在橘子洲景区竹园内，2014年对外开放。展示明清以来湖南具有代表性的民俗民居风格家具、渔具、农具，以及湖湘文化元素字画等。

湖南橘子洲古董钢琴博物馆　设在橘子洲神职人员5号寓所，是一家民营博物馆，珍藏有来自世界各地的古董钢琴56台，时间跨度近300年。二楼有一个小演奏厅，可举行演奏会。该馆2015年4月开放，开放时是湖南唯一一家音乐主题博物馆。

长沙海关历史博物馆　设在长沙海关公廨旧址内，2018年完成设计和陈列布展对外开放。陈列分为4个部分，展示中国近代海关设置与发展历程，突出反映长沙海关光绪三十年（1904）设立至中华人民共和国改革开放时期的历史。

二、陈列室

黄兴生平事迹陈列室　设在黄兴墓庐，由麓山景区管理处主办。该陈列于1984年开办，展示了黄兴革命的一生，以及他与孙中山共同领导反清革命、创建共和的丰功伟绩。

新民学会历史陈列室　设在新民学会旧址，20世纪80年代由长沙市文化局主办，名为“新民学会·建党先声”陈列。以大量图片、实物并以场景再现、浮雕等形式，展现新民学会发展历程和毛泽东、蔡和森、何叔衡等新民学会会员形象，凸显湘籍无产阶级革命先锋群体。

蔡锷生平事迹陈列室 设在蔡锷墓庐，由麓山景区管理处主办。该陈列于1990年开办，分为少年时代、留学日本、投身革命、讨袁护国、名垂青史5个部分，主要以文字和图片展示蔡锷爱国与革命的一生。

长沙会战陈列室 设在岳麓山腰湖南省会警察纪念堂。由麓山景区管理处2005年开办。以大量文字、图片及部分实物，主要展示抗日战争时期中国军队与日本侵华军队进行的3次长沙会战的历史，突出反映会战期间中国军队在岳麓山的英勇战斗。

肖劲光生平陈列室 设在天马山南侧肖劲光故居内，2013年12月对外开放。陈列分为5个部分，以文字、图片和各种实物展示了肖劲光青少年时代与投身革命的光辉历程。

橘子洲变迁史陈列室 设在毛泽东青年艺术雕塑基座内，由橘子洲建设指挥部2016年主办。该基座内的展示馆呈不规则的2层结构，总面积2137.77平方米，其中第一层面积1200平方米，举办橘子洲变迁史陈列。该陈列包括记忆橘洲、蝶变橘洲两部分。记忆橘洲分为千古橘洲、军事要塞、名人荟萃、三湘名胜、商业重埠、民俗民情6个版块；蝶变橘洲通过实物展示、图文结合，反映1949年以来特别是2005年提质改造以后橘子洲发生的变化。

青年毛泽东在长沙的岁月陈列室 设在毛泽东青年艺术雕塑基座内的第二层，由橘子洲建设指挥部2016年主办，面积1000平方米。陈列分为同学少年、上下求索、伉俪情深、浪遏飞舟4个篇章，主要以湘绣、陶瓷、书法、绘画、雕塑等艺术品反映毛泽东青年时代在长沙的活动，作品多由湖湘艺术大家创作完成。

三、其他展馆

抗战专题展 设在赫石坡忠烈祠内，由湖南师范大学2004年开展。展示抗日救亡运动兴起到抗战胜利这一历史时期发生在湖南的重要场景。

长株潭两型社会展览馆 长株潭两型社会（“两型”即资源节约型、环境友好型）展览馆，位于橘子洲景区，2011年3月建成开馆，面积2800平方米。2011年7月19日，被联合国工业发展组织、湖南省两型办授予“资源节约和环境友好成果展示基地”。

长沙非物质文化遗产展示馆 设在橘子洲橘洲客栈原辛亥革命志士张孝准公馆，由长沙市非物质文化遗产中心主办，2018 年 11 月开馆。作为国家首批历史文化名城，长沙保存有大量非物质文化遗产，至 2018 年，共有 66 项非物质文化遗产进入国家和省、市、县各级非物质文化遗产名录，并确认了相关传承人。长沙市非物质文化遗产中心利用橘洲客栈设置展示馆。该馆建筑面积 2023 平方米，分为主楼和副楼。主楼 2 层，一层为主展区，二层为临展区和文创产品展示区。副楼为戏园，主要展演传统戏剧、音乐、曲艺等节目。相关传承人在现场为游客表演湘剧、长沙花鼓戏、长沙弹词等表演艺术，演示湘绣、菊花石雕、编棕、剪纸等各种手工技艺。

第五节 旅游服务

一、旅游接待

至 20 世纪 70 年代末，岳麓山风景名胜区有少量旅游服务设施，分布不均衡，仅麓山景区有餐饮、购物、娱乐等设施 20 余处，其中步虚楼、极目山庄规模稍大，其他多数规模小、档次低。80 年代起，岳麓山、橘子洲旅游开发提速，相继建成麓山景区东大门、橘子洲景区、岳麓书院、新民学会旧址 4 个游客服务中心，总面积 922 平方米。2010 年前后，各游客服务中心安装多媒体自动查询终端，游客可通过电脑触摸屏快速获取景区相关信息。2010 年，天马山景区游客中心、桃花岭游客服务中心、咸嘉湖游客服务中心陆续建成。

至 2018 年，岳麓山风景名胜区及各景区没有自行设立旅行社，但景区各游客服务中心与长沙各大旅行社建立了密切联系并签订有协议，共同促进名胜区旅游事业发展。名胜区及各景区没有建设宾馆、酒店之类的住宿服务设施，游客住宿接待主要依赖景区周边及长沙城区宾馆、旅店。据统计，是年仅名胜区内就有宾馆、酒店和客栈、家庭旅馆、招待所共 150 余家，能基本满足游客需要。

至 2018 年，随着名胜区旅游事业发展、名胜区周边地区城市化进程加快，名胜区周边居民由从事农业、养殖、种植为主，转为主要从事旅游服务的第三产业，促进名胜区旅游产业链延伸。

二、游览项目

至20世纪80年代，岳麓山风景名胜区区域内的游览项目较为单一，主要是依托自然和人文禀赋，向游客提供传统的游山玩水、看景赏花、参观文物古迹等观光项目。20世纪90年代开始，名胜区及各景区组织策划了多种游览项目。至2018年，这些游览项目除传统的观光旅游外，还有文化旅游、生态旅游、体育旅游等。文化旅游方面，推出了岳麓书院文化修学游、名人纪念游、毛泽东足迹游、宗教寺庙游、古渡古道登山游、长沙橘洲音乐节、橘子洲沙雕艺术节、橘子洲焰火晚会、橘子洲艺术灯展、面向中小学生春游秋游的“百年大学行”旅游等。橘子洲景区民俗文化园挖掘江神庙、拱极楼等景点文化价值，结合传统节日举办祈福、登高、市井庙会、汉文化节等民俗活动，邀请民间艺人、汉文化学者、戏曲爱好者现场表演，开发集美食、表演、互动体验于一体的文化旅游产品。生态旅游方面，推出了樱花踏春节、岳麓山红枫节、桃花岭生态游、左家垅有机茶园旅游、石佳岭生态植物园旅游、咸嘉湖渔业观光园旅游等项目。体育旅游方面，名胜区凭借“全国十大跑步圣地之一”的品牌优势，联合长沙体育产业经营有限公司、五矿地产有限公司、洋湖湿地公园等6家单位成立“长沙市路跑协会”，规范赛事组织，实现路跑运动与景区节会活动统筹管理，举办“为爱而来”橘洲公益马拉松赛、岳麓山光明健康跑、麓山公益登峰节、城市健跑等赛事，融合公益、体育、旅游等元素，吸引全国各地体育爱好者。推出或主办协办湘江国际帆船邀请赛，长沙国际马拉松赛，李宁10公里路跑，寨子岭长途远足、露营及野外定向活动，后湖水上活动，咸嘉湖垂钓活动等。麓山景区、橘子洲景区引入集露营、攀岩、篮球、游泳、登山于一体的户外运动及休闲项目，通过不定期举办主题活动，丰富游园内容。

为提升品牌影响力，名胜区管理局组织摄制岳麓山旅游区形象宣传片，开通“岳麓山旅游区”网站，组织在中央电视台、光明日报等媒体刊播宣传片和文章，组织编撰《岳麓风景名胜》《岳麓山历史文化丛书》《岳麓胜景》《两个世纪的光影》等书籍。名胜区管理局还围绕“湖湘文化圣地，山水洲城奇观”主题开展了系列品牌营销活动。

三、游览线路

21世纪初至2018年，名胜区管理局及各景区设计并实施多种游览路线。因各景区均位于长沙城区内，游程安排可长可短，故组织安排半日游线、一日游线、二日游线和多种专项主题游线。由于各景区独立，每个景区可分别安排半日游、一日游。整体游程安排以半日游为主，一日、二日游为辅。核心景区的每个游览项目均可单独安排成为半日游或一日游。

半日游线：（1）牌楼口—天马山景区—东方红广场、自卑亭、岳麓山东部主入口—岳麓书院—爱晚亭、清风峡、麓山寺、云麓宫、黄兴墓、碧虚台—拱极楼、望湘阁—北极峰—岳麓广场；（2）牌楼口—天马山景区—东方红广场、自卑亭、岳麓山东部主入口—岳麓书院—爱晚亭、清风峡、麓山寺、云麓宫、黄兴墓、碧虚台—拱极楼、望湘阁—听松亭—赫石坡、岳王亭、忠烈祠—新民学会旧址。

一日游线：牌楼口—天马山景区—东方红广场、自卑亭、岳麓山东部主入口—岳麓书院—爱晚亭、清风峡、麓山寺、云麓宫、黄兴墓、碧虚台—拱极楼—石佳岭景区—咸嘉湖公园。

二日游线：（1）牌楼口—天马山景区—东方红广场、自卑亭、岳麓山东部主入口—岳麓书院—爱晚亭、清风峡、麓山寺、云麓宫、黄兴墓、碧虚台—西山门—桃花岭山地生态游线—顺塘水库—（第二日）寨子岭景区—后湖景区—天马山景区—麓山广场—（轮渡）橘子洲景区；（2）牌楼口—天马山景区—东方红广场、自卑亭、岳麓山东部主入口—岳麓书院—爱晚亭、清风峡、麓山寺、云麓宫、黄兴墓—盆景园、仰天坪、南山门—后湖景区—寨子岭景区—顺塘水库—（第二日）桃花岭山地生态游线—石佳岭景区—咸嘉湖景区—岳麓广场—橘子洲景区。

四、旅游标牌、导游讲解及志愿者服务

2007 年 9 月，名胜区麓山景区 19 处自然人文景观设立简介碑。翌年 6 月，《岳麓山风景名胜区标示系统规划》完成，麓山、橘子洲等景区相继按该规划执行标示系统设置。至 2018 年，名胜区各景区设置各类标牌、碑志共有约 3000 块，主要有景区导览图、文物标志碑、解说牌与各种公共信息图形符号等。景区导览图：各景区均在主入口处设置大型景区导览图，绘制全景区平面图，叙述景区概况、标明道路交通和景点位置等，以指导游客游览。文物标志碑：名胜区内特别是麓山、橘子洲景区内文物众多，各景区均按《中华人民共和国文物保护法》和文物管理部门要求，在各文物处所建有文物标志碑，碑上书刻该文物名称、历史沿革、保护等级及保护范围、建设控制范围。解说牌：景区重要景点如麓山景区观光长廊、肖劲光纪念园，橘子洲景区望江亭廊、沙滩公园等各处设置解说牌，各解说牌均有简要文字和图形，说明该景点的建设时间、文化内涵、观赏要点等。公共信息图形符号：各景区餐厅、酒吧、直饮水处、停车场、卫生间等公共处所设置有各种类型标牌，按照国家统一标准绘制相应公共信息图形符号，以引导游客。

表 6-7　2018 年岳麓山风景名胜区旅游内容一览表

游览内容		年龄			团体大小			国籍		景区							
		少儿	中青年	老年	个人小团体	家庭	团队旅行	国内	国外	麓山	天马山	橘子洲	桃花岭	石佳岭	寨子岭	咸嘉湖	后湖
野外游憩	徒步旅行		●		●			●	●	●	●	●	●	●	●		
	登山	●	●	●	●	●	●	●	●	●	●	●	●	●	●		
	野外定向		●		●	●									●		
	垂钓	●	●	●	●	●	●	●	●				●			●	●
	野营露营	●	●		●	●							●		●		
审美欣赏	自然风光	●	●	●	●	●	●	●	●	●	●	●	●	●	●	●	●
	文物古迹	●	●	●	●	●	●	●	●	●	●	●					
	观光种植园	●	●	●	●	●	●	●	●				●				
	观光渔业	●	●	●	●	●	●	●	●							●	
	植物园	●	●	●	●	●	●	●	●				●	●			
	茶厂		●	●	●	●	●	●	●						●		
休养健身	养生度假		●	●	●	●		●					●				
	木屋帐篷	●	●	●	●	●	●	●	●				●		●	●	
	日光浴	●	●	●	●	●		●	●				●		●		
	森林浴	●	●	●	●	●		●	●	●	●		●	●	●		
	空气浴	●	●	●	●	●		●	●	●	●		●	●	●	●	
	避暑	●	●	●	●	●	●	●	●	●	●	●	●	●	●	●	●
	休养疗养		●	●	●			●					●				
	运动健身	●	●	●	●	●		●					●				●
学习参与	体育竞赛	●	●	●	●	●		●					●				
	采摘	●	●	●	●	●	●	●	●				●		●		
	农业学习	●	●		●	●								●			
	文化探源		●	●	●	●	●	●	●	●	●	●					●
	历史考察		●	●	●			●	●	●	●	●					
	植物考察	●	●	●	●			●	●	●			●	●	●		
美食购物	农家饭	●	●	●	●	●	●	●	●				●		●		
	特色小吃	●	●	●	●	●	●	●	●				●			●	
	土特产品	●	●	●	●	●	●	●	●				●			●	
	旅游纪念品	●	●	●	●	●	●	●	●	●		●					

至2018年，名胜区及各景区根据游客年龄、职业、来源地等差异，提供个性化、规范化、国际化讲解服务。景区还建立了电子导游讲解系统，建成网上虚拟景区。游客在有关景点的电子导游设备前或打开手机，按照程序，点击屏幕，即可得到所要了解的情况，包括大量图片和说明文字。

2018年，麓山景区、橘子洲景区以“区校共建大学生道德高地”活动为载体，先后与湖南大学、湖南师范大学、湖南工商大学、湖南财政经济学院等高校签订“景校共建”合作协议，开展志愿者服务。在双休日和重大节假日期间，组织高校学生在景区内开展文明劝导、旅游咨询、环保宣传、义务讲解等志愿服务活动。

五、餐饮服务

20世纪60年代以前，岳麓山、橘子洲没有餐饮设施，游客只能自备食物与茶水，或在山间饮取山泉。60年代，岳麓山公园管理处在云麓宫、白鹤泉、爱晚亭等处辟建茶室供应茶水。水陆洲公园在橘子洲头南亭设有茶食服务部，供应简易的食品和茶水。80年代，随着游客增多，岳麓山顶建起步虚楼提供餐饮服务。八九十年代，桔洲公园外出现不少餐馆招徕游客，有家名为“黄鸭叫”的餐馆生意尤为兴隆，通宵达旦营业，但给环境造成一定污染。90年代后期始，橘子洲旅游环境大整治，这些餐馆全部拆除。

20世纪90年代起，麓山景区加大旅游服务设施建设力度。至2018年，麓山景区在极目山庄、祥云阁设置餐饮部，在吟将阁、观日台、半山亭等10处建有茶室。

2004—2008年橘子洲景区提质改造中，在景区建设了一系列餐饮设施。“橘洲汇”1、3、4号设有餐饮部，供游人就餐，其中1号为西餐部。橘子洲中部江神庙前建有庙前街，两侧餐饮店经营各类饮食。庙前街还引进徐长兴烤鸭店、杨裕兴面馆、和记粉店等长沙饮食业百年名店。橘子洲景区还在揽岳亭、竹园民居、江神庙、拱极楼、沙滩公园等处设有茶室，备有君山银针、麓山毛尖、古丈毛尖、安化黑茶、西湖龙井、碧螺春、普洱、铁观音等各类茶饮。有的茶室还调制咖啡，名为咖茶室。

2010年陆续建成的咸嘉湖游客服务中心、后湖旅游综合服务区均设有休闲、餐饮、购物、酒吧等场所。

六、购物服务

20世纪90年代前，岳麓山、橘子洲没有配备购物设施，景区内开设的小卖部只销售零食、茶水、胶卷等商品。90年代后期，景区创办旅游纪念品商店、湖南特产店、湖南民间工艺制作店、毛泽东纪念品销售部，还通过招商引资陆续建成8处购物场所，销售陶器、瓷器、雕塑、诗词书画作品，编织、针织、竹木器具等手工业制品，腊味、地方小吃等土特产。

至2018年，麓山景区在爱晚亭附近设立2个纪念品商店，主要销售具有岳麓山特色的文创产品，如爱晚亭碳雕、书签、手扇、钥匙扣、明信片等，各产品均附有岳麓山名人、名景或历代名人吟咏岳麓山的诗词名句。岳麓山及周边地区自古以来出产茶叶、南橘、茶油，21世纪初，由于产量不高等原因，景区不再经营此类产品，但当地居民仍有生产，并常将产品带来景区附近销售。橘子洲景区以毛泽东青年艺术雕塑陈列馆旅游产品开发项目为载体，与4家文化创意企业达成合作意向，开发出铸金、铸银、铸铜、陶瓷的毛泽东青年艺术雕塑等部分特色旅游产品。雕塑陈列馆还开发和引进麓山毛尖、特色鼠标垫、毛泽东头像、菊花石等一批旅游商品销售。橘子洲景区上的长沙非物质文化遗产博物馆、湖南民俗民居博物馆设置有纪念品商店，销售湘绣、长沙陶瓷、长沙剪纸、长沙棕编等手工艺品。

第六节 旅游经济

一、游客

岳麓山公园1957年建成开放，至1978年，游客人数失载。1979年有关于游客人数的最早记录，为240940人次。1981年增至285928人次，1983年增至475530人次，1985年达到651021人次，1987年达到806014人次。水陆洲公园1962年建成开放，是年游客800余人次。随着条件不断改善，公园知名度日益扩大，游客逐年递增。1982年8月起，桔洲公园实行门票制，根据门票收入计算，是年入园游客85250人次，1983年增至303166人次，1987年为296900人次。

20世纪80年代末期开始，岳麓山风景名胜区游客数量呈现较大增长态势。1997年为64万人次，1998年为52万人次，1999—2002年每年接待游客量基本稳定在70万人次的水平。1997—2002年，从客源看，国内游客占总客源95%以上，其中长沙市内游客占总客源40%左右，外地游客以湖南省内长沙市以外和周边省份游客居多，华东、华北和东北地区特别是上海江浙一带游客也占一定比例。从游客收入划分，到往岳麓山的游客，中高收入群体占85%左右，中等以下收入阶层仅占15%。从游客职业划分，机关企业公职人员占40%、学生占30%、教师科技人员占20%、工人及其他人员占10%。从游客城乡来源划分，城镇居民占总游客量95%，农村游客占5%。至2003年，名胜区每年接待游客量达100万人次以上。21世纪初开始，岳麓山风景名胜区进行大规模提质改造，旅游条件得到很大提升。2011年12月，岳麓山·橘子洲旅游区晋升为国家5A级旅游景区。加之景区实行门票免费，岳麓山风景名胜区的国内外游客呈现增长趋势。2012—2018年年游客量分别是691万人次、724万人次、815万人次、500万人次、643万人次、1061万人次、1466万人次。

岳麓山风景名胜区区域，至迟在明清时期就已被国外人士所知，朝鲜、越南来华使臣曾到访岳麓山、橘子洲。清光绪三十年（1904），长沙辟为商埠，英、日、美、德等国官员、商人、传教士来长沙增多。宣统三年（1911），长沙海关移建橘子洲，洲上外籍人士随之增多。民国时期，橘子洲上先后建有英国领事馆、美国福音堂以及德国多福洋行、德孚洋行、开利洋行、德士古洋行、安利英洋行，英国太古洋行、亚细亚洋行，美国花旗烟草公司、美孚洋行等大公司别墅，还建有“万国俱乐部”。中华人民共和国成立后，到访岳麓山、橘子洲的外国人士逐渐增多。20世纪五六十年代，有苏联、朝鲜、越南等国客人到访。80年代起，随着改革开放推进，长沙国际交往加强，先后与刚果布拉柴维尔市、日本鹿儿岛市、美国圣保罗市、瑞士弗里堡市、新加坡裕廊东市镇、美国泽西市、比利时蒙斯市、韩国龟尾市等结成友好城市。岳麓山风景名胜区作为长沙城市名片，来自上述城市和国家的游客增多。据统计，1984—2018年，日本、美国、巴勒斯坦、埃塞俄比亚、斯里兰卡、朝鲜、澳大利亚、老挝、印度、莫桑比克、马来西亚、多米尼加、泰国、芬兰、罗马尼亚、委内瑞拉、法国、瑞典、比利时、刚果（金）、越南、科特迪瓦、博茨瓦纳、韩国、南非、菲律宾等30多个国家和地区的50多个代表团来岳麓山风景名胜区参观游览。1978—2018年，岳麓山风景名胜区共接待海外游客超过100万人次。

二、旅游收入

岳麓山风景名胜区的旅游收入主要来自麓山、橘子洲景区。

麓山景区 1957年岳麓山公园成立后较长一段时间，公园仅着眼于维护和管理，没有什么经济收入。统计资料显示，1966—1977年的12年中，公园年均收入仅 1.16 万元，其中最高为 1966 年的 2.2 万元，最低为 1968 年的 0.23 万元。1978 年改革开放后，公园在保障景区维护管理的前提下，逐渐通过生产和经营活动获得经济收入。收入主要有生产性收入、经营服务性收入两部分。生产性收入主要是花卉、苗木或其他产品生产带来的收入，如对外销售苗木、花卉及茶叶、茶油、橘子等，1980 年起对外承接绿化工程等。统计资料显示，1978—2000 年的 23 年，公园的生产性收入年均 36.6 万元，其中收入最高为 2000 年的 102.29 万元，最低为 1978 年的 1.1 万元（是年无承接绿化工程收入）和 1992 年的 1.32 万元（是年有承接绿化工程收入）。经营服务性收入主要是门票、索道滑道服务、饮食服务、销售纪念品及各类小商品、照相服务等。1978 年，公园开始收取门票，当年收入 0.23 万元。经长沙市物价局批准，1985 年 5 月 1 日起，公园正式实行门票制，每人每次入园门票 0.05 元。1986 年 8 月 5 日起调整至 0.1 元。1988 年起，推出门票年卡制。20 世纪 90 年代，门票调整至 6 元。21 世纪初，门票调整至 15 元（含园内一处专题陈列门票）。1978—2000 年，除 1979 年数据缺失，以 22 年计算，公园门票收入（含年卡）年均 137.04 万元，其中收入最高为 2000 年的 669.17 万元。1993 年公园建成索道后，乘坐者甚众，1994 年收入 34.17 万元。1995 年公园又建成滑道，同样颇受欢迎。1994—2000 年，索道滑道服务年均收入 201.95 万元，其中最高为 1995 年的 337.07 万元。

2001 年，麓山景区进入岳麓山风景名胜区管理时期。景区旅游收入主要有门票与年卡、花木与绿化、经营服务、索道滑道、观光车和其他。花木与绿化收入：景区的传统型生产性收入，2001 年开始萎缩，年收入 63.04 万元，同比减少四成，此后大致呈下降趋势，至 2018 年为 14.9 万元。景区经营服务收入：因景区游客量大增而稳步快速增长，2008 年为 382.14 万元，2014 年增至 1016.69 万元，2018 年达到 1136.09 万元。门票与年卡收入：2001 年为 792.9 万元，2008 年增至 2002.27 万元，2009 年 6 月取消门票后，此项收入不复存在。索道滑道收入：除若干年份长时间停运进行重大检修维护外，整体呈增长趋势，2001 年为 164.9 万元，2018 年达 1487.03 万元。观光车、停车场收入：2009 年 4 月，景区内部禁止外来车辆通行，开通观光车、开办停车场，这 2 项收入亦为可观，2018 年分别是 998.11 万元、300.77 万元。

橘子洲景区　水陆洲公园创建初期的生产、经营活动主要从维持公园运转出发，经济收入极为有限。20 世纪 60 年代，公园经济收入主要有园林生产、经营服务两部分。园林生产主要是培植花木，经营服务主要是餐饮和其他服务，规模都较小。统计数据显示，1962—1969 年，水陆洲公园年均收入 0.28 万元，最高为 1966 年的

0.43 万元，最低为 1968 年的 0.14 万元。橘子销售是公园收入的重要部分。1963 年，公园产橘 5 吨多。1969 年，公园开始有了橘子销售收入（含少量副食品收入），是年 0.21 万元。至 20 世纪 80 年代，公园成片橘园 47 亩（约 3.13 万平方米），品种较多，产量 1985 年 79.65 吨、1986 年 60.85 吨、1987 年 77.2 吨。1969—2000 年，公园年均橘子销售收入（含少量副食品收入）1.8 万元，其中最高为 1987 年的 6.18 万元。花木销售和承接绿化工程是公园收入的另一重要部分。20 世纪 60—70 年代，公园的花木销售和承接绿化工程收入很少，1961—1976 年（其中 1970 年数据缺失）年均 0.12 万元，其中最高为 1961 年的 0.39 万元，最低为 1975 年的 40 元。1979 年 12 月，公园开始建设苗圃，但面积不到 0.5 亩（约 333.34 平方米），品种以月季花为主。后逐步扩大，至 1986 年已形成 7 亩（约 4666.69 平方米）多地的花卉苗木基地，共有 54 科、83 个品种，尤以月季驰名，红花檵木、山茶花、杜鹃花也较有名。花木销售和承接绿化工程收入有了较快增加。1980—2000 年年均收入 4.1 万元，其中最高为 1999 年的 18.26 万元，最低为 1980 年的 0.17 万元。门票收入也是公园一项重要收入。经长沙市物价局批准，1982 年 8 月 1 日，桔洲公园正式实行门票制，每人每次门票 0.02 元。后多次调整，1984 年为 0.03 元，1986 年为 0.08 元，1987 年为 0.1 元。20 世纪 90 年代开始，相继调整至 2 元、6 元。后又因园内开办专题展览，门票一度调整至 10 元。1982—2000 年，公园门票年均收入 29.61 万元，其中最高为 2000 年的 121.79 万元，最低为 1982 年的 0.17 万元。

2001 年，橘子洲景区进入岳麓山风景名胜区管理时期。景区旅游收入主要有餐饮、服务，文娱、节会，游客中心和服务部，景交车和停车费四大类，原有的生产性收入日渐萎缩。门票收入方面，2001—2009 年（其中 2006 年数据缺失）年均收入 156.82 万元，最高为 2004 年达 310.57 万元，2009 年 6 月取消门票，此项收入不复存在。游客中心、服务部和管理服务费收入是景区主要收入，2010—2018 年年均收入 353.52 万元，其中最高为 2015 年的 562.99 万元。

第七章 管理

汉朝至明朝时期，岳麓山风景名胜区区域历代实行属地管辖。西汉时期，该区域属长沙国的临湘县所辖。三国时期，吴国在长沙湘江西岸设置湘西县，隶属于衡阳郡，今岳麓山南部尚有湘西故城遗址。魏晋时期，废湘西县，仍设临湘县。隋唐时期，改临湘县为长沙县。宋朝，长沙县南部分设善化县。是时至明清时期，包括橘子洲在内的名胜区区域分别隶属于长沙、善化两县，大致以今橘子洲大桥为界，南属善化县，北属长沙县，其中明朝时期分属善化县之长乐乡、长沙县之新阳乡，清朝时期分属善化县之七都、长沙县之河西都。清朝时期，岳麓山因系名山，属于官山，由岳麓书院管理，但未设置专门管理机构，由岳麓山寺僧和地方都团地保负责巡查。

民国时期，岳麓山风景名胜区区域先后属长沙县和长沙市辖区管辖范围，未设立管理机构，其中岳麓书院先后归湖南高等师范学校、湖南公立工业专门学校、湖南大学等各办学机构管理。

中华人民共和国建立后，20 世纪五六十年代，长沙市建设岳麓山公园和水陆洲公园，2 个公园各设有管理机构。是时，岳麓山风景名胜区区域的其他地区仍实行属地管理。

2001 年，长沙市政府成立长沙市岳麓山风景名胜区麓山景区管理处、桔子洲景区管理处，分别与长沙市岳麓山公园管理处和长沙市桔洲公园管理处合署办公。2005 年，长沙市政府设立长沙市岳麓山风景名胜区管理局，与长沙市园林管理局合署办公。2008 年，长沙市岳麓山风景名胜区管理局与长沙市园林管理局分设，前者下设麓山景区管理处、桔子洲景区管理处。至 2018 年底，岳麓山风景名胜区共有 8 个景区。其中，麓山景区、橘子洲景区、天马山景区、咸嘉湖景区、桃花岭景区已建成并已移交管理局管理，麓山景区、橘子洲景区设立管理处，另 3 个景区由管理局内设 3 个管理科管理；后湖景区由岳麓区政府成立的后湖片区综合整治指挥部管理；石佳岭景区未建成、寨子岭景区未建设，由所在街道管理。

第一节　管理机构

一、公园管理处

岳麓山公园管理处　1951年，长沙市政府成立岳麓山森林公园建设委员会。1957年1月，长沙市人民委员会成立长沙市岳麓山管理所，管理范围包括岳麓山和周围的天马山、凤凰山、牛形山、龙头山、船形山、瓜瓢山、牛头岭、龟子山、学堂坡9个山头。是年4月，岳麓山管理所更名为岳麓山园林管理所。1960年3月，岳麓山园林管理所更名为岳麓公园管理所。1963年9月，岳麓公园管理所更名为岳麓山公园管理处，设处长1人，内设办公室、人保科、生产维护科，下设5个工区。是年，公园管理处共150人。1974年1月，长沙市岳麓山建设管理委员会成立。1979年，长沙市岳麓山公园管理处共293人。1981年，长沙市岳麓山公园管理处定为全民所有制正科级事业单位。1982年5月，长沙市政府成立长沙市岳麓山风景区管理委员会，由长沙市建设委员会、市园林管理局、郊区人民政府、岳麓山人民公社、西湖渔场、湖南大学、湖南师范学院、中南矿冶学院、省财经学院、省委党校、西区人民政府、省公安干校、溁湾镇办事处、左家垅办事处、岳麓山公园15个单位组成。该管委会下设岳麓山公园管理处，管理处设主任1人、副主任2人。该管委会办公室设岳麓山公园管理处。1985年初，岳麓山公园管理处内设办公室、组织宣传股、园林绿化股、基建维修股、计划财务股、旅游服务股、饮食服务部、游乐场、花木公司、派出所保卫股，共10个部门。是年，岳麓山公园管理处的管理人员为470人。1988年5月，岳麓山公园管理处改归长沙市园林管理局领导。1993年6月，岳麓山公园管理处定为全民所有制副县级事业单位。1994年，岳麓山公园管理处内设机构调整为6科1室1所，即政工科、园容绿化科、综合管理科、计划财务科、经营管理科、保卫科、办公室、索道管理所。1998年4月，岳麓山公园管理处设监察室，内设机构增至6科2室1所。2001年3月，长沙市岳麓山公园管理处与长沙市政府成立的长沙市岳麓山风景名胜区麓山景区管理处合署办公，至2018年为两块牌子一套人马。

桔洲公园管理处　1959年，长沙市西区筹建水陆洲公园，筹建人员20人。1960年3月，长沙市西区成立水陆洲公园建园指挥部，开工建设水陆洲公园。是年12

月，建设工作一度停工。1961 年，公园建设再度展开，1962 年 10 月建成开放，由长沙市西区移交长沙市城市建设局管理，成立水陆洲公园小组，负责公园事务管理。1967 年 9 月，水陆洲公园更名为桔洲公园，管理机构改为桔洲公园小组，设组长 1 人。1969 年，桔洲公园小组人员 24 人。1972 年 6 月，桔洲公园小组改为长沙市桔洲公园管理处，设主任、副主任各 1 人。1973 年 10 月，长沙市桔洲公园建设管理委员会成立，长沙市人民政府、西区人民委员会、长沙市城市建设局、桔洲公园等单位参加。1978 年 1 月，桔洲公园改属长沙市园林管理局管理。1979 年，长沙市桔洲公园管理处共 77 人。1980 年，桔洲公园管理处内设政工股、人事保卫股、生产技术股、基建维修股、行政办公室 5 个股室。1981 年，桔洲公园管理处定为副科级全民所有制事业单位，设主任 1 人、副主任 2 人。1983 年，长沙市园林管理局撤销，桔洲公园改属长沙市城市建设局领导。1984 年，桔洲公园管理处内设宣传股、生产股、保卫股、办公室 4 个股室，下设园林一、二、三班和苗圃班、花卉班、服务部、门票组、保卫班、机修班、清扫班、炊事班共 11 个班组。1987 年，桔洲公园管理处共 118 人，1998 年增至 158 人。2001 年 3 月，长沙市桔洲公园管理处与长沙市政府成立的长沙市岳麓山风景名胜区桔子洲景区管理处合署办公，至 2018 年为两块牌子一套人马。

二、岳麓山风景名胜区管理局

1990 年 3 月 9 日，湖南省第七届人大常委会第十五次会议批准的长沙市人大常委会制定的《岳麓山风景名胜区管理办法》规定，长沙市政府城乡建设行政管理部门主管岳麓山风景名胜区工作。1994 年，长沙市园林管理局（副县级）对外加挂长沙市岳麓山风景名胜区管理处牌子，根据长沙市政府授权，行使岳麓山风景名胜区行业管理职能。

2001 年 3 月，长沙市政府成立长沙市岳麓山风景名胜区麓山景区管理处、桔子洲景区管理处，分别与长沙市岳麓山公园管理处、桔洲公园管理处合署办公。2005 年，长沙市岳麓山风景名胜区管理局设立，与长沙市园林管理局合署办公。2006 年 10 月 27 日，长沙市第十二届人大常委会第三十一次会议通过《岳麓山风景名胜区保护条例》。该条例 12 月 12 日公布，翌年 1 月 1 日起施行。该条例明确：市政府设立的岳麓山风景名胜区管理局负责风景名胜区规划的实施和风景名胜区的保护、管理工作。

2008 年 6 月，长沙市政府决定将长沙市岳麓山风景名胜区麓山景区管理处、桔子洲景区管理处实行市区共管，以区为主。这 2 个机构的级别分别为副县级、正科级，均为财政差额拨款事业单位，人员编制分别是480名、158名。是年7月，为突出岳麓山风景名胜区资源保护，中共长沙市委常委会会议决定，同意长沙市岳麓山风景名胜区管理局、长沙市园林管理局分设，明确长沙市岳麓山风景名胜区管理局为全额拨款正县级事业单位，由长沙市政府委托岳麓区政府管理，接受长沙市园林管理局的业务和行业管理，核定人员编制10名。是年12月，两局正式分设。2009年3月，长沙市岳麓山风景名胜区管理局加挂长沙市岳麓山风景名胜区综合执法队牌子，由长沙市政府委托岳麓区政府管理，核定人员编制20名，内设办公室、综合管理科2个科室。2010年6月，因接收军队转业干部，人员编制由20名增至21名。2012年，增设法规科。2013年，经长沙市机构编制委员会同意，人员编制由21名调增至23名。2015年，法规科加挂行政审批科牌子。

2017年7月，长沙市政府成立长沙市岳麓山风景名胜区管理委员会，作为议事协调机构，履行统一管理和统筹协调职责，定期或不定期研究岳麓山风景名胜区规划、建设、管理、运营中的重大事项。管委会由长沙市政府市长任主任，湘江新区管委会主任、长沙市政府常务副市长、市政府分管城建工作的副市长以及岳麓区委书记任副主任，市编办、市公安局、市民政局、市财政局、市国土资源局、市交通运输局、市林业局、市文化广播新闻出版局、市城乡规划局、市环保局、市旅游局、市民族宗教事务局、市园林局、岳麓山风景名胜区管理局等相关部门主要负责人为成员，办公室设岳麓山风景名胜区管理局，办公室主任由管理局党委书记担任。

2018年，长沙市岳麓山风景名胜区管理局人员编制由23名增至47名，内设机构6个，分别是办公室（党群科）、风景资源管理科（旅游发展科）、行政审批和政务服务科（法规科）、天马山景区管理科、咸嘉湖景区管理科、桃花岭景区管理科，均为正科级。管理局下设机构2个，分别是麓山景区管理处、桔子洲景区管理处，与长沙市岳麓山公园管理处、长沙市桔洲公园管理处为两块牌子一套人马。麓山景区管理处为副县级差额拨款事业单位，共333人，设党委书记1人、主任1人、副主任3人、纪委书记1人。管理处内设群工办、办公室、政工科、监察室、计财科、文物管理科、安全保卫科7个科室，下设门店经营公司、园容绿化公司、行政后勤服务公司、索道经营公司、旅游发展公司、停车场经营公司6个公司，另有天马山管理办公室，负责天马山景区管理事务。管理处主要职能为：维护与管理岳麓山景区山林、绿地，组织管理景区的游览、娱乐项目设施，从事植物的栽培与养护，濒危植物的研究与保护，保护景区动物，管理和保护景区名胜古迹。桔子洲景区管理处为正科级差额拨款事业单位，共100人，设主任1人（高配副县级）、副主任3人（高配正科级）、纪检员1人（高配正科级）。管理处内设办公室、人事科、计财科、绿化科、保卫科、经营科、设备管理科 7 个科室，均高配正科级，下设长沙市绿源开发有限公司、长沙市橘子洲开发有限公司 2 个公司。桔子洲景区管理处主要职能：对景区进行科学规划、统一管理、严格保护、永续利用。维护与管理橘子洲景区花木、绿地，组织管理景区的游览、娱乐项目设施，从事植物的栽培与养护，景区内名胜古迹的管理与保护。

第二节 | 林木、动物管理

一、林木保护

清同治七年（1868）九月十七，善化知县麻维绪颁布《禁止私砍私葬示》称：岳麓山“密菁云遏，修篁风生”“近有无知之徒，在该处……偷砍树木”“事已干夫例禁”，宣布“除饬差严密查拿外，合行出示严禁”。同治年间，岳麓书院《清理田山、重整规条详》规定：“后山树木，原以培植名胜，概应责成看守蓄禁，如有擅行砍伐者，即便捕送究惩”，“岳麓全山树木，书院所派夫役、道士及万寿寺僧均只许拾取枝叶为薪，不得砍伐”。光绪九年（1883）七月初六，善化知县王某亦发布告示并立碑示谕称，“岳麓官山向归书院管理，培养树木，禁止进葬，历饬万寿寺僧巡视”，而后明文规定“环绕书院官山，不准进葬、铲挖私砍树木”，又指出“寺僧、地保等均有稽查之责，务须朝夕巡视，不得疏懈”。清末，橘子洲为渔村，洲上有成片树林，官府未颁布有特别的保护措施。

民国 4 年（1915），孙中山倡议以每年清明节为植树节。其后，长沙各机关、学校、团体在每年植树节开展活动，植树地点多选在岳麓山。民国 14 年（1925）3 月 12 日孙中山逝世，国民政府规定 3 月 12 日为新的植树节以表纪念。民国 19 年（1930）3 月 12 日，湖南省政府特地在岳麓山穿石坡植树造林，称“中山纪念林”，立“中山纪念林碑”，碑文录《总理遗训》。湖南省政府曾设置岳麓森林局，并在岳麓山小桃源建立苗圃培植花木。

晚清和民国，尽管地方政府对岳麓山林木采取了保护措施，但由于战事屡起、灾害频仍，特别是抗日战争时期日军飞机狂轰滥炸，岳麓山森林受到极大破坏，致多年以后，除清风峡一带尚可见葱茏古木外，其他山头几乎成为“童山”。

1949年长沙和平解放后，新生的人民政权着手保护岳麓山森林资源。9月9日，长沙市警备司令部发出布告，宣布“保护岳麓名胜，严禁盗伐树木”。1952年，长沙市政府成立岳麓山护林委员会，市长阎子祥任主任委员，各环山单位领导为组成人员，下设义务护林员。1954年以后，护林工作有所放松，附近农民、居民“上山砍柴者日多，对现存林木损毁十分严重”。1956年，长沙市人民委员会办公室再次下发《岳麓山管理工作方案（草案）》，决定封山育林，鼓励造林育林，扭转岳麓山树木任人砍伐现象。是年，湖南师范学院在岳麓山种马尾松15万株，连同其他环山单位共种1460870株。

1957年，岳麓山管理所成立后，采取多种措施护林，尤为注重防范森林火灾、防范盗伐滥伐、防治病虫害，同时大力开展造林育林活动。岳麓山森林害虫主要是马尾松毛虫、枫香毒蛾、黑翅大白蚁等。病虫害有月季白粉病、月季黑斑病、兰花炭疽病、紫薇煤烟病等，但不严重。岳麓山公园管理处成立初期，每逢病虫害发生即组织人员突击防治，方法是人工捕杀和喷洒化学农药，有时还动用飞机喷洒“六六六”粉剂。造林育林方面，岳麓山公园管理处在爱晚亭后植竹，在后山种马尾松，在山脚缓坡种植茶树、油茶树、橘树、板栗等经济林木。岳麓山公园管理处还成立5个园林专业队，建有花圃苗圃从事花卉苗木生产，供山林绿化所需。

1960—1961年，长沙建设水陆洲公园时，对园内原有林木特别是洲头的古朴树进行了严格保护。其后，公园根据规划要求进行园林建设，在东、西主道种植樟树，配植紫荆、紫薇、红石榴、桃、梅、茶花、芙蓉及草本花卉，小游路植少量花灌木。至20世纪70年代，桔洲公园内种植橘树2359棵，涉及品种37个，其中成片橘林面积47亩（约3.13万平方米）、1933棵。

1963年，岳麓山公园管理处成立护林组，日夜巡查，严防森林火灾和盗伐滥伐。1964年6月，长沙市人民委员会颁布《岳麓山封山护林管理条例》，制定“十不准”，其中6条都属保护山林。20世纪60年代后期，盗伐滥伐现象一度严重。护林组增加人员，环山单位也派出人手，采取有力措施，制止这一现象恶化。

1974—1975年，长沙市革命委员会先后发出《关于严格保护岳麓山森林树木的布告》《关于加强岳麓山建设管理的通知》，加强对岳麓山森林树木的保护。1977年，岳麓山公园管理处组建生物防治组进行森林病虫害预测预报和防控。生物防治组以培植菌类和饲养鸟类的方法形成害虫天敌，收效甚好。

1979年12月，桔洲公园开始建设苗圃，至20世纪80年代，苗圃面积达7亩（约4666.69平方米）多，共有树木花卉54科83个品种。

2005年岳麓山风景名胜区管理局成立后至2018年，管理局及麓山、桔子洲景区管理处都设有专门管理机构，对山林、树木、花卉进行保护。名胜区内各景区陆续实施的提质改造中，都加大对区域内林木的保护力度。麓山景区将各山峰、谷地实行分区分树种管理，云麓峰区为成片参天古木，清风峡周围系枫树林，后山以樟树为主，各有特色；橘子洲景区古树名木全部得到保护，分别挂牌，又大量植树造林，营造橘林观赏园和梅兰竹菊植物园；天马山、桃花岭、石佳岭、后湖、咸嘉湖景区建设也非常重视林木资源的保护和改善，各景区都进行了山体生态绿化的修复，或原生态林木的重组。

二、动物保护

20 世纪二三十年代，湖南地方报纸如《国民日报》《大公报》等，均有老虎在岳麓山一带活动的报道：民国 21 年（1932）5 月 27 日，岳麓山五轮塔侧，白昼有一猛虎抓伤游客；民国 26 年（1937）2 月 7 日，岳麓山荷叶塘农民吴竞屏兄弟 3 人在附近山中捕获 1 只老虎，后运至省城出售，往观者络绎不绝。是时，普通民众没有动物保护意识，岳麓山经常有猎户出入，以猎枪射杀飞鸟、走兽，或设置网笼、铁环捕捉。1950 年 11 月、1955 年春，岳麓山左家垅附近各猎杀 1 只华南虎，此后再无野生老虎踪迹。1955 年春猎杀的“最后一只老虎”，标本今存湖南师范大学生命科学学院动物标本室。至 20 世纪 50 年代，岳麓山中的鸟、兽踪迹渐稀。

1957 年成立岳麓山公园后，开始注意到动物资源保护问题。1964 年《岳麓山封山护林管理条例》出台的“十不准”规定中，第七条即“不准在山上任意鸣枪打鸟、捕猎”。1973 年，岳麓山公园在《游园须知》中又补充规定不准“埋放捉兽铁环”，以保护山间野兽。后来，公园在山间林内安设鸟巢，投放鸟食，以招引鸟类栖居，虽主要目的是杀灭害虫，但客观上起到了保护鸟类的作用。

2005 年岳麓山风景名胜区管理局成立后至 2018 年，加强对各景区动物资源保护。鸟类是各景区最常见的动物。管理局在橘子洲与湘江西岸河滩等重要湿地设立候鸟保护小区，通过设立人工鸟巢、投放食物等方式为候鸟栖息、繁衍提供适宜环境。管理局在重要景区聘请义务护鸟员，在重要路口、重点部位、重点季节设置专人看守、巡护，一些濒临灭绝的动物得以繁衍。岳麓山禽鸟甚多，以麻雀、营腹山雀为优势品种。麓山景区管理处在山脉密布各种人工建筑，为麻雀提供良好的营巢地和丰富的食源，使其大量繁殖，形成较大群体。管理处还在山中种植大量女贞和樟树，同时依托景区内丰富的昆虫资源，为营腹山雀提供栖息场所和充足食物。咸嘉湖原有白鹭栖息，后因水质变差，踪迹逐渐全无，西湖公园建成后，岛上设置供白鹭栖息和进食的笼舍及竹排，小岛四周制造人工生态浮岛以吸引白鹭叼食鱼虾，白鹭飞临栖息景象得以重现。

第三节 | 文物管理

民国时期，地方政府注意到文物古迹保护问题，开展了相应保护工作。抗日战争胜利以后，国民政府曾命各地开展文物古迹调查。民国 35 年（1946）9 月，湖南省会警察局第三分局水陆洲分驻所上报“所管区内”古迹名胜，包括岳麓山风景名胜区区域内的爱晚亭、白鹤泉、蔡锷墓、印心石屋、响鼓岭、飞来钟、云麓宫、飞来石、会仙亭、石柳峡、穿石坡、清风峡、蜈蚣石、禹王碑、抱黄洞、蟒蛇洞、望日台、吹香亭、平日台、自卑亭、中卑亭、高卑亭、翠微亭、四箴亭、憩春园、古桃李坪、赫曦台、谕苗台、讲经台、尊经阁、牌楼口、李北海碑、苍筤谷、五轮塔、石浴池、御书亭、拖船埠、啼笑岩 38 处。是年 12 月，湖南大学为修复抗日战争中被破坏的岳麓山古迹，曾致函长沙市政府提出应当迅予修复的文物清单，包括文庙、魁星楼、御书楼、文昌阁、万寿寺、云麓宫、爱晚亭、吹香亭、风雩亭、自卑亭、北海碑 11 处，但因经费不支而未能实现。

1949 年长沙和平解放以后，9 月 9 日，长沙市警备司令部发出布告要求“保护岳麓名胜”。中华人民共和国成立初期，长沙市政府多次拨款，修复岳麓山的爱晚亭、半山亭和黄兴墓、蔡锷墓及其墓庐。是时由于没有设置专门的管理机构，各主要文物的管理交由有关单位或住户负责。1955—1956 年，长沙市制定的一系列法规都对保护岳麓山、橘子洲的名胜古迹作出明确、严格规定。1956 年 7 月、1959 年 1 月，湖南省人民委员会相继公布全省第一批、第二批名胜古迹和古文化遗址保护名单，第一批中岳麓山 11 处文物、第二批中岳麓山 3 处文物被纳入。岳麓山文物保护与管理进入有法可依轨道。1957 年、1962 年，岳麓山公园、水陆洲公园相继建成开放，域内文物保护和管理得到有效实施。岳麓山公园成立文物小组，组织维修岳麓书院半学斋和爱晚亭、白鹤泉等多处文物。1964 年，长沙市人民委员会颁布《岳麓山封山护林管理条例》，制定的保护岳麓山“十不准”规定即包括保护文物的内容。

2002 年，长沙市岳麓山风景名胜区麓山景区管理处将文物小组改为文物管理科，专门从事文物的勘察、研究、维护等工作，并负责接待前来考察的专家学者和前来祭扫烈士墓的人们。文物管理科建立了详细的文物档案，常年在岳麓山各处巡查，如发现文物破损，即采取措施予以修整，如情况较为严重，即上报长沙市文物主管部门申请修复。文物管理科在巡查中发现新的文物点，均上报长沙市文物主管部门，2002—2018 年，文物管理科共发现新的文物点 10 余处，其中吴道行墓、龙均甫墓等，经申报后被列为市级文物保护单位。

2004—2008 年，橘子洲景区进行大规模提质改造，洲上各文物单位均得到修缮和保护，并获得妥善利用。其中，省级文物保护单位长沙海关公廨被辟为海关陈列馆，唐生智公馆被用于名人会馆，专门接待中外名人和文化界人士；市级文物保护单位水上文化宫被作为景区管理处办公楼。桔子洲景区管理处设有文物保护专干，从事文物巡查、研究、维护等工作。

至 2018 年，岳麓山风景名胜区区域内 115 处文物管理情况如下：麓山景区有文物 74 处，其中岳麓书院由湖南大学管理，忠烈祠、岳王亭、王东原公馆、长沙市干部疗养院旧址 4 处由湖南师范大学管理，云麓宫、麓山寺分别由道教协会、佛教协会管理，其余 67 处由景区管理处管理。橘子洲景区有文物 6 处，均由景区管理处管理。岳麓山风景名胜区内高校区共有文物 21 处。高校区即中南大学、湖南大学、湖南师范大学和中共湖南省委党校的校区，这 21 处文物均由各学校管理。各文物点或为办公楼，或为教舍，或为礼堂，至 2018 年仍作为办公楼、教舍、礼堂使用，各学校均按照《文物法》的规定，并在湖南省、长沙市文物主管部门的指导下，进行管理。天马山、桃花岭、后湖景区共有文物 5 处。这 3 个景区没有设置景区管理处，5 处文物均由岳麓山风景名胜区管理局直接管理。名胜区范围内，新民路有全国重点文物保护单位新民学会旧址 1 处，由长沙近现代文物管理中心管理。名胜区范围内的其他文物如西汉长沙王后“渔阳”墓、望麓桥、湖南艺术职业学院第一教学楼等 8 处，由属地单位、部门管理和保护。

第四节　安全、卫生管理

一、治安管理

1957 年岳麓山公园及麓山管理所成立，岳麓山无安全设施及治安管理状况不好开始成为过去式。岳麓山公园成立后，设立保卫股，按照政府规章封山育林，严禁砍伐，又将山上已有的 30 多户居民逐步搬迁。1962 年水陆洲公园建成开放时，始设有保卫股，负责内部保卫和治安管理。1963 年，岳麓山公园派出所成立，负责内部保卫和治安管理。

1987 年岳麓山风景名胜区成立后，各景区都把安全摆在第一位，采取各种措施保障游客安全。21 世纪初期至 2018 年，各景区在水塘、堤坝、陡坡险段等区域设立安全防护栏和警示标志，防范意外事故发生；各景区全面启动数字化管理，其中麓山景区、橘子洲景区等主要景区已投入使用电子监控系统、电子门禁系统和 LED 大型数字信息发布屏；各景区还设置多处医疗救治点，配备专职医务人员、常用药品和急救设施。2018 年，麓山景区、橘子洲景区的安保工作均有安保公司进行专业化管理。

二、消防管理

20 世纪 70 年代，岳麓山公园在岳麓山顶设有防火瞭望台，在森林密集处辟有防火通道，建有蓄水池。1987 年岳麓山风景名胜区成立后，麓山景区建立一支专业消防队，配备消防车、消防栓及各类消防器材。

2011 年，麓山景区投入 2000 多万元，配备完善景区消防车、消防栓、蓄水池等各类消防设施，在岳麓山顶设置防火摄像头。景区管理处实施三级网格化管理：大网络实行领导负责制，整个景区的消防安全责任划分为八大片区，每个班子成员负责一个片区；中网络实行部门责任制，8 大片区内相关消防责任点，分别对应一个责任部门，负责消防安全管理责任，保卫科负责安全监督责任；小网络责任到人，每个门店、路段和消防队员都承担小网络的主体责任，每个重要门店都明确 1 名专职消防队员联点、1 名消防安全员管理。消防队员每周进行消防一小检，景区管理处安委会每月进行消防一大检，发现隐患和问题，即时上报、立行整改。2011—2018 年，麓山景区未发生一起火灾。

2011—2014 年，桃花岭景区一期综合整治中，在虎形山东、西山脚建立森林防火监测站，总用地面积 1.3 万平方米，总建筑面积 900 平方米，主要用于实时监测景区森林火险、发布森林火险预警信号以及森林防火指挥调度等功能。

至 2018 年，名胜区的其他景区，均在重要区位、景点设置消防栓，并安排专管消防的人员。

三、清洁卫生管理

20 世纪五六十年代之前，岳麓山、橘子洲均缺乏清洁卫生管理，既无卫生管理机构，也无公共厕所、垃圾箱站，游人随处便溺、随手乱扔垃圾。1957 年、1962 年，岳麓山公园、水陆洲公园相继建成开放后，清洁卫生工作成为公园重要事务。2 个公园都成立了爱国卫生运动委员会，设立清扫队（班）负责园区卫生。

20 世纪 80 年代，岳麓山公园在中心游览区建水冲式厕所 3 座、干式厕所 9 座，设置垃圾箱（桶）50 个、垃圾回收倾倒点 2 处，改善了卫生条件。垃圾处理方式一般是在山上择地堆埋，有时也运到外面垃圾倾倒场。干式厕所粪便则由园林队负责清运，用作园林生产的肥料。这一时期，桔洲公园在园内建水冲式厕所 1 座，垃圾箱（桶）10 多个。

2005 年岳麓山风景名胜区管理局成立后，对各景区的清洁卫生管理工作要求更高。随着时代进步，清扫工作由手工劳动为主改为机械清扫为主。各景区为保证环境卫生，均安排数量不小的清扫人员，购置了清扫车、洒水车，坚持经常性地打扫和洒水，清除和捡拾垃圾。各景区公共场所和道路节点都设置有垃圾箱。

2015—2018 年，名胜区投入 1000 多万元在名胜区内完成了一场“厕所革命”。2016 年 8 月，橘子洲景区建成现代化垃圾站 2 座，占地面积 31.62 平方米，日处理量≥ 80 吨，实现了垃圾的集中处理和清运。是年 11 月，橘子洲景区启动厕所提质改造建设，至 2017 年 5 月，完成 16 座旅游厕所升级改造，选用本土材料，突出生态环保，实现建筑与自然协调统一，科学设置修建 11 座“第三卫生间”（家庭卫生间），厕所蹲位数由 184 个增至 306 个，保洁人员实行从早上 7 点到晚上 7 点无间断保洁维护。至 2017 年，麓山景区、天马山景区在蟒蛇洞、悦麓、肖劲光故居、北极峰新建 4 座厕所；麓山景区在长廊、北极峰、电视塔等区域新建“第三卫生间”4 处，填补景区内“第三卫生间”空白；改扩建响鼓岭、观光长廊 2 处厕所。截至 2018 年，麓山景区内公共厕所共有 20 座 277 个蹲位。另，凤凰山游道旁新建厕所 1 座，天马山游道旁新建厕所 1 座，共计 2 座环保型厕所，每座建筑面积 109 平方米，蹲位 15 个。

第八章 轶事与名录

岳麓山风景名胜区区域，自古以来，以岳麓之雄峻、湘水之清绝、橘洲之秀美名满天下，吸引历代名人纷至沓来，游山玩水、治学藏修、观瞻佛寺道宫、讲学岳麓书院，更有众多爱国志士在此从事革命活动。这里是黄兴、蔡锷等一大批辛亥革命英烈长眠之地，青山有幸埋忠骨。这里是中国共产党、中国人民解放军、中华人民共和国的主要缔造者毛泽东早期革命活动的重要纪念地，青年毛泽东经常来此登山游泳，“指点江山，激扬文字”，探索救国救民之道，并创办新民学会，为筹备建立中国共产党开启先声。山以景胜，地以人名。巍巍麓山、十里长岛，到处都留下名人的足迹，传颂着名人的隽永诗章和动人故事。

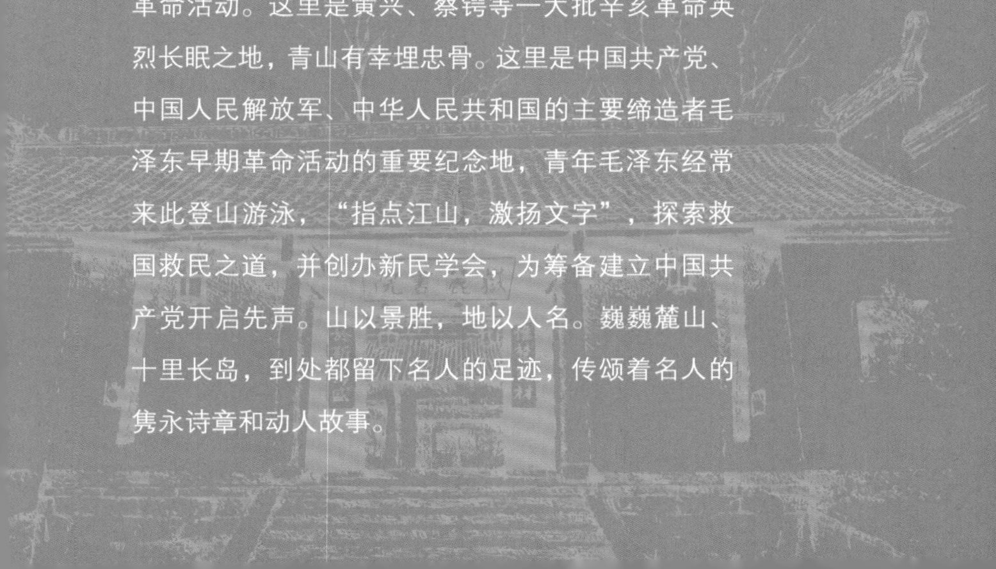

第一节 轶事

竺法崇建寺岳麓山

依今日可考史料记载，历史上第一位来到岳麓山的名人为僧人竺法崇。可以说他是开发岳麓山的第一人。

竺法崇是三国晚期孙吴治下会稽郡剡县（今浙江嵊州附近）僧人。南朝梁僧慧皎撰佛教史书《高僧传》载：“（竺法崇）少入道，以戒节见称，加又敏而好学，笃志经记，而尤长法华一教。”竺法崇成为名僧竺法潜之高足。

三国吴末帝孙皓宝鼎三年（晋泰始四年，268），竺法崇从会稽郡剡县跋山涉水，来到同属孙吴治下的长沙郡临湘县（今属湖南长沙），在岳麓山中建起1座寺庙，取名慧光明寺。《高僧传》称“尝游湘州麓山，山精化为天人，诣崇请戒，舍所住山为寺”。佛教由此在湖南传播，慧光明寺成为后人口中“汉魏最初名胜、湖湘第一道场”。

李邕撰并书《麓山寺碑》

李邕（678—747），字泰和，一说江夏（今属湖北武汉）人，一说广陵江都（今属江苏扬州）人，有文名，工书法，擅以行楷写碑，取法羲之、献之并自成体系。

唐开元十八年（730），李邕被贬为钦州遵化（今属广西钦州）县尉，赴任途中，受潭州司马、摄刺史窦彦澄之请，撰文并书写《麓山寺碑》。是时，窦彦澄笃信佛教，“归心净土，膜拜佛乘”，想为麓山寺建一碑，又特别仰慕李邕的文才书法，故有此一请。

李邕当时是否到了潭州并前往麓山寺，现不可考，但他撰写并书就《麓山寺碑》不假。该碑文末书“前陈州刺史李邕文并书，大唐开元十八年岁次庚午九月壬子朔十一日壬戌建，江夏黄仙鹤刻”即可佐证。前人认为“江夏黄仙鹤”系李邕化名，现不可考。

《麓山寺碑》全文1400余字，记述麓山寺建寺至唐开元十八年（730）历史沿革。内容涉及寺庙创立及扩建、教宗源流与变迁、历代禅师和主持修建的地方官员，记述清晰完备，历史价值很高。

该碑艺术价值更为重要。麓山寺碑刻成后，嵌于寺壁，大得赞誉。有人评曰“碑文骈散兼有，文句华丽，妙绝；书体楷行兼备，挺拔沉雄，妙绝；碑刻精工细琢，风神飘然，妙绝”，故称“三绝碑”。又因李邕曾任北海太守，该碑又被称为“北海碑”“北海三绝”。

一千多年来，历代艺林对《麓山寺碑》极为推崇，摹拓珍藏者代不乏人。北宋元丰三年（1080），书画家米芾到此观摩临习，称“邕胜和贴，精彩动人，墨渴笔劲，想见运笔神助”，并在碑上阴刻“襄阳米芾同广惠道人来，元丰庚申元日”16字。明朝文学家王世贞称该碑“神情流放，天真烂漫，隐隐残楮断墨间，犹足倾倒眉山、吴兴也”，此处眉山指苏轼、吴兴指赵孟頫。

杜甫游麓山道林二寺

杜甫（712—770），字子美，自号少陵野老，河南巩县（今河南巩义）人，被后人称为“诗圣”。

唐大历四年（769），杜甫来到潭州，居住一叶小舟，或借宿于被称为“江阁”的旅舍。他未因身世飘零过多伤感，而是频频拜访友人，流连于街市。杜甫在潭州前后1年多时间，写下数十首诗，其中甚多吟咏麓山橘洲之作。

在岳麓山，他看到故友李邕撰书的《麓山寺碑》，又看到50年前宋之问的题壁诗，惊喜交加，写下《岳麓山道林二寺行》，二寺即指麓山寺、道林寺。诗中描摹了山寺的雄伟、松道的清凉，“玉泉之南麓山殊，道林林壑争盘纡。寺门高开洞庭野，殿脚插入赤沙湖”“塔劫宫墙壮丽敌，香厨松道清凉俱”，表达自己的心情，“一重一掩吾肺腑，山鸟山花吾友于。宋公放逐曾题壁，物色分留与老夫”。

对橘子洲，杜甫亦是纵情诵咏。船只还未到长沙，他吟道“乔口橘洲风浪促，系帆何惜片时程”；登上麓山，他赞美“桃源人家易制度，橘洲田土仍膏腴”。是年清明，他描述橘洲渡口繁花翠柳、人流如织的景象：“著处繁华矜是日，长沙千人万人出。渡头翠柳艳明眉，争道朱蹄骄啮膝。此都好游湘西寺，诸将亦自军中至。”

杜甫到长沙大约100年后，道林寺收藏沈传师、裴休笔札和宋之问、杜甫篇章，建“四绝堂”以纪念。南宋政治家、文学家周必大认为，欧阳询题书“道林之寺”4

字、韩愈诗作《陪杜侍御游湘西两寺》“俱不可废”，应当“衍四为六”，遂更名“六绝堂”。南宋时期民族英雄文天祥来长沙，登麓山游古寺，有感而发，作《道林寺衍六堂记》记载上述经过。

米芾“偶遇”潇湘八景

米芾（1051—1107），字元章，号海岳外史、襄阳漫士，世称米南宫，祖居太原，后迁湖北襄阳，谪居润州（今江苏镇江）等地，以书画闻名于世。米芾与岳麓山、橘子洲结缘于潇湘八景。

五代至宋初山水画大师李成创作有《潇湘八景图》。约1个世纪后，担任荆湖南路转运判官的画家宋迪，创作潇湘风景平山远水图8幅。科学家沈括在《梦溪笔谈》记载：“度支员外郎宋迪工画，尤善为平远山水，其得意者有平沙落雁、远浦归帆、山市晴岚、江天暮雪、洞庭秋月、潇湘夜雨、烟寺晚钟、渔村夕照，谓之八景。好事者多传之。”

北宋元丰三年（1080），米芾因仰慕麓山寺碑，来到长沙。在这里，他意外购得李成《潇湘八景图》，喜不自胜，逐景撰述，作《潇湘八景图诗并序》刻于石。他在序文中说，潇湘八景为“潇湘之大观”，他的《江天暮雪》诗、序，描述了橘洲冬季夜景，暮云飞渡，寒风凛冽，白雪纷纷，空旷的江面上，有人引吭高歌，有人垂钓寒潭。

此后，潇湘八景吸引历代文人雅士纷至沓来，就是从未到过长沙的南宋宁宗赵扩也留有诗作《潇湘八景·江天暮雪》。

朱张会讲

朱熹（1130—1200），字元晦，号晦庵，祖籍徽州婺源（今属江西婺源），生于南剑尤溪（今属福建尤溪）。绍兴十八年（1148）被赐同进士出身，入仕途，约10年后，不求仕进，主要进行教育和著述活动。张栻（1133—1180），字敬夫，号南轩，世称南轩先生，汉州绵竹（今属四川广汉）人。幼年时随父居湖南永州，后居广东连州，青年时又居永州，29岁到衡山拜著名理学家胡宏为师，学业日进，声誉日隆。朱熹、张栻何时相识现不可考，但两人长沙相见之前神交已久，多次书信往来探讨理学中的一些基本问题。

乾道元年（1165），潭州知州、荆湖南路安抚使刘珙重修岳麓书院，工竣，拟聘张栻为岳麓书院山长。张栻因之前老师胡宏向秦桧写信希望担任山长一职未果，认为老师没有得到的职位，自己得到了是对老师的不恭，于是推拒。遂改聘为主讲，代行山长职事。乾道二年（1166）张栻任职书院主讲。朱熹获知张栻主讲岳麓书院消息后，于乾道三年（1167）八月从福建崇安来到长沙，受到张栻热情接待。朱熹在长沙停留2个月，理学界著名的“朱张会讲”由此展开。两人就理学中的一系列问题，如“中和”“太极”“中庸”等进行了长时间讨论。讨论有时在岳麓书院进行，有时在河东张栻寓所城南书院开展。时人曾云：“二先生论《中庸》，三日夜不能合。”两人还经常同舟往返于湘江两岸，游览橘子洲。朱张会讲在岳麓书院史上意义重大。它首开书院自由讲学先河，展示百家争鸣局面，推动了书院的学术研究。朱张会讲也是宋代理学中闽学、湘学的交流与融合，湖湘学派得到进一步发展，对后世影响深远。

张栻逝世10余年后，绍熙五年（1194），朱熹任潭州知州、荆湖南路安抚使，再次来到长沙。是时，岳麓书院“师道陵夷，讲论废息，士气不振”。朱熹扩建书院、购置学田、增设生员、整顿士风，书院由此面目一新，学者云集多达千人。

朱张两位大思想家在长沙还写有大量诗文，描绘岳麓山、橘子洲的美好景致，表达探究宇宙本原、人生宗旨的志向。

王守仁渡橘洲登岳麓

王守仁（1472—1529），字伯安，号阳明，浙江余姚人，明代思想家、军事家、心学集大成者。王阳明认为，心是天地万物之主，心即理，心外无物，心外无理；又以知行合一、致良知为标志，以“存天理、灭人欲”为指归。其学说被称为王学、余姚之学，又称“良知之学”“阳明心学”，在中国古代思想史上影响很大。

正德三年（1508）春，任职北京兵部的王阳明（其父王华时任南京吏部尚书）被贬贵州龙场，赴任途中在长沙停留8日。长沙大风雨，王阳明患齿痛、畏风湿，与友人少有往来，但因慕岳麓书院声誉和对朱熹、张栻的崇敬，他在诸生周金的陪伴下“渡橘洲、登岳麓”，游览了麓山寺、道乡台、岳麓书院及柳溪、梅堤、西屿诸名胜。他不愿打扰长沙官府，叮嘱不要让官府知道。但官府对他不敢怠慢，长沙知府赵维藩亲自到他下榻的寿星观拜访，得知已前往岳麓山，遂赶到岳麓山中相会。数人在山中共聚晚餐，“肴羞层迭”，丝竹繁音，将暮才散。

王阳明在长沙作诗多首。在《游岳麓书事》中，他吟咏山水洲城的壮美，“人言岳麓最形胜，隔水溟蒙隐云雾”“橘洲僧寺浮江流，鸣钟出延立沙际。停桡一至答其情，三洲连绵亦佳处”。在《长沙答周生》《朱张祠书怀示同游》中，他抒发对朱张的思念，“岳麓何森森，遗址自南宋。江山足游息，贤迹尚堪踵”“昔贤此藏修，我来实仰止”“缅思两夫子，此地得徘徊”。回到寓所，他写下《望赫曦台》，“隔江岳麓悬情久，雷雨潇湘日夜来。安得清风扫微霭，振衣直上赫曦台”。

王阳明此行是岳麓山文化发展史上的重要一笔，他虽再也没有到过此地，但他的弟子一再莅临长沙、讲学岳麓，使得“阳明心学”很快在湖湘大地得到传播。他离湘之后，先后有他最早的弟子徐爱、浙中王门季本、张元忭，江西王门邹守益、罗洪先、邹元标，王门泰州学派罗汝芳等游岳麓、讲王学。他们在尊重朱张理学的同时，阐述阳明心学，“良知之学”一度成为岳麓自由讲学的中心课题。

王夫之求学岳麓书院

王夫之（1619—1692），字而农，号姜斋，湖广衡阳人，明末清初思想家。因晚年隐居衡阳金兰乡（今曲兰乡）石船山，人称船山先生。

明崇祯十一年（1638），王夫之就读于岳麓书院，在此求学4年。王夫之在书院期间，思想活跃，曾邀集志同道合的学友成立社团组织“行社”。他曾游览橘子洲，写有《江天暮雪》词：“舞帘纤、不知是雪，还是沙明波素。同云返映晶光凝，暝色遥笼烟树。双无据，颤寒空、危霄极浦相回互。芦洲古渡，有孤艇篷窗，挑灯酌酒，唱彻梁园句。知此夕，一派瑶峰玉宇，朦胧半函银兔。清晖的烁皎冰瀁，疑是东方已曙。君莫觑，君不见、回波难挽流澌住。珠摧玉仆。向帝女祠东，昭王潭北，直下长江去。”还写有《走笔赠刘生思肯》诗：“水绿洲前渔艇多，也来相伴晒渔蓑。逢君剪烛当深夜，奈此干戈满地何。”他在描述渔村美景之时，又为国家干戈满地、民不聊生的境况担忧。崇祯十五年（1642），王夫之考取举人，离开书院，随后走上抗清道路。

王夫之学问博大精深，著述宏富，在哲学思想、社会政治思想、文学、史学上都有很大成就，对近代湖南乃至整个中国产生了深远影响。清道光、同治年间，湖南著名学者邓显鹤、邹汉勋等和曾国藩、曾国荃兄弟分别整理刊印《船山遗书》，船山学说得以广泛传播。

林则徐、左宗棠湘江夜话

林则徐（1785—1850），字少穆，福建侯官（今福建福州）人，清嘉庆、道光朝名臣。左宗棠（1812—1885），字季高，湖南湘阴人，晚清中兴四大名臣之一。

林则徐任云贵总督时，因部属胡林翼之荐，邀左宗棠入幕，左宗棠虽因事未往，但林则徐对他已有耳闻。清道光二十九年（1849）冬，林则徐辞官回乡，道经湖南，遣专人赴湘阴约左宗棠来长沙一晤。十一月二十一（1850 年 1 月 3 日），左宗棠赶到长沙，林则徐立即退下前来请见的湖南官员，请左宗棠上船，然后渡至河西，“系舟岳麓山下”。会见时，林则徐极口称左宗棠为“不凡之才”“绝世奇才”。左宗棠对林则徐更是钦慕不已，“诧为天人”。两人彻夜长谈，从天下大势到东南海防，从舆地兵法到办理洋务，各抒己见，对治理国家的根本大计，特别是西北和东南防务的见解不谋而合。左宗棠后来回忆，两人“抗谈今昔，江风吹浪，柁楼竟夕有声，与船窗人语互相应答，曙鼓欲严，始各别去”。临别时，林则徐写有 1 副对联相赠，“此地有崇山峻岭，茂林修竹；是能读三坟五典，八索九邱”，表达对左宗棠的殷切期望。

此次会见是两人仅有的一次会见。不到 1 年，林则徐与世长辞。又过 1 年，左宗棠在郭嵩焘等人劝勉下投入湖南巡抚张亮基麾下，一生功名由此开始。

禹之谟公葬陈天华、姚宏业

光绪三十一、三十二年（1905、1906），陈天华、姚宏业相继壮烈殉国，激起社会各界人士特别是青年学生极大悲愤。时任湖南商会会董、湘学会会长、湖南学生自治会总干事的禹之谟，携志同道合者首倡公葬陈姚于岳麓山，以彰义烈。

光绪三十二年五月二十三，陈姚灵柩迎抵长沙。五月二十九，禹之谟等组织以学生为主体的送葬队伍 1 万余人，身着素服，手执白旗，抬着灵柩，齐唱哀歌，分两路从朱张渡和小西门过江，前往岳麓山。“观者倾城塞路”，军警鹄立两旁，不敢干预。队伍绵亘 10 余里，最前面的学生高举禹之谟所写对联：“杀同胞是湖南，救同胞又是湖南，倘中原起事，应首湖南，志士竟捐躯，双棺得赎湖南罪；兼夷狄成汉族，奴夷狄不成汉族，痛满酋入关，乃亡汉族，国民不畏死，一举伸张汉族威。”送葬队伍在禹之谟等人指挥下，登上岳麓山，到达山腰麓山寺后墓地，将英烈灵柩隆重安葬。其时，万余送葬学生肃立山间，自长沙城中望去，全山为之缟素。陈姚公葬事件是同盟会领导长沙人民对清朝封建统治的一次政治大示威。10 多年后，毛泽东称之为“惊天动地可纪的一桩事”，并评论说：“这次毕竟将陈、姚葬好，官府也忍声吞气，莫可谁何，湖南的士气在这时候几如中狂发癫，激昂到了极点。”

毛泽东的橘洲麓山情

岳麓山风景名胜区是毛泽东早期革命活动的重要纪念地。

清宣统三年（1911）春，毛泽东考入湘乡驻省中学堂，开始在长沙的求学与革命生涯。此时已是辛亥革命前夜，毛泽东曾和同学到岳麓山秘密开会，倡言罢课。民国8年（1919），毛泽东撰文回忆："城里开会不成，则聚议于岳麓山头。记得当时也是这许多人里面的一个小卒。"这或是毛泽东结缘岳麓山的最早记录。

民国2年（1913）春，毛泽东进入省立第四师范学习。翌年春，第四师范并入省立第一师范。一师西临湘江，江宽水深，对面就是橘子洲。毛泽东经常邀集同学到湘江游泳，从河东游到橘子洲、牌楼口。他喜欢沐浴在风、雨、太阳之下，以锻炼身体。夏日当空，他游到橘子洲，就躺在沙滩上晒，称之为"日光浴"。隔江相望的岳麓山，是他和学友攀登、游览的地方。一次，在一个狂风暴雨、电闪雷鸣的夜晚，他独自一人登上山顶，又从山上跑下来，全身湿漉漉地来到山下蔡和森家。蔡母问他怎么回事，他说这是为了体会《书经》上"纳于大麓，烈风雷雨弗迷"的情趣，并以锻炼身体和胆量。

民国4年（1915）冬，毛泽东和罗章龙约同泛湘江、游岳麓，到了赫曦台、枫径、白鹤泉，又登上云麓宫。两人兴致甚高，诗兴大发，写出联句《初登云麓宫》一诗："共泛朱张渡，层冰涨橘汀。鸟啼枫径寂，木落翠微冥。攀险呼俦侣，盘空识健翎。赫曦联韵在，千载德犹馨。"

毛泽东经常邀同学到橘子洲头和岳麓山的云麓宫、白鹤泉、爱晚亭等处露宿。民国6年（1917）中秋之夜，月朗星稀，毛泽东和张昆弟、贺果等十几人，在河东雇上两叶小舟，作环橘洲之游，船到洲头，同学们尽兴而归，毛泽东、张昆弟等登上洲头，沙滩露宿。

民国7年（1918）4月14日，毛泽东、蔡和森等13人，以"革新学术，砥砺品行，改良人心风俗"为宗旨，在岳麓山下周家台子蔡和森住处发起成立新民学会。新民学会是"五四运动"时期湖南反帝反封建革命运动的领导核心，为中国共产党培养了一批杰出的领袖人物和骨干，毛泽东称它"对中国的事情和命运产生了广泛的影响"。

民国7年（1918）6月，毛泽东从湖南一师毕业后，决心从事"建设新社会"的工作，曾与蔡和森、张昆弟等寄居岳麓书院半学斋，踏遍岳麓山乡，想在这里建立一个半工半读、平等友爱的新村。翌年12月1日，他在《湖南教育月刊》发表《学生之工作》叙述计划为：我数年来梦想新社会生活，而没有办法。七年春季，想邀数朋友在省城对岸岳麓山设工读同志会，从事半耕半读……今春回湘，再发生这种想像，乃有在岳麓山建设新村的计议。创造新学校，施行新教育……合此等之新学校，新社会，而为一"新村"，吾以为岳麓山一带，乃湘城附近最适宜建设新村之地也。

民国14年（1925）8月，毛泽东从家乡赴广州途中，又来到橘子洲，写下《沁园春·长沙》，发出“问苍茫大地，谁主沉浮”的呼喊。

中华人民共和国成立后，毛泽东多次重游橘子洲、岳麓山，并多次畅游湘江，无不流露出对橘子洲、岳麓山的眷念之情。

薛岳坐阵麓山指挥抗战

薛岳（1896—1998），原名仰岳，字伯陵，广东乐昌人，民国时期著名将领。抗日战争时期，第三次长沙会战时，国民政府第九战区长官司令部将指挥所设于岳麓山爱晚亭后山洞，薛岳作为司令长官，在此挥兵抗击日军，并取得辉煌胜利。

民国 30 年（1941）12 月，日军为策应太平洋作战，向长沙发起第三次进攻。23 日，日军兵分八路，猛扑长沙外围的新墙河防线。中国军队奋起抵抗，然后向东南转移。次日，日军渡过新墙河继续前进。第九战区第十军奉命守卫长沙，在城郊北、东、南阵地与日军展开激战。薛岳坐阵位于岳麓山爱晚亭后山洞的指挥所，通过电报、电话掌握战况，下达命令。日军一度在长沙北部湘雅路一带进攻猛烈，薛岳命令驻扎岳麓山的炮兵猛轰，日军人仰马翻。第十军预十师第三十团担负坚守长沙南门外修械所阵地的任务。民国 31 年（1942）元旦，日军先头部队进至长沙北部和东南郊，集中五六千人，配以炮兵空军发动猛攻。第三十团官兵奋勇抵抗，但因众寡悬殊，损失严重，极为惨烈。1 月 3 日上午，团长葛先才弃守为攻，命令全团司号兵一齐吹响冲锋号。全团官兵跳出战壕，抱着必死的决心冲向敌阵。日军猝不及防，掉头狂奔。薛岳听到战报，立即致电第十军代军长李玉堂询问，得知葛先才团后，极为高兴：“攻得好！攻得好！葛团长了不起！”

1 月 4 日，中国军队形成对犯长日军合围态势，薛岳下达总反攻命令，日军伤亡惨重撤退。

第三次长沙会战，杀敌 5 万余人，中国军队大获全胜。这是太平洋战争爆发以来世界反法西斯阵营取得的第一次重大胜利，有力地支援了南太平洋英美盟军，极大地提高了中国国际地位。英国《泰晤士报》评论称：“12 月 7 日以来，同盟军唯一决定性之胜利系华军之长沙大捷。”蒋介石说：“此次长沙胜利，实为‘七七’以来最确实而得意之作。”

战争硝烟远去。20 世纪 80 年代，曾任第九战区参谋长的赵子立来到长沙，特地到访位于岳麓山爱晚亭后山洞的指挥所。2008 年 5 月，曾任第九战区战地干训团上校、参谋处作战课长邓为仁的夫人陈嘉杰从台湾回家乡，亦特地到此参观，谈及往事，无限感慨。

第二节 名录

在岳麓山风景名胜区史册上，人才辈出、群星璀璨，除本志第三章第二节墓葬、第四章宗教、第八章第一节轶事等处所述人物之外，历史上还有大批著名政治家、军事家、文学家、学者、高僧名道等结缘于此。山河为之生色，要地因之光华。兹就其要者，述其与名胜区之交集，以生年为序节录如下（生年不详者，以推定方式确定大致年代）。

陶侃（259—334），字士行（一作士衡），鄱阳枭阳（今江西都昌）人，徙居庐江寻阳（今江西九江），东晋名将。永嘉五年（311），杜弢带领巴蜀流民在湘州反晋，直逼荆州。陶侃率部与杜弢激战，建兴二年（314）入湘，直抵长沙城，屯兵于河西，于“县西南五里”（即今枫林宾馆）北筑关，后称“陶关”；又于岳麓山结庵以居，手植杉树，世称“杉庵”。是年，陶侃率部打败杜弢，占领长沙城。咸和四年（329），陶侃因战功被封长沙郡公。陶侃晚年驻武昌，情系封地，多次告老回长，但因部属苦留而未成行。咸和七年（332），陶侃病重，自感时日不多，辞官回长，归途中辞世，葬于长沙城“南二十里”处，称陶公山，位于今雨花区树木岭。

法愍，生卒年不详，南朝宋僧人。曾憩江夏（今湖北武昌）五层寺，后因寺庙事务得罪荆州刺史谢晦（390—426），隐迹麓山慧光明寺，终生不出。《高僧传》载：“晦乃率仪至寺厚赐酒肉，严鼓振威，斩斫形像。俄而云雾暗天风尘四起，晦惊惧而走，后以叛逆诛灭。”又载：“（法愍）卒于山中，春秋八十有三，弟子僧道立碑颂德。”

王僧虔（426—485），字号不详，琅琊临沂（今山东临沂）人，南朝宋齐时期官员、书法家。元徽二年（474）任湘州刺史，入湘时曾携僧昙迁、法安、昙智同行，任职湘州时修缮慧光明寺。

邓郁之（？—519），字元达，南阳新野（今属河南新野）人，南朝时期南岳金丹派道士。梁武帝时，邓郁之炼丹于南岳紫盖峰，武帝派人探访后，赐给金帛，许他在岳麓山幽胜之地建上、中、下三观为修炼之所。邓郁之遂到“洞真墟福地”即岳麓山抱黄洞下洞中观修炼。天监八年（509），邓郁之端坐逝于洞中观前自然石坛上。宋重和元年（1118），宋徽宗赐号为超真集妙真人。

欧阳询（557—641），字信本，潭州临湘（今属湖南长沙）人，隋唐时期书法家。欧阳询为岳麓山道林寺题书“道林之寺”4字，谓道林“为道之林也”。

宋之问（约656—712），又名少连，字延清，一说汾州隰城（今山西汾阳）人，一说虢州弘农（今河南灵宝）人，唐朝诗人。唐景云元年（710），宋之问被流放钦州，后赐改桂州（今广西桂林），流放途中作《高山引》，题于岳麓山道林寺壁。

韩愈（768—824），字退之，河南河阳（今河南孟州）人，世称昌黎先生，唐朝中期官员，文学家、思想家。元和十四年（819），因谏迎佛骨被贬为潮州刺史，途经潭州时作《游道林、湘西二寺》等诗，促成湖南观察使杨凭、荆南节度使裴均唱和并结集《荆潭唱和诗》。

沈传师（769—835），字子言，一说吴县（今江苏苏州）人，一说吴兴（今浙江湖州）人，唐朝书法家。曾任湖南观察使，作《游道林岳麓寺》等诗。道林寺藏有沈传师笔札，称为“一绝”。

裴休（791—864），字公美，河内济源（今河南济源）人，祖籍河东闻喜（今山西闻喜），唐朝中晚期名相、书法家，曾任湖南观察使。大中六年（852）正月，裴休在潭州奏立税茶之法十二条，力促发展茶叶贸易。道林寺藏有裴休笔札，称为“一绝”。后人为纪念裴休，改橘子洲楚秀亭为裴公亭。

摩诃衍，生卒年不详，亦作摩诃衍那，又译大乘和尚，唐朝名僧。原在沙州（治今甘肃敦煌），后任潭州麓山寺住持。唐朝书法家李邕所撰《麓山寺碑》称赞他：“五方圆常，四无清净，以因因而入果果，以灭灭而会如如。”其佛学造诣颇深。

齐己（863—937），俗名胡德生，晚号衡岳沙门，潭州人，唐末诗僧。曾驻锡麓山寺，后移居道林寺。齐己诗作丰富，著《白莲集》10卷，《全唐诗》收录其诗作800余首，数量在所有诗人中居第五。齐己有吟诵岳麓山、橘子洲名胜诗作数十首。

景岑（？—966），法号招贤，世称虎岑招禅师，又称长沙和尚，潭州人，唐末僧人。会昌五年（845）灭佛，麓山寺殿堂被毁，僧侣离散。大中元年（847），景岑在旧址重建麓山寺，改名鹿苑。

朱洞，生卒年不详。北宋开宝六年（973），任潭州太守。开宝九年（976），在岳麓山僧人办学旧址创办岳麓书院。南宋淳熙十五年（1188），学者陈止斋作《潭州重修岳麓书院记》载：“朱守创书院，五六十载之间，教化大洽，学者皆振振雅驯，行义修好，庶几于古为吏者。岳麓书院之兴，实自洞始。”朱洞与陶岳（？—

1022）、周式被视为湖湘文化启先声者。朱洞明朝时期入祀岳麓书院六君子堂。

周式，生卒年不详。湘阴人。北宋大中祥符五年（1012），周式担任岳麓书院首任山长，扩建斋舍，“教授数百人”，成绩卓著，引起朝廷关注。大中祥符八年（1015），宋真宗召见周式，任命他为国子监主簿并留在宫中，他坚辞不就，执意回岳麓书院执教。宋真宗赐给他对衣鞍马及内府书籍，赐书“岳麓书院”匾额。周式明朝时期入祀岳麓书院六君子堂。

李允则（953—1028），字垂范，太原府盂县（今属山西阳泉）人，北宋官员。宋真宗年间，任潭州知州。咸平二年（999），主持重建岳麓书院，奏请赐国子监藏书，辟置学田，另设湘西书院，奠定岳麓书院基本格局。李允则明朝时期入祀岳麓书院六君子堂。

智海（1058—1119），吉州泰和（今江西泰和）人，北宋僧人，曾担任麓山寺住持，人称岳麓海禅师。元祐年间（1086—1094），主持重建麓山寺，“复成大兰若”。时有诗“古木与天齐，门前百尺梯”句，言其庄严肃穆。圆寂后，僧众建塔于岳麓山。

刘珙（1122—1178），字共父，崇安（今福建崇安）人，南宋官员。乾道元年（1165）、八年（1172），刘珙担任潭州知州、荆湖南路安抚使（其间因为丁忧中断任职），主持重建岳麓书院，屋舍增至五十楹，“肖先圣像于殿中”；另建风雩亭、濯清池、咏归桥、梅柳堤、船斋等。聘张栻主讲书院。刘珙明朝时期入祀岳麓书院六君子堂。

何致，生卒年不详。字子一，南宋时人。嘉定五年（1212），游南岳，得樵夫引导，至禹碑处，摹拓2本。旋过长沙，摹刻于岳麓书院后巨石。南岳禹王碑从此传刻长沙，流传于世。

陈钢（1432—1496），字坚远，一作应天（今江苏南京）人，一作四明（今浙江宁波）人，明朝官员。弘治初年，从黔阳知县迁任长沙府通判，因监修吉王府有功，获准将吉王府故殿材料用于修复岳麓书院。弘治七年（1494），捐俸集材，主持修复岳麓书院，“为大门五间，两庑各三间，名其左曰敬义，右曰诚明”。又建崇道祠，祀朱熹张栻。陈钢入祀岳麓书院六君子堂。

李东阳（1447—1516），字宾之，湖广茶陵人，明朝官员。成化八年（1472）回湘，与长沙知府钱澍访岳麓书院遗址，作《与钱太守诸公游岳麓寺》诗。长沙知府王瑫等人修复岳麓书院，应邀作《建岳麓书院记》。

杨茂元（1450—1516），字志仁，号麟洲，鄞县（今浙江宁波）人，明朝官员。弘治七年（1494），担任长沙府同知，赞助通判陈钢修复岳麓书院。弘治九年（1496），与长沙知府王瑫加修岳麓书院，“辟道路，广舍宇，备器用，增公田，储置经史，延师领教”，结束自元末以来百年荒芜局面。杨茂元明朝时期入祀岳麓书院六君子堂。

朱见浚（1456—1527），明英宗第七子。天顺元年（1457）封吉王，时2岁。成化十三年（1477）就藩长沙，常于岳麓山岳麓宫举行祭祀礼。重修文，礼佛道，曾刊刻经典，赞助修复岳麓书院。刻《先圣图》及《尚书》于岳麓书院。

叶性，生卒年不详，福建福州人。明朝时期任长沙府善化县训导。弘治九年（1496），长沙知府王瑫等修复岳麓书院工竣，聘叶性为书院山长。时书院沉寂百年，叶氏不负所望，阐明朱张之学，“振文教于湖南，流声光于天下”。学子纷纷前来求学，岳麓书院日渐兴盛。

陈论，生卒年不详，字思鲁，湖广攸县（今湖南攸县）人。明正德三年（1508），被学道陈凤梧聘为岳麓书院山长。主张知行合一，勤省自身，尤潜心理学。仿学校通制，创射圃。嘉靖七年（1528），入国子监。翌年，受长沙知府孙存委托，编集《岳麓书院图志》。

潘镒，生卒年不详，字希平，江西婺源人。明嘉靖九年（1530），任长沙府知府。明世宗颁《敬一箴》及“视听言动”四箴于岳麓书院，潘镒为之刻石，并建敬一箴亭。嘉靖十二年（1533），赴岳麓山寻觅宋刻禹王碑，披榛剔藓，于山顶发现，拓传并影印于《长沙府志》。

金守分，生卒年不详，云麓宫道人。明隆庆年间（1567—1572），得进士张元忭帮助，共同重修云麓宫，凿石为柱，覆以铁瓦，筑屋5间。增建堂殿，前为关圣殿，中祀玄帝，名玄武祖师殿，后祀“三清”，名三清殿。又于宫前建望江亭，供游人凭栏远眺，尽收长沙城美景。万历二年（1574）竣工，云麓宫从此为道教圣地。

智檀（1619—？），俗姓冯，字香木，晚年号肺山，明末汉中（今陕西南郑）人。清顺治十一年（1654），至长沙，入麓山寺，结草庐而居7年。康熙十年（1671），得湖南提督张勇支持，士庶捐资，重修麓山寺，建前殿、大殿、法堂等，约5年工竣。翌年建藏经阁。

周召南，生卒年不详，奉天（今辽宁沈阳）人。清康熙元年（1662）任偏沅巡抚，康熙三年（1664）移节长沙，康熙七年（1668）修缮岳麓书院。撰《康熙戊申重建岳麓书院记》，刻石以志。

丁思孔（1634—1694），字景行，号泰岩，奉天广宁府（今辽宁北镇）人。清康熙二十二年（1683）任偏沅巡抚。时岳麓书院毁于兵火，率属捐资修缮，置田数百亩。每月会试生徒，亲自阅卷，“拔其优者”刊行。曾两次具疏，陈明书院渊源，请御书匾额。清圣祖赐题“学达性天”匾额，并赐经史。

赵宁，生卒年不详，字又裔，号管亭，山阴（今浙江绍兴）人。清康熙二十三年（1684）任长沙同知。崇尚文雅，召集郡邑优等生就读岳麓书院，“每于霜天白菊时，开阁雅集，或以夜渡江，尊酒论文”。主持修复书院，创建御书楼，于书院入口处建亭，命名自卑亭。纂修《新修岳麓书院志》8卷。

李文炤（1672—1735），字元朗，号恒斋，湖南善化人。潜心程朱之学，清康熙五十六年（1717）任岳麓书院山长。坚守理学传统，以“《四书》为六经精华，乃读书之本务”。通经史百家、舆地象纬，著述甚丰，誉为继王夫之后大学者。

王文清（1688—1779），字廷鉴，号九溪，湖南宁乡人。早年入岳麓书院，为知名弟子。清乾隆十三年（1748）任岳麓书院山长。制定学规，颁示读经史之法，士子争相而来，岳麓书院再次中兴。乾隆二十九年（1764）再任山长，制订《学箴九首》，完善书院规程；协助重修院舍，拓开学圃，蓄禁学山。

蒋溥（1708—1761），字质甫，江苏常熟人。清乾隆八年（1743）任湖南巡抚，奏禁垦洞庭湖地。请御赐岳麓书院匾额。翌年，清高宗御书“道南正脉”匾。

罗典（1718—1808），字徽五，号慎斋，湘潭人。清乾隆四十七年至嘉庆十三年（1782—1808），主持岳麓书院，“以治经论文，启诱后进”。增葺庭院，辟岳麓八景。乾隆五十七年（1792），在岳麓山清风峡建红叶亭。后湖广总督毕沅取唐杜牧“停车坐爱枫林晚”诗意，更名“爱晚亭”。

刘墉（1720—1805），字崇如，号石庵，山东诸城人。清乾隆四十五年（1780）任湖南巡抚。重视文教，公余辄至岳麓书院与山长并坐讲学。命长沙知府蒋炘会主持捐修水陆洲江神庙，历时3年工竣，前设门，作殿三重，并建楼两层于后。

欧阳厚均（1766—1846），字福田，号坦斋，湖南安仁人。早年就读岳麓书院，聪明好学，博通经史。清嘉庆二十三年（1818）任岳麓书院山长，历时20余年。江忠源、曾国藩、唐训方等均出其门。编《岳麓诗文钞》等。

吴荣光（1773—1843），字伯荣，一字殿垣，号荷屋、可庵，晚号石云山人，别署拜经老人，广东南海（今属广东佛山）人。清道光十一年（1831）任湖南巡抚。好文重士，建湘水校经堂于岳麓、城南两书院。捐俸购经籍数万卷，供诸生研读。按月以经义课士，兼理诗古文辞，每手自评阅，士争以通经为尚。

丁善庆（1790—1869），字伊辅，号自庵、养斋，衡州清泉县（今湖南衡南）

人。清道光二十六年（1846）任岳麓书院山长，主持20余年。以程朱之学为教，其弟子知名者甚众，如曾国荃、刘长佑等。纂辑《续修岳麓书院志》等。

魏源（1794—1857），字默深，湖南邵阳人。清嘉庆十八年（1813）入岳麓书院就读，深受“经世之学”影响。后受林则徐委托，编纂《海国图志》，提出“师夷长技以制夷”主张。

周玉麒（1804—1875），字韩城、韩臣，湖南长沙人。曾就读岳麓书院。清同治七年（1868）任岳麓书院山长，协助巡抚刘崐重修院舍、清理田产、整顿规章、置备书籍，纂辑《岳麓书院续志补篇》《岳麓书院课艺》。

刘崐（1808—1888），字玉昆，号韫斋，云南景东（今属云南普洱）人。清咸丰元年（1851）任湖南学政，同治六年（1867）授湖南巡抚。重修岳麓书院院舍，恢复旧规，使之更为宏阔。

曾国藩（1811—1872），字伯涵，号涤生，湘乡荷塘（今属双峰县）人。早年就读岳麓书院。湘军创始人，洋务派重要代表人物。著《曾文正公全集》。

郭嵩焘（1818—1891），字筠仙，号云仙、筠轩，晚号玉池老人，湖南湘阴人。清道光十五年（1835）入岳麓书院就读。清光绪二年（1876）任出使英国大臣，后兼驻法公使。一生撰写有关岳麓山、橘子洲诗文甚多。有《郭嵩焘全集》。

王闿运（1833—1916），字壬秋，晚号湘绮老人，湖南湘潭人。为岳麓书院文庙庑廊题联：“吾道南来，原是濂溪一脉；大江东去，无非湘水余波。”清宣统元年（1909）游岳麓，书南宋大儒真德秀《勿斋箴》。

向教辉，生卒年不详，武当山太和宫道士，清同治二年（1863），来云麓宫主教事，集资重葺道宫，并建五岳殿、天妃殿，增建宫门，嵌“云麓道宫”于门额。临湘进士吴獬掌教岳麓书院，特为宫门题写“对云绝顶犹为麓，求道安心即是宫”一联，内隐“云麓道宫”4字，传为佳作。

笠云（1837—1908），名芳圃，俗姓陈，江苏江宁（今江苏南京）人。清同治十一年（1872）任麓山寺住持。后在长沙开福寺创立僧学，为近代湖南僧众教育之始。

王先谦（1842—1917），字益吾，晚号葵园，湖南长沙人。清光绪二十年（1894）任岳麓书院山长，“督教勤恳”，光绪二十二年（1896）书院实行改革，引入西学课程。

赵尔巽（1844—1927），字公镶，号次珊，奉天铁岭（今辽宁铁岭）人。清光绪二十九年（1903）任湖南巡抚，改岳麓书院为湖南高等学堂，并建造新校舍。

敬安（1851—1912），俗姓黄，名读山，自号“八指头陀”，湖南湘潭人。清光绪十年（1884）归湘，承嗣麓山寺住持笠云。光绪十六年（1890）九月在麓山寺“修法华三昧”。民国元年（1912）4月，中华佛教总会成立，被推为首任会长。

唐才常（1867—1900），字伯平，号佛尘，湖南浏阳人。早年就读于岳麓书院。

杨昌济（1871—1920），又名怀中，字华生，湖南长沙人。清光绪二十四年（1898）求学岳麓书院，入“南学会”，戊戌变法失败后离开书院。光绪二十九年（1903）出国留学。民国2年（1913），学成归来任教湖南高等师范学校、湖南第一师范等，学生有毛泽东、蔡和森等。积极主张并参与筹办湖南大学。女儿杨开慧，为毛泽东夫人。

唐生智（1890—1970），字孟潇，号曼德，湖南东安人。民国15年（1926）任湖南省政府主席兼省军事厅长、国民革命军第八军军长，参加北伐战争。曾在岳麓山五轮塔主持公祭北伐阵亡将士，在橘子洲南建公馆居住。

蔡和森（1895—1931），字润寰，号泽膺，湘乡永丰（今属双峰县）人。民国6年（1917）迁居溁湾市周家台子。翌年，与毛泽东等在此举行会议成立新民学会。蔡和森是提出“中国共产党”名称的第一人。

特载

岳麓书院大事年表（976—2018）

宋

开宝九年（976） 潭州太守朱洞在五代时期智璿等二僧办学的基础上，创建岳麓书院，设讲堂5间、斋舍52间。

咸平二年（999） 潭州知州李允则主持重建岳麓书院，书院规模扩大并形成基本规制。

咸平四年（1001） 潭州知州李允则奏岳麓书院修广舍宇，请国子监赐书。诏从之。此为朝廷赐书岳麓书院之始。

大中祥符五年（1012） 周式任岳麓书院山长，为已知的岳麓书院第一任山长。

大中祥符八年（1015） 宋真宗召见周式，授国子监主簿，周式固辞不应，执意回岳麓书院执教；宋真宗赐给对衣鞍马、内府书籍，亲书“岳麓书院”匾额。

绍圣四年（1097） 朝廷下诏令鼓铸，传达鼓铸令的使者提出要废弃岳麓书院，将其改为鼓铸场。湘阴县尉朱辂以“乡校不可毁”的理由坚决反对，岳麓书院得以保存。

北宋后期 潭州三学制形成，即州学学生积分高等升湘西书院；又积分高等升岳麓书院。

绍兴元年（1131） 岳麓书院毁于兵火。

乾道元年（1165） 潭州知州、荆湖南路安抚使刘珙重建岳麓书院，恢复书院原有规模。

乾道二年（1166） 理学家张栻主讲岳麓书院。

乾道三年（1167） 理学家朱熹自福建崇安来潭州访张栻，与张同在岳麓书院“时新”“时习”两斋讲学2个多月，史称朱张会讲。

绍熙五年（1194） 朱熹任潭州知州兼荆湖南路安抚使。岳麓书院得以扩建。

德祐元年至二年（1275—1276） 岳麓书院诸生抗击元军，死者众。书院毁于兵火。

元

至元二十三年至二十四年（1286—1287） 潭州学正刘必大主持重建岳麓书院，恢复至宋代规模。

延祐元年（1314） 潭州别驾刘安仁主持修复岳麓书院，新建礼殿、四斋、诸贤祠、百泉轩、讲堂、尊经阁、极高明亭等。

至正末年（1368） 岳麓书院毁于兵火。

明

宣德七年（1432） 长沙卫指挥周辛甫率其子义官捐修岳麓书院讲堂，是为元末兵毁60多年后首次开展修缮。

成化五年（1469） 长沙知府钱澍修缮岳麓书院。

弘治七年（1494） 长沙府通判陈钢请准吉王朱见浚以重修王府之余材修缮岳麓书院，翌年十月落成。

弘治九年（1496） 长沙知府王瑫率僚属为岳麓书院“辟道路，广旁舍，备器用，增公田，储经书”。

弘治十一年（1498） 长沙府同知杨茂元在岳麓书院建尊经阁藏书。

弘治十八年（1505） 长沙卫指挥使杨溥建大成殿，集岳麓书院古今文章刊印《岳麓书院诗集》，首开书院辑刊史志纪录。该书今已失传。

正德二年（1507） 湖广左参议吴世忠拆毁道林寺，以扩建岳麓书院，建一完整文庙于书院之左。

正德九年（1514） 湖广提学佥事陈凤梧为岳麓书院山长陈论所刊《岳麓书院志》作序。正德《岳麓书院志》为岳麓书院第一部专志，今已失传。

嘉靖四年（1525） 长沙府同知余夔重建石牌坊于湘江西岸山口鸿门旧址（牌楼口）。该石牌坊于宋元时期建、废。

嘉靖六年（1527） 长沙知府王秉良扩建岳麓书院，工未毕而去，继任者孙存完造。建有成德堂及东、西讲堂，四斋、六舍，扩建大成殿为文庙，建“崇道祠”供奉朱张神位；新设六君子堂，供祀宋朝朱洞、李允则、刘珙、周式和明朝陈钢、杨茂元，为岳麓书院专祀建院功臣之始。

嘉靖八年（1529） 陈论以正德《岳麓书院志》“事疏而无图”，乃“再辱郡委，稍详于初，因更其名曰图志”，是为《岳麓书院图志》10卷。

嘉靖九年（1530） 明世宗颁御制《敬一箴》及御注程子“视听言动”四箴于岳麓书院，长沙知府潘镒建敬一箴亭。

嘉靖十八年（1539） 长沙知府季本重修岳麓书院院舍。

嘉靖二十年（1541） 重刻陈论《岳麓书院图志》10卷，后附第11卷，附刻禹碑释文及诸家辩论之作。

万历二十二年（1594） 长沙知府吴道行（山东滨州人）刊印《重修岳麓书院图志》10卷。该书题作陈论编集、吴道行续正，实成于善化县教谕彭宗旺、攸县教谕徐昌期。

崇祯六年（1633） 岳麓书院山长吴道行（湖南善化人）修成《岳麓书院志》10卷刊印（今已失传）。

崇祯十一年（1638） 王夫之就读岳麓书院，与同学邝鹏升订行社，聚首论文，相得甚欢。

崇祯十六年（1643） 岳麓书院毁于兵火。

清

康熙七年（1668） 偏沅巡抚周召南重建岳麓书院。翌年工竣。

康熙十三年（1674） 吴三桂军队攻长沙，岳麓书院院舍多有损坏。其后数年，兵乱无常，书院渐至荒废。

康熙二十四年（1685） 偏沅巡抚丁思孔率僚属捐资重建岳麓书院。仲秋，令长沙府同知赵宁主持开工，新斋祠舍，焕然如旧。

康熙二十五年（1686） 清圣祖赐岳麓书院“学达性天”匾额及图书《十三经》《二十一史》等。

康熙二十七年（1688） 长沙府同知赵宁纂修《新修岳麓书院志》刊印。

康熙三十九年（1700） 湖南按察使常名扬修缮岳麓书院。

雍正十一年（1733） 清廷赐银令各省建省会书院，岳麓书院、城南书院立为省会书院，岳麓书院全省招生，城南书院长沙府招生。

乾隆九年（1744） 清高宗赐书岳麓书院“道南正脉”匾额。

乾隆二十一年（1756） 湖南巡抚陈宏谋兴修岳麓书院斋舍。

乾隆二十二年（1757） 欧阳正焕任岳麓书院山长，手书“整齐严肃”4字为院训。

乾隆四十四年（1779） 湖南巡抚李湖修缮岳麓书院。

乾隆四十七年（1782） 罗典任岳麓书院山长。主持书院27年。

乾隆四十七年至四十八年（1782—1783） 罗典主持岳麓书院之初，辟院旁隙地为园池，加卉木点饰，而成书院八景。

嘉庆元年（1796） 长沙知府张翊倡建屈子祠，以其左为贾太傅祠，附祀濂溪木主，分祀屈原、贾谊、周敦颐，将岳麓书院学统由朱张上溯到楚汉、北宋。翌年工竣。

嘉庆二十三年（1818） 欧阳厚均任岳麓书院山长。主持书院27年，弟子著录者3000余人。

道光十年（1830） 欧阳厚均率岳麓书院诸生101人合编《岳麓诗文钞》。

道光十一年（1831） 湖南巡抚吴荣光创办湘水校经堂，以经学课试岳麓书院、城南书院生徒，试事常在岳麓书院举行。

道光十三年（1833） 欧阳厚均在岳麓书院创建湘水校经堂，吴荣光题写堂额。湘水校经堂由此名堂皆实。

道光二十六年（1846） 丁善庆任岳麓书院山长。主持书院22年。

咸丰二年（1852） 太平军攻打长沙，岳麓书院毁半，藏书多成灰烬。丁善庆在书院设立恭武社，使院中诸生与众练卒肄习火器事，开军事教育之先河。

咸丰三年（1853） 岳麓书院山长丁善庆率众修复岳麓书院文庙、御书楼、文昌阁、讲堂、斋舍、祠宇。倡导官绅士民捐置图书。

同治六年（1867） 岳麓书院山长丁善庆辑刊《续修岳麓书院志》。

同治七年（1868） 湖南巡抚刘崐发起重修岳麓书院，翌年落成。

同治十二年（1873） 岳麓书院山长周玉麒刊印《岳麓书院续志补编》，收同治七年（1868）重修岳麓书院以来相关文献17篇，不分卷。

光绪五年（1879） 湘水校经堂迁至天心阁下，别岳麓书院而自立门户。

光绪二十二年（1896） 岳麓书院山长王先谦领衔呈请创设时务学堂。翌年，时务学堂开学，地址设长沙小东街（今中山西路三贵街一带）。时务学堂系今湖南大学前身之一。

光绪二十九年（1903） 湖南巡抚赵尔巽奏改岳麓书院为湖南高等学堂。

宣统三年（1911） 程颂万任湖南高等学堂监督，修葺爱晚亭，撰刻“纳于大麓，藏之名山”联于岳麓书院二门。

中华民国

元年（1912） 湖南都督谭延闿成立湖南大学筹备处，改高等学堂为湖南大学，未果，遂将湖南优级师范学堂迁入岳麓书院，改名湖南高等师范学校。

6年（1917） 湖南高等师范学校停办，省政府批准再次成立湖南大学筹备处，接管该校校址、校产及包括图书、仪器在内之器具，岳麓书院校舍则借湖南公立工业专门学校办学，该校校长宾步程手书“实事求是”，制匾悬于讲堂前檐。

14年（1925） 省政府批准第三次成立湖南大学筹备处，令公立法政专门学校、商业专门学校、工业专门学校及前筹备处所握岳麓书院一切产业合并，筹组新的湖南大学。

15年（1926） 省立湖南大学成立。至此，近千年历史之古书院岳麓书院转型成为现代大学。

26年（1937） 省立湖南大学办学成绩居全国之冠，被国民政府确立为国立湖南大学。

26年冬 日军侵华战事逼近长沙，湖南大学师生及贵重图书仪器等陆续撤往辰溪。

30年（1941） 日军飞机轰炸湖南大学，岳麓书院御书楼、半学斋、静一斋等处均中弹倒塌，文庙大成殿及孔子像被炸毁。

35年（1946） 湖南大学迁回岳麓山原址。

中华人民共和国

1950年 毛泽东为湖南大学题写校名。翌年元旦制额，悬于岳麓书院大门。

1953年 全国高校院系调整中，湖南大学撤销，在该校有关院系基础上合并其他高校有关院系和专业成立湖南师范学院，院址设岳麓书院。

1955年 毛泽东参观岳麓书院。

1956年 湖南省人民委员会公布全省第一批名胜古迹和古文化遗址保护名单，岳麓书院被列入。

1959年 湖南大学恢复，岳麓书院由湖南大学管理使用。湖南师范学院迁出。

20 世纪 60 年代　按中共湖南省委指示，岳麓书院由湖南大学移交给岳麓山公园统一管理，实际移交讲堂、文昌阁、半学斋等处，其他作为湖南大学教职工宿舍。

1979 年　湖南省、长沙市两级政府决定全面修复岳麓书院。

1981 年　中共湖南省委办公厅决定将岳麓书院修复与管理工作交湖南大学负责。

1982 年　岳麓书院研究室成立，创刊《岳麓书院通讯》。

1983 年　湖南省政府公布调整后的省级文物保护单位，岳麓书院被列入。

1984 年　岳麓书院文化研究所成立，下设理学、书院、古建筑 3 个研究室。

1985 年　岳麓书院赫曦台、半学斋、湘水校经堂、六君子堂、文昌阁等修复工程竣工。

1986 年　岳麓书院主体工程修复，正式对外开放。

是年　岳麓书院创建 1010 周年及湖南大学命名 60 周年纪念学术活动举办。

是年　《岳麓书院史略》《朱熹与岳麓书院》《岳麓书院山长考》出版。

1988 年　岳麓书院被列为全国重点文物保护单位。

1991 年　岳麓书院获国务院学位办授权，建立专门史硕士点，招收研究生。

是年　《湖湘学派与岳麓书院》出版。

1996 年　湖南大学举行湖南大学定名 70 周年暨岳麓书院创建 1020 周年庆祝活动。

1997 年　全国重点文物保护研讨会第七次会议在岳麓书院召开。

1999 年　岳麓书院与电视媒体合作创办“千年学府论坛”，邀请各界名家讲学书院。

2000 年　岳麓书院获准中国哲学、中国古代史硕士学位授予权。

2003 年　岳麓书院报请国务院学位办获准专门史博士学位授予权。翌年开始招收博士研究生。

2004 年　长沙市政府投资原址重建古牌楼，岳麓书院结束半个世纪没有牌楼的历史。古牌楼于湖南和平解放初期一度遭破坏，随后消失不见。

2005 年　“岳麓书院”建制恢复，原“岳麓书院文化研究所”改为“岳麓书院”，下设中国书院研究中心及中国哲学、历史、思想文化 3 个研究所。

2006 年　岳麓书院屈子祠修复开放，始于 20 世纪 80 年代的岳麓书院古建筑修复全面完成。

2008 年　报请国务院学位办批准，岳麓书院获准中国哲学、中国古代史博士学位授予权。

2010 年　岳麓书院获准设立历史学博士后流动站。

2012 年　岳麓书院明朝最后一任山长吴道行墓被发现，位于麓山景区云麓宫飞来石下南侧约 100 米处。

是年　中国书院博物馆在岳麓书院建成开馆。

2013 年　经中共湖南省委、省政府批准，岳麓书院国学研究与传播中心成立。

2013 年　《岳麓书院史》出版。

2016 年　岳麓书院创建 1040 周年暨湖南大学定名 90 周年系列活动举办。

2017 年　岳麓书院海外学术交流中心成立。

是年　岳麓书院与台湾大学人文社会高等研究院签订学术交流及合作研究意向书，约定在人文社会科学领域开展合作。

2018 年　全国高校国学论坛在岳麓书院举行。

附录

一、岳麓山风景名胜区保护条例

长沙市人民代表大会常务委员会公告 2006 年第 19 号

（2006 年 10 月 27 日长沙市第十二届人大常委会第三十一次会议通过
2006 年 11 月 30 日湖南省第十届人大常委会第二十四次会议批准）

由长沙市第十二届人民代表大会常务委员会第三十一次会议于 2006 年 10 月 27 日通过，湖南省第十届人民代表大会常务委员会第二十四次会议于 2006 年 11 月 30 日批准，现予公布，自 2007 年 1 月 1 日起施行。

2006 年 12 月 12 日

第一条 为保护岳麓山风景名胜区自然资源、人文资源和生态环境，根据国家《风景名胜区条例》等法律法规，结合实际，制定本条例。

第二条 岳麓山风景名胜区（以下简称风景名胜区）是国家级风景名胜区，其范围：北至龙王港、咸嘉湖一线，南至后湖、寨子岭南缘，东至橘子洲以东湘江中心，西至桃花岭北侧山麓，总面积 35.20 平方公里，其中包括麓山景区（含新民学会景点）、天马山景区、橘子洲景区、桃花岭景区、石佳岭景区、寨子岭景区、后湖景区、咸嘉湖景区。麓山景区、天马山景区、橘子洲景区以及岳麓书院与牌楼口之间牌楼路两侧各 30 米范围为风景名胜区的核心景区。

风景名胜区及其外围保护地带的具体界限依据国务院批准的《岳麓山国家重点风景名胜区总体规划》确定。

第三条 风景名胜区的保护工作遵循科学规划、统一管理、严格保护、永续利用的原则。

第四条 市人民政府应当将风景名胜区的保护纳入国民经济和社会发展规划，

多渠道筹措风景名胜区的保护资金。

第五条 市人民政府设立的岳麓山风景名胜区管理局负责风景名胜区规划的实施和风景名胜区保护、管理工作。

风景名胜区外围保护地带由所在地的区、县人民政府负责管理。

市人民政府有关行政管理部门、风景名胜区及其外围保护地带所在地的区（县）、乡（镇）政府、街道办事处应当按照各自职责，做好风景名胜资源的保护工作。

第六条 风景名胜区范围内的各单位应当保护好本单位内的风景名胜资源，服从岳麓山风景名胜区管理局对风景名胜资源的统一管理。

第七条 任何单位和个人都应当爱护风景名胜区的植被、水体、野生动物、文物古迹和各项设施，有权制止或者举报破坏风景名胜资源的行为。

对保护风景名胜区资源成绩突出的单位和个人，应当给予表彰或者奖励。

第八条 岳麓山风景名胜区管理局应当根据《岳麓山国家重点风景名胜区总体规划》编制各景区、景点的详细规划、专项规划，在广泛征求意见后，按照国家有关规定报批，并向社会公布。

总体规划、详细规划和专项规划是风景名胜区保护、利用和管理的依据，必须严格执行，不得擅自改变；确需改变的，应当按照有关规定办理。

第九条 岳麓山风景名胜区管理局应当按照风景名胜区保护范围设立界桩。

第十条 风景名胜区内的土地、森林等自然资源和房屋等财产的所有权人、使用权人的合法权益受法律保护。

市人民政府按照规划的要求，征收核心景区内的农民集体所有土地时，应当依法做好补偿安置工作。

第十一条 在风景名胜区内从事生产、经营活动必须使用清洁能源，污染物的排放等应当符合环境保护的有关规定。

第十二条 切实保护风景名胜区内的植被，加强封山育林、护林防火、防治有害生物的工作。任何单位和个人不得擅自砍伐林木，因整理林相、更新林木确需砍伐林木的，应当经岳麓山风景名胜区管理局审核，并依法办理有关手续。

岳麓山风景名胜区管理局应当对风景名胜区内的古树名木登记建档，挂牌保护。严禁砍伐或者移栽古树名木。

第十三条 严格保护风景名胜区内的古建筑、古园林、古墓葬、古遗址、碑碣石刻等文物古迹。

对岳麓书院、黄兴墓、蔡锷墓、爱晚亭、麓山寺、云麓宫、新民学会旧址、七十三军抗日阵亡将士墓、橘子洲头诗词碑、飞来石等国家、省、市重点文物保护单位和古迹应当划定具体保护范围，作出标志说明，制订保护措施。

第十四条 风景名胜区内宗教场所的修缮，应当按照风景名胜区的规划和国家规定执行，保持其历史风貌。

第十五条 风景名胜区内，应当建立健全安全保障制度，设立风景名胜区标志、路标和安全警示等标牌，改善安全、交通、消防、服务等设施和游览条件。禁止超容量接纳游客，禁止在没有安全保障的区域开展游览活动。

除景区内的环保型营运车辆、执行施工任务的车辆以及消防车、救护车等执行特殊任务的车辆外，禁止其他车辆在麓山景区和橘子洲景区内行驶。

第十六条 在已建成的景区内进行经营活动，应当由岳麓山风景名胜区管理局采用招标等公平竞争的方式确定经营者。经营者应当依法办理相关手续，并在指定的地点文明经营。

凡利用风景名胜资源进行经营活动的单位和个人，应当按照有关规定缴纳风景名胜资源有偿使用费。

第十七条 风景名胜区内禁止下列行为：

（一）违反规划设立开发区、度假区；

（二）修建破坏景观、污染环境、妨碍游览的工程项目；

（三）破坏岳麓山、凤凰山、天马山、牛形山、桃花岭、寨子岭、金牛岭、石佳岭、扇子山等山岭的地形地貌；

（四）填塞或者污染桃子湖、咸嘉湖、后湖、顺塘水库；

（五）开山、采石、采矿、取土、烧窑、葬坟和修墓；

（六）损坏文物古迹、园林景观；

（七）在禁火区内吸烟、野炊、烧香点烛、燃放烟花爆竹；

（八）损毁或者擅自移动界桩；

（九）其他破坏风景名胜资源的行为。

第十八条 核心景区内除遵守第十七条规定外，还禁止下列行为：

（一）建设宾馆、招待所、培训中心、疗养院以及与风景名胜资源保护无关的其他建（构）筑物；

（二）开设经营性餐馆（从核心景区外提供成品、半成品的快餐厅除外）；

（三）新迁入住户；

（四）猎采野生动植物；

（五）在非指定地点倾倒垃圾、废弃物或者超标准排放污染物；

（六）损毁或者擅自移动标志、标牌、座椅、垃圾箱等公共设施，刻画或者污损岩石、竹木；

（七）储存有毒、易燃、易爆物品。

第十九条 风景名胜区及其外围保护地带的建设必须符合规划要求。建（构）筑物的布局、高度、体量、造型和色彩等应当与周围景观和环境相协调。

已建成的建（构）筑物，破坏景观、妨碍风景名胜资源保护的，应当按照规划的要求依法搬迁、拆除或者改作他用。

第二十条 风景名胜区及其外围保护地带内的建设项目，在规划选址阶段应当按照有关规定进行环境影响评价和地质灾害评估，并制定水土保持方案。

第二十一条 风景名胜区内的建设工程应当经风景名胜区管理局审核后，依法办理有关手续。核心景区内的建设工程应当向社会公开征求意见。建设工程竣工后，岳麓山风景名胜区管理局应当参与验收。

风景名胜区外围保护地带内的建设工程在立项时，应当征求岳麓山风景名胜区管理局的意见。

第二十二条 风景名胜区及其外围保护地带内建设工程的绿地率应当达到风景名胜区总体规划的要求。建设工程的配套绿化建设费，应当列入总投资，不得低于该项目工程费用的2%，专项用于绿化建设。

第二十三条 风景名胜区及其外围保护地带内的建设工程，建设单位和施工单位应当制定具体措施保护周围景物、水体、植被、野生动物和地形地貌；工程竣工后，应当及时清理施工现场，恢复植被。

第二十四条 个人有下列违法行为之一的，由岳麓山风景名胜区管理局责令改正并给予处罚；造成损失的，依法予以赔偿；构成犯罪的，依法追究刑事责任：

（一）违反本条例规定，不在指定地点经营，破坏景观的，可处1000元罚款；

（二）违反本条例规定，猎采野生动植物，葬坟，破坏景观、植被的，可处2000元罚款；

（三）违反本条例规定，损毁或者擅自移动风景名胜区界桩、标志、标牌、座椅、垃圾箱等公共设施，在禁火区内吸烟、野炊、烧香点烛、燃放烟花爆竹，破坏景观、植被和风景名胜资源的，处 1000 元以上 10000 元以下罚款。

违反本条例规定的其他行为，依照《风景名胜区条例》等有关法律、法规处罚。

第二十五条 违反本条例规定，法律法规规定由相关行政管理部门处罚的，相关行政管理部门可以委托岳麓山风景名胜区管理局实施处罚。

第二十六条 违反风景名胜区规划在风景名胜区内设立开发区、度假区或者擅自修改风景名胜区规划的，对直接负责的主管人员和其他直接责任人员依法给予处分；构成犯罪的，依法追究刑事责任。

第二十七条 岳麓山风景名胜区管理局有下列行为之一的，由市人民政府责令改正；情节严重的，对直接负责的主管人员和其他直接责任人员给予降级或者撤职的处分；构成犯罪的，依法追究刑事责任：

（一）超过允许容量接纳游客或者在没有安全保障的区域开展游览活动的；

（二）未设置风景名胜区标志、路标和安全警示标牌的；

（三）审核同意在风景名胜区内进行不符合风景名胜区规划的建设活动的；

（四）发现违法行为不予查处的。

第二十八条 本条例自 2007 年 1 月 1 日起施行。《岳麓山风景名胜区管理办法》同时废止。

二、岳麓山风景名胜区特许经营管理办法

长沙市人民政府办公厅关于
印发《岳麓山风景名胜区特许经营管理办法》的通知

长政办发〔2016〕55号

各区县（市）人民政府，市直各单位：

《岳麓山风景名胜区特许经营管理办法》已经市人民政府同意，现印发给你们，请认真组织实施。

长沙市人民政府办公厅

2016年9月6日

第一条 为规范岳麓山风景名胜区投资经营活动，保障国家利益、公共利益以及风景名胜区内项目特许经营者的合法权益，依据《中华人民共和国行政许可法》《湖南省风景名胜区条例》《岳麓山风景名胜区保护条例》等相关法律法规，结合实际，制定本办法。

第二条 本办法适用于《岳麓山风景名胜区总体规划》确定的麓山景区、天马山景区、橘子洲景区、桃花岭景区、石佳岭景区、寨子岭景区、后湖景区、咸嘉湖景区八个单元景区中已建成景区内交通、服务等项目特许经营和监督管理活动。

第三条 本办法所指特许经营，是指自然人、法人或者其他社会组织按照相关条件和程序，在一定期限和范围内，有偿取得从事岳麓山风景名胜区已建成景区内整体或者单个项目投资、经营资格的活动。

第四条 特许经营项目包括交通项目（索道、滑道、观光电梯、景交车等）和服务项目（商品销售、游乐、摄影、摄像、户外广告、文化体育娱乐、餐饮等）两大类别，宗教活动场所不列入特许经营项目范畴。

第五条 依据《湖南省风景名胜区条例》《岳麓山风景名胜区保护条例》规定，

长沙市岳麓山风景名胜区管理局是景区内项目特许经营权的授权主体，对景区内的经营活动负有管理、指导和监督责任。

第六条 特许经营期限必须符合岳麓山风景名胜区相关规划要求，服从相关规划调整。岳麓山风景名胜区范围内经营项目特许经营期限应当根据项目投资规模及预期回报等确定，一般经营项目特许期限为 3 至 5 年，重大经营项目不超过 20 年。

第七条 岳麓山风景名胜区内经营项目采用公开招投标方式确定中标者。

第八条 参与特许经营权竞标者应当具备以下条件：

（一）申请人身份证明合法有效；

（二）服从景区管理部门统一管理；

（三）项目招标文件规定的其他条件。

第九条 特许经营项目在对外招标之前，各单元景区管理机构（含经营性资产管理机构，下同）应将项目规划、招标方案报长沙市岳麓山风景名胜区管理局审核。项目规划应当符合岳麓山风景名胜区总体规划、单元景区详细规划和环境保护、安全生产等法律法规要求，并且建设运营标准和监管要求明确。

第十条 长沙市岳麓山风景名胜区管理局负责组织实施项目的招投标，并与项目中标者签订《特许经营协议》，同时颁发《特许经营许可证》。《特许经营协议》应当包括以下内容：

（一）特许经营内容、区域、范围及有效期限；

（二）产品和服务标准；

（三）价格和收费的确定方法、标准及调整程序；

（四）设备的权属与处置；

（五）设施维护与更新改造；

（六）安全管理；

（七）履约担保；

（八）违约责任；

（九）本办法明确的有关权利与义务；

（十）双方认为应当约定的其他事项。

第十一条 依据《岳麓山风景名胜区保护条例》规定，取得特许经营权的经营者，应当缴纳风景名胜资源有偿使用费。

第十二条 风景名胜资源有偿使用费由长沙市岳麓山风景名胜区管理局收取，并缴入财政资产处置收入专户（非税专户），纳入财政预算，实行收支两条线管理，专项用于岳麓山风景名胜区的保护、规划、建设和管理。

风景名胜资源有偿使用费的收取、使用和管理应当接受财政、审计、纪检等部门的监督检查。

第十三条 特许经营期限届满，特许经营权自动解除，长沙市岳麓山风景名胜区管理局按照本办法重新确定特许经营者。

第十四条 有下列情形之一的，特许经营权可以提前终止：

（一）特许经营期内，因不可抗力无法正常经营，且特许经营者申请解除特许经营协议的；

（二）特许经营期内，因特许经营者自身原因无法继续经营，且特许经营者申请解除特许经营协议的。

特许经营协议终止之前，特许经营者必须保证正常的经营与服务，依照（二）终止特许经营协议的，特许经营者还应承担协议约定承担的违约责任。

第十五条 有下列情形之一的，长沙市岳麓山风景名胜区管理局可以依法变更特许经营权：

（一）有关法律、法规、规章修改或废止；

（二）授予特许经营权所依据的客观情况发生重大变化；

（三）为了公共利益的需要。

因依法变更已经授予的特许经营权给特许经营者造成经济损失的，应当依法给予补偿。

第十六条 特许经营者有下列情形之一的，长沙市岳麓山风景名胜区管理局依法收回特许经营权，并向社会公示：

（一）不按特许经营许可范围经营，擅自改变或扩大经营范围的；

（二）不按规定缴纳风景名胜资源使用费的；

（三）出租、出借、转让、买卖《特许经营许可证》或者以承包经营、挂靠等方式变相转让特许经营权的；

（四）以欺骗、贿赂等不正当手段骗取特许经营权的；

（五）未经批准，擅自停业、歇业，损害公共利益的；

（六）特许经营项目连续三次评估为不合格的；

（七）违反城乡规划、土地管理、环境保护、安全生产、价格、质量管理和《岳麓山风景名胜区保护条例》等法律法规，严重危害公共利益，或者造成重大质量、安全事故或者突发环境事件的。构成行政违法的，有关部门还应当依法予以行政处罚；涉嫌犯罪的，移送司法机关处理。

第十七条 特许经营者具有下列权利：

（一）依法自主经营；

（二）依法获取收益；

（三）请求制止和排除侵害特许经营权的行为；

（四）拒绝和抵制各种乱收费、乱摊派等行为；

（五）特许经营协议约定的其他权利。

第十八条　特许经营者应该承担如下义务：

（一）遵守《岳麓山风景名胜区保护条例》等法律法规规定，服从旅游行业管理，守法经营；

（二）服从长沙市岳麓山风景名胜区管理局的统一管理；

（三）接受长沙市岳麓山风景名胜区管理局对其提供产品、服务质量、经营价格及安全状况等的监督检查；

（四）按要求缴纳风景名胜资源有偿使用费；

（五）特许经营协议约定的其他义务。

第十九条　长沙市岳麓山风景名胜区管理局应当履行下列职责：

（一）保护经营者的权益，协调、配合制止和排除侵害特许经营权的行为；

（二）指导、管理、监督特许经营者在特许经营范围内依法从事经营活动，并按照旅游等行业管理标准，提供优质、稳定、面向大众的服务；

（三）定期对特许经营执行情况进行评估；

（四）受理、处理公众对特许经营者的投诉；

（五）制定特许经营应急预案，在出现危及公共利益、公共安全的紧急情况时，采取有效措施或临时接管特许经营项目；

（六）特许经营者的特许经营权被解除、变更、收回或终止时，解除与其签订的《特许经营协议》；

（七）法律、法规、规章等规定的其他职责。

第二十条　长沙市岳麓山风景名胜区管理局工作人员在特许经营管理、实施、监督过程中，徇私舞弊、滥用职权的，依法依规给予行政处分；涉嫌犯罪的，移送司法机关处理。

第二十一条　本办法颁布实施前，建成景区范围内已经对外承包经营的经营项目，待承包期满后，按照本办法确定特许经营者。

第二十二条　本办法自 2016 年 10 月 6 日起施行。

后记

《岳麓山志》由长沙市岳麓山风景名胜区管理局承编。本书编纂始于2016年冬，初拟全书为8章，分别由梁小进、申解生、汤蕾蕾、周敏之承担撰写任务，图片由汤蕾蕾组织拍摄。各章初稿撰写完毕后，由梁小进统稿并修改，是为第一稿。2018年秋，湖南省地方志编纂委员会、长沙市地方志办公室及有关史志学界专家对第一稿进行评审，就全书的指导思想、体例、框架及重要内容提出很多重要意见。2019年初，本书编纂小组根据省、市地方志编纂部门意见，对全书的结构、体例及编纂重点作了很大修改，大多数章节对照评审意见逐条整改，有的章节甚至重新撰写，是年12月完成修改，是为第二稿。2020年初，省地方志编纂院省志工作部对第二稿进行审阅，并于2021年4月底5月初3次召开评审会。编纂小组根据评审会意见，再次进行认真细致的修改，并采访景区老人，对文稿内容进行补充，是为第三稿。省志工作部完成第三稿的审读后，为进一步提升志稿质量，2021年10月起，岳麓山风景名胜区管理局委托省内地方志编纂专业团队湖南尧舜文化传媒有限公司组织力量对全书再次进行全面修改，至2022年2月完成第四稿。省志工作部再次组织力量，对第四稿进行审读、修改完善。10月，志稿修改完毕。

长沙市岳麓山风景名胜区管理局的领导同志对本书的编纂，从体例、框架和主要内容，从初稿撰写到全书修改、定稿，从始至终，提出了很多重要意见。管理局有关科室审阅了本书各章节，并提供了大量档案资料。岳麓区史志档案局（馆）的同志也提供了很大的便利。在志稿后期修改完善中，湖南省地方志专家库专家曹建英受聘参与审稿，提出了宝贵的修改意见和建议。在此，谨向为本书提供了指导和帮助的省地方志编纂院、市地方志编纂室的领导和专家，向岳麓山风景名胜区管理局领导及有关部门同志致以由衷感谢，向为本书的编纂付出了辛勤劳动的各位同志致以亲切慰问。由于编纂者学识浅陋，书中存在的疏漏谬误之处，尚祈读者方家不吝指教，是为至幸。

编者

2022 年 10 月